中华当代学术著作辑要

奋进的历程

中国基督教的本色化

段琦 著

商务印书馆
创于1897 The Commercial Press

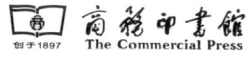

2017年·北京

图书在版编目(CIP)数据

奋进的历程:中国基督教的本色化/段琦著.—北京:商务印书馆,2017
(中华当代学术著作辑要)
ISBN 978-7-100-12875-9

Ⅰ.①奋… Ⅱ.①段… Ⅲ.①基督教史—研究—中国 Ⅳ.①B979.2

中国版本图书馆 CIP 数据核字(2017)第 007349 号

权利保留,侵权必究。

中华当代学术著作辑要

奋进的历程
——中国基督教的本色化
段　琦　著

商　务　印　书　馆　出　版
(北京王府井大街36号　邮政编码100710)
商　务　印　书　馆　发　行
北　京　冠　中　印　刷　厂　印　刷
ISBN 978-7-100-12875-9

2017 年 9 月第 1 版　　开本 787×960　1/16
2017 年 9 月北京第 1 次印刷　印张 34¼
定价:96.00 元

中华当代学术著作辑要

出版说明

学术升降，代有沉浮。中华学术，继近现代大量吸纳西学、涤荡本土体系以来，至上世纪八十年代，因重开国门，迎来了学术发展的又一个高峰期。在中西文化的相互激荡之下，中华大地集中迸发出学术创新、思想创新、文化创新的强大力量，产生了一大批卓有影响的学术成果。这些出自新一代学人的著作，充分体现了当代学术精神，不仅与中国近现代学术成就先后辉映，也成为激荡未来社会发展的文化力量。

为展现改革开放以来中国学术所取得的标志性成就，我馆组织出版"中华当代学术著作辑要"，旨在系统整理当代学人的学术成果，展现当代中国学术的演进与突破，更立足于向世界展示中华学人立足本土、独立思考的思想结晶与学术智慧，使其不仅并立于世界学术之林，更成为滋养中国乃至人类文明的宝贵资源。

"中华当代学术著作辑要"主要收录改革开放以来中国大陆学者、兼及港澳台地区和海外华人学者的原创名著，涵盖文学、历史、哲学、政治、经济、法律、社会学和文艺理论等众多学科。丛书选目遵循优中选精的原则，所收须为立意高远、见解独到，在相关学科领域具有重要影响的专著或论文集；须经历时间的积淀，具有定评，且侧重于首次出版十年以上的著作；须在当时具有广泛的学术影响，并至今仍富于生命力。

自1897年始创起，本馆以"昌明教育、开启民智"为己任，近年又确立了"服务教育，引领学术，担当文化，激动潮流"的出版宗旨，继上世纪八十年代以来系统出版"汉译世界学术名著丛书"后,近期又有"中华现代学术名著丛书"等大型学术经典丛书陆续推出,"中华当代学术著作辑要"为又一重要接续,冀彼此间相互辉映,促成域外经典、中华现代与当代经典的聚首,全景式展示世界学术发展的整体脉络。尤其寄望于这套丛书的出版,不仅仅服务于当下学术,更成为引领未来学术的基础,并让经典激发思想,激荡社会,推动文明滚滚向前。

商务印书馆编辑部
2016 年 1 月

献给我的丈夫——戴康生

殷史於實錄直書為貴愛而知其丑憎而知其善之惡必出

唐劉知幾治史之論

癸巳小寒龍蔣

文庸书

目　　录

序 …………………………………………………… 文庸　1
引　言 …………………………………………………… 5

第一章　打开中国福音的大门 ………………………………… 7

第二章　以上帝的名义——"拜上帝会" ……………………… 19
　第一节　洪秀全与"拜上帝会"之建立 ……………………… 19
　第二节　早期的"拜上帝会" ………………………………… 23
　第三节　"拜上帝会"本色基督教性质的变质 ……………… 32
　第四节　洪仁玕对太平天国宗教改革的失败 ……………… 44

第三章　19世纪下半叶的基督教 …………………………… 50
　第一节　时代背景 …………………………………………… 50
　第二节　戴德生与中华内地会的活动 ……………………… 55
　第三节　林乐知、李提摩太等教会自由派人士的传教
　　　　　活动及影响 ………………………………………… 60
　第四节　教育传教与本色化 ………………………………… 69
　第五节　教会慈善事业与本色化 …………………………… 78
　第六节　推进中国基督教会自立的尝试 …………………… 82

第四章　自立运动 ··· 90
第一节　20世纪初期中国基督教会的发展 ····················· 90
第二节　中国基督教会的早期自立运动 ························ 102

第五章　五四新文化运动中的中国基督教 ······················· 124
第一节　五四新文化运动对中国基督教的冲击 ················· 124
第二节　五四新文化运动对中国教会的影响 ··················· 140

第六章　非基督教运动与基督教 ······························· 164
第一节　早期非基督教运动的形成及其思想基础 ··············· 164
第二节　中国教会对非基督教运动的回应 ····················· 179

第七章　中国基督教全国大会（1922年） ······················· 191
第一节　中国基督教全国大会的筹备与召开 ··················· 191
第二节　中国教会本色化讨论的继续 ························· 218

第八章　收回教育权运动与基督教 ····························· 252
第一节　第二次非基督教运动形成的背景 ····················· 252
第二节　非基督教运动的再次兴起——收回教育权运动 ········· 256
第三节　第二次非基督教同盟的建立和活动 ··················· 263
第四节　五卅运动前教会对非基督教运动的回应及自身的本色化 ··· 269

第九章　五卅运动和北伐时期的中国基督教 ····················· 300
第一节　五卅运动及中国基督徒的回应 ······················· 300
第二节　收回教育权运动的再次兴起及教会教育界的回应 ······ 311

第三节 对非基督教运动的直接回应和反不平等条约……… 321
第四节 北伐战争和非基督教运动中的中国基督教……… 334
第五节 五卅、北伐时期教会对与本色化有关理论
　　　　所作的探讨……………………………………… 356

第十章 20世纪30年代的中国基督教……………………… 395
第一节 五年运动………………………………………… 395
第二节 "到民间去"、"到乡村去"……………………… 405
第三节 抗日救亡运动…………………………………… 422
第四节 这一时期有关本色化的理论探讨……………… 433

第十一章 中华人民共和国成立前夕的中国基督教……… 455
第一节 三年奋进运动与乡村教会事工………………… 455
第二节 基督教学生运动………………………………… 464
第三节 时局转变中的中国基督徒……………………… 471
第四节 有关本色化的理论文章………………………… 481

第十二章 中华人民共和国成立后的中国基督教革新…… 488
第一节 20世纪50年代中国基督教会适应新中国的努力…… 488
第二节 20世纪80、90年代中国基督教会的处境化努力…… 506
第三节 近年来中国基督教会在处境化方面的工作…… 522

后　　记……………………………………………………… 535

序

1997年段琦女士邀我参加她承担的中国社会科学院世界宗教研究所的研究课题"中国基督教的本色化",当时我正埋头于《中国基督教史略》的校订工作,没有多想就答应了。后来,由于工作太忙,更主要的是经过认真考虑后,自觉能力有限,与其滥竽充数,不如退而藏拙,还是由段琦一人撰写为好,因为收集资料的工作都是她一人完成的,资料熟悉,肯定能得心应手。果然,段琦不愧是位学术研究工作中的"拼命三娘",我的退缩更激发了她的奋进。她不辞劳苦地东奔西跑,不仅去南京、上海、苏州,甚至还利用去美国开会之机在洛杉矶等地收集有关资料,在众多朋友的无私协助下,苦干了三年多,终于独立地完成了课题,在大陆中国基督教史的研究领域里开拓了一块新的园地。

自1807年马礼逊将基督教新教传入中国至今,已近200年,时间不能算太短,但基督教始终没有在中国大地上落地扎根、奠定深厚的根基,直到现在也没有彻底地摘掉"洋教"的帽子。这期间传教工作固然也取得了一些成功的经验,但更重要的却是付出了惨痛代价换得的宝贵教训。20世纪一二十年代的五四新文化运动和非基督教运动终于使教内有识之士从自我陶醉的美梦中清醒过来,正视到基督教在中国面临的危机。经过激烈痛苦的反思与讨论,大多数人取得了共识:耶稣基督的福音在中国扎根广传的惟一出路,就是完全摆脱西方基督教会的模式、影响与控制,实现中国基督教本色化。寻找正确道路是困难的,走上正确道路之后的困难则更多。什么是本色化?怎样做才是本色化？怎样克服实现本色化时遇到的难题？本色化到什么程度才算合适？凡此等等都是说起来容易做起来难的具体问题。台湾基督教学者林治平教授在他主编的《基督教在中国本色化》①"自序"中指出：中国基督教本色化"有两个矛盾一直存在：作为中国人，从中国文化本位立场出发，总难免会担心基督教的传入会不会使中国伟大光荣的文化传统'基督教化'，甚或'洋化'；另一方面，从基督教的神学信仰立场观之，人们更担心基督教在中国应该本色化吗？如果基督教在中国居然本色化了，那岂不意味着基督教要放弃其信仰传统？这样经过本色化后所谓的'基督教'还算是真正的基督教吗？我们会发现，谈到基督教与中国本色化问题，这种两极化的态度，一直是历代学者、教会人士思考问题的困难所在。"怎么办？后退是没有出路的！段琦女士的这本书正是中国基督教在本色化道路上彷徨、苦斗的历史记录。

　　对于"本色化"这个名词的理解，教会人士从一开始就有不同的阐释，但大家都承认一个不争的事实：一种外来宗教要在某地生根，必须与当地的社会与文化相适应，否则必然被淘汰；对中国基督教来说，"本色化"就是跟随时代，调整自己，以适应中国的社会与文化的客观现实。事实上，基督教从传入中国的一开始就存在着与自身生存发展的"本色化"问题，这个问题也始终贯穿在中国基督教历史的进程中。本书着力对中国基督教的这一历史使命进行探讨，我们认为"本色化"、"本土化"、"处境化"等都是同义词，所以仍然使用"本色化"这个名词。历史就是历史，尊重历史是研究历史的基本原则。

　　我认为本书至少具有以下几个特点：

　　一、资料丰富，而且都是第一手资料。史料的全面与真实是课题研究成功的前提。本书引用的史料虽然都是过去公开发表过的，但因时

---

① 林治平：《基督教在中国本色化》，今日中国出版社1998年版。

间久远,数量繁多,加之分散,收集相当困难。有些资料是曾闻其名却未谋其面,有些则连其名也未闻过。如果没有众多朋友从各方面协助,只凭段琦一个人的能力是很难收集得如此齐全的。难怪段琦认为本书应该算是参加资料收集工作的全体朋友的集体成果。

二、立场超脱,持论公允。"当局者迷,旁观者清"并不是一句老生常谈,而是人们从痛苦的教训中总结出来的历史教训。应该承认,任何伟大的先哲都不能完全摆脱其自身的历史局限,仁者见仁,智者见智是必然现象。唐代史家刘知幾在其《史通·惑经》中早已指出:"良史以实录直出为贵……爱而知其丑,憎而知其善,善恶必出。"这应该是史学研究的一条原则。段琦是位单纯的研究者,没有基督教信仰背景,没有任何宗派成见,没有任何个人成分的考虑,因此她能完全置身事外,冷眼旁观,保持头脑清醒,在书中所发的评论,既警示当事人,也提醒研究者。

三、边叙边议,有史有论。历史事件往往到时过境迁、真相大白之后才能得到公允的评价。"事后诸葛亮"总比"事后阿斗"高明得多。"事后诸葛亮"而能汲取历史教训才算得上是"诸葛亮"。这一点只有掌握了大量资料,进行冷静的分析研究,统筹兼顾,高瞻远瞩才能做到。本书中的议论足可以表现出作者的研究水平。

四、段琦在本书"引言"中指出:诚静怡牧师在二三十年代将本色化运动分为五个时期,查时杰先生则分为四个时期(到 1949 年),这两种分期法无疑都是正确的。但现在已进入了 21 世纪,毕竟又过了半个世纪,因此段琦在前两位学者分期的基础上把研究时限延伸到 20 世纪末。这也是本书的特点之一。应该指出,由于历史原因,不少学者都把新中国成立后的中国基督教史视为"敏感区"并敬而远之。段琦对这一时期的研究可能会引出不同意见,但是路总得有第一个人去走。段琦已经勇敢地迈出了这一步。

回顾基督教在中国传播的近二百年历程,可以归纳为教训多于经验。终于找到了"本色化"的光明大道,但光明大道不等于平坦大道,前途中会出现各式各样的新困难、新问题。温故知新,汲取历史的教训是保证基督教在中国健康发展的必要条件。在新世纪、新时期,中国基督教会的前面还有很长的路要走,我们衷心祝愿她走好。

读完本书,浮想联翩,百感交集,不吐不快,遂贸然执笔,权充本书之序。

文庸 挥汗

2001 年 7 月

引　言

　　研究中国基督教(新教)，本色化是一个无法回避的重要问题之一。什么是本色化？中国近现代较为著名的基督教学者们对它所下的定义不尽相同。应元道先生曾对20世纪20年代开展的中国基督教本色运动的讨论加以概括，认为所谓本色的基督教会应有以下几个特点："一是中华国民的教会；二是根据中国基督教徒自己的经验而设立的；三是富有中国文化的质素的；四是要把基督教与中国文化合而为一的；五是能适合中华民族的精神和心理的；六是能使中国基督徒的宗教生活和经验合乎中国风土的。"①20世纪60年代，日本学者山本澄子在其所著的"二十年代中国基督教的自立运动"一文中，对中国教会本色化运动的定义作了更详细的概括："一、以中国人为教会的构成；二、教会的行政与运作等方面的自立；三、教会在经济方面的自立；四、教会在教堂建筑、圣乐、圣画、礼拜仪式等方面的中国化；五、容纳中国人的祭祀与习俗，并予基督教化；六、教会要置身于中国国家与社会的现实问题之内；七、教会要除去欧美教会的传统与色彩；八、教会要能自治、自养、自传。"②上述这些说法，总括起来无非是基督教完全摆脱西方色彩，彻底与中国文化相融合，既建立自治、自养、自传的本色教会，并能建立起"藉着

---

① 转引自查时杰："中共三自教会与基督教会本色化运动初探"，载于林治平主编《基督教与中国本色化》，台湾宇宙光出版社1990年版，第708页。
② 同上。

出于本土环境的文化范畴将基督教的道理表达出来"①的本色神学。基督教的本色化不仅要与中国文化相结合,还要与中国社会相结合。

曾任中国基督教协进会会长的诚静怡牧师在 20 世纪二三十年代将本色化运动分为五个时期,即"偏重个人得救之道"、"趋重出世思想"的"早年宣教"期;"渐注社会上人生问题"、"对于社会之罪恶……均加以关注"的第二时期;"中国教会领袖渐露头角","自立声浪,弥漫全国","足以表示中国信徒之觉悟"的第三时期;"教会中西领袖,极思改弦更张,大唱联合"的第四时期;"中国基督徒对于基督教及其自身之责任……大有进益","切盼基督教加入中国国籍,勿常此甘居'洋教'",高呼"本色教会"的第五个时期。查时杰先生根据此说,并综合各家之长,作了一些修订,将这一运动分为四个时期,即"(一)以西教士为主的栽种时期;(二)中西合作的过渡时期;(三)以中国人为主的自立式教会时期;(四)以中国人为主的本色化教会时期。"②查先生虽然并没有对各时期的时间段加以划分,不过,在我们看来也许可以把第一个时期看成是从 1807 年第一位新教牧师马礼逊来华至 19 世纪中叶;第二个时期约为 19 世纪中叶至 1900 年;第三个时期从 1900 年至 20 世纪 20 年代初;第四个时期为 20 世纪 20 年代至 1949 年。

为叙述方便起见,本书前三个时期的时间段基本采用这一划分法,只是认为在中西合作的过渡阶段中,实际上仍以西教士为主,只有个别地区开始出现以中国人为主的自立教会;在这一阶段中,中国传道人逐渐增多。对于第四个时期我们则作了更为详细的划分,即分为 20 世纪 20 年代、抗战前夕、抗战期间、解放战争期间等几个部分。最后对新中国成立以后中国教会的三自运动了作一个简略的概述。

---

① 李景雄:"本色神学——旧耕抑新垦",载于《二十世纪中国基督教问题》,台湾正中书局 1980 年版,第 250 页。
② 查时杰:"中共三自教会与基督教会本色化运动初探",载于林治平主编《基督教与中国本色化》,第 710 页。

第一章　打开中国福音的大门

基督宗教自635年(唐贞观九年)传入中国至19世纪已经三度失败。其失败原因虽不完全相同,但有一点却是共同的,即基督宗教始终没有能像佛教那样,真正与中国文化相结合,成为中国人自己的宗教,也就是基督宗教传入中国后在本色化方面都没有取得成功。

由于历史的原因,前三次传入中国的基督宗教都不包括基督教新教,惟有第四次,即19世纪开始,基督教新教才真正传入中国。在中国开创新教传教先河的是英国传教士马礼逊。他于1807年受伦敦会派遣踏上了中国领土。

自马礼逊来华至鸦片战争正是清帝国由盛转衰的剧烈变化时期。18世纪下半叶以来长期安定的背后腐败之风盛行,人口大量增长,成为19世纪粮食短缺人心不安的根源。进入19世纪,人民对腐败的清政府的不满已愈来愈明显,一些民间的秘密社团,如白莲教、天理教等迅速发展。与此同时,18世纪西方工业革命后,资本主义国家急欲开拓海外市场,中国这块未开发的地区自然是他们觊觎的目标,而19世纪的清王朝却坚持奉行闭关锁国的政策,对外一律持排拒态度,不仅表现在对外商的态度上,也表现在对待外来文化及宗教上。自天主教"中国礼仪之争"后,康熙、雍正便实施禁教政策,对外来宗教一律排斥,传教属于非法。这种状况不仅引起西方商人,而且也引起西方基督教传教士的强烈不满。用武力轰开中国的大门,不只是代表西方列强的要求,也得到了不少西方传教士的拥护。因此当第一次鸦片战争中国战败,被迫签订了第一个丧权辱国的不平等条约——中英《南京条约》时,传教士便积极参与,因为条约不仅涉及政治、商务,而且涉及传教。中国除割让香港外,还允许外国人在开放的五个通商口岸传教、建教堂,从此打开了清帝国禁教令的缺口。此后的中美《望厦条约》、中法《黄埔条约》,进一步扫清了传教士在华传教的障碍。尤其是1858年与英、美、法、俄四国签订的《天津条约》及1860年与英、法、俄三国签订的《北京条约》,规定了传教士不仅在中国沿海,而且在内地均享有购土地、置教堂的权利,中国的门户便彻底被打开,西方传教士蜂拥而至。

如果把1807—1860年作为基督教新教在华传播的准备阶段,那么1807—1842年就是这一阶段的前期,1842—1860年则是它的后期。前期由于基督教完全处于非法地位,吸收的中国信徒不仅屈指可数,而且都是些下层群众;后期则不仅人数成倍增长,而且还吸收到一些新知识分子。

一种宗教要为异民族所接受,首先必须要让所在地的居民听懂、看懂,并能想方设法博得他们的好感,因此语言文字上的沟通与交流,慈善事业的创办与开展实在是必要的。这实际上也是基督教在中国立足的首要条件。于是,处于准备阶段的传教士们努力着手这方面的工作。由于1842年之前在华传教属非法,传教士至多只能在广州进行一些极其有限的活动。因澳门属于信奉天主教的葡萄牙政府统治,对基督教新教传教士并不欢迎,因此早期新教传教士只能把离中国较近的马六甲、新加坡等地作为其主要活动场所。直到1842年之后才把传教活动中心移至中国本土上海等地。

早期来华的一批新教传教士,最有名的除马礼逊外,属伦敦会的还有米怜、麦都思,此外有荷兰传教会的郭实猎,美部会的裨治文、卫三畏、伯驾等人。这些人在这段期间所从事的工作总括起来有如下几方面:

1. 译经：一种外来宗教要传入中国，首先要把其经典译成中国人能看懂的文字。佛教传入中国后的第一步也是做这方面的工作。景教、天主教在唐、元、明、清传入中国时也曾在这方面做了一些工作，但由于种种原因，新教传入中国之前，中国没有一部完整的《圣经》中文译本。马礼逊等新教传教士在这方面做了大量工作，填补了这一空白。

马礼逊（Robert Morrison）1807年入华后为了能向中国人传教，克服清政府给外国人设置的重重障碍，苦学中文。他来华时曾带了天主教传教士巴设的部分《圣经》中译稿手抄本，在研读中文的同时，开始进行《圣经》翻译工作，经努力，1810年他首先将《新约圣经》中的《使徒行传》译成中文。在此基础上又于1813年完成了《新约圣经》的全部翻译工作，1814年于广州出版。此后，马礼逊与伦敦会新派遣来华的传教士米怜（William Milne）共同合译《旧约圣经》，最终于1819年完成，并在马六甲出版。1823年，该版《新旧约全书》的中文版在大英圣书公会的资助下问世，称为《神天新旧遗诏全书》。一般将该书视为中国第一部完整的《圣经》中文译本[①]，在中国基督教史上有其特殊的价值。

1834年马礼逊去世后，由麦都思（W. H. Medhurst）、郭实猎（K. F. A. Gutzlaff）、裨治文（E. C. Brigman）及马礼逊之子马儒汉（J. R. Morrison）组成四人翻译小组，对此书进行全面修订。其中《新约》部分基本由麦都思重译。1840年出版了修订版《神天新旧遗诏全书》。同年郭实猎又对此书的《新约》部分再次作了修订并单独出版，定名为《救世主耶稣新遗诏书》。该译本后为太平天国所用。

1843年在华各大差会于香港召开"第一次联合差会会议"，共同商

---

① 新教自1807年由马礼逊首先传入中国。而新教《圣经》的第一个中文译本由在印度传教的马士曼（John Marshman）及其助手拉沙（Joannes Lassar）译成。1811年中文《新约》出版，1822年《圣经全书》出版，当时称《新旧遗诏全书》。

讨重译《圣经》一事，并组成"委办译本委员会"。但一开始就因译名问题产生分歧。美国浸礼会首先退出。其后他们由高德（J. Goddard）对最早的马士曼译本进行修订，并于1853年出版了《新约圣经》。该版本后又经罗尔梯（E. C. Lord）修订于1883年出了修订版。1868年这两人合作又出版了《旧约圣经》译本。

委办会其他成员则在麦都思、郭实猎、理雅各（J. Legge）等人努力下于1853年出版了《新约圣经》的"委办译本"。次年译出委办译本的《旧约全书》。1858年出版了合成的《新旧约全书》的委办本，由大英圣经会资助。由于该译本中"God"一词译为"上帝"，而且因考虑文辞典雅，译文没有完全按经文逐字对应来译，引起了美国传教士裨治文、克陛存（M. S. Culbertson）、文惠廉（W. Boone）等的不满，他们便另行重译，1857年出版《新约》，1862年译成《新旧约全书》，由美华圣经会资助于1864年出版。由于该译本中将God一词均译为"神"，所以又称"神本"《新旧约全书》。这些早期的《圣经》译本统称文理译本。它们为19世纪下半叶《圣经》的浅文理译本和官话译本的出现，并最终于1919年《新旧约全书》的"文理和合译本"和"官话和合译本"先后问世开创了道路。

2. 出版：传教事业，除了译经外，还需把其他各种中文传教书刊提供给中国人阅读，不仅如此，为了传教事业的发展，必须吸引更多的西方传教士来华，因此出版有关中国的西文书刊供西方人阅读也十分必要。马礼逊、裨治文等人来华后都撰写和出版了大量的中西文著述，并创办了若干中英文刊物。马礼逊最初曾在广州出版中文书籍，但因清政府的禁令，不得不向伦敦会提出"恒河外方传道计划"[①]。根据这一计划，他与米怜牧师在马六甲创办了宣教总部，并于1815年出版了第

---

① 详见李志刚：《基督教与近代中国文化论文集》，台湾宇宙光出版社1989年版，第23页。

一份中文月刊《察世俗每月统纪传》。不久又出版了有助于西方人了解中国的英文刊物《印支搜闻》(Indo-Chinese Gleaner)。这两种刊物于1822年因米怜去世而夭折。但麦都思、郭实猎、裨治文等人继续马礼逊的这一事业,在以后陆续创办的《特选撮要每月统纪传》(1823—1826年于巴达维亚出版)、《天下新闻》(1828—1829年于马六甲出版)、《东西洋考每月统纪传》(1833—1838,创刊于广州,后迁至新加坡)、《中国丛报》(The Chinese Repository)中对促进中西文化的交流和在华传教事业的发展都起到了一定的作用。其中尤以《中国丛报》影响最大。该杂志于1832年在马礼逊的倡导下创办,一直延续至1851年,"合有20大册。内有论说、书评、报导、时事、宗教消息等项。归纳各类文章共1378篇,其中有关中国国情514篇;中外关系396篇;外国论述142篇;宗教289篇",对"有关各类问题之研究,引征中西典籍,态度认真,立论持平"①,成为研究中国近代史的重要文献。

为从事这些出版工作,传教士很重视印刷业。由马礼逊倡导在马八甲开办的英华书院内就有印刷所。1827年伦敦会的台约尔牧师(Samuel Dyer)把西方的印刷术改造成中文印刷,为加速出版各类中文布道的书籍和《圣经》提供了方便。此后伦敦会和美部会分别在巴达维亚、新加坡开设了印刷馆。

1843年伦敦会麦都思在上海设立了"墨海书馆"(London Mission Press),将巴达维业的印刷馆迁移此处,成为中国本土实行铅活字印刷的第一家。印刷机用牛力拉动,"车轴旋转如飞,云一日可印数千番"。②"委办本"的《新约全书》和《旧约全书》均在该处出版。该书馆

---

① 李志刚:《基督教与近代中国文化论文集》(二),台湾宇宙光出版社1993年版,第31页。
② 王韬:《漫游随录》,湖南人民出版社1982年版,第51页。

不仅印行宗教书籍,也印行一些科学书籍。1857年出版了上海最早的一份中文期刊《六合丛谈》。"从1844年至1860年,墨海书馆共出版各种书刊171种,属于基督教内容的138种,占总数80.7%,属于西学知识的共33种,占总数19.3%。"①

美部会则于新加坡建立印刷馆,称为"华夏书院",或"新加坡书院",出版宗教书籍。该书院于1844年迁至澳门,1845年迁至宁波,定名为"美华书馆",其后出版了该地区最早的中文报刊《中外新闻》。

这些印书馆的开设无疑对基督教在华的传播起了重要作用。实际上,中国最早的几位重要信徒,如蔡高、梁发、屈高等人都是印刷工人出身,在帮助传教士印发《圣经》和传教书籍的过程中渐渐接受了基督教。一些人在接受基督教后,自己也写了传教书籍并广为散发,如中国第一位牧师梁发所写的《劝世良言》,在向参加乡试和会试的中国知识阶层大量散发时,使正在赶考的洪秀全无意中获得此书,由此而深受影响,并在其后发起的太平天国农民起义中采用了部分基督教的形式。

3. 办学:早期的基督教新教传教士来华后逐渐体会到教育的重要性,因为他们大都存在着"风土人情不谙,语言文字隔膜",而且面对中国传统文化的巨大障碍,直接布道就如"向水中撒种",收效甚微。② 为此一些传教士想用免费开办学校等方法,吸引中国人归信基督教。马礼逊来华数年后在向伦敦会提出的"恒河外方传道计划"中就提出要在最短期间,开办免收学费的中文书院一所。在他的推动下,1815年米怜于马六甲开办了免费的英华书院,声称:"本院之设立以交互教育

---

① 熊月之:《西学东渐与晚清社会》,上海人民出版社1994年版,第188页。转引自史静寰、王立新:《基督教教育与中国知识分子》,福建教育出版社1998年版,第94页。
② Paul A. Varg, *Missionaries, Chinese and Diplomats: American Missionary Movement in China, 1890—1952*, Princeton University Press, 1958, p. 22. 转引自史静寰、王立新:《基督教教育与中国知识分子》,第41页。

中西文学及传播基督教理为宗旨。一则造就欧人学习中国语言及中国文字,二则举凡恒河外方各族,即中国、印支及中国东岸诸藩属之琉球、高丽、日本等民族,其就读于中文科者,皆能以英语接受西欧文学及科学之造就。本院各项课程之设计均本以和平传播基督教及东方一般文化之原则,冀以达致有效影响为目的。"① 从这里充分看出基督教传教士办学目的从一开始就明确是为传教服务的:一则可以培养外国来华的传教士学习中文,二则可培养中国牧师或信徒。该校于 1843 年迁香港。它是第一所面向华人进行西式教育的学校。中国早期的牧师和传道人如梁发、何福堂等人都曾在此受过教育。

1836 年,为纪念马礼逊,由广州的英美商人和传教士在该地建立了马礼逊教育会,裨治文为秘书。该会声称:"本教育会的宗旨是在中国开办和资助学校。在这些学校里除教授中国青年母语外,还要教他们读写英文,并通过这个媒介让他们了解西方世界的各种知识。这些学校还要阅读《圣经》和有关基督教的书籍……即使我们自己不能,但我们的后人将会看到,中国人不但为了商业、知识和政治的目的不断访问欧洲和美国,而且在放弃了敌视、迷信和偶像之后,将会同基督教世界的人民一起承认和崇拜真神上帝。"② 在该教育会的积极筹建下,马礼逊学堂于 1839 年在澳门开学。第一批学生为 6 人,学费及食宿费用全部免费。1842 年,该学校迁往香港,1848 年停办。虽然它前后只存在了不到 10 年,但不仅为中国培养了第一批在科学方面有造诣的留学生,如洋务运动中的重要人物唐廷枢、在近代中西文化交流史上占重要地位的容闳、中国第一位西医黄宽等,还为中国造就了一些基督教的支

---

① 李志刚:《基督教与近代中国文化论文集》,第 27 页。
② "Proceeding Relative to the Formation of the Morrison Education Society", *Chinese Repository* 5:373—381(Dec.1836). 转引自史静寰、王立新:《基督教教育与中国知识分子》,第 61 页。

持者,其中一些人参加了基督教,甚至还成为基督教领袖,如著名的香港华人基督教领袖黄胜等。另一些人则成为基督教的同情者,对基督教在华的传播有一定的推动作用。

最早在中国本土设立的教会学校是1830年美部会传教士裨治文在广州创办的贝满学校。该学校的目标较之英华书院传教目的更明确,《圣经》是其必读课,此外还教授少量的中国经典、英语、科学等学科。1860年前在华的教会学校基本属于这类性质,不仅免收学费,甚至还免费提供食宿,即便如此,学生寥寥,招收到的几乎全是家境困难的穷苦儿童。在这段时期内,由于清政府对基督教的种种限制,加上一些传教差会及多数传教士尚未认识到办教育对在华传教事业的重大意义,他们更相信直接传教的作用,因此在华开办的学校并不多,这些学校大多属传教士的个人行为,而且多数是在1842年之后陆续建立的,如1844年创办的宁波男塾(1867年迁至杭州,改名育英私塾);1850年创建于上海的清心书院;1853年创建于福州的格致书院等。从总体而言,这些学校在当时有许多弱点,如生源质量不高,教学水平等存在问题等,但毕竟是对中国旧教育体制的一个冲击,为西方文化和基督教的传入打开了道路。

4. 医药传道:为争取中国人信教,传教士还采用了医药传道工作。在传教士看来,若能治疗中国人的疾病,"就能较容易解除他们的误会和敌对,并能吸引他们来听道,或与教会发生来往"。[①] 大多传教士在来华前都受过一些初步的医药训练,以便在必要时送医送药吸引中国人,达到其传教目的,如马礼逊在1805年就曾在伦敦圣巴多罗买医院(St. Bartholomew's Hospital)受培训,掌握一些基本的医药常识。有些传教士还受过相当专门的医药训练,如郭实猎、文惠廉等人,只是他们

[①] 汤清:《中国基督教百年史》,香港道声出版社1983年版,第128页。

并没有把医药传道作为其主要的传教方式,而仅作为传教的辅助手段。

开创中国医药传道的是马礼逊。1820年他在澳门与李文斯敦(John Livingstone)医生共同开设了中医诊所,聘请中国医生在诊所工作。1827年,马礼逊又在郭雷枢(Thomas Richardson Colledge)医生的帮助下,在澳门开设眼科医院。1833年在郭医生的努力下又在广州增设一医馆。由于病人太多,难以应付,郭医生多次要求欧美各国传教差会派遣传教医生来华。1834年美部会派遣曾接受过神学教育的伯驾(Peter Parker)医生前来广州从事医药传道工作。伯驾于1835年11月在广州开设了博济医院(初时称眼科医局),是中国最早的一家西式医院。由于伯驾医术高超,又常免费施医施药,医院经常人满为患。他还为林则徐治愈了疝气,得到林则徐的赞扬,这为他在广州立足打下了扎实的根基。

为开展医疗传道工作,1838年伯驾在该医院内建立了在华医药传道会(The Medical Missionary Society in China),一方面设法在扩大免费治疗的同时向国人传教,另一方面又在英美等国多座大城市设立代理处,力陈医药传道的重要性,要求多多派遣医药传教士。1842年《南京条约》后伯驾在医院内公开进行传教活动,直接向病人传教或将基督教宣传品送给他们。医院每星期还举行礼拜,劝病人祈祷、入教。此后这类医院都设有专职牧师,从事传教活动。

继伯驾之后,英美等国传教差会又陆续派了一批医生传教士来华,如雒魏林、合信等人,并陆续开办了更多的医院。1843年雒魏林在上海创办了第一所医院,并于1861年在北京开办第一所西医诊所,开北京教会医院的先河。

这些早期的医院虽然规模都较小,但开创了医药传道的先河,为以后在华开展的较大规模的医药传道活动奠定了基础。

5.中西文化交流:早期的新教传教士为传教的需要,不自觉地在促进中西文化交流方面做了一定的工作。马礼逊来华后深感学习中文的重要性,而要学习中文,对西方传教士来说首先要有一本实用的华英字典。为此他用了十余年时间编纂,参阅了大量的中文图书资料,尤其是《康熙字典》,于1823年完成了6卷本共4595页的四开大本《华英字典》,收录的汉字加英译达40000多条。在他之后,一些早期来华传教士还编写了一些方言字典,如欧德里(J. Eitel)的《广州方言字典》,黎力基(R. Lechler)的《潮语德华字典》、《客语德华字典》等等。这些字典的编纂不仅为日后来华传教士学习汉语提供了方便,而且大大便利了西方人对中国的了解,由此促进了中西文化的交流。

1842年前传教士们所从事的上述工作主要是在东南亚或港、澳、广州,1842年后则移至五个通商口岸,其中上海、广州、香港有着举足轻重的地位。不仅如此,他们也开始向内地进军。从1807年到1860年间,西方差会向中国派出的传教士人数达150人,共设立了22个布道所,吸收了中国信徒约350人,大部分是于1842年签订了不平等条约之后建立和发展的。不管怎样,这一阶段的传教模式为其后基督教在华的发展奠定了基础。

这里需要强调的是,不管传教士本人对中国持什么态度,由于传教本身是伴随着西方殖民主义进入中国的,从一开始就与政治纠缠在一起。一些早期传教士为了能在中国立足不得不在本国政府任职,如马礼逊先在东印度公司任职,以后又任英国首任驻华商务监督律劳卑的秘书兼翻译。在鸦片战争和一些不平等条约的签订过程中,传教士通常都作为翻译等为列强服务。第一次鸦片战争时,郭实猎为英军译官。1841年9、10月英军占领定海、宁波等地,他以此身份"管理当地华人事务"达7个月之久。在订立《南京条约》时,郭实猎和马礼逊之子马儒翰都充当过翻译。《南京条约》后,郭实猎留定海任商务专员。[①]

[①] 李志刚:《基督教与近代中国文化论文集》,第63页。

1843年又任港督的华文译官,称"抚华道",专责香港华人事务。同样,中美《望厦条约》签订时,伯驾和裨治文都是美国政府顾盛使团的成员,对条约的制定起了一定的作用。该条约签订后,伯驾继续担任驻华使节的中文秘书和翻译。1856年之后,伯驾正式成为美国政府的外交官,成为美国驻华委员,不久升任公使。

这些为本国政府服务的传教士还利用职务之便,进行传教活动,发展了一批信徒。其中尤以郭实猎于1844年在香港建立的"福汉会"(又称"汉会")发展最快。这与他注意利用华人传道员去发展华人信徒的办法有关,因为他认识到,只有"中国人向其本国人传教才易产生效果"①。由此他采用摩拉维亚兄弟会的组织形式,发展了一批中国信徒(会员),还培养了一批专职中国传道人员。当时他培养传道人分为三个阶段:"第一阶段:学习基本教理,考试及格后派往附近村镇分发宗教书册及单张,并进行个人布道;第二阶段:完成第一阶段工作后,需回培训中心继续学习,然后派往较远地区做同样工作;第三阶段:完成第二阶段工作后,再回培训中心学习较深的教理,考试及格后派往较远的指定地区传教,并按时返回培训中心汇报工作。"②通过这种传教方式,到1851年郭实猎去世时福汉会"已有会员2871人,传道员有130人"③,成为当时中国最庞大的传教组织,除香港外,还在广州、佛山、顺德、三水、韶州、南雄、潮州等地设立分站;传道员的活动远至海南岛、广西、福建、江西、湖南、湖北、河南、山东、安徽、江苏、浙江等地,为早期新教在华的传播起了较为重要的作用,并对日后太平天国的一些领导人的思想产生了影响。这也可视为早期基督教传教士通过中国人"自

---

① 李志刚:《基督教与近代中国文化论文集》(二),第98页。
② 李宽淑:《中国基督教史略》,中国社会科学文献出版社1998年版,第144页。
③ 李志刚:《基督教与近代中国文化论文集》,第65页。

传"达到传播基督教的较为有效的方式。但郭实猎生前"对华人传道员向来信任包容,其中有不少吸食鸦片行为恶劣的会员,在领取传教刊物之后,并未到指定工作地点派发传教,及至预定时间即返训练中心作出虚假报告,以便领取薪金,是以引起不少西教士之不满",①由此福汉会受到不少西教士的攻击。在他死后,1855年该组织停办。但郭氏的这种传道方式为其后一些信义宗的外国传教士,主要是德国礼贤会、巴色会和小巴陵会的人士所继承,因此一般把后三者视为福汉会的延续。

总之,从1807年至1860年,基督教新教西方传教士为1860年以后基督教新教在华的发展作了大量的铺垫工作。

---

① 李志刚:《基督教与近代中国文化论文集》,第65页。

第二章 以上帝的名义——"拜上帝会"

早期传教士在华传教所取得的成果最明显的体现在"拜上帝会"中。虽然这种基督教形式在不少西方传教士看来属于异端,但洪秀全建立的"拜上帝会"确实可以视为最早建立的中国本色基督教会的一种尝试,尽管最终并不成功。

第一节 洪秀全与"拜上帝会"之建立

洪秀全是广东花县客家人。广东是基督教传入最早的省份,虽然在1844年前,中国政府禁止基督教传播,但有些传教士仍利用一切机会向中国人传教,尤其是利用应试等时机向知识分子传教。洪秀全正是在这种情况下首先接触到基督教的。1834年洪秀全第二次去广州应试,又不幸落第。在街上遇到传教士史迪芬及一华人助手传教,得到他们分发的梁发著《劝世良言》(1832年广州出版,共9卷本)。当时他并不在意,将此书带回家中束之高阁。1837年他第三次赶考再次落第,精神受到极大的刺激,大病40日。[①] 据说在这期间,他梦见异象,被接到天上,做了换心术,并有"一位黄发黑服的老人",委他以重任:"快去荡灭恶魔,扶持真理,使人类都能返本归元",并赐予宝刀和金

---

① 汤清:《中国基督教百年史》,第148页。

印,"算是委他去锄奸扶正的凭证"。① 其间,他还梦到一位称作"长兄"的中年男子,"嘱咐他要努力斩除恶魔,洗灭罪恶"。据说此后他便从"软弱无能和自愧无用之感""明显地变成了相反的方向:相信自己无所不能和圣洁无瑕"。② 但此时的洪秀全并没有造反的思想。1843年洪秀全再次赴广州应试落第,返家后怒极,将古书尽掷于地,说:"且等我来开科取士可也!"就在他对仕途绝望、对儒家圣人产生逆反心理时,其表兄李敬芳偶尔发现他闲置多年的《劝世良言》,大感兴趣,由此引起他的注意,尤其是书中反复强调的拜偶像毫无用处,如许多敬拜文昌、魁星者依然得不到功名等等这些说教与他当时的思想一拍即合。书中所宣传的基督教教义如上帝、耶稣、世道人心的堕落等思想使他立即与6年前的梦境相联系,认为梦中那位黄发黑服的老人就是上帝,中年男子即耶稣,他们授权于他,要他唤醒世人,成为"以使天下复行敬拜真神上帝之路者"③。由此他与李敬芳按此书所言,以水灌顶,自行施洗,并发誓"洗除罪恶,舍旧从新",将书塾内的孔子牌位撤除,又将家中所供奉的偶像及祖宗神牌尽行焚毁。应该指出,洪秀全受基督教影响撤除孔子牌位是反对把孔子作为神明来崇拜,但此时他对孔子本人及其代表的儒家思想还是极其推崇的。不久洪秀全为其密友冯云山和族弟洪仁玕等人施洗,开始了传道工作,初时入教者寥寥,收效不大。1844年他与冯云山去广西,向客家人传教,初见成效。稍后两人在传教过程中失去联系,便各行其是,洪秀全返回广东花县,一边教书一边传道。

在此期间,洪秀全根据梁发的《劝世良言》中所介绍的一些基督教

---

① 王治心:《中国基督教史纲》,基督教文艺出版社1993年版,第170页。
② 费正清主编:《剑桥中国晚清史》上卷,中国社会科学出版社1985年版,根据剑桥大学出版社1978年版译出,第292页。
③ 夏春涛:《太平天国宗教》,南京大学出版社1992年版,第18页。

知识以及中国传统的儒家思想,编写了一系列的宗教作品,虽然多数散失,但仍有少数流传至今,最有名的有《百正歌》、《原道救世歌》、《原道醒世训》等。

《百正歌》将中国古代历史人物分为"正"与"不正"两类,把尧、舜、禹、孔子等列为正道,称颂他们是君正、臣正、父正、子正的典范,使"真正民安国定"、"邪谋远避"、"天心顺应";桀、纣等因"不正",导致"亡其家园"、"生前见杀"、"死后被鞭"。总之,"能正可享天堂福,不正终归地狱境"。从总体上看,这首歌中的伦理道德主要是儒家的。

1845年他写了《原道救世歌》,由于此时他尚未能读到《圣经》全译本,其基督教知识仍主要来源于梁发的《劝世良言》。但该书较《百正歌》更体现了某些基督教思想,例如在上帝面前人人平等的思想。它驳斥了惟有君王才能敬天的说法,提出"普天之下皆兄弟"、"上帝视之皆赤子",人人都当拜上帝;要求世人"勿拜邪神,须作正人",并根据儒家伦理赞扬了上述"正"人的忠厚、廉耻、孝亲、非礼四勿及安贫乐命等行为;又根据儒家伦理抨击了"六不正",其中把奸淫视为万恶之首,不孝列为"大犯天条",以及杀人、偷盗、巫觋、赌博等。

1847年洪秀全经福汉会周道行的引见到广州,与美国浸礼会传教士罗孝全会面,并在教堂中潜心学道3个月,首次直接阅读《圣经》(一般认为是郭实猎的《圣经》中文译本)。此后他要求罗孝全为他施洗。据说当时罗孝全对他的信仰并不怀疑,已考虑为他施洗,只是因为洪秀全听信了罗的助手的"劝告",向罗提出入教后的生活保障问题,被罗视为动机不纯,拒绝了他施洗的要求。"秀全以所求不遂,离羊城回家"。[①] 至于洪秀全本人以后是否受过洗,被基督教会正式接受为基督

---

① 李志刚:《基督教与近代中国文化论文集》,第74页。

徒一事有不同看法。有些学者认为他受过洗①,但多数学者则认为他从未正式受洗。不管他以后是否正式成为基督徒,他在思想上深受基督教影响是毋庸置疑的。

约在广州之行后不久,显然是受郭实猎《圣经》译本的影响,他又写下了《原道醒世训》,首次提出了"皇上帝"这一概念。此书较之《原道救世歌》在认识上有了一个较大的飞跃,已从对社会的道德批判发展到提出改造社会的要求,认为"皇上帝天下凡间大共之父也……天下多男人,尽是兄弟之辈。天下多女子,尽是姐妹之群",在这基础上希望建立一个"大同世界",即孔子所言"大道之行也,天下为公。选贤与能,讲信修睦。故人不独亲其亲,不独子其子。使老有所终,壮有所用,幼有所长,鳏寡孤独废疾者皆有所养。男有分,女有归。货恶其弃于地也,不必藏于己;力恶其不出于身也,不必为己。是故奸邪谋闭而不兴,盗窃乱贼而不作。故外户而不闭,是谓大同"。② 只是如何达到大同,洪秀全认为惟有"悔改信福音"。这时的洪秀全虽然还没有产生革命的思想,但确有用耶儒之道改造社会的强烈愿望。这点为他日后金田村的起义打下了思想基础。而为他日后在广西开创立足之地,进而北上以实施其愿望的则是其好友冯云山。

冯云山与洪秀全走散后,逗留在广西紫荆山一带传教,逐渐在一些客家人村落中发展了一批信徒,约在1846年左右创建了"拜上帝会",这可视为中国新教的第一个本色教会。它完全是由中国人创建,所传的内容是冯云山根据洪秀全所理解的《劝世良言》中的基督教思想,加上洪秀全的异梦,要求人们皈信真神上帝。1847年洪秀全与阔别三载

---

① 王治心在《中国基督教史纲》第172页提到,洪秀全于1847年被罗孝全拒绝施洗后,便自行传道,后因清政府的迫害,逃到香港,跟郭实猎研究基督教道理,"大约在这时候,正式加入了基督教;只因后来他的革命事业失败了,便有人否认他是基督徒"。
② 中国史学会:《太平天国》卷一,上海人民出版社1957年版,第91—92页。

的冯云山在紫荆山会合时,该地的信徒已发展到3000多名。由于冯云山的宣传,洪秀全所见异象之事早已在信徒中传播,对他十分崇拜。洪秀全去后立即被推举为公认的领袖。

第二节 早期的"拜上帝会"

"拜上帝会"之所以能在广西客家人中首先建立起来,是与当时的形势分不开的。据《剑桥中国晚清史》分析,19世纪40年代广西省社会混乱,其部分原因是与外国接触所产生的破坏性后果,部分是由该地区的复杂性所使然。① 鸦片战争后,上海开放,使广东失去原有的地位,许多人失去生计,流落为寇,加之英国海军势力强大,使海盗流窜内地。40年代一些人在三合会领导下西进广西,在湘桂交界处尤其活跃。在这混乱的局势中,客家人受到的冲击最大,因为"所谓客家,是历史上我国汉族人民向南方迁移运动中形成的有着特殊固定语言系统的集团"②,他们在语言、习俗等许多方面与当地土著不同,长期受当地人的排斥。这不仅表现在对土地的占有等方面,也反映在宗教方面,不为当地人所接纳,常游离于地方宗教之外。"长年不断的盗匪活动以及客家人和本地人的村社之间愈演愈烈的仇杀,结果使广西社会在40年代后期很快趋向军事化。形形色色的武装集团在农村到处出现……对客家人来说,所有这些对手都是敌对分子"③。客家人在与当地人斗争中常处于势单力薄、遭受欺负的地位,地方官又往往偏袒当地人,为此他们强烈地希望改变现状,不仅容易接受与当地社会不一致的新思

---

① 费正清主编:《剑桥中国晚清史》上卷,第287—289页。
② 王庆成:《金田起义记》,《太平天国的历史和思想》,第92页。
③ 费正清主编:《剑桥中国晚清史》上卷,第289页。

想和宗教,而且强烈希望组织起来,建立起能维护他们利益的团体。因此当基督教传教士在两广地区活动,尤其是通过福汉会这种形式活动时,不少客家人便接受了基督教。也正是这一原因,冯云山在广西传道很快能在客家人中找到信徒。拜上帝会对生活在动乱中的客家人吸引力就更大了,因为许多人把它视为庇护所。一些福汉会的客家信徒对拜上帝会均持支持态度,有些人同时也参加该组织。据说,冯云山于1848年曾拜访过福汉会创始者郭实猎牧师,并在其手下受洗。

拜上帝会在广西能得到发展,还因为清政府对天主教弛禁。由于拜上帝会所提出的也是敬拜惟一真神上帝,耶稣是救主等的提法,在清政府看来,与天主教并无区别。例如当时有人状告冯云山"迷惑乡民,结盟拜会",并呈上冯云山手抄本一书,经桂平知县核查,认为此书并无不法之事,"惟内有耶稣二字,系西洋天主教书"[1],因此并没有禁止拜上帝会发展,而只是将冯云山解回原籍了事(冯云山事后仍设法留在广西)。正是在这种形势下,拜上帝会得以在广西迅速发展。

早期的拜上帝会只是一个宗教信仰团体,冯云山和洪秀全努力把它建成完全由中国信徒组成的中国本色基督教会(虽然他们没有意识到这种涵义),这点与他后来的发展有所不同,因为早期政治意识并不强,也没有确定自己的经典的意图,而是以《圣经》为其经典(虽然他们更为突出《旧约圣经》而不是《新约圣经》中的内容)。早期的拜上帝会对上帝和耶稣的认识,特别是三位一体的认识虽与西方基督教有所差别,那也只是个认识不足问题,并不像后来完全走上基督教异端之路。早期拜上帝会在组织建制和礼仪上虽然采用了中国民间宗教的一些形式,但并不极端,而且较好地吸收了西方基督教会的某些形式。这种状

---

[1] 广西巡抚邹鸣鹤咸丰元年十一月初五日奏折,《太平天国文献史料集》,中国社会科学出版社1982年版,第324页。

况也与太平天国定都天京以后用强制手段推行其礼仪不同。因此我们可以将早期的拜上帝会视为中国最早的本色基督教会。探讨其早期的思想和活动对研究中国基督教的本色化有一定的价值。

要了解早期的拜上帝会,首先要了解那时洪秀全的上帝观、基督观。

洪秀全的"上帝"概念显然最早并不是从梁发的《劝世良言》中得来的,因为中国古代的儒家典籍上早就有这一词语,作为读书人,洪秀全不可能不知道中国在三皇五帝之世即已存在一位至上神"上帝"。但真正对这位上帝感兴趣,并对他重新认识则是在他读了梁发的《劝世良言》并与自己的梦境联系起来之后。这时他心目中的上帝已起了根本的变化,成为中西合璧的惟一真神。受《劝世良言》的影响,洪秀全认识到:一、上帝并不是诸神之首,而是惟一的真神;二、以往中国人所信的一切儒、释、道及其他诸神都只是偶像,是假神;三、这位真神有强烈的意志,是位赏善罚恶的神,他绝不允许信徒去拜别的神,人要取悦上帝必须推倒一切偶像;四、这位真神是位创造天地万物的主宰。这些观念与西方基督教对上帝的认识均相符合。

基督教作为世界宗教,在传到某一地方时总要与当地文化相结合,因此,各地区人民对上帝的理解当然也不会完全一致。无师自通的洪秀全更是这样。在中国人心目中皇天上帝的概念原本就有,洪秀全很容易与之相连,尤其是一些儒家典籍中所提到的从盘古到三皇五帝的上帝,与基督教所提的上帝有许多相通之处。既然世界只有一位真神上帝,那么上帝肯定不会只属于西方世界所有,在洪秀全看来,上帝早在中国古代就已显现,那时的社会是一个天下为公的大同世界,人民一体敬拜皇上帝。只是到后期,人心被妖魔败坏,中国人才去拜那些怪力乱神。这种说法实际上也为现今不少中国基督徒所认同。这说明洪秀全当时的这一认识用今天的眼光看是符合基督教本色化精神的。

拜上帝会还常用"天"或"天父"来指上帝。这无疑使中国人更容易理解上帝,因为中国古代典籍中,往往把上帝称为"天"。利玛窦就据此把西方基督教的 God 译为"天主"。在《劝世良言》中,梁发至少有13处用"天"来指上帝。至于"天父"的提法洪秀全也是融合了基督教的"圣父"上帝的概念。虽然他不可能理解三位一体中的"圣父"(拜上帝会称"神父"),但基督教的这一用法他承袭下来。既然天就是上帝,那么自然就能称为"天父"上帝,或"天圣父"。

上帝"天父"的概念还出自上帝创造人这一基督教的基本思想。洪秀全在这方面的认识也比较符合基督教原意。他在《原道救世歌》中提出"自人肉身论,各有父母姓氏",但"若自人灵魂论","则皆禀皇上帝一元之气以生以出",由此提出"普天之下皆兄弟,灵魂同是自天来"的在上帝面前人人平等的思想。就这一点而论,洪秀全较好地理解了基督教中上帝造人的神学思想。当然在阐述这点时,他也掺杂了大同社会、"天下一家"等思想。这些在"拜上帝会"早期都起了积极作用。

在对耶稣基督的认识方面,洪秀全与西方基督教会有较大的差异。西方基督教在马丁·路德宗教改革以来强调因信称义,素以耶稣基督为中心。而拜上帝会则以上帝为中心,这与洪秀全无法理解三位一体的教义有关,也与他无法理解原罪的思想有关。

基督教认为上帝有三个位格,即圣父、圣子和圣灵,这三个位格既不相同,但又实体相通。基督既是上帝的独生子,又是道成肉身的上帝。实际上这一教义在《圣经》中并没有明白写出,教会也把它作为一个奥迹来对待,只能凭信仰来理解,至今许多基督徒对此也并不能讲述清楚。作为无任何神学根基的洪秀全自然更不可能对此有明确的理解了。基督既然是上帝之子怎么又是上帝本身,从中国人眼光看来这显然与惟一真神的思想相抵触。洪秀全对他梦境中所见的异象深信不疑,上帝与耶稣是两个不同的形象。上帝是位老者,是惟一的真神;而耶稣只是上帝的长子,是上帝的助手,完全听命于上帝。因此他不可能成为信仰的中心。

洪秀全也无法理解基督教的原罪观。在奥古斯丁之后，原罪观便成为西方基督教神学中的一个重要内容，认为人类自始祖亚当、夏娃偷吃伊甸园的禁果后，便带上原罪。这种罪世代相传，无法自救。仁慈的上帝为了救赎人类，派了无罪的独生子，也就是道成肉身的耶稣基督降世，用他的宝血，代人受过，替人赎罪。深受儒家性善论思想影响的洪秀全对原罪观自然无法理解，也难以接受。而如果不能深刻理解原罪的话，也就无法真正理解基督教所强调的耶稣基督代人受过、救赎人类的重要性，因此也就难以把耶稣基督作为其信仰的中心。正因如此，拜上帝会从来都不把耶稣基督作为中心突出，而着重宣扬独一无二的皇上帝。与之相应的是这种思想反映在它对待《圣经》的态度上，重视突出耶和华上帝作用的《旧约圣经》，而相对忽视强调耶稣基督救赎的《新约圣经》，这一点的确与传统的西方基督教会有所不同。

既然洪秀全从不把耶稣基督视为上帝，他心目中的上帝就理所当然的只是《旧约》中所描写的那位威严无比、赏罚分明，并常发烈怒、降灾于民的上帝，而不是《新约》中所描写的充满爱的上帝。为了取悦于这位威严的上帝，洪秀全强调必须遵行天道，特别是"十诫"。洪秀全本人正是奉上帝之命，行"天道"（上帝之正道）的人。他要在现世力促人们拜上帝，习善正，弃奸邪，自比为《旧约》中上帝的最高祭司麦基洗德。洪秀全认为人的灵魂来自上帝，人的本性是善正的，人变邪是受妖魔的迷惑、不拜真神拜邪神所致，所以他要劝人拜真神，肃清人们对偶像的崇拜。早期拜上帝会所列的妖魔不仅包括《圣经》中所描写的魔鬼、偶像、蛇、龙等，还有中国佛教和民间宗教中所崇拜的各种菩萨、神仙以及阴曹地府阎罗等。

在基督教的影响下，洪秀全对佛教的轮回转世说持完全反对态度，相信人死后或上天堂，或下地狱。早期的拜上帝会对天堂地狱的描写虽夹杂了大量民间宗教色彩,但其思想主要还是出自传统的基督教,强调信上帝者死后进天堂,享永福,不信者死后下地狱,受永苦。如《原道觉世训》中写道:"敬拜皇上帝,则为皇上帝子女,生前皇上帝看顾,死后魂升天堂,永远在天堂享福,何等威风快活。溺信各邪神,则变成妖徒鬼卒,生前惹鬼缠,死后被鬼捉,永远在地狱受苦,何等羞辱愁烦"①。拜上帝会吸收了基督教中对天堂地狱的描写,如上帝在天国高坐在宝座上,基督在其右面,周围有众天使侍立;地狱则是充满硫磺的火湖,恶人被投入其中永受煎熬等。与此同时,洪秀全还吸收了大量的中国民间宗教对天堂地狱的描写,把天堂说成有33重天,上帝在最高一层,而地狱则有18层等等。总之天堂中能享受到人间所能想象的一切最美好的事物,而地狱中备受人们所能设想的一切最可怕的折磨。

　　传统基督教对上帝之国(天国)的含义并不完全指人死后的去处,有时还指人的心灵处境,或是地上的教会。洪秀全在《劝世良言》的影响下也认为天国应有双重含义,由此产生了天上大天堂和地下小天堂的概念,但在他心目中小天堂并不是西方基督教所说的教会,而把古代的大同社会视为地上的天国,这正是他所追求的在现世所实现的目标。而圣经《使徒行传》中所描写的原始基督徒社团财产共有、过共同生活的模式对他为实现这个地上天国不无启示。这一点正是他日后创立太平天国的思想基础。

　　随着拜上帝会的发展,为严肃纪律,洪秀全与冯云山着手制订一系列中西合璧的规章制度。最重要的是《天条书》,后来它成为太平军的营规。《天条书》中的核心内容可以说完全根据旧约《十诫》,我们可对它们作一比较:《天条书》规定:1. 崇拜皇上帝;2. 不好拜邪神;3. 不得妄提皇上帝之名;4. 七日礼拜颂赞皇上帝恩德;5. 孝顺父母;6. 不好杀

---

① 《太平天国印书》,第22页。转引自夏春涛:《太平天国宗教》,第79页。

人、害人;7.不好奸邪淫乱;8.不好偷窃劫抢;9.不好讲谎话;10.不好起贪心。而《圣经》"十诫"是:"除上帝外不可崇拜别的神;不可制造并跪拜偶像;不可妄称上帝的名字;当守安息日为圣日;当孝敬父母;不可杀人;不可奸淫;不可偷盗;不可作假证诬害人;不可贪图别人的房屋、妻子、仆婢、牛驴和其他财物"(《圣经·出埃及记》20:3—17)。根据"十诫",拜上帝会信徒不可淫逸放纵,要杜绝各种陋习,包括喝酒、抽烟、吸食鸦片、赌博、说谎等。这些对日后太平天国建立严密组织纪律有着重要作用。为使中国百姓理解十诫,《天条书》在解释"十诫"时,采用了民间喜闻乐见的形式——通俗易懂的七言四句诗;在说理方面,则采用儒家思想,甚至还有佛教的因果报应等思想。如对孝顺父母这一条的解释是:大孝终身记有虞,双亲底豫笑欢娱。昊天无极宜深报,不负生前七尺躯。对"不好奸邪淫乱"的解释是:邪淫最是恶之魁,变怪成妖甚可哀。欲享天堂真实福,须从克己苦修来。这些形式和思想使中国信徒很容易接受。

在确立早期拜上帝会的组织建制和礼仪方面,洪秀全和冯云山吸收了郭实猎所创立的福汉会的一些做法,又混合了中国民间宗教的某些方式,可以说是一种中西合璧的本色教会形式。

郭实猎创立的福汉会是按摩拉维亚兄弟会的形式组建的。该兄弟会源于15世纪波西米亚胡斯派兄弟会,18世纪经德国亲岑道夫伯爵改造,成为十分注重灵性敬虔的传教团体,无严谨的教条和体制,强调个人与上帝的直接交往,礼拜聚会时不注重外在的形式,如无教堂就在室内举行,而且陈设简单,不设圣坛、十字架、讲坛等。礼拜时男女分坐,牧师站在前面讲道,并引导大家读经、唱诗、祈祷等。信徒间以兄弟姐妹相称,强调平等友爱,提倡财物公有。信徒以性别、婚姻划分小组,由各组长负责纪律与灵修。该兄弟会要求信徒过严谨刻苦的生活,并鼓励他们积极传道,为传教事业勇于牺牲,但并不强迫,而是自觉自愿地完成。兄弟会也不像其他教派设有专门的信条或信纲。福汉会成立便沿用此法。拜上帝会在福汉会影响下采用其部分形式,礼拜聚会时也是男女分坐,由主领人讲道,并带领会众唱诗,进行祈祷等活动。但拜上帝会在礼拜中又结合了中国民间宗教祭祀的色彩,如用清茶、食品祭上帝,祈祷后将祷文焚化等,这些做法又有别于西方基督教会。这种中西合璧的特点不仅体现在平日礼拜上,也体现在吸收新教徒而举行的洗礼上。太平天国研究专家简又文先生在《清史洪秀全载记》中对太平天国初期的拜上帝会礼拜仪式有如下记载,从中充分显示了这种本色化的礼拜方式:

> 拜上帝会之礼拜仪式,亦为洪、冯创制者。大堂一端神桌上置明灯二盏,清茶三杯。男女分坐左右。开会唱赞颂歌,主礼人讲道。祈祷时,全体向阳光入室处跪下,由一人代众祷告。凡皈依之新教徒,先跪诵忏悔状,后焚化之。主礼人问悔改否?拜上帝否?守天条否?答语合格,乃取水一碗灌其顶上。新教徒起立,自饮清水一杯,复以碗水自洗心胸,表示洗心革面之意。礼成。众教徒又常到河中洗净全身,同时祈祷认罪求赦。会众各向总会领取洪、冯特制之祈祷文,谓之奏章,晨昏礼拜念诵。凡有吉凶大礼或特别事故,皆行祭告仪式,以食物作牺牲。祭毕,共食之。凡此皆撷采中国拜祭之最敬礼,施行于无所自创之新教中,亦中西合璧之仪式。初期之太平基督之真象有如此者。[①]

简文中只提到拜上帝会举行基督教的两种基本圣礼(洗礼和圣

[①] 简又文:《清史洪秀全载记》,香港,简氏猛进书屋1967年版,第43—44页。转引自李志刚:《基督教与近代中国文化》,第81页。

餐)中的一种,即洗礼,其含义是"洗心革面"。至于圣餐仪式,拜上帝会根本没有,究其早期原因可能是因为梁发的《劝世良言》中没有提到,洪秀全不知有此礼仪。但他去广州向罗孝全学道时应该对此有所了解,但拜上帝会仍没有设此礼仪,可见在洪秀全心目中这一基督教礼仪对他们并无太大意义。这可从拜上帝会所强调的中心——突出敬拜惟一真神上帝——寻找原因。圣餐是为纪念耶稣基督的自我牺牲而设,圣餐中的饼和酒代表了耶稣为救赎人类而献出的体和血,因此对于把耶稣基督视为道成肉身的上帝的基督教而言当然具有深刻的神学意义。有些基督教新教教派认为圣餐并不只是为了纪念耶稣,还表明了上帝赦罪的应许,是上帝的恩赐;还有些人认为这表明信徒与耶稣合而为一。而对于拜上帝会而言,耶稣基督并不是上帝,其位在上帝之下,因此与耶稣有关的圣餐自然就不显得那么重要。况且洪秀全把酒列为淫邪之列,是严禁饮用的,对圣餐中要用酒的做法自然也不能认可。实际上,新教有些教派中,圣餐并不用酒,而是用葡萄汁取代,如卫斯理宗各派,但当时的洪秀全所得到的有限的基督教知识,不可能知道这一点。

拜上帝会结合中国特色不设牧师,也没有特定的礼拜堂,一切宗教生活由统领主持。

从上述分析看,拜上帝会的早期虽然有许多与西方基督教会不尽相同之处,但就它把基督教与中国文化的结合来看则不失为中国基督教本色教会。

虽然早期拜上帝会确实是一个宗教团体,但因会众激烈的反偶像崇拜的态度和行为常与当地士绅官府发生冲突,在广西这一特定环境中,很快就变成一个政治性的组织。在西江流域多是全家、全村、全族人参加,会众多数为农民和穷苦劳工,但也有少数富户,当然所有参加者中以客家人居多。

1848年冯云山一度被官府押候审理,洪秀全为解救他奔走广州,紫荆山拜上帝会处于群龙无首之境。原烧炭工杨秀清和萧朝贵便声称天父上帝和天兄耶稣分别降临其身,宣布洪秀全是"日头",洪妻则是"月亮",冯云山、杨秀清、萧朝贵均是星宿下凡。素来反巫觋的洪秀全对这事不仅首肯,而且于同年冬天"诏明"了《太平日书》,大肆渲染他在1837年的梦境,由此证明他是上帝次子、耶稣的胞弟,被上帝封授真命天子,以完成"斩邪留正"的使命。此后杨、萧常以天父及天兄附体的形式,诏示会众,从而使太平天国的金田起义披上了宗教外衣。值得注意的是,从这时起,拜上帝会在实践上就日益向着基督教"异端"方向发展了。

第三节 "拜上帝会"本色基督教性质的变质

太平天国于1851年揭竿起义,并于1853年定都南京(改名为天京)。

拜上帝会只崇拜惟一真神"皇上帝",认为他是"天下凡间大共之父",并对"皇上帝"一词进行了解释:"大而无外谓之皇,超乎万权谓之上,主宰天地人万物谓之帝。"① 由此除上帝之外,无一人能僭"皇"称"帝",洪秀全也不例外。因此太平天国建国后洪秀全只是自称"天王",并没有称帝。

太平天国建立之初,所推行的一些制度、信仰和礼仪,颇有建立起一个基督教社会的意味。

在体制方面有体现基督教中人人平等、男女平等思想的一些方面。这主要表现在1853年颁布的《天朝田亩制度》和新的开科取士制度。《天朝田亩制度》是洪秀全根据上帝是全人类共同的天父,人人皆为兄

---

① 转引自周燮番:《中国的基督教》,商务印书馆1997年版,第132页。

弟姐妹的原则制定的。在这一原则下,土地金钱应为公有,男女应一律平等,共享天父福分,因此强调有田同耕,有衣同穿、有钱同用,无处不均匀。当然这种思想在那个时代只能是一种乌托邦,不可能实现,但不失为一种人类追求美好社会的理想。此外,新的开科取士制度也体现了男女平等,开创了妇女参加科举考试的先例。女科以洪宣娇为主试,并首取傅善祥为女状元。此外,一些压迫妇女的封建制度和陋习,如买卖奴婢、蓄养妾侍、妇女缠足等均被列入严禁之列。

为实现他们理想中的地上天国,太平天国严禁各种有违"十诫"的恶习,如偷盗、抢劫、赌博、奸淫、一切烟酒,包括鸦片和中国的土烟在内,对娼妓处置尤其严厉,宣布"官兵民人私有宿娼、不遵条规开娼者,合家剿洗"。① 这种状况较之欧洲宗教改革时期加尔文在日内瓦的所作所为有过之而无不及。

在礼仪方面,太平天国不仅沿用原拜上帝会的那套方法,而且更加严格。"在宗教方面,天王时刻不忘传播其新教。朝上设'典镌刻'正副官四人,专司刻印《圣经》及传道书籍……满朝及全军每日晨昏与饭前礼拜天父上帝如故。凡有吉凶、建筑、出行、作战等大事,必祭告天父上帝如故。祭告礼拜时,用明灯、清茶及焚烧奏章如故。逢礼拜日,百工停息,惟军中交战及守卫为例外。京中及各城,无礼拜堂之设,但于各府衙馆子中,各设'天父堂'为团体礼拜之所。天京内礼拜日之前夜三更,街道卜竖立大旗,上书'明日礼拜,各宜虔敬'字样。又派人巡街鸣钲,沿途高呼如上。礼拜仪式:下跪、祈祷、诵圣经、唱赞颂、施洗礼、讲道理、焚奏章,一一如故。独有基督教之圣餐典礼,以不知不习之故,全未举行。其讲道理之举,常在军中施行。每搭高台,召集军民环听,由主官演讲道理,并发挥革命大义……固已有的政治宣传作用,非徒为

---

① 《太平天国文书汇编》,第90页。转引自夏春涛:《太平天国宗教》,第137页。

传教,亦非限于礼拜日举行已也。"①对违反礼拜者的处置十分严厉,凡闻锣不到者,受责数百板,三次无故缺席者便斩首。

为在全民中推行其本色基督教信仰,抵制儒释道对人民的影响,一方面大量印刷《圣经》(即《旧遗诏圣书》和《新遗诏圣书》)及论证洪秀全受天命建立太平天国和各种所谓《真天命诏书》,另一方面禁止一切诸子百家及历朝历代的书籍出版,把它们统统称之为"妖书邪说"。1853年发布了由25篇文章组成的《诏书盖玺颁行论》,提到"遗诏书之颁行一日不可缓也",以免"使天下良民仍受妖书经传之蛊惑"。虽然洪秀全对基督教所宣传的谦卑、宽恕等说教也早有不同的见解,并作了批语,认为"过于忍耐或谦卑,殊不适用于今时,盖将无以管镇邪恶之世也",②由此提出"斩邪留正",建立"地上太平,人间恩和"的理想社会。但不管怎样,《圣经》被视为独一无二的真道书。这从1853年太平天国建立后大量印刷各类《圣经》可以看出。据说当时太平天国计有400人不间断地复制郭实猎的《圣经》译本,并免费散发。是年"在不加注释或评论的情况下出版《圣经》在数量上是其他所有出版物的20倍"。③

太平天国早期的这些做法得到了不少在华新教传教士的首肯。1854年伦敦会传教士纪里士卑曾在其书中提到:"无疑地假如这种新运动成功,中国全境会向基督教传教师的工作开放⋯⋯这运动是大有希望的。"④在这种希望的鼓舞下,大英圣书公会决定在最短期间内印刷100万册中文本《新约全书》。为此许多英国信徒踊跃捐款,不久便

---

① 简又文:《清史洪秀全载记增订本》,第238页。转引自汤清:《中国基督教百年史》,第154页。
② 简又文:《太平天国起义记》。转引自周燮番:《中国的基督教》,第135页。
③ 转引自夏春涛:《太平天国宗教》,第91页。
④ 转引自汤清:《中国基督教百年史》,第155页。

集得52368英镑现款,足够大英圣书公会其后在华20年的一切活动经费。

虽然太平天国在初建时有建立基督教社会的愿望,但实际上自他们打起太平天国的旗号开始就与基督教逐渐分离,而且随着太平天国的发展,拜上帝会与基督教两者的分歧愈来愈大,这不仅表现在教义、伦理道德方面,也表现在对《圣经》的理解等方面,与传统基督教会愈来愈不相同,并由此发展到修改圣经,并最后确立太平天国自己的《真经》,完全脱离基督教,成为基督教的异端。

在教义方面,最为突出的是表现在对三位一体上帝的看法上,太平天国的理解比早期拜上帝会离西方传统基督教更远。这不仅体现在对实质相通而又有三个位格的上帝由原来的认识不足发展到完全拒绝,而且把这三者朝着更加人格化、血亲化的方向发展。在早期的拜上帝会中,洪秀全虽然并不真正明白三位一体的含义,但在礼拜时采用的赞美经中对三位一体的上帝还是采用了正统基督教的说法:"赞美上帝为天圣父,赞美耶稣为救世圣主,赞美圣神风为圣灵,赞美三位为合一的真神……"①这里他并没有对圣灵(圣神风)给予牵强附会的解释。但到1853年,他则将圣灵并连带"劝慰师"、"禾乃师"、"赎病主"都封给杨秀清个人。赞美经前几句也随之改为:"赞美上帝为天圣父是独一真神,赞美天兄为救世主是舍命代人,赞美东王(杨秀清)为圣神风是赎病救人,赞美西王(萧朝贵)为雨师是高天贵人,赞美南王(冯云山)为云师是高天正人,赞美北王(韦昌辉)为雷师是高天仁人,赞美翼王(石达开)为电师是高天义人。"②

拜上帝会早期虽然根据洪秀全1837年的梦境认为天父和天兄是

---

① 转引自夏春涛:《太平天国宗教》,第256页。
② 同上。

两个不同的人格,但尚没有将他们与洪秀全本人定为有血亲的联系。随着太平天国反清的政治需要,洪秀全对异梦进行了夸大,加之杨秀清、萧朝贵所演的天父天兄下凡,天父天兄更被人格化了,天父被描写成"头戴高边帽,身穿黑龙袍,满口金须拖在腹上,相貌最魁梧,身体最高大,坐状最严肃,衣袍最端正,两手覆在膝上"①的老者形象。为了加深人们对洪秀全与上帝的血亲关系的理解,洪秀全声称他曾到天堂,见到生育耶稣和洪秀全的"天妈",即上帝之妻,还见到了耶稣基督的妻子"天嫂"。太平天国后期,洪秀全还声称因天兄无子,所以将其子洪天贵福给耶稣作嗣子。这种血亲的"上帝家庭"还体现在太平天国的新赞美经中:"赞美上帝为天帝父、赞美基督为救世真圣主,赞美圣神爷之风为圣灵,赞美三位为父子一脉亲。"②在这里除了圣父圣子圣灵间的"一脉亲"的血亲关系外已看不到任何三位一体的观念。西方基督教会十分强调"上帝是灵"的重要概念。圣父、圣灵等都是灵,不具有人形,只有圣子耶稣基督才是道成肉身,取了人身,而作为复活升天的耶稣基督也是一个灵。既然是灵当然就不可能有娶妻之说,也不可能需要什么嗣子。而在强调血亲关系的太平天国中缺少的正是这种"上帝是灵"的观念,而所具有的是神人同形观。

洪秀全还把基督教救世主思想与中国浓厚的皇权思想结合起来,把自己说成是"万国真主"。为证明此点他先把自己说成是《旧约圣经》中上帝的最大祭司麦基洗德,又将自己比作日头。还引用新约《圣人约翰天启之传》(即《启示录》)第 12 章第 1—5 节中的比喻附会到他身上,说太兄(耶稣)、东王(杨秀清)和他本人都是天父原配天妈所生,后天

---

① 《太平天日》,《太平天国印书》,第 36—37 页。转引自夏春涛:《太平天国宗教》,第 105 页。
② 转引自夏春涛:《太平天国宗教》,第 256 页。

父命太兄下凡,经马利亚降生救赎世人。太兄受难后,洪秀全则由一位身着太阳服的亚妈生出,以示他就是太阳。后蛇妖欲吞食他,幸而有爷(天父)哥(天兄)下凡替洪秀全做主,专灭此蛇。"今蛇兽伏诛天下太平矣。"①这些为洪秀全下凡做万国真主找依据的诠释自然不可能不引起只相信耶稣基督是惟一救主,上帝才是真正的万王之王的基督徒的反对。

在对天国的看法上,太平天国发展了早期拜上帝会的地上天国思想,强调"千年王国"不只是指天,也指地,洪秀全在对《马太传福音书》第5章第19节的这段经文的批文中强调:"天国是总天上地下而言,天上有天国,地上有天国,天上地下同是神父天国,勿误认单指天上王国。"如仅此而已,今天一些基督徒也会赞同,因为不少自由派基督徒也认为天国并非只是指天上的天国,还要努力使天国在人间实现,因此他们积极投身于社会。但洪秀全与他们不同的是声称"千年王国"已建立,并明确指出太平天国就是神国在地上的小天堂。他在《圣人约翰天启之传》第15章第50节的批注中将这点阐述得很清楚:"神国在天是上帝大天堂,天上三十三天是也。神国在地是上帝小天堂,天朝是也。天上大天堂是灵魂归荣上帝享福之天堂,凡间小天堂是肉身归荣上帝荣光之天堂。"上帝和基督已降临天京,天京就是新耶路撒冷:"今太兄至矣。天朝有天父上帝真神殿,又有太兄基督殿,既刻上帝之名与基督之名也。由天父上帝自天降下之。新耶路撒冷,今天京是也。"(《圣人约翰天启之传》第3章第12节批注)②这种看法是任何基督徒都无法接受的。

洪秀全还把《圣经》中的蛇魔完全政治化,用于指满清朝廷,认为他们完全不同于受魔鬼诱惑后堕落的人,因为满人不是正常的人,是狐

---

① 转引自夏春涛:《太平天国宗教》,第130页。
② 同上书,第125页。

狗交媾而生的妖人,没有来自天父的灵魂,也就不属于天下兄弟姐妹之列,由此认为太平天国与清政权的斗争是上帝与阎罗妖的斗争,是正与邪之战。这种说法对太平天国而言,是他们反清的神学依据,但在西方基督教看来这种观点在《圣经》中是找不到任何根据的。

洪秀全为维护其统治,把早期拜上帝会的平等思想也逐渐丢弃殆尽。他虽激烈地反孔,但为维护其统治,采用的手段仍然是儒家的纲常伦理。他在《王长次兄亲耳亲目共证福音书》中强调反对"君不君,臣不臣,父不父,子不子,夫不夫,妇不妇",主张"总要君君、臣臣、父父、子子、夫夫、妇妇"①。这种封建的等级制已全然无平等可言。

为满足太平天国首领们的情欲,他们根本上违反基督教所宣传的一夫一妻制,转而实施一夫多妻制,并以上帝圣旨名义为此种做法找根据。洪秀全反对《保罗达提多书》第1章中的说法,即强调作监督的必须无可指摘,只作一个妇人的丈夫,作了如下批示:"今上帝圣旨:大员妻不止。钦此。"这样,在上帝"十诫"的名义下严禁民间买卖奴婢、蓄养侍妾的同时,又在上帝圣旨的名义下使太平天国官员们的一夫多妻制取得合理合法的依据。洪秀全本人就拥有妻妾达88人之多,超过了历代皇帝所拥有的三宫六院七十二妃的妻妾数。更有甚者,他对这些妻妾,进行了非常严厉的人身限制,连说话声音大小、面部表情等等都有规定,否则就要挨打。《天父诗》专门对此订立10条规矩:"服事不虔诚,一该打;硬颈不听教,二该打;起眼看丈夫,三该打;问王不虔诚,四该打;躁气不纯静,五该打;讲话要大声,六该打;有喙不应声,七该打;面情不欢喜,八该打;眼左望右望,九该打;讲话不悠然,十该打。"②

---

① 《太平天国印书》,第714页。转引自夏春涛:《太平天国宗教》,第199页。
② 《天父诗》第17—18首;《太平天国印书》,第574—575页。转引自夏春涛:《太平天国宗教》,第200页。

每条都另配有诗,如对不准起眼看丈夫一条配诗曰:"起眼看主是逆天,不止半点罪万千","看主单准看到肩,最好道理看胸前,一个大胆看眼上,怠慢尔王怠慢天"。① 这里除了主奴关系外,看不到任何夫妻间的平等伙伴关系。

不仅如此,为满足他们的奢侈生活,以洪秀全和杨秀清为首的各王打着为"天朝"行"天事"的旗号,动用了大量的以各种方式得来的战利品和无数钱财,着手修建各自奢侈豪华的王府。洪秀全为自己设计了极其豪华的重殿叠宇的天王府,内有"九重天庭"以及多座园林。王府内美女如云,妻妾成群。与此同时他们却在全城百姓中强制推行军营式的生活,夫妇被迫分居,分别住在极其简陋的男馆和女馆内,如发现夫妇同宿则以违反第七条天条处以极刑。这种强烈的反差,使天京城内民怨沸腾。

在与基督教愈来愈脱节的同时,洪秀全等开始意识到他们宣传的信仰有许多不合《圣经》之处,由此导致修改《圣经》,建立自己的经典。修改《圣经》的意识最早形成于1854年6月,主要是英国领事麦华陀等人对太平天国的基督教性质提出种种质疑而引起的。当时这批人为了解太平天国曾乘舰艇从上海专访天京,但太平军没有准许他们进入天京城内,他们只能通过书信向太平军提出各种神学问题。麦华陀等人了解了太平天国的一些神学思想后深表失望,并以舰长麦勒西的名义向太平天国发了一份照会,对太平天国的信仰用《圣经》逐条进行批驳,全面否定了他们所信奉的神人同形的上帝观,驳斥了洪秀全是"万国真主"、天朝是小天堂、清朝是妖魔等等说法。此事在天京城内沸沸扬扬,使洪秀全等人第一次强烈地意识到《圣经》对他们的信仰构成的

---

① 《天父诗》。转引自魏文华:《太平天国早衰早亡的教训:腐败》,《书摘》2000年第3期,第35页。

潜在威胁。就在麦华陀等人离开天京后的第八天,杨秀清以天父下凡的名义宣布"其旧遗、新遗诏书多有记讹……此书不用出先",此后又声称:"天父因凡间子女或有轻视圣旨,泥执约书,故特诏约书有讹当改,并诏圣旨有错,以试众心。"①从1854年下半年开始,太平天国暂停了出版《圣经》工作,并提出要对"有讹"的《圣经》进行全面修改。

由于时势的变化,特别是统治集团内部的矛盾日益尖锐,《圣经》修订工作没有立即开始。1856年由于内讧,东王杨秀清和北王韦昌辉在洪秀全导演的互相残杀中都成了牺牲品。翌年,翼王石达开也离开天京出走,太平天国元气大伤。在这段时期,太平天国几乎停止了一切出版工作。1858年为恢复对人们的思想控制,洪秀全不得不再在太平军中恢复读经制度,重点是读对拜上帝会的教义构不成直接威胁的《旧约》前五卷《摩西五经》。1859年太平天国由干王洪仁玕总理政事,其政教诸事开始走上正轨。1860年洪秀全在"朕来乃是成约书"的上帝圣旨的旗号下,着手对一切不合太平天国教义神学的《圣经》经文进行全面修改,采用批注以及删改两种方式进行。

基督教最重视的是《新约圣经》,而在洪秀全看来正是《新约》中的某些经文对拜上帝会教义构成最大的威胁,他在"爷知《新约》有错记"的名义下,着重修改《新约》部分。现存洪秀全对《圣经》所作的82条批注中,有76条是针对《新约》经文的,占总批注的92.6%。

在修改《圣经》的同时,太平天国着手编写自己的经典《真约》。之所以定名为"真约",与拜上帝会习惯把一切与上帝有关的事均称为"真"有关,如上帝是真神,上帝之道是真道,上帝之命是真命。《创世记》第9章记载上帝曾与人及万物立虹为约,宣布不再以洪水灭世,毁

---

① 《天父圣旨》卷三,《天父天兄圣旨》,第110页。转引自夏春涛:《太平天国宗教》,第98页。

坏一切活物。洪秀全则把"雨洪约霁"作为预诏上帝和耶稣差遣他下凡作主事的证明。也就是上帝与洪秀全所立的"真约"。辛酉十一年他颁布了几道诏旨:"天霁即是日弯弯,爷初结经今无失……今蒙爷哥恩下凡,旧前约外真约添。爷哥圣旨乃真约,齐遵圣旨莫二三。""爷哥戊申既临世,爷哥降托东西王。循爷哥口罪见贳,爷哥下凡立真约,上天窄门齐寻着。"①由此将太平天国自己刊行的宗教典籍,即凡天父天兄借杨秀清及萧朝贵之口所发布的圣旨及其活动、洪秀全升天受命下凡做主及早期行迹都作为太平天国自己的典籍——《真约》,共有9种10部,具体是:《天条书》、《天命诏旨书》、《天父下凡诏书》(两部)、《天父上帝言题皇诏》、《天父诗》、《天父圣旨》、《天兄圣旨》、《王长次兄亲目亲耳共证福音书》、《太平天日》,全都经过洪秀全亲自审定,其中有些部分由他亲自撰写。这样,它最终从原本可以成为本色基督教会的组织变成了一个彻底的基督教异端,与基督教正式分道扬镳了。

太平天国在对《圣经》开始修订及确立《真约》的同时,也开始确立自己独特的节日。1859年洪秀全宣布了太平天国的"天历六节",有:正月十三的"太兄升天节"(耶稣升天日),二月初二的"报爷节"(对上帝的感恩日),二月二十一的"太兄暨朕登极节",三月初三的"爷降节"(杨秀清自称上帝附体传旨日),七月二十七的"东土升天节"(杨秀清遇害日),九月初九的"哥降节"(萧朝贵自称耶稣附体传旨日)。而基督教的主要节日圣诞节和复活节等则不在其中。后期的太平天国虽然也有过耶稣圣诞的活动,但只是礼拜和设盛筵,并非全体信徒参加的庆典活动。

中国基督教的本色化无非是在不影响基督教基本教义的前提下与中国文化、礼仪风俗等相融合,以得到中国人民的认同,太平天国建立

---

① 《太平天国文献史料集》,第3—6页。转引自夏春涛:《太平天国宗教》,第145页。

后的洪秀全在这些方面则反其道而行之。太平天国除了它的基本教义愈来愈不合基督教基本教义外,还激烈地反中国文化,这主要表现为强烈的反孔意识和强制推行不合中国传统文化的历法风俗礼仪。

　　中国人民历来尊重孔孟之道,尤其是士大夫阶层。洪秀全的拜上帝会在早期虽然反对将孔子作为大成至圣先师的神来崇拜,但在1853年之前对孔孟学说还比较尊重。但在太平天国建立后,由于士绅们大多站在反对他们的立场上,加上洪秀全本人曾有过数次落第的经历,黄袍加身的他转而采取激烈的反对态度,在独尊上帝的旗号下,把孔孟也斥之为"妖",并把孔孟诸子百家的著述都列为"妖书邪说",下令"尽行焚除"。当时有人对天京的焚书场面有如下描述:"搜得藏书论担挑,行过厕溷随手抛,抛之不及以火烧,烧之不及以水浇。读者斩,收者斩,买者卖者一同斩。书苟满家法必犯,昔用撑肠今破胆。"①真是一幅白色恐怖景象。对这种焚书政策,太平天国统治集团内部意见也不完全一致,杨秀清曾以天父下凡的名义,几次降旨,声称孔孟一些思想并非都是妖话,"未便一概全废",《四书》、《十三经》,其中阐发天情性理者甚多,宣明齐家治国孝亲忠君之道亦复不少。"此后这种焚书政策虽有所收敛,但对古书并不放过,转而设立删书局,对诸子百家的书大肆删改。1856年天京事变杨秀清死后,洪秀全虽然不再焚书,但始终将儒家圣贤书列为禁书,就连已删定的古书也故意拖延不予出版,激烈的反孔政策一直成为后期太平天国的特征。这种做法非但没有促进人们对上帝的信仰,反而使太平天国丧失了大量的民心。曾国藩等人反太平天国以此为重要理由,则颇得人心。

　　太平天国为实施不准拜偶像的天条,大肆毁坏寺庙和各类名胜古

---

① 马寿龄:《金陵癸丑新乐府》"焚妖书"诗,《太平天国》第4册,第735页。转引自夏春涛:《太平天国宗教》,第208页。

迹。天京城内明孝陵、报恩寺琉璃塔、扬州著名园林全部被毁。不仅如此，民间的祖先牌位被砸烂，坟茔被太平军挖开取物的不知几多。他们还颁布各种禁令，如"禁民间供奉家堂"、"不准以纸钱、饭菜追敬祖先"等，违者遭受严惩。这使太平天国又犯了康熙年间天主教会在"中国礼仪之争"中所犯的错误，大失人心。

太平天国名义上保留了过年和过中秋节等传统节日，但由于强制推行天历（阳历），把阴历称为"妖朝历"，不准人们按此过节，强迫人们分别按阳历1月1日和阴历8月15过春节和中秋节，这不仅完全与中国人的传统相违背，也与真正的节令相违背。每到阴历传统节日，太平军便如临大敌，加强巡逻，发现过节者即被目为妖，"或杖或枷锁"，或游街示众。

不仅如此，太平军对人们的衣着也加以限制，除禁止着清朝服饰外，男子不准戴毡帽，女子不准着裙。在京都，被编入男馆和女馆者一律以红巾扎额。这些做法完全违背基督教会本色化原则，最终只能成为基督教异端。

曾在1847年向洪秀全传道的美国传教士罗孝全于1860年10月到达天京，受到热烈欢迎。他在此逗留了一年多时间，最后对太平天国大失所望而于1862年1月离去。1861年12月30日当时他尚逗留在天京时，曾写下了对太平天国的一段评语，从中可看出太平天国的宗教此时确已不能列入基督教范围之内了。他说："这里的事情有很不同的两方面——一方面是光明而有希望的，另一方面是黑暗而没有希望的；不幸我仅预期了光明的一方面，因此，当我知道黑暗的一方面时，叫我更加失望。光明的一方面主要地包括消极的事情，例如，没有偶像崇拜，没有卖淫，没有赌博，没有任何公开的败德容纳在城中……但讲到这一革命的宗教方面，以及政治和民事的邪恶黑暗的方面时，叫我非常痛心，屡次驱使我离开他们……讲到天王的宗教意见，他极热心宣传，我相信他们在上帝面前,大都是可憎的。事实上,我相信他疯狂了,尤其是在宗教的事上。我也不相信他在任何事是很有理智的……他称呼自己的儿子为幼救世主,他自己是耶稣基督的真弟。至于圣灵似乎完全从三位一体中遗失了,并且很少了解圣灵使人悔改归心的工作。他们的政治制度像他们的神学一样可怜。我不相信他们有任何组织的政府。他们对政治也知道得不够……我也不相信会有什么好处,从一个恶的暴君的统治产生出来。他要我到这里来,并不是来传耶稣基督的福音,使男女归向上帝,而是要我来任职,宣传他的教理,使外国人归向他。我宁可把他们归于摩门教,或任何不合《圣经》的主义……我相信他们心中实在反对福音,但他们由于政策的缘故,容忍福音;我相信他们要防止福音的实现,至少在南京城内……我也看不出这里我的传教工作,或其他获准来同我为主工作的传教师,会有成功的希望。因此我正决心离开他们……"[①]罗孝全的观点也代表了当时大多数西方传教士对太平天国的态度。

第四节　洪仁玕对太平天国宗教改革的失败

太平天国中唯一对正统基督教教义神学了解较深的领袖是洪仁玕。他是洪秀全的族弟,也是洪秀全最早发展的信徒之一。1847年他伴随洪秀全去广州,向罗孝全学道。洪秀全金田起义时,洪仁玕未能与洪秀全会合,为逃避清军追捕而于1852年到香港,后又到东莞投靠友人,以教书为业。1853年他再度赴港,向德国信义宗巴色会韩文山牧师学道。同年接受其施洗,正式成为该会信徒。[②] 在他的影响下,韩文

[①] 转引自汤清:《中国基督教百年史》,第156—157页。
[②] 李志刚:《基督教与近代中国文化论文集》(二),第92页。

山牧师对太平天国充满了同情,不仅撰写了最早记载太平天国的专著《太平天国起义记》(The Visions of Hung Siu-Tshuen and Original of the Kwang-Si Insurrection),而且于1854年资助洪仁玕北上上海以图去天京投奔太平天国。但洪仁玕在上海受阻,只得在墨海书院向伦敦会传教士习天文历法,并为麦都思注释《新约·哥林多书》。由于去天京无望,数月后他只得又返回香港,在伦敦会香港分会中任布道师和解经者达4年之久,与理雅各、湛约翰等人有较深的关系。1858年,他要求再度北上,以期与洪秀全会合。他向理雅各等传教士表示,他此行的目的有二,一是要纠正太平天国的宗教错误;二是要与西方列强建立更为和睦的关系。① 他的行动得到传教士们的支持,他们"希望他能改正太平天国的许多错误,引导他们对基督教的真理能有正确的观点。"②

洪仁玕在湛约翰牧师的资助下于1859年4月抵达天京,立即得到洪秀全的重用,被封授干王,接任天京事变中被杀的杨秀清的职位。

由于洪仁玕曾在上海,尤其是在香港与外国传教士有广泛深入的接触,不仅对西方正统基督教有较深刻的认识,而且对西方文化、西方科技也有较深入的了解,因此视野宽阔。他著述的《资政新篇》系统而具体地提出了一整套对中国实施政治改革和社会改革的举措,在我国近代史上有着重要意义。

洪仁玕所接受的正统基督教教义和神学思想,使他在很多问题上不可能赞同洪秀全对基督教的看法。如对三位一体的上帝的认识,他在《资政新篇》中谈到:"夫所谓三宝者,以天父上帝、天兄基督、圣神爷之风三位一体为宝",而且认为上帝是无形的灵(后被洪秀全删除)。

---

① 邓元忠:《美国人与太平天国》,(台湾华欣文化事业中心),1983年。转引自顾卫民:《基督教与近代中国社会》,上海人民出版社1996年版,第167页。

② 顾卫民:《基督教与近代中国社会》,第166页。

对洪秀全把杨秀清说成是圣神风也全然不赞成。他承认基督是三位一体中的第二位,在对基督的认识上与基督教正统思想一致,认为耶稣基督是上帝道成肉身,具有完全的人性和完全的神性,在神性上与上帝相同,在人性上与人类相同。这种思想与仅把基督视为在血缘上是上帝之子的洪秀全的看法不同。洪仁玕与正统基督徒一样,重视《新约》,强调上帝的爱和基督以自己的宝血救赎人类、代人受过的意义,他说:"若有人问,既然基督是神并且万能,为何需投胎为人而救人。他应知道,假若救世主未变成人,他只是灵,那么他怎能宣扬他的宗教,建立一模范,钉在十字架上,而流他的血呢?所以他必须要有人形,才可以教人和化人。若世人有罪恶,则必须处罚之。虽然他无罪,且是神的儿子,但他已代替了人,故不能避免公平的处罚,这已足见天上的法则是大公无私的。"[①]从这段引文可以看出,他对基督受难所体现出的上帝之爱和上帝的公义性都有很好的理解,不像洪秀全特别强调的是《旧约》中的那位"愤怒"的、经常惩罚人的上帝。洪仁玕对《福音书》中耶稣的"登山宝训"推崇备至,曾将耶稣八福之言裱成巨大条幅,悬挂在其府内。他对洪秀全所说的"天妈"、"天嫂"等说法基本上不提,说明他并不同意此种说法。他一直使用的是郭实猎的《圣经》译本,而从不采用经洪秀全删改后的《圣经》,说明他对删改《圣经》的做法有保留意见。1860年8月他在苏州接见传教士艾约瑟时,私下委婉地谈到天王对基督教的某些方面的认识是不完善的,表明他确实希望能纠正拜上帝会的错误信仰。

洪仁玕与洪秀全的另一个最大的不同是他对孔孟思想的态度。他公然声称"生长儒门","喜读古文纲鉴,每得有忠真节义之句,便念念

---

① 邓元忠:《美国人与太平天国》,第108页。转引自夏春涛:《太平天国宗教》,第172页。

不忘"①,对洪秀全的反孔政策实际持反对态度,强调孔孟之道不必废,并严禁焚屋焚书,对儒家的《四书》、《五经》十分称道,认为"文可兼武,韬略载在《诗》、《书》",并公开号召人们向尧舜孔孟学习:"学尧舜之孝弟忠信,遵孔孟之仁义道德"。② 在他看来,儒家仁义道德与拜上帝会的天条毫不相违,是符合天情道理的。不仅如此,他还十分推崇孔子的"尊五美、屏四恶"③的治国的方法,认为对犯恶者要先用天条加以教育,如教育不听才施以国法,这样国民才能有廉耻之心。这些都反映了他设法将儒家思想与拜上帝会中的基督教信仰有机地结合在一起,在这一意义上,他确实是在无意识地推进基督教的本色化。在他力谏下,洪秀全虽在思想上仍激烈地反孔,但在行动上多少有所缓和。

如果洪秀全真能采纳洪仁玕的意见和思想,也许太平天国拜上帝会能逐渐抛弃强烈的基督教异端色彩,真正能够沿着本色基督教会之路前进。可惜的是洪仁玕非但不能左右洪秀全,反而处处迁就洪秀全,最后连原本自己所具有的正统基督教思想也慢慢丧失。

洪仁玕最早是由洪秀全带领下接触到基督教的,对洪秀全十分信赖,包括对洪秀全的梦境也深信不疑。正是这种信赖使他渐渐形成洪秀全就是真命天子,是上帝次子的概念,并决心跟随他从事太平天国的革命活动。洪仁玕因故未能参加在天京建立太平天国的活动,这使他有机会进一步跟随传教士学习基督教正统教义神学,并认识到拜上帝会原有的教义神学有许多不合正统基督教。尽管如此,他对洪秀全的基本信念,即认为他是真命天子,是上帝的次子等思想却始终坚定不

---

① 《太平天国印书》,第782、787—788页。转引自夏春涛:《太平天国宗教》,第176页。

② 《太平天国印书》,第771页。转引自夏春涛:《太平天国宗教》,第221页。

③ "五美"是"惠而不费,劳而不怨,欲而不贪,泰而不骄,威而不猛";"四恶"是"不教而杀谓之虐,不戒视成谓之暴,慢令致期谓之贼,犹之与人也,出纳之吝,谓之有司"。转引自夏春涛:《太平天国宗教》,第176—177页。

移。1859年洪仁玕抵达天京,对太平天国的创建并无功劳的他却受到洪秀全的极大重用,使从小深受儒家忠君思想影响的洪仁玕感激涕零,对洪秀全的崇拜和忠心更达到无以复加的地步。为遵奉"君君臣臣"之道,每当与洪秀全思想不一致时,总是他让步,最多是用一种迂回曲折的方法表达其不同观点,而从不正面说"不"字。为维护天王升天受命说,保持与洪秀全的思想一致,他不惜采取与基督教基本信仰相违背的一些说法,声称"真圣主天王开辟君主,其为上帝次子,天兄爱弟,确有明证,千古所无,而才德学问,更有过于开辟以来之前驱者,嗣后当有万万年不易之纪纲矣"①,还千方百计地论证洪秀全确是"日头"降生。随着他在天京逗留时间越长,他对洪秀全所作的迁就也越多,甚至将其原有的一些正统基督教观念也加以修正,以适应洪秀全的思想。例如直到1860年他所强调的乃是洪秀全"魂见天父",并不相信其肉身亲见天父。但日后却改变了观点,声称天王曾"亲觐天父天颜"。甚至他还对他原本不相信的天父下凡(东王传言)说做了修正,声称"在昔西粤,荷蒙天父劳心下凡"等等②。这表明越到后期,洪仁玕越丧失了基督教的基本立场,连他坚持的三位一体的上帝观也放弃了。这样他于1858年在香港对传教士理雅各所说的去太平天国的两个目的之一,即"纠正太平天国的宗教错误"一事非但没有实施,自己反而被"错误"的太平天国宗教给改造了。这种反改造使原本尚有的使拜上帝会成为本色基督教会的一线希望,最终完全成了泡影。

  太平天国于1864年最终失败,与之相关的拜上帝会也随之消亡。这是因为太平天国从来不另设教会,太平军军营不仅是军事组织,也是一个实施拜上帝会信仰的宗教组织,政教完全合一,这样一旦政权被推

---

① 《太平天国印书》,第696—697页。转引自夏春涛:《太平天国宗教》,第180页。
② 《太平天国印书》,第696页。转引自夏春涛:《太平天国宗教》,第181页。

翻,其宗教组织和信仰也便随之而消灭了。此外,太平天国的信仰在其后愈来愈脱离基督教基本教义,遭到多数传教士们的反对;而它激烈的反孔反传统的态度又严重地与当时中国人民的思想相脱节,失去了民心。这也正是太平天国拜上帝会的悲剧所在。

虽然拜上帝会最终没有成为本色基督教会,但对基督教根本不了解的中国人则把拜上帝会视作基督教,因此在反太平天国的同时,中国士绅中对洋教的仇视也有增无已。于是,不平等条约和太平天国的后遗症便构成了19世纪下半叶中国人民反洋教运动的主要原因。

第三章　19世纪下半叶的基督教

第一节　时代背景

19世纪下半叶初,清政府因腐败无能陷入了内外交困的境地。太平天国已掌握了南方半壁江山,接着是第二次鸦片战争,被迫于1858年与法、英、俄、美四国缔结《天津条约》,又于1860年与英、法、俄缔结《北京条约》,中国割地赔款,并进一步打开门户。这些条约明确规定基督教享有向内地传教的自由,传教士可购买土地,建立教堂,由此在官方层面上为基督教传教士在华传教扫清了障碍。但正是由于基督教伴随着不平等条约进入中国,从一开始它便与帝国主义列强侵华有着密切联系。有些传教士利用不平等条约的特权蔑视中国官员和士绅,直接干预中国司法,庇护行为不端的教民,激起百姓的公愤。一些传教士不尊重中国文化,在反偶像崇拜的信仰指导下反对尊孔祭祖,公然向中国文化的核心价值挑战,严重地挫伤了中华民族的自尊心。而基督教的信仰和礼仪与中国人习俗相差太远,引起中国人的种种猜疑,一些不利于基督教的流言和谣传在社会上广为流传。凡此种种植下了中国人民仇视洋教的祸根,因此19世纪下半叶教案不断,反洋教运动此起彼伏。

尽管如此,19世纪下半叶基督教在华的影响还是不断扩大。太平天国失败后,清统治者中的有识之士,如曾国藩、李鸿章等人,强烈地意识到中国需要自强,由此发起了自强运动,即洋务运动,希望通过向西方学习科技、商务、交通、外交等使中国实现船坚炮利、富国强兵的目的。传教士多半是受过教育的人,其中不乏学者,他们便成为这一时期在华传播西学的主要承担者。其中一部分人直接在洋务派设立的机构内工作,如1862和1865年李鸿章在上海分别设立的广方言馆和江南制造局、1867年总理衙门在北京设立的同文馆中都有传教士担任教习或译员。还有些传教士则在教会办的学校、医院或出版机构中从事有关工作,扩大了基督教在华的社会影响。

自强运动的倡导者提出的是"中学为体,西学为用"的方针,他们只主张学习某些西方的技艺为我所用,丝毫不想触及中国的封建政体和文化。实际上,主张自强运动的人仍然是封建制度的维护者。即便如此,他们仍遭到朝廷内保守派的强烈反对,甚至被视为卖国贼。自强运动随着1884年的中法战争,尤其是1894年的中日甲午战争中国的惨败而夭折。

尽管如此,几十年的自强运动使西方思想在华得以缓慢地渗透,"结果使西方观念和价值标准在19世纪末在中国士大夫中间得到了广泛的传播。更重要的是,伴随着西方思想的传播而来的是士大夫对这种传播态度的重大变化。直到19世纪90年代以前,中国人对于西学仅有的一点兴趣大部分集中在技术知识("艺")上。但在该世纪末……中国学者的注意力已转向西方政治经验和政治知识("政")以及西方宗教思想("教")等方面了"。[①]

使中国学者注意力由西方的科技知识转向西方政治和宗教的原因,一方面是中国再次面临着被瓜分的危险,证明如不改革政治,只是

[①] 费正清主编:《剑桥中国晚清史》下卷,中译本,中国社会科学出版社1985年版,第316—317页。

学习西方技术,要想改变中国的现状是不可能的,自强运动的失败就表明了这一点;另一方面与传教士在华出版了不少"西政诸书",发表了许多鼓吹变法的文章对中国学者产生了深刻的影响有关。

1884年的中法战争使中国失去了拥有安南宗主国的权力;而中国在中日甲午战争中的惨败,蒙受到比历次战争都要惨重的损失:巨额赔款,割让台湾和辽东半岛的大片领土,丧失了对朝鲜的宗主国地位。又因为中国历来都蔑视日本,认为它在各方面都远远落后于中国,战争失败使中国的民族自尊心受到了极大的创伤。甲午战后,俄法德三国对中国进行干涉,1897—1898年这三国和英国向清政府提出领土要求,由此引发了割地狂潮。中国的领土遭受瓜分,中华民族陷入濒临灭亡的境地。正是在这种情况下,深受西学影响的康、梁发起了维新运动(戊戌变法)。

1895年8月康有为在传教士所办的各类学会,尤其是广学会模式的启示下,在北京建立了强学会,并按广学会所办的《万国公报》模式自办了《时务报》和《中外公报》,以唤起民众的民族危机感,并提出变法要求,开始发起了维新运动。

1898年维新派在光绪皇帝的支持下推行一系列的变法,直接向清王朝整个官僚体制开刀。但维新派的这些做法触犯了清廷的既得利益集团,结果遭到以慈禧太后为首的清政府顽固派的强烈抵制。在顽固派支持下慈禧重新执政,维新派势单力薄遭到残酷镇压,变法只推行了百日便彻底夭折。尽管如此,维新思想却对中国社会和文化带来了深刻而长久的影响。

在这场运动中形成了一批具有新知识结构的新型知识分子,他们按新的组织结构进行组合,并且涌现了大量的报纸,为清王朝的灭亡在思想上作了大量的铺垫工作。我们可以从当时所建立的各类学会和发行的各种报纸数量增长之快情况看出。1895—1898年三年中,在传教士活动的影响和康梁的带动下,全国各地建立起来的各类学会达76个之多,其中约三分之二是由士大夫组成。这些学会中有30多个"或是按照新的实用精神研究传统的儒学,或是研究西方科学和翻译西方书籍;15个提倡社会改革(如反对吸食鸦片,反对缠足或提倡妇女教育);23个试图唤起士大夫的爱国主义热情和政治觉悟"。① 它们对传播西方新思想、新价值观起了不小的作用,尤其是最后一类学会,其组织目标显然与自强运动中的洋务派不同,并不是只强调向西方学习技术,而是要求清王朝实施某种政治体制改革。如其中的强学会、南学会、保国会等都是自觉地按照西方民主参政的理想组织起来的。这些学会的形成也推动了中国报业的发展。19世纪90年代中期,在中国主要口岸城市报纸有12种,1895—1898年三年间则猛增至60种,其中康有为等维新派办的《时务报》等报纸发行广泛。

但另一方面,自不平等条约缔结以来,尤其是甲午战争后,西方列强对中国的瓜分激起了广大中国人民对外国侵略的无比愤怒,从而在民间引发了强烈的排外情绪。19世纪末,反洋人和反洋教运动达到高潮。这种自发的爱国主义被清政府利用来转移人民的斗争目标,最后酿成了1900年义和团运动。这一暴力运动是灾难性的,数百名传教士和数万名中国信徒被杀害。②而其后的报复更是灾难性的,不仅义和团参加者遭到外国列强的屠杀,而且中国被迫签订丧权辱国的《辛丑条约》。根据条约中国不仅蒙受了列强的巨额索赔,并要拆除大沽等地的炮台,允许外国无定期驻兵,严重侵犯中国主权,中国国力和防卫力量进一步被削弱。但血的代价充分表现了中国人民不可辱,使列强不敢再明目张胆地进一步瓜分中国,中国领土至少在表面上基本得以完

---

① 费正清主编:《剑桥中国晚清史》下卷,第316—375页。
② 王治心:《中国基督教史纲》,第231页。

整保留。义和团运动后,西方差会也进行了深刻反思,改变了在华传教策略,由直接传教更多地改为间接传教,一些中国信徒的民族意识觉醒,成为自立运动的种子。

总体而言,19世纪下半叶基督教在华虽然遭遇种种挑战,但总的影响却日益扩大。这反映在以下几个方面:一是信徒人数不断增加,到1900年义和团暴动之前已达112808人,西方传教士2000人以上,中国传道人达1600人以上。①尤其是戴德生在华创立的中华内地会,传教士们深入穷乡僻壤,成为在华发展信徒最多的一派。二是基督教教育事业得到发展。教会在一些传教士如狄考文等人推动下开始注重办教育,一方面为教会培养人才,另一方面为中国社会培养了一批新型知识分子,扩大基督教在整个中国社会的影响。三是基督教文字出版事业在华有一定的发展,一些传教士,如韦廉臣、林乐知等人创办了广学会(初时称同文书会)、勉励学会等,以传播西学为目的,尤其是广学会出版的书报在华颇有影响,如《万国公报》以及大量的翻译著作。还有一些传教士在由政府设立的机构内从事译书工作,最突出的是傅兰雅,在江南制造局翻译了大量西方科技著作和一些社会科学著作。这些译著对中国新一代知识分子的形成有着举足轻重的关系。四是在推动社会改革,如反对吸食鸦片、反缠足、办济良院、改善妇女地位等方面也有所成就。五是兴办医院和各类慈善机构,成立了中华博医会,通过医学传道,扩大影响。六是帮助建立自立的中国教会,倪维思等牧师在山东实施新的传教方法,坚持中国教会应以自养、自理、自传为原则,完全走向自立,由此开创中国本色教会的先河。以上六方面的工作除最后一点是直接与中国教会本色化有关外,其他各项也都与本色化有不同程度

---

① 林治平主编:《基督教入华百七十年纪念集》,台湾宇宙光出版社1978年版,第19页。

的联系。例如,发展信徒本身,就要求传教士本色化,至少在语言、服饰、部分习惯方面要与中国人打成一片。再如,教育、文字工作本身要取得成功必须对中国文化持尊重态度,与中国社会相结合,通过教育和出版物影响中国人的思想,在传播西学的同时,扩大基督教在华的影响。因此从这一含义上说也是基督教本色化的行为。为叙述方便,我们以几个较有代表性的人物及其所从事的传教工作方法为线索进行论述。

第二节 戴德生与中华内地会的活动

西方学者保罗·瓦格(Paul A. Varg)曾将清末来华的传教士分为四种类型:基要派、保守派、社会派和自由派。前两种强调救赎人的灵魂,不过问社会政治;社会派则注重社会服务,他们的福音主要植根于人道主义,希望通过办学校、医院及慈善事业和翻译西方著作使中国人了解西方社会,进而改革社会,对于如何拯救中国人的灵魂则不太重视;自由派主要是从事中国的教育事业。① 事实上这四派可以简单地划分成两类:保守派和自由派。因为社会派属于自由派,而基要派是保守派中的最保守的分支,实际上这一称谓的正式出现是在20世纪初。不管按哪种划分,戴德生及其内地会只能是属于基要派或保守派之列,因为以戴德生为首的一大批内地会传教士来华目的明确,就是为拯救中国人的灵魂,从这一点出发,向华人传福音是他们的惟一目的,他们不关心中国社会政治变革,把替人看病或教人识字都视为传福音的手段,以达到吸引人们来听道或让人能读经的目的。

---

① Paul A. Varg: "A Survey of Changing Mission Goals and Methods", in Jessie G. Lutz (ed.), *Christian Missions in China·Evangelists of What?* Boston: D. C. Heath & Co., 1966, pp. 5—6.

戴德生(James Hudson Taylor)是位英国传教士,1854年受伦敦会派遣抵达上海,开始了他几十年在华的传教生涯,初时他只是在上海及附近的农村传教,而后便前往汕头、宁波等地活动。1860年《北京条约》签订后,他开始策划深入到中国内地传教,为此回到英国去积极活动,多方筹款,于1865年在英国首创中华内地会。1866年他带领20多名志同道合的传教士返回中国。当时在华传教士不仅人数少,而且基本上集中在沿海几个通商口岸,对内地许多省份从未涉足。由于基督教伴随着不平等条约进入,加之太平天国失败不久,中国人对洋人和基督教普遍抱有深刻的成见,传教工作难以开展。为深入内地,接近中国人,戴德生采用入乡随俗的方法,接受部分中国习俗文化,客观上推动了内地会的传教本色化。

为提高工作效率,戴德生把内地会本部设在中国,而不是设在英国,这一点与当时其他传教差会有很大的不同。正因如此,内地会比其他差会更有活力,因为它能及时了解中国发生的问题并及时解决。

戴德生规定内地会的传教士必须穿中国服装,吃中国当地百姓的饭菜,以消除中国百姓对他们的隔阂,便于接近群众,开展传教工作。戴德生本人在创建内地会之前为传教需要就身着中国服装,将头发染成黑色,按清朝习惯剃头留辫。虽然开始时他也很不适应,但为了"救人灵魂",只能在所不惜了。对此他曾写信给他的家人,谈到他初次改穿这种服装和剃头的痛苦,但也尝到了因这身打扮在华传教取得立竿见影效果的欢乐,许多中国人不再把他视为异类而疏远他,一些中国人还特别注意听他的布道,由此他深有体会地说:"若不是因为我们改穿中国服装,决不能像这样深入民间。"[①]内地会正是采用了戴德生的这

---

① 戴存义(戴德生之子)及其夫人:《戴德生传》上卷,胡宣明节译,内地会1950年版,第97页。

些办法,赢得了许多中国信徒。英国女传教士福姑娘(后来成为戴德生的第二任妻子)在杭州传教时就对杭州妇女讲:"我到此地来做一个杭州女人,我吃你们所吃的饭,穿你们所穿的衣服,说你们的话,我愿意你们快乐,我们都是姐妹。"①由此得到一些杭州妇女的信任,为她在华的传教工作打下了基础。

戴德生并不要求在其手下工作的传教士有多么高的学历,也不要求他们受过正规的神学训练,只要赞同基要派(尽管当时还没有这一称谓)的基本信仰、无种族优越感、有组织能力就可以,其中最重要的是他们都是"清楚蒙神呼召的人",有强烈的传教热忱的人。正因如此,内地会大量吸收各教派热心来华传教的人士,成为一个不分宗派、不分国别的国际性组织,并很快发展成为中国最大的传教组织。成员没有固定的收入,全靠信徒的捐款为生,戴德生要求他们"刻苦献身"。

由于内地会的目标是拯救中国人的灵魂,其"主要目标,不在招收教徒,而是面向全国,以最快的速度传播福音"②,中国广大贫苦百姓就是他们传教的主要对象。为此内地会的传教士不畏艰苦地深入到穷乡僻壤去"开荒",努力建立传教站。传教站的建立一般先从省会开始,"然后迅速向周围的府、县扩展,接着深入到四乡活动,把所谓的'巩固'工作留给其他教派接替"。③ 1877 年戴德生在上海举行的第一次全国基督教传教士大会上强调,中华内地会目标是深入到中国内地,内地会所开辟的任何一个新的传教站,任何宗派的传教士都可接管,以使他们更深入地去开辟更新的传教站。

为了能"迅速传福音",并"把福音传到从未听到过的地方",戴德

---

① 戴存义及其夫人:《戴德生传》下卷,第 25 页。
② 顾长声:《从马礼逊到司徒雷登》,上海人民出版社 1985 年版,第 160 页。
③ 同上。

生分析了中国内地的实际情况,制定出一套切合中国低层社会的传教方法。内地会的成员几乎全以巡回布道为主,为此"先从事广大范围的巡回布道,然后收集资料研究哪些地区较有可能从事固定工作,再密集在点上"。考虑到当时中国大多数民众是文盲,因此在从事巡回布道时,戴氏不赞成将文字布道放在首位①。针对大量的文盲听众,内地会在布道时所讲的内容往往是浅显的福音书中的故事,有时放映这类故事的幻灯来吸引人。由于内地会所宣传的教义简单,而且最注重的是祈祷,宣传祈祷能解决一切问题,这些简单的教义以及易行的方法对没有文化而又苦难深重、希望得到解脱的贫苦人民来说便很有吸引力。

虽然戴德生不主张将文字传教放在首位,但当布道工作由面向点集中后,他还是较重视这项工作,并十分注意采用方言《圣经》,例如戴德生在宁波从事传教工作时,他着力推行宁波方言《圣经》,为此还进行了该《圣经》的修订工作。为了使一些穷人文盲能迅速读经,他还"用罗马字教他们宁波白话《圣经》。聪明的不到一个月就能读全部《圣经》"。② 这种用罗马拼音去教文盲读经的方法为内地会不少成员所采用。

为吸引中国人听道,内地会往往采取替人免费看病的方法。不少内地会传教士都能给人看些简单的病,戴德生本人则专门学了些医术。由于中国贫穷落后,缺医少药,这种做法对贫苦人很有吸引力。但看病并不是内地会的目的,通过看病传福音才是他们的目的。同样,内地会也不赞成以教育代替传福音。戴德生说:"如果医疗工作能吸引人接近我们,好叫我们把耶稣基督传予他们,那么医疗工作就会蒙祝福;但若是用医疗工作代替了福音的传讲,这将是极大的错误。如果我们用

---

① 林治平主编:《基督教入华百七十年纪念集》,第100页。
② 戴存义及其夫人:《戴德生传》上卷,第125页。

学校或教育代替圣灵的能力来改变人心,这将是极大的错误。如果我们的意念是人能藉着教育的过程,而非藉着重生的再造,来改变归正,这将是极大的错误。如果我们不信靠永生上帝,却信靠金钱、口才或其他任何事物,这将是一个极大的错误。"①在这种思想指导下,内地会不办正规医院,最初也不办学校,以后虽然也办了一些学校,但也只是小学,招收的对象主要是信徒子女,学校目的明确,就是要使他们会读《圣经》,成为遵行《圣经》的人,特别是能成为传道人。1881年内地会一位教孤儿学校女生的女教士说:"至于教育,我们打算将我们所期望的纯朴的人格传授给孩子们。教他们读、写、算术、一点地理常识,并彻底的《圣经》知识,我们最大的愿望是使他们在自己的岗位上做一个好的家庭主妇,或者遵行《圣经》的妇女。"②内地会的直接传教法,使教育和医疗工作都成为传福音的工具。而这种教育方针使内地会为中国农村等贫困地区培养了一批初具文化、忠于《圣经》而思想十分保守的传道人和信徒。其中有些人后来成为地方教会的领导人。内地会的专职中国传道人在1875至1905年间由106人发展到820人,这与他们实施这种教育方针不无关系。从这种意义上看,对中国教会的本色化也有一定的作用。

戴德生的内地会之所以吸引了一批信徒还在于其传教士一般能较平等地对待中国人,很少利用不平等条约索取特权,尤其在发生教案后,很少求助于本国政府向中国政府索赔。扬州教案时,戴德生向清政府的衙门求救,并没有要英国政府出面干涉,也没有向清政府提出赔偿的要求。在1900年义和团运动中,内地会死亡的传教士和信徒在新教中是最多的,仅传教士就有58人被杀,但内地会并没有向清政府提出索

---

① 林治平主编:《基督教入华百七十年纪念集》,第92页。
② 同上书,第93页。

赔的要求。这与内地会的神学思想有关,在他们看来有危险情况发生应向当地政府而不是向传教士所属国政府上诉,如不成功就应该依靠神的力量,否则既不合《圣经》的道理,又会引起中国人对传教士的反感。

内地会尽可能起用中国人为教牧人员,其中最著名的是山西的席胜魔,他于1886年由戴德生按立。在他带领下,内地会在平阳、洪洞、大宁一带建立起真正中国人自传、自立、自养的本色教会。

虽然内地会发展了一批信徒,但从信徒的构成看,主要是下层群众,而对中国上层人物没多少影响,因为戴德生所采用的本色化手段很少从"文化适应"这一角度去考虑,特别是对尊孔祭祖的习俗他持全然反对的态度,认为这是偶像崇拜,因此与中国士大夫阶层的思想针锋相对。这一点从1890年在华召开的第二次全国传教会议中戴德生坚决反对丁韪良等人提出的要求容忍尊孔祭祖一事可看出。他在会议上态度强硬地说:"祭祖一事,由始至终,自顶及踵,并每件与其有关之事,皆系偶像崇拜。除了耶和华之外,敬拜任何人物,都是败德和拂逆上帝的律法……丁韪良博士的结论是完全错误的,甚至讨论'容忍祭祖'这样一个题目,也不是任何一个基督教中人所应该做的。"[①]戴德生的这一立场得到了当时来华大多数传教士的支持。这也是为什么基督教在19世纪下半叶遭到多数士绅反对的原因之一。

第三节 林乐知、李提摩太等教会自由派人士的传教活动及影响

传教士来华之初,一般都持有强烈的文化沙文主义,认为中国愚昧

[①] 梁元生:《林乐知在华事业与〈万国公报〉》,香港中文大学出版社1978年版,第43页。

落后,只有靠他们带来的基督教福音和西方文明才能拯救中国。在传教方法上一般都采用戴德生的直接传教法,即向群众传福音,发送基督教宣传品,尽量发展信徒。但直接传教从一开始就遇到了巨大的阻力,难以取得成功。在总结了直接传教的教训之后,一些传教士提出了间接传教法,也可以说文化传教法,即通过西方文化渗入来影响中国,使中国精英人物从接受西方的技艺科学,政治体制、伦理道德等,向改变中国社会,慢慢接受基督教。主张直接传教的传教士都属保守派,其中最典型的是戴德生;主张间接传教的大体上属自由派,其代表人物是林乐知(Young John Allen)、李提摩太(Timothy Richard)等人。这两种方法的不同点正如 Paul Cohen 先生在"戴德生与李提摩太宣教方式之比较"一文中所总结的那样:"戴氏的方法是要求更多的人来带领一百万中国人信主,李氏却寻找如何藉一个人带领一百万人信主的方法。"[1]也就是说直接传教法对传教士的要求是量比质更重要,其传教对象是普通的贫苦群众,传教士们不需要有较高深的文化,只要有传教的热情就可以了;而间接传教法对传教士的要求较高,特别是在文化修养方面,因为是希望通过文字去影响中国的领导阶层。正因如此,在对待中国文化及中国士绅阶层的态度上这两类传教士的态度均不相同。

主张间接传教的传教士们都深刻地认识到中国士绅阶层在社会中的重要地位和作用,如李提摩太就说:"士为四民之首,可为农人师,可为商人师,亦可为工人师。"[2]由此他们主张首先接近士,尤其是政府中身居要职的仕宦,使他们改变对基督教的态度,至少做到不反对基督教,然后去影响广大人民群众。通过这种自上而下的方式,最后使中国

---

[1] 林治平主编:《基督教入华百七十年纪念集》,第97页。
[2] 李提摩太:《以士保国论》,见林乐知《中东战纪本末》卷1,第12页。转引自梁元生:《林乐知在华事业与〈万国公报〉》,第23页。

基督化。这些传教士把原来只重视"个人得救",转为重视全民族的整体得救,因此对向下层群众个别传教拉他们入教的这种直接传教法并不作为重点,而是更注意采用从办学会、译书、办报或办教育介绍西方文化入手,与中国社会上层广泛结交,影响中国的知识分子,其中有些人直接受聘于清政府洋务派兴办的同文馆、广方言馆、江南制造局等从事译书或担任教习工作,如林乐之、傅兰雅(John Fryer)、丁韪良(William A. P. Martin)等人都直接在这些机构服务。这种自上而下的传教方法,实际上与明末清初的天主教耶稣会传教士们的做法完全不谋而合。

为结交中国的士绅,首先要懂得中国的传统文化。在这过程中一些传教士改变了对中国文化的蔑视态度,开始对它产生了强烈的兴趣,并对儒家经典表现出一种尊重态度,如林乐知、李提摩太、李佳白(Gilbert Reid)、花之安(Ernst Faber)等人,提出"孔子加耶稣"、"以耶补儒"的传教方式。最早对此进行理论阐述的是林乐知。1869 年 12 月至 1870 年 1 月间他在自己创办的《教会新报》中连续五期发表了题为《消变明教论》的长文,对"孔子加耶稣"的理论进行了系统的阐述。他说:"吾教中人教曰:耶稣心合孔孟者也,请略言之,俾使众知以消后变。儒教之所重者五伦,而吾教亦重五伦","儒教重五常,吾教亦重五常"。他用了大量的篇幅列举《圣经》经文,论证基督教教理与儒教之五伦和五常是相通的[1],希望通过此举取得中国士大夫对基督教的理解。另一位对"孔子加耶稣"的理论进行系统阐述的是德国传教士花之安。他在《自西徂东》一书中,按中国文化中的仁、义、礼、智、信分为五集结合基督教的教义进行论证,说明儒家与基督教毫无矛盾,而是完全可以互补,也就是用耶稣的某些说教"补中教之所无",用西方的"天伦"补

---

[1] 转引自顾长声:《从马礼逊到司徒雷登》,第 268—270 页。

中国文化中的"人伦"。丁韪良说:"没有任何东西妨碍见解正确的儒教徒以耶稣作为世界的福音而接受之,这并不需要他放弃对中国人说来孔子是特殊教师的信念。'孔子加耶稣'这一公式对儒教徒说来已经没有不可逾越的障碍。"①有些传教士,如美国传教士李佳白对孔子尊重尤加。在他参观曲阜孔庙"登其堂而瞻仰圣容"时,感到孔子"巍然在上",十分景仰。② 在山东传教时,他不仅穿中国服装,戴假发辫,行中国礼节,并用儒家经典解释基督教。为了与中国士大夫接近,他努力背诵四书五经等儒家典籍,对中国文化的博大精深感受颇深。他说:"甚觉孔教之精深博大,实汪汪无涯,而其理,又至中庸平实,浅显易见。"③1897年他在北京建立尚贤堂,目的是"专使中西上等人士,往来会面","恢拓学士之志量,研炼儒者之才能,俾上行下效,使中人以上之人,智能日增,即资之以变化庸众"。④

　　自由派传教士中一些人不仅尊孔,而且对中国人祭祖的礼仪也持十分宽容的态度,如丁韪良、李佳白、艾约瑟、李提摩太等人,他们认为中国人的祭祖并非偶像崇拜,而是"孝亲",是一种道德规范,要求传教士们不要干预。丁韪良在1890年来华传教士举行的第二次全国传教大会上递交的论文《敬拜祖先——一个请求容忍的恳求》中强烈地表达了这种观点,其结论是"建议传教士不要干预华人敬拜祖先的礼仪,留待神圣的真理深入人心后,自然产生影响和作出改革"。⑤ 李佳白则

---

① 转引自顾长声:《传教士与近代中国》,第198页。
② 李佳白:《筹华刍言》,第6页。转引自顾长声:《从马礼逊到司徒雷登》,第381页。
③ 《国际公报》,第47期合刊,1924年。转引自顾长声:《从马礼逊到司徒雷登》,第382页。
④ 《皇朝蓄艾文编》第79卷,杂纂3,第1—2页。转引自顾长声:《从马礼逊到司徒雷登》,第386页。
⑤ W. A. P. Martin, "The Worship of Ancestors——A Plea for Toleration", in *Records of the General of the Protestant Missionaries of China Held at Shanghai*, 1890, p. 631. 转引自梁元生:《林乐知在华事业与〈万国公报〉》,第42页。

更进一步指出,禁止祭祖不但妨碍传教工作,而且显示了西方人的高傲。李提摩太也认为祭祖并非偶像崇拜,认为它与人的善性毫无违背之处。不仅如此,丁韪良本人在出任北京同文馆总教习时,清政府本不要求外国教习参加祀孔活动,但丁韪良却不仅自己参加,还带领一批外国教习参加,为的是"对这个中国文化最重要的象征,表示他们的敬意"。① 自由派传教士的这些做法不可避免地遭到了当时保守派传教士的激烈反对,但能与中国士大夫阶层交朋友并逐渐使他们改变对基督教的态度,则是这些自由派传教士起的作用。

为影响中国的士大夫阶层,这些传教士在华努力兴办文化事业,出版大量的西学书刊。李提摩太曾于1897年在伦敦作讲演时谈到传教士从事这类文字工作的优点,认为采用这种方法对中国士大夫最合适,一些在公开场合反对基督教的士大夫们,也许能通过私下阅读这些书籍而消除对基督教的敌意,而且藉文字传教不会引起暴动,并通过文字直接和间接传播给人的机会也更多,更为有效。②

19世纪下半叶,出版介绍西学书刊的工作几乎都是由自由派传教士主持。当时出版这类书刊最多的主要有三家:一是以出版科技书为主的江南制造局,由英国传教士傅兰雅负责;二是以出版有关洋务知识书籍为主的北京同文馆,由美国传教士丁韪良主持;三是广学会。前两者是由清政府官办的,而后者是由传教士办的。在广学会成立前,前两者出版的书在中国洋务派的自强运动中发挥了不小的作用。而对维新运动影响最深的要数广学会。

傅兰雅在江南制造局翻译馆工作的28年(1868—1896年)中,翻译了200多种以西文科技为主的书籍,包括数学、物理、化学、军工、矿

---

① 转引自顾长声:《从马礼逊到司徒雷登》,第214页。
② 林治平主编:《基督教入华百七十年纪念集》,第101页。

物学、冶金学、医学等各方面,此外还有少量的史志、政治类书籍。他还主编了《西国近事汇编》,被梁启超视为"最可读"的读物。1876—1892年他还出版介绍西方科技知识为内容的《格致汇编》。1875年他与麦华陀、伟烈亚力、唐廷枢等人筹办提倡西学的《格致书院》,设法在中国知识分子中普及科学知识。他所主持出版的这些书籍及所办的书院不仅对洋务运动有影响,对促进中国产生新式科学家起了一定的作用,而且也对维新派产生影响。康有为、梁启超、谭嗣同等人都从这些书中吸取了哲学思想和政治营养,以图自强。

广学会是由在华的自由派传教士自由组合的印书馆,不属于任何差会。由苏格兰传教士韦廉臣(Alexander Williamson)于1887年11月在上海成立,初时称同文书会,1894年改名为广学会。该会于1888年成立董事会,由海关总税务司赫德为会长,韦廉臣为督办。该会成立的目的有二:"一为供应比较高档的书籍给中国更有才智的阶层阅读;二为供应附有彩色图片的书籍给中国人家庭阅读",其理由是中国人注重学问,因此"凡欲影响这个帝国的人必定要利用出版物",而士大夫是"帝国真正的灵魂,并实际统治着中国……要影响中国,就必须从他们下手……凡是对中国昌盛感兴趣的人,最重要的莫过于设立这样一个协会"。[①] 由此可见,该协会建立完全体现了自由派传教士通过文化影响中国社会的间接传教路线。1890年韦廉臣去世。1892年李提摩太接任督办(后称总干事),使协会的方针在他手下得到了充分的体现。

李提摩太与戴德生的神学思想不同,他相信上帝之国"不只是建在人心里,也建在世上的一切机构里,为使人现在或将来得到救恩,包括身体和灵魂",由此强调道德、善行,认为上帝之国与人的日常生活

[①] 《同文书会章程、职员名单、发起书和司库报告》,1887年。转引自顾长声:《从马礼逊到司徒雷登》,第156—157页。

密不可分,一切有利于人类的事业都具有宗教性,"那些尽力改善这世界的人,配得将来永远的祝福"①;他坚持中国的教会要适应中国的环境,对儒释道的要旨与基督教教义兼容并蓄。当时正值维新时期,广学会为适应中国的时势,在李提摩太领导下出版了大量介绍西方的自然和人文科学书籍,有力地推动了维新运动的发展。重要书籍有:韦廉臣的《格物探源》、《治国要务》等;慕维廉的《大英国志》、《天文地理》、《地理全志》、《知识五门》等;花之安的《自西徂东》、《教化议》、《西国学校》等;安保罗的《救世教成全儒教》等;傅兰雅的《格致须知》初、二、三集及其他自然科学《须知》小册子共二十三种;丁韪良的《万国公法》、《公法会通》、《公法便览》、《富国策》、《格物入门》、《闻见选录新编》等;林乐知的《中西关系略论》、《列国岁纪政要》等;李提摩太的《救世教益》、《八星之一总论》、《五洲教务》、《中西四大政》、《三十一国志要》、《七国新学备要》、《华英谳案定章考》、《大国次第》、《时事新论》、《西铎》等。② 广学会曾多次向总理衙门赠书,以影响中国上层人物。它也确实达到了此目的,总理衙门的官员称广学会的书籍"实事求是"、"发人深省"、"识见超卓"。③

广学会成立之初,并没有办报。1889 年开始把业已停刊的缘由林乐知负责的《万国公报》进行了复刊工作,办成广学会的机关刊物,仍由林乐知负责。《万国公报》最早是由林乐知于 1868 年创办的《教会新报》发展而来,初时既传教,也登载西学知识、政论、格致等。该报从创办时就注意用儒家的语汇去阐述基督教思想;1874 年 9 月正式改名

---

① Timothy Richard," Conversion by the Million in China", *Christian Literature Society*, 1907,1:13。转引自林治平主编:《基督教入华百七十年纪念集》,第 90—91 页。
② 顾长声:《传教士与近代中国》,第 171—172 页。
③ 《万国公报》,华文书局影印本,第 26 册,第 16263—16264 页。转引自史静寰、王立新:《基督教教育与中国知识分子》,第 172 页。

为《万国公报》,以时事政论为主;1883年后一度因经费问题停刊,经广学会复刊后,从1889年至1898年戊戌变法,英美传教士在《万国公报》上发表鼓吹变法的各类文章多达数百篇。使该报成为"一个影响中国领导人物思想的最成功的媒介"①。该报之所以成功与林乐知等人采用最能接近和影响中国人的征文方式有关。征文分两类,一类是由广学会拟定题目,请博学之人撰写,在《万国公报》上发表。其中林乐知主笔的有40多篇,其他较有学问的自由派传教士的文章也不在少数,内容除涉及宗教外,还有批评时政、鼓吹变法、提倡新式教育等;另一类是向读者征文,主要对象是中国人,他们在发表政见时,往往吸收了传教士们的不少观点。因此实际上起到了间接传播自由派传教士观点的作用。

广学会出版的书刊,特别是《万国公报》中的文章,对维新派康有为、梁启超等人产生了深刻的影响。康有为所办的《时务报》不仅从形式上模仿《万国公报》,许多内容也常摘自该报。康、梁的变法思想许多来自传教士的译著和著述,对这一点康有为毫不讳言。他曾向香港的《中国邮报》编辑说:"我信仰维新,主要归功于两位传教士,李提摩太和林乐知牧师的著作。"②康有为的变法纲领"公车上书"中的内容都可在传教士的文章,尤其是发表在《万国公报》中的文章中找到原型。如他提出的富国之法,与英国传教士艾约瑟的《富国养民策》有惊人的相似之处。同样,他的养民之法、教民之法和改革国政之法与李提摩太的《养民四要》、林乐知的《治安新策》和李佳白的《上中朝政府书》都可以一一对应。值得注意的是,康有为在变法中不仅提出了政

---

① 《同文书会年报,1981年》。转引自史静寰、王立新:《基督教教育与中国知识分子》,第172页。
② 〔美〕杰西·卢茨:《中国教会大学史》,曾钜生译,浙江教育出版社1988年版,第45页。

治制度改革的要求,还提出"宗教救国论"的思想,认为中国应设立孔教为国教,并以西方基督教的组织形式为模本,以儒家思想为内容来规划其组织。这种对宗教的重视明显是受基督教自由派传教士的影响。

实际上,一些自由派传教士不仅通过文字影响维新派,还直接参与了当时的维新运动和戊戌变法。例如1895年康有为组织强学会时,李提摩太、李佳白、毕德格等也加入了该会。当时强学会基本每日一会。李提摩太和李佳白等传教士经常与会,"日以新学之益,遍告达官贵人,诸君乐与之游,聆其议论,靡不倾倒,而京师名下士及外僚之入觐者……簪裾盛会,无虑百数"。① 可以说19世纪下半叶,自由派传教士在政治上对华所起的作用莫过于维新运动,从这点看,自由派传教士的间接传教路线对中国社会确实产生了一定作用。与此同时,在自由派传教士的影响下,至少在洋务派,尤其是维新派中许多人改变了对基督教的态度。一些维新党人还承认中国过去的排洋是错误的,中国应该对基督教采取友善态度。1898年7月12日,维新党人甚至称当容忍宗教,保护传教士。② 这些都说明自由派传教士通过影响中国文化逐渐使中国人接受基督教的办法不无道理,也确实在一定程度上达到了目的。

总之,基督教自由派传教士的间接传教方式,通过西方文明促使中国人改变对基督教的态度,客观上使他们成为沟通中西方文明的使者。他们出版的大量书刊与中国当时的社会需要密切结合,对推动洋务派的自强运动,特别是维新运动起了很大的作用,而在这个过程中也影响了不少中国人,使他们逐渐改变了对基督教的态度。从这点看,他们在促进西方基督教与中国社会的结合方面是有成就的,这是基督教本色

---

① 林乐知:《中东战纪本末》,初编,卷八第46页。转引自史静寰、王立新:《基督教教育与中国知识分子》,第173页。

② 林治平主编:《基督教入华百七十年纪念集》,第180—181页。

化的一个重要方面。由于他们尊重儒学和中国文化,儒释道兼容并蓄对基督教的教义重新解释,直接推进了中国基督教的本色化。

第四节 教育传教与本色化

传教士在华办教育本身就是为了适应中国社会的特点进行传教活动。由于直接传教收效甚微,一些传教士便开始寻求文化传教方法。除了通过出版书刊外,另一个重要的手段就是教育传教。从事这方面工作最多的是美国传教士,其次是英国传教士。教育传教实际上既包括直接传教,又包括间接传教。如果将学生直接作为传教对象,教授的课程主要是《圣经》,并千方百计地发展他们入教,那就是直接传教;如果办教育主要是向学生灌输西方文化科技,通过这点,使学生对基督教产生好感,或许由此而加入基督教,这便是间接传教。传教士在华办的教育中这两种传教方式都存在,当然属自由派的传教士注重的是后者,而保守派注重的是前者。总的来说,早期许多传教士办教育的目的是为了直接传教。但随着中国社会的发展,愈来愈多的教会学校改变了初衷,由直接传教变为间接传教。到1877年后,不少新建的学校都是以间接传教为目的,宗教气氛从开始就比较淡薄。

从1807年马礼逊来华算起至19世纪末,传教士在华办教育可分为三个阶段。第一阶段是从1807至1860年《北京条约》签订前。这时在华的教会学校为数极少,且都以直接传教为目的。1860年《北京条约》签订后,传教士开始深入到中国内地传教,教会学校逐渐增多。从这时起直至1877年基督教第一次全国传教会议召开可视为第二阶段;1877—1899年为第三阶段。第一阶段的情况上一章已有阐述,不再重复。第二阶段较之第一阶段学校数量虽有较多的增加,但这阶段教会所办仍大多是小学,只出现了为数极少的中学。到1877年,"已设有

347所学校,收容学生达5917人。此等学校形形色色,有仿中国私塾书院者,有效西方学校者,亦有中西学制兼具者;有为通学者,有为寄宿者,亦有两者兼备者;有男校,有女校,亦有男女兼收者;有为教徒子女而设者,亦有兼收非教徒幼童者;有专授《圣经》及中国古文者,亦有兼教史地数理知识者"①。所有这些学校中能称得上高等中学的仅4所。1877到1899年为第三阶段,教会办学形成了高潮,不管是量还是质都有很大提高。就量而言,1890年较之1877年增加了3倍,到1899年则更多了,当时新教与天主教所办的学校共有2000多所。而质上更有所提高,不仅出现了许多中学,还开始形成大学。据美国学者卢茨的研究,"到19世纪末,几乎每一个差会中心都有一所小学;许多差会设有中学,少数差会则办有所谓的学院或大学"。② 事实上教会最初在华发展教育是为适应中国社会的被迫行为,即使是到后期,教会办学已为多数差会所认同时,也是适应中国社会需要的结果。它不仅反映在教会学校愈来愈多,也反映在其生源、学校的课程设置、办学的目的愈来愈世俗化。因此从这个意义上讲,基督教在华的教育事业也是一种本色化的过程,从教会学校的形成和发展过程中就可以体会到这一点。

1860年之后,各差会陆续派遣更多的传教士来华。他们中的绝大多数人都像戴德生那样,主张直接传教,其目的是拯救异教徒的灵魂,使他们皈依基督教脱离罪恶,因此发展信徒是他们最重要的事业。从这点出发,最初他们都反对办学,认为接受基督靠的是信仰,而不是知识。但传教士们很快发现,中国人对基督教几乎都抱敌视态度,人们对传教士的布道毫无兴趣,传教士散发的宗教宣传品最后也都成为中国人包物品或纳鞋底的材料。在直接发展信徒无望的情况下,一些传教

---

① 林治平主编:《近代中国与基督教论文集》,第197页。
② 〔美〕杰西·卢茨:《中国教会大学史》,第23页。

士便设法利用一些上不起私塾的穷人子女想识字的心态开办一个类似私塾的免收学费的班级,这样至少可以对招收来的学生进行直接传教。但这种方法仍难以招到学生,于是传教士不得不开设不仅免除一切学杂费,还无偿提供食宿的寄宿学校。这类学校成为早期教会学校的特点。在这些学校中要进行祈祷,学习的内容主要是《圣经》和基督教教义,同时也请中国先生讲授传统的儒家经典,有些学校也加上一些科学、数学、史地等内容。

随着教会的发展,信徒子女的教育问题便提上了工作日程。由于中国大多数教徒都是穷人,付不起学费,即使能上得起学,从信仰上考虑,也不愿把这些孩子送进非基督教学校去,因此逐渐出现专为信徒子女办的学校。

在传教过程中,很多传教士愈来愈发现中国人向中国人传教的效果比他们亲自传教要好得多,因此他们开始培养一些中国助手。这些助手不仅可以在传教士缺席时帮助组织信徒的活动,而且当教会要买地租房以求发展时,通过他们与其他中国人打交道,也比传教士直接出面容易得多。为此传教士们便有意识地加强进行培养中国助手的工作,这类学校便应运而生了。为培养中国未来的教会中坚力量,不仅要加强对他们进行《圣经》、西方史地等科目的学习,而且由于其传教对象是中国人,使他们取得中国知识分子的地位就十分重要,因此儒学经典的学习是不可或缺的。此外还需要进行一些科学知识和数学的训练,以培养他们的逻辑性。

上述各类学校虽都属直接传教的产物,但最初的出现都不是传教士原先来华的目的,而是在华传教实践中的产物,也就是说是传教工作与中国社会现状结合的产物。从这一意义上讲,这也是传教工作本色化的结果。

教会学校为得到社会的承认,必须朝着为满足中国社会本身需要的道路发展。1863年开始,清帝国门户开放后急需培养办洋务的人才,首先在北京设立了同文馆,聘请传教士任教习教外文,以供总理各国通商事务衙门之用。1866年在福建设厂造轮船,在上海设制造局和机械学校。1867年又开始派使臣出国等。这些工作不仅需要懂外文,而且需要懂自然科学的人才。而中国原有的教育体制是科举制,只培养读儒家经典做八股文的儒生,对科学没有兴趣。这给教会学校在华的发展提供了广阔的空间。一些办教育的自由派传教士开始将更多的精力放在向学生传授人文和自然科学方面,以填补中国旧教育制度的缺陷,希望通过西方文化使基督教能吸引和影响更多的中国人。而这点正符合当时中国社会的需要,因此在19世纪70年代下半期以后开办的教会学校,尤其是在沿海一带,愈来愈多地开始走间接传教的路线。这在客观上是完全顺应中国社会的发展,因为随着中国的殖民化,中国海关、邮局及洋务派办的各种企业急需既懂英语又懂科学的人才。

尽管教会学校的出现是传教实践以及中国社会本身发展需要的结果,但对教会是否要在华办教育以及办教育的目的与种类仍成为19世纪下半叶自由派与保守派长期争论不休的问题。教会办教育一事直到1890年仍受到一些保守派传教士的强烈反对。一些设在海外的差会本部最初也反对在华的传教士办教育,如美部会管理机构于19世纪70年代再三强调最重要的是传福音,而不是办教育。1883年该机构又拒绝在华传教士提出为建立英华书院提供经费资助的动议。

在1877年第一次全国传教会议上,这场争论达到了顶峰,当时有五篇论文论述教育问题,由此引发保守派与自由派间的热烈的争论。保守派传教士强调必须以直接传教为主,否定办教育的重要性,认为教育充其量只是传教的工具。有人说,教会教育只是"向另一批人传播福音而已"。还有人提出,人文科学与传福音相比是微不足道的,教会学校主要为信徒子女所设,为教会培养接班人。① 这些人都反对教会将人力物力投入教育,认为教会即使办教育也至多办些初等小学,以使信徒能读《圣经》。

另一派则以狄考文为代表。他虽然在某些观点上与思想最开放的丁韪良等人尚有差距,但在强调基督教办教育的重要性以及在教育实践中强调人文科学这些方面是与自由派一致的。他认为教育从五个方面反映出它的重要性:"第一,造就有效可靠的传道人才。第二,供给基督教学校师资,并藉着他们将西方较优良的教育介绍给中国。第三,装备人去介绍西方文化的科学和艺术给中国。第四,教育乃是进入上层阶级的最佳门径。第五,教育能使中国教会有自立能力,并使中国教会防止迷信侵入,且抗拒教外教育界怀疑主义者的攻击。"②由此对不同意办教育的保守派进行了反击。他还认为基督教教育绝不能只停留在初级水平上,而应该提高层次。他说:"赞成设立学校者认为学校有两种不同的目的:一以学校集合异教男女幼童,教以基督真理,冀其将来成为信徒或布道者。一以学校为间接工具,先开扩民智,为基督真理铺路。此两种目的,依我之见,皆不完整,第一种见解最为普遍,但所见至为浅薄……因为此一见解之普遍存在,以致在华的教会学校,始终停留在初级教育的阶段,所授者多为宗教性的知识……另一见解,即间接的工具论,涵括虽欠广,但已近乎事实。我认为教会教育之目的,在培育幼童的智力、德性和宗教信仰。不仅使他们成为上帝的功臣,维护并宣扬基督的真理,并藉教会学校传授西方文化与科学知识,提供物质方面与社会方面的贡献。此种贡献,至为需要,最易证明,且最实际,为大众乐意接受。"③狄考文虽不完全同意教会中思想最开放的人士的意

---

① 林治平主编:《近代中国与基督教论文集》,第198页。
② 汤清:《中国基督教百年史》,第559页。
③ 林治平主编:《近代中国与基督教论文集》,第198—199页。

见,但总体上还是代表了自由派的教育观点。从以后的发展看,这一派的教育方针得到了发扬,教会学校愈来愈朝着适应中国社会的需要发展,并因此而受到愈来愈多的中国人的欢迎,生源也日益充足。但这次会议从总体上看还是保守派得势,一些把主要精力投入提高教会学校教育质量的自由派传教士则处于守势,只能为自己的工作辩解,并强调教育工作中的传教目的。狄考文本人也声称"教育作为教会的一个机构固然重要,却不是最重要的。教育不可能代替传教,传教第一位是无可争议的"。① 但不管怎样,1877 年的大会还是推动了教会学校向较高的层次发展。

为了使教会学校达到较高等的教育水平,尽可能地规范各类学校的教科书就十分必要了。这次大会决定成立一个编写教科书的委员会,中文名为益智书会。丁韪良为委员会主席,成员有韦廉臣、狄考文、林乐知、黎力基、傅兰雅等人。该书会的目的是:"以基督教的立场编辑课本……并能为中国人乐意采用,未进教会学校的青年,亦可藉此获得知识。"②会上确定编写两套教科书,初级教材由傅兰雅负责,高级教材由林乐知负责。科目包括数学、天文、地理、化学、动植物、史地、语文、音乐等。该计划要求,不仅仅是翻译西方教科书,而是要用中国的例子和图解来加以改编,也就是使教材能尽量中国化。尽管实际上这一点在 19 世纪并没有完全做到,但至少编委们做了努力。

益智书会在编写教材中也反映了两种不同的观点。以韦廉臣为代表的一派主张,所编之书,应合乎科学原则,但在适当的时机也应表示上帝、罪恶、拯救等伟大真理;总干事傅兰雅对此表示反对,主张将宗教与科学分离,以使反对宗教的中国人可以自由选择。可惜这一建议未

---

① 〔美〕杰西·卢茨:《中国教会大学史》,第 11 页。
② 林治平主编:《近代中国与基督教论文集》,第 200 页。

第三章　19世纪下半叶的基督教　75

被接受。尽管如此,据总干事傅兰雅在1890年对历年来所取得的成就作的报告表明,该书会共出版了各类教材50种,74册,图表40幅;另审定了适合作教材的有48种,115册。① 其中宗教类的书籍几乎全部由韦廉臣夫妇编写,完全不适合作教科书,受到傅兰雅和狄考文的严厉批评。傅兰雅指出"宗教性的书根本不是学校用书",并建议改组益智书会,"希望由实际从事教育工作者组织一个新的委员会,他们会知道何者当为学校用书的主要内容"。② 1890年,益智书会进行了改组,建立中华教育会,此后所出版的教科书涉及宗教内容的就大为减少了。一些传教士还特别强调教会办教育一定要注重儒学思想。德国传教士花之安在1893年中华教育会第一届年会上发表了《中国基督教教育问题》的演说,强调在教育事业中传教士必须充分利用儒家思想。这些办教育的原则以后为许多教会所接受。

1877年后,教会学校在数量和质量上都有明显增加和提高,尤其是在加强自然、人文科学和中、英文的教学上。到1890年,不但无人再就教会是否要办教育的问题提出质疑,而且许多教会都已设立了中学,有些已有了大专。其中狄考文在山东登州办的文会馆、林乐知在上海办的中西书院、英国圣公会施约瑟主教在上海创建的圣约翰书院等校都达到了很高的水平,在顺应中国社会发展,培养人才方面发挥了积极作用。

我们可以以狄考文的登州文会馆为例。该馆前身是1864年创办的蒙养学堂(小学)。随着洋务运动的发展,中国对西方的科技也愈来愈重视,1876年狄考文为适应中国社会的需要,把学堂改为文会馆,小学升格为书院,分为备斋和正斋,学制分别为3年和6年。1881年又为设立大学预科做准备。培养学生的目标也从早期主要为教会服务转

---

① 林治平主编:《近代中国与基督教论文集》,第200页。
② 同上书,第202页。

向为社会服务。其课程设置,除《圣经》课外,主要"包括代数、几何和圆锥曲线、三角和测量法、测量与航海、解析几何和数学、物理学、微积分、天文学。此外,还有两年的物理课程和一年的化学课程"。① 除了上海基督教会发行的教科书外,狄考文还常自编教材,如《心算初学》、《笔算初学》、《代表备旨》、《形学备至》(几何)、《官话类编》及有关讲义,如《理化实验》、《电学》、《测绘》、《微积习题》、《华文字典》等。他还为学校陆续开设了电机房、化学实验室、观星台(内有反射望远镜),还有各类工场,内有木工、铁工、电工、车工等工艺,使学生不仅学习到科学的基本知识,也能掌握基本的实验手段和多方面的技艺。此外,狄考文深知要使学生在中国社会立足,儒学功底绝不能弱于旧式的士大夫,尤其是在作为孔孟故乡的山东。因此登州文会馆非常注重儒家经典的学习。一些学生参加登州乡试每每名列前茅。这些顺应社会需要的举措,使该校在清末时不仅在山东,而且在华北地区都颇有名气。毕业生常被国家重要机构和其他学校聘用执教。尤其是在 1905 年清政府废除科举制后,文会馆的毕业生供不应求。

狄考文一直反对在登州文会馆开设英语课,认为在内地没有开设此课的必要,它会使来校的学生成分发生变化,一些富家子弟便会抱着经商的动机入学,不仅降低了学校宗教风气,也会使学术风气下降;学生一旦学会几句英语便会不等毕业即离校去从商,毕业生也专注于能挣钱的工作,从而冷落教会;而且学了英语,往往就会不注重中文,从而丧失民族资格。但随着时代潮流的发展,这种论点遭到愈来愈多人的反对。英语教学在 20 世纪的大学中都成为一门必修课。

如果说狄考文的登州文会馆还有相当的宗教色彩,那么林乐知创办的中西书院(1881 年)和中西女塾(1890 年),由施约瑟创办、由卜舫

---

① 〔美〕杰西·卢茨:《中国教会大学史》,第 61 页。

济长期任校长的圣约翰书院(1879年)则更为世俗化。这些学校并不担心学校宗教气氛的降低,而更着重顺应当时中国社会对外语人才的需要,因此自1880年代起便设置了英语课程。按林乐知创办中西书院的规条的说法是"意在中西并重,特为造就人才之举"。他使教学既有西学课程(以英语为主)又强调中文课程,而且学校重视人文科学教育,因此非常适合洋务派的要求,也对维新运动的教育改革起了推动作用。该校从建立起便不仅得到美国驻华外交官和上海外商的支持,还得到中国洋务派官绅如李鸿章等人的大力资助。① 圣约翰书院则更是对英语教学情有独钟,于1881年正式设立英文部,因为当时在上海"英语知识可以有商业价值,可以培养青年使他们能在外国商行里谋职,学校当局决定满足这项需要",②为此在校内普遍推行英语教学。

不管是中西书院,还是圣约翰书院,这些教会学校都主要面向社会,而不是为教会培养人才。由于学校实施收费制,学校的对象也主要是社会的富家子弟,尤其是买办子女,而不是信徒子女。实际上,学校的宗教色彩已相当淡薄。正如1891年在给布道部的报告中说:"我们必须承认,迄今为止在传播基督教方面,像圣约翰这样的机构的间接作用大于直接作用,那就是说,很少学生成为教徒。"③

这些传教士相信,通过教育进行的间接传教方式,虽然从表面上看在学校中发展的中国信徒并不多,但基督教影响却在社会上得到了扩大。如卜舫济相信圣约翰书院(即后来的圣约翰大学)可以变成"设立在中国的西点军校",将"训练未来的领袖和司令官。他们在将来要对中国同胞施加最巨大和最有力的影响"。④ 从20世纪教会大学发展

---

① 转引自顾长声:《从马礼逊到司徒雷登》,第272页。
② 同上书,第393页。
③ *Report on St. John's College*,1898—1899. 转引自徐以骅:《教育与宗教:作为传教媒介的圣约翰大学》,珠海出版社1999年版,第204页。
④ 转引自顾长声:《从马礼逊到司徒雷登》,第394页。

看,虽然并没有完全像他所预言的那样对中国产生"最巨大和最有力的影响",但确实培养了一批人才,对中国社会产生了一定的影响,这不能不归于教会学校顺应和满足了中国社会的发展和需要有关。这实际上也是一个本色化过程。

第五节 教会慈善事业与本色化

由于中国统治阶级治民的观点是"官为民之父母",一个好的官员必须注意百姓的衣食住行。自由派中的社会福音派传教士原本较为重视解决贫苦人民的现实问题,来华后他们更是结合中国百姓的现状,进行了大量的救灾济贫、办医院、施医施药等工作。而这些工作对安定中国社会起着积极作用,因此得到了中国官员,特别是洋务派官员的支持。这也为基督教改变在中国人心目中的形象起到了很大的作用。从这个角度讲,也是促进了基督教的本色化。

19世纪下半叶最能体现传教士救灾济贫工作的是发生在1870年代,特别是1876年至1879年间对华北五省的救助。当时山东、直隶、山西、陕西、河南发生了历史上罕见的特大旱灾,饿死者达一千万,还有大批饥民逃荒,不少地区出现易子而食的惨况,腐败的清政府对此无能为力。当时基督教各差会先后派往灾区了解情况的传教士有30多人,被派往山西的李提摩太所写的调查日记对这次灾情的惨重有十分详细的描写。1878年以传教士为主体,加上一些外交官员和外国商人共同组成了西方第一个在华的救济机构——"中国赈灾委员会"。许多传教士投入了赈灾工作,他们"向外国求捐以救济之。捐款自英美来者独多。所捐各款即由传教士办理赈务,因教士颇有清洁公正之名也,且教士多耐劳,素以慈善为怀,不以劳瘁为苦,故全权赖之"。[①] 通过赈灾

---

① 连之铎编纂:《郭显德牧师行传全集》,广学会出版,(约)1937年,第417页。

活动,不少地区的百姓改变了对基督教的印象,由此发展了一批信徒。许多传教士还与灾区的地方政府建立了良好的关系。以李提摩太为例,他初时在山东救灾,一年之内便发展了二千名信徒,并由此结识了山东省不少官吏。另一名山东的传教士郭显德牧师曾对通过赈灾发展信徒有如下的记述:"有许多小孩因无饭吃,已经被弃道旁,奄奄待毙,经教士救活,复返娘怀者甚多。自此以后,中国人对于传教者之眼光,不复以长毛视之,而以天地父母视之矣。在烟台所设立之救济院,后有许多西国善士,牺牲自己之身家,救济别人,不顾一切者,于是山东人心大为激动,以为天壤间,那有这样好人。闻这样好人都是耶稣的门徒,所以都信了耶稣。计光绪三年,倪牧(倪维思)起西道,余走南道。一年之内,倪牧所得教友不下千数百人,余也得设北岭支会一处。"①这些记载表明教会的救济事业在争取民心,促进基督教在华的发展是大有成效的。

另一项重要的慈善事业是传教士在华办医院,施医施药。著名的广州博济医院的传教医生嘉约翰于1877年第一次传教大会上所发表的论文对进行医药传道的目的作了简单明了的阐述,归纳起来有三方面:"第一是解救痛苦胜于中国医药;第二除去反对基督教的成见;第三是赢得病人皈信基督教信仰。"②另一位博济医院牧师皮尔士也早在1885年就说:"我的观察和经验导致得出了一个结论,我希望在这里特别加以强调指出,这就是:西方慈善事业为中国人的福利所设计的一切计划,再没有比医药传道会所采用的手段和目的更聪明的了……外国人开设医院,可以帮助扫除中国人的偏见和恶意等障碍,同时又可以为西方的科学和发明打开通路。"③

---

① 连之铎编纂:《郭显德牧师行传全集》,广学会出版,(约)1937年,第417页。
② 转引自汤清:《中国基督教百年史》,第579页。
③ 转引自顾长声:《传教士与近代中国》,第280页。

实际上19世纪来华传教士中最能博得中国人民好感的传教手段除了赈灾外,确实就是医药传道。中国贫穷落后,严重缺医少药,大多数穷人根本看不起病。因此传教士利用这一特点,在施医施药的同时进行传教,使人们对基督教不会产生太大的反感。尤其是一些重病者及其家属,更会对治愈他们的传教士医生感恩戴德,由此不仅不会再对基督教怀有敌意,有些甚至还会成为信徒。而且医药传道在某种意义上比赈灾有长期的效应,因为赈灾往往受时间和地点的限制,不受灾地区的人民并没有受益,且赈灾只能是在某段时期内做的事,人生病则长年累月总会有,医院及诊所又大多设立在人口较为稠密的地区,因此医药传道在中国得到较大的发展,这也是顺应中国社会需要发展的结果。

早期传教士为开创局面,接近中国人,来华前都学过一些医术。1860年之后,许多传教士仍继承这一传统。一些传教士深入到内地"开荒",在建立新的传教站时都进行施医施药的工作。由于体会到医药传教在中国的重要性,在每个设有传教总站的地方按规定都设有诊所或开办医院。一开始,这些诊所或医院由差会提供经费,对病人实施免费治疗。随着中国人对西医看法的改变,一些有钱的人也去著名的医院就医,医院便采取以富养贫的办法,即收取富人高昂的医药费,而对穷人实施免费治疗。由此不少医院逐渐做到了自养,不再依赖差会。一些传教士医生因医术高明,有时还能得到地方政府与士绅的资助办医院。如1879年李鸿章夫人得重病时,得到伦敦会麦根同医生的治疗,为此李鸿章在天津捐助了一所医院(马大夫医院),并由此建立了北洋医学堂,请麦根同为学生们讲课。再如巴陵会一位传教士夫人因在山东即墨医治了许多病人,因此当地官绅捐款建立了一所医院。[①]一般来说,1900年前,基督教所建立的医院或诊所规模都不大,主要分

---

① 汤清:《中国基督教百年史》,第590页。

布在广东、广西、浙江、江苏等地。其中最著名的是广州博济医院。

医疗传道改变了中国人对西医、西药的看法,从而使来看病的人数大增。比较一下1876年和1889年的医院诊所数目及各类就诊病人人数就可以看出来。1876年西方传教士办的医院是16所,诊所24所,住院及门诊的各类病人共132516人;①而到1889年医院发展到61所,诊所为44所,住院及门诊的病人是348439人。② 当然这并不能说,对西医西药改变态度就一定表明中国人对基督教态度的改变,但至少可以表明通过医药传道扩大了基督教在华的影响。

随着医疗事业在中国的发展,必须培养中国的医学人才。最初以收学徒的方式培养,以后便开始办起了附属医院的医学校。最早在华建立的医学校是1866年由博济医院附设的南华医学校。该学校最初只收男生,1879年接收了第一位女生。医学教育主要由嘉约翰医生和中国第一位西医黄宽担任。黄宽早年就读于马礼逊学校,以后由该校校长相助前往苏格兰爱丁堡医科学习,1857年毕业后返回中国,在博济医院工作。此后随着中国教会大学的兴起,在大学里设立医学院,这一方面为中国培养了不少西医人才,而且也为教会培养了不少信徒,在这些学校中学习的学生有许多受传教士或家庭的影响成为虔诚的基督徒。

为进一步推进在华医药传道工作,向中国人介绍西医西药,1868年嘉约翰医生便用中文在广州出版周刊《广州新报》,1884年改为月刊,并更名为《西医新报》。1886年从事医药传道工作的传教士们成立了联合机构"中华博医会",力图促进全国的医学教育,进一步推广西医西药知识。1887年该会在上海创办了中文期刊《博医会报》。

---

① 汤清:《中国基督教百年史》,第593页。
② 同上书,第595页。

与此同时,一些传教士翻译出版了不少有关医学方面的书籍。最早较为系统地向中国人介绍西医的著作是英国传教士合信医生于1850年出版的《全体新论》。同年美国传教士罗孝全翻译了《家用良药》。此后合信医生编译的《内科新论》、《西医略论》、《妇婴新说》以及嘉约翰编译的《西药略说》、《割症全书》、《内科全书》、《西药名目》、《病症名目》等都对中国西医西药的发展起着重要作用。

总之,通过医药传道,基督教扩大了在华的影响。这种传教方法之所以能够取得成功,与它符合当时中国国情的需要有着密切的关系。

第六节　推进中国基督教会自立的尝试

19世纪下半叶,中国反洋教运动此起彼伏,为了使基督教在华有所发展,西方各差会增派了大量的传教士。仅以1876年到1889年这13年为例,传教士人数由473人增至1296人。为了争取信徒,他们不仅自己传教,还采用雇佣华人为传道员进行传教活动。这些人一般都是读过私塾或有小学文化程度的人,在圣经学校或神学院经过数月至数年不等的培训后担任传教士的助手。由于华人在教会中并没有实权,因此在这一阶段,中国教会在各方面都不可能做到自立,只能依附于外国差会和传教士。例如1877年在华基督教差会召开"全国传教大会"时竟无一名中国人参加。到1890年第二次传教大会召开时也只有一对华人夫妇参加。在一般传教士的眼中,华人灵性不够,只能充当他们的助手。虽然他们也认为中国教会最终应该实行自养自理自传,但西方的大国沙文主义,依仗不平等条约传教的特权思想使他们完全采取越俎代庖、喧宾夺主的传教政策,严重地阻碍了基督教的中国化。

著名教会史学家汤清在谈到这一时期的中国基督教会时认为,"除了一些例外,绝大多数还是不能自立自养自传和本色化,教会和教会事工仍是由传教师(士)和传教会支持掌握。教会的领袖和行政人员,无论是会督、监督、主教、学校校长、医院院长,以及其他教会机构主持人,绝大多数还是传教师。而维持教会及各种事工的经费,绝大部分还是由传教会供给。各种组织方式还是西洋式的。信条、神学、宗教生活、礼拜仪式、赞美诗歌、建筑样式等等,还是传教师带来的舶来品。中国人仍看基督教为'洋教',传教师为洋人,基督徒为'吃洋教的',传道人教牧为'洋奴走狗'。所以广传时期①中自立自养自传和本色化的教会,至多只能说,仍在孕育当中……"②

尽管如此,也有些特例,例如林乐知在监理会工作时就较注重任用华人。1882年监理会召开年会,林乐知委任四人向中西教士讲解《圣经》,其中两人是华人,这在当时是很罕见的。不仅如此,林乐知还提议从这年起会议一律使用华语,连会议记录也是如此。这与他早年在《教会新报》中鼓励用儒家语汇表述基督教思想如出一辙,可视为倡导教会本色化的先声。不仅如此,在一些独立的地方教会中,林乐知尽量让华人负责,放手让他们布道和管理教会。1882年监理会的30位教士中,华人便占了14人,这在当时是较少见的。

再如被称为山东三杰的倪维思、狄考文、郭显德等人较早就深刻地认识到,要使基督教在中国扎根,最主要的是必须及早实行自立自养自传。其中努力培养华人教牧人员和实行教会经济独立是达到自传和自立的最重要的两个条件。早在1862年倪维思就向北长老会提出在华创办神学院的建议。狄考文1864年起在登州创办蒙养学堂(文会馆的前身)也是希望通过办教育来吸收信徒或培养为教会服务的人才为其

---

① 汤清将中国基督教历史分为三大时期。第一是开创时期(1807—1842),第二是广传时期(1842—1907),第三是中国教会时期(1907—1949)。见汤清:《中国基督教百年史》自序第 vii 页。

② 汤清:《中国基督教百年史》,第659页。

主要目的。他们在培养中国传道员方面做了大量的工作。《郭显德牧师行传全集》中对此有较为形象的描写：

> 1871年，倪维思牧师自南方来，卜居烟台，与郭牧（即郭显德）彼此合作，甚是得力……郭牧下乡撒网收聚各种水族，拉上岸来。倪牧就在烟台坐下挑拣好的收在仓里，记在教会的记录上，聚集各教为之相其态度，察其心理，比其天资，量其能力，自初以至于高级。有能守堂牧养者，则为之教以忠勇慈善之道，以看守羊群；有能四方巡礼宣传福音者，则为之教以论理辞命……有能漫游城镇、兜卖《圣经》者，则教之以《圣经》大旨、救世要道，使人欢迎之；有能立坛讲解堪作师资者，为之教以师范讲义、教授法，以备开设学校；有善于办理教会事务者，则教以处理会务，通权达变之道。凡所以深造以道，而使有治教会之各种人才也。①

> 当1887年，美国第一长老会捐洋2500元，为建会英师范学院之用，亦为郭牧一手所经理（郭牧设立师范学院之意，因现时教会所缺者，乃传道员，非教学员……乡下许多宿学老秀才，欲到登州读书，则年事太高，欲到文选（学校），则不合适，故郭牧设立会英，3年毕业，尽是人才），招集各处教会之读书巨子及老学究等来研究新学及深厚道学，其所出不少有用之人，郭牧传道大得帮助。又在此学校内特设训练班。招集乡下传道先生们或教习们来烟台受较更深之训练及造诣，且同时开训话会及谈话会，限3个月毕业之后回至传教站振刷精神，从事工作，或作传道，或作教习，或作守牧，各得其所。②

---

① 连之铎编纂：《郭显德牧师行传全集》，第71页。
② 同上书，第73页。

从以上描述可以看出,19世纪下半叶一些传教士为培养中国教会人才还是作了不少努力。一是体现在因材施教,如倪维思、郭显德等针对不同人而给予不同的教育,使之或作传道,或作教习,或作守牧,因才使器,各得其所。二是为了能适应中国环境,采用了各种方法培养教会人才,有神学院的方式(不一定采用神学院的名称,有时称书院,有些称师范,实质是一样的),能接受较为系统的3—4年不等的学习,这些人毕业后一般从事专职教会工作。有些则是通过各种不同的短期培训班,这些中国信徒一般各回自己岗位,从事业余的传道工作。如郭显德在山东为适应当时男女授受不亲的伦理道德,特别注意分别培养男女传道人员,然后分别向其他男子和妇女传教。郭显德自传中还专门对如何培养女传道进行了描述:"乡下有许多信教之妇女,年在三十上下,或至四五十左右,观其品行甚是端正,考其才干亦甚高强,验其资质亦甚聪明,可惜从未读过书,知识不足……乃召来烟台受五个月之训练,使之知《圣经》大纲及传道法门,并深造其品德及祈祷读经之修养,大得效验。"[1]经他培养的这些传道人员,"毕业之后,皆成著名传道员,到各地宣传耶稣是基督……教会之动力乃大,功效足"。[2] 之所以"功效足",主要是因为中国人向中国人传教有着同样的文化背景,易于为人所接受。不仅如此,通过华人传道还培养了一批教会骨干,为中国教会日后走上自立之路奠定了人才基础。

实际上即使许多对中国教徒的灵性不信任的传教士,也知道为了教会的传教事业必须培养中国人传道,因此陆续开办了一些神学院。据统计,1876年这类学校有20所,神学生有231人[3]。一般而言,在19

---

[1] 连之铎编纂:《郭显德牧师行传全集》,第433页。
[2] 同上。
[3] 汤清:《中国基督教百年史》,第648页。

世纪80年代以前,这些圣经学校或神学院水平并不高,一般是将曾读过私塾或具有小学文化程度的人招收进来,再培养3—4年后做教会传道员。19世纪80年代以后,少数教会学校升级为大学,在学校中设立神学部或神科,如1879年圣约翰书院开办后便设立神学部,1880年神学部有13名学生。这些学校的神学生文化程度明显地超过其他学校的毕业生。至于一年中通过数星期至数月不等的短期培训班来培养传道员的方式也为许多差会所采用。

如果说在如何培养传道人的方法上传教士们渐趋一致的话,那么在是否支付中国传道人薪金方面,传教士中则有不同的看法。这实际上反映了是否应该努力使中国教会尽快实现自立的问题。就19世纪下半叶的多数传教士而言,他们不相信中国教会能做到这一点,因此热衷于要差会派遣更多的传教士、提供更多的经费,并习惯于雇佣中国人充当助手。这样做的结果是鼓励中国教会长期依赖外国差会和传教士,容易使信徒中混入一些不良分子——"吃教者",他们不是为了信仰而加入,而是为了能得到外国人的薪金而混迹其中。有些人还往往依仗外国传教士的势力无视自己的同胞,在中国人中造成极恶劣的影响。由于传教士不培养中国信徒的自立精神,使中国信徒对教会缺乏应有的责任心和义务感。

以倪维思为代表的少数传教士较早就深刻地洞见到中国教会自立的重要性。要使中国教会自立,重要的是解决自养问题。倪维思和郭显德等人的做法是尽量使中国人不做专职传道人,也就是说,各人仍保持其原有的身份,是农民的仍种地,是教书的仍教书,只是在工余时间从事传教工作,这就省去了教会的负担。他们主张尽快结束给予中国传道人员固定的薪金制,让他们能做到自立,认为只有这样才能使他们更有责任感。由于无薪金,做教会工作完全尽义务,这就要靠信徒个人的信心,也就杜绝那些把教会作为混饭场所的"吃教"之人的问题,中国基督徒的素质也因此得到提高。此外,他们也鼓励各地方教会的信徒通过自愿奉献的方法支持为数较少的专职教牧人员的生活,并提倡各地方教会根据教徒实际情况本着从简原则修建教堂、开展各种教会活动。中国信徒普遍十分贫困,这也成为自养的一个障碍,一些关心中国教会自养的传教士对此有所考虑。在这方面采取过实际行动的有在山东传教的北爱尔兰人马茂兰及倪维思等人。马先生夫妇原是专职传道人,后主要从事商业,兼传道。他在山东烟台等地办了不少实业,如办洋行、花边实业、开设工艺女校传授技艺等,由此使这一带的农村家庭的生活有所改善。倪维思则于1887年将美国优良的果木品种引进了烟台,并教授信徒及一般民众有关栽培技术及免费赠送果木幼苗。郭显德的女婿海尔济牧师夫妇也是积极在教会内分别带领男女信徒从事栽种果木、制作罐头或编织花边等工作。他们的本意都是想通过从经济上改善信徒生活,达到教会自养目的。令人遗憾的是,由于教会内一些保守人士的反对,烟台教会没能坚持下去,但普通民众因此而受惠的不在少数。

倪维思批评一些外国传教士对中国信徒不信任、不放手的做法,认为这不符合《圣经》中保罗的教导,因为各地方教会最终都要由当地人自己管理,外来的人只能是一种过渡。因此他特别注意培养中国基督徒自己管理教会,包括各种日常的教会事务和活动以及教会的财务等,认为只有这样才能使中国信徒的积极心和进取心得到充分的发挥,并能早日达到中国教会的自治,否则只能培养中国信徒对传教士的依赖性,使本地教会难以自立。

当时来华传教士和差会中除了倪维思、郭显德等人及山东的美国北长老会外,从开始就培养中国信徒朝自立自养的方向发展的传教士及差会较有名的还有:英国长老会传教士宾威廉在厦门推动建立的长老区会,公理宗于1868年在厦门成立的自立教会联会,美国卫斯理宗会督金斯理领导的福州教区,英国浸礼会山东传教士仲均安等人以及来华的基督会传教士们。他们都主张传教士应尽力放手让中国信徒办理教会事务,礼拜堂设置要根据信徒的经济能力,因陋就简,鼓励中国信徒捐献,支持传道人的生活,力争做到自养。如仲均安说:"对于乡村的礼拜堂及校舍,西差会没有什么花费,因为教友们自己设备好了。他们聚集在简陋的村舍里,自己推行教会的事宜,这样便训练他们实践自治的原理。这是山东教士们始终坚持不变的主义。"①在这种传教方针下,到19世纪末,青州府教会中的五六名华人牧师均靠信徒支持为生。当然在中国信徒尚无能力做到这一点时,传教士也不完全排除差会的支持,如金斯理1869年任福州教区议会主席时,就按立七位华人为执事,其中四人为长老。他针对当时的情况提出了一个自养计划:差会每年拨一定的款项,不够部分由各教会自筹,以支持华传道人。

与此同时,一些有志气的中国信徒本身提出了自立自养自传的要求。其中较著名的有广东的陈梦南先生,他在研读《圣经》后决心成为基督徒,但又不甘接受外国传教士的洗礼,于是不辞劳苦乘坐三四天船赶到肇庆专请中国教士为他施洗。1872年,他在本地教徒及华侨资助下,自赁房屋宣教。1873年他组织了"粤东广肇华人宣道会",成为华人自办教会的首创者。山西的席胜魔也于1881年在山西邓村开创了与任何差会无关的自立自养自传的福音堂。1886年他成为内地会牧师后更积极带领了山西洪洞、平阳、大宁一带的信徒建立本色教会,不仅使教会自立自养自传,"并根据《圣经》应用中国文化发挥基督真理,还写作若干典雅白话诗,谱上乐曲"②,其中最为中国信徒所熟知的是赞美诗"主赐平安"。此外像南浸会牧师冯活泉于1883年在广州潮音

---

① 汤清:《中国基督教百年史》,第653—654页。
② 同上书,第482页。

街建立的宣道堂也是华人的自立教会,内地会的一些地区也都有自立教会。

从整体上看,19世纪下半叶真正达到经济自立的教堂为数仍很少。例如1876年全国有312处教会,实行完全自养的只有18处;1889年全国共有教会522处,完全自养的教会94处;到1897年完全自养的约100多处;至于"使用中国固有文化的思想方式,表达方式,风俗习惯,来表达中国基督教的信仰,倡建本色教会的教制和教会机构,形成本色教会的礼仪、崇拜,产生本色的神学、文艺,如文学、音乐、戏剧、艺术、建筑、绘画等等"①含义上的本色化程度就更低了,但上面的数字还是反映出自立自养的教会是在不断增长,而且像席胜魔等华人牧师及一些传教士也在从文化意义上对中国教会本色化做出了某些尝试。

---

① 汤清:《中国基督教百年史》,第657页。

第四章　自立运动

第一节　20世纪初期中国基督教会的发展

19世纪与20世纪的交替时期,在中国发生的最大的历史事件莫过于义和团运动了。这一运动直接与基督教有关,也可视为19世纪下半叶以来中国不断发生的教案中最大的一件。

19世纪下半叶经传教士努力,基督教在华有所发展,但总体上看较为缓慢,并遭遇到中国士绅和人民的强烈反对,引发了许多教案。其中大部分是天主教的,但基督教新教也有一部分。这些教案的发生在很大程度上是与基督教第四次传入是紧随殖民主义者的枪炮强行轰开了中国的大门之后,利用一系列不平等条约传入有关,是中国人民在备受列强侵略后自发地被迫反抗。杨天宏曾根据《中国教案史》一书的附录"中国教案及民教纠纷简表",勾画出教案与民族危机关系图,较为清楚地显示"这些教案的多发期几乎同时又是列强侵略加深,中华民族面临新的更大危难的时期",例如在1860年《北京条约》签订后的最初几年内、1884年中法战争时期、甲午战争后的几年及《辛丑条约》签订后的几年内均是教案多发期。[①]

传教士利用1858年的《天津条约》和1860年的《北京条约》取得

[①] 杨天宏:《基督教与近代中国》,四川人民出版社1994年版,第18—19页。

了所谓"保教权",使他们在华的传教活动取得了不受中国政府约束的特权,强行打破中国从隋朝以来历代王朝设定的宗教要受政府管理的体制。与此同时,其他宗教,如佛、道、伊斯兰教等则仍须服从政府管理。这种反差使基督宗教在中国的地位极其特殊。来华传教士中不少人往往以战胜国的公民自居。在他们眼中中国人愚昧无知,中国的文化是异教文化,毫无价值,尤其是尊孔祭祖的礼仪在他们看来是渎神行为,应坚决反对。他们自诩为道德的改革者,是来进行"洁净这块土地上的罪恶和污秽这一巨大工作的"。[1] 为达此目的只是传播基督教还不够,还要用西方文化全面征服中国文化。他们对中国文化的这种敌视、鄙视态度使中国的士绅阶层和普通平民百姓本能地产生反感,视基督宗教为"异端邪教",认为它企图"推翻中国数千年来的礼教伦理,伤害了整个社会的人心风俗,因此他们不得不深恶痛绝,鸣鼓共攻"。[2] 还有些传教士不尊重中国的法度,私自深入到条约上不包括的地方传教。正是由于基督教伴随枪炮大举进入中国,又加上传教士对中国文化的傲慢态度,这就很难为普通中国人接受。为此传教士只能用提供免费上学、免费医疗等方法拉人入教,所拉到的大多是处于社会边缘的人和底层的穷人。这些人与明末清初的入教者有很大区别,往往并不是真正出于信仰经过深思熟虑后才信教,而是受利益的驱动,以占小便宜得好处的心态入教,因此教会中吸收了不少"吃教者"。更有甚者,有些"吃教者"还依仗传教士的势力欺压同胞,传教士则往往利用外国人所特有的治外法权,包庇他们,在中国百姓中造成了极坏的影响。再加上入教后,教徒不参加祭祖活动,也拒绝给当地社区捐钱盖庙等活

---

[1] T. W. Pearce, "Western Civilization in Relation to Protestant Mission Work", *Chronicle*, Oct. 1890, p. 238.

[2] 王文杰:《中国近代史上的教案》,协和大学中国文化研究会,1947年版,第14页。

动,这在那时都是被视为大逆不道的事,违背了祖上的规矩,简直就不是中国人。同时,在社会上受到孤立的信徒则反过来增加了对传教士的依赖,自然又加深了其他中国人与他们的隔阂。基督教在中国人心目中自然是"洋教",而基督徒也就成了"假洋鬼子"。每当中国备受列强欺凌,中国人的民族自尊心受到严重伤害时,人们就增加了对洋教士和洋教的痛恨和强烈反对。这种民族心理特别容易轻信社会上的一些传言,如谣传某些教会育婴堂拐骗孩童"剜眼剖心",做迷魂药等。种种谣言在19世纪下半叶的中国不断引发教案,最终酿成了1900年震惊中外的义和团运动。

义和团运动也可以视为最大的教案,因为它提出的"扶清灭洋"的口号中包括消灭洋教。实际上这场运动是晚清时期外部入侵与内部危机的总爆发。

义和团形成于19世纪末的山东,渊源于具有反清性质的民间秘密社团,后被清政府利用在直隶和山西等地得到发展。1900年在清政府的错误导向下,拳民们在京城围攻使馆、教堂,并在直隶、山西、奉天、内蒙古等省屠杀传教士与教徒,最终被八国联军的枪炮镇压下去,以彻底失败而告终,其后果是教徒受祸之惨,平民受害之深,国家赔款之巨,都是空前的。据统计,在这场运动中被义和团杀死的天主教主教有5人,教士48人,教徒1.8万人;基督教新教教士188人,教徒5000人。而被八国联军屠杀的拳民则"为数实倍蓰于遇害的教民"[①]。事后中国赔款四亿五千万两白银加上利息,如要全部还清,则高达九亿八千多万两。

但这一运动实际上成为基督教在华发展的一个转折点。此后的20年基督教在华却得到了迅速的发展。原因主要有三方面:

一是列强及基督教各差会在义和团运动后改变了某些做法,调整

---

① 王治心:《中国基督教史纲》,第241页。

了传教的策略,以逐渐改善与普通中国人民的关系,提高传教效果,扩大了在华的影响。

义和团运动之后,原准备瓜分中国的列强们重新考虑中国问题,认识到虽然清政府腐败无能,但任何其他国家都没能力统治富于反抗精神的众多的中国人,瓜分中国是行不通的,并且在这场运动中所表现出的中国人民对洋教的仇恨不能不引起西方列强及传教士对以往越俎代庖的传教方式的反思,意识到以往利用保教权一味偏袒信徒的危险性,从而不主张由传教士出面参加信徒的讼诉。英美政府对传教士的这些活动做了某些约束,禁止传教士直接干涉官府办理与教徒有关的讼诉案件。在华传教士中一些人也更加意识到,要使基督教在华获得成功首先要取得中国人的好感。正如传教士明恩普说:"基督教要想在中国取得立足之地,必先得到人民的承认、敬仰、赞成与接受。"①正是从这点出发,传教士不仅更注意与政府搞好关系,不再直接干政,而且还较以往更注意信徒的质量。

这种传教策略的变化集中反映在1907年召开的基督教来华传教百年大会上。该大会参加人数较之1890年那次增加了三倍。会议对庚子事变后民教纠纷进行了反思。一些传教士,如狄考文,虽然把教案的形成都归结为中国人仇视基督教所致,但也认为解决民教冲突时传教士不宜直接出面"诉之公堂",而应由外国领事馆与中国政府进行交涉。另有些传教士则对以往的做法作了更为深刻的检讨。如丹麦信义会代表鲍尔维希不赞同狄考文把一切过错都归咎于中国百姓,对信徒则百般包庇的看法,认为以往所有教案几乎都不是纯粹因信仰问题引起的,其中有些是因教士滥用职权,甚至以政府官员的面目直接干政,包庇"吃教者",在百姓中造成不良影响,致使许多有地位和身份的人

---

① 《中华归主》(上),中译本,世界宗教研究所,1985年,第87页。

不愿参加基督教。经过热烈的讨论,会议就传教士问题通过了五项决议,其中包括一再重申传教士只负有道德和灵性的使命而无任何政治目的,在中国民族主义高涨时期要求教会不要为革命所利用,以免引起中国政府的疑忌。与此同时,会议还表达了对政府保护传教士和信徒的感激之情,并请求政府在官方文件中不要将信徒称为"教民",以免造成对信徒的歧视。但他们认为在当时取消保教权为时尚早。从总体上看,传教士在处理与中国政府和民众的关系和态度上大有改变。

为了使中国人更容易接受基督教,教会将传教重点从单纯地追求信徒数量,转而更重视信徒的质量。美国传教士乐灵生在《近20年来中国基督教运动的改革与进步》(1900—1920)一文中引用汲约翰的《差会问题》一书提到:"近20年来信徒增长率反而下降了。1890—1900十年内受餐信徒人数增加了一倍多。1900—1906六年内又增加了一倍,但以后十四年(1906—1920)之内仅又增长了一倍。"他分析了各种引起增长率减少的复杂原因之后又说:"另外还有两种原因值得注意,一个是信徒的灵性生活逐渐提高,减少了信仰的盲目性,提高了信徒的信仰素质;另一个是教会对信徒标准要求提高,以至过去的某些信徒现在失去了信徒资格。由于上述原因,几年内的统计数目不能反映事实真相,但信徒素质的提高却是毋庸讳言的。"①

传教策略的变化还表现为教会特别强调加强教育传教。这一方面与1905年清政府废科举、改学制对教会学校的发展有利有关;另一方面也与当时社会上办"洋学堂"的热潮对教会学校构成威胁有关。1907年卜舫济在百年传教大会上曾就教会教育问题作了专题报告,提到废科举后新式学堂发展迅速,这些学堂在教材体制上照搬西方学校,重知识轻道德教化,并在某种程度上有反基督教倾向。教会学校如不

---

① 《中华归主》(上),第101—102页。

提高教学质量将难以与之竞争,失去在这一领域中的地盘。由此他提出教会必须重视教育,派有真才实学的传教士来华办学,使教会学校在竞争中有较强的实力,把握中国教育的方向。此次会议后,在华宣教会(包括差会和地方教会)较过去更注重发展教育,派遣并培养了大量传教士和中国信徒从事教育工作。一些差会利用庚子赔款在华创办学校,如山西浸会用此赔款劝中国政府开办了山西大学,美国各差会利用赔款创办了清华大学,并设立了联合基金会,为中国学生留学美国提供基金。于是,20世纪上半叶教育传教遂成为基督教在华的重要传教方式。据统计,20年代时来华传教士及中国教职人员中有一半人从事教育工作。"一万名以上的中国男女职员,即几乎等于基督教差会受薪中国职员的半数,贡献他们的全部时间从事教育工作。如果宣教师的比例相同,那么我们还要在这批中国教学人员以外再加上大约三千名外国教育工作者",因此"中国基督教教育事业是一项规模颇大的事业"。[1] 这种传教方式与一贯重视教育的中国儒家传统不谋而合,这不仅能使基督教通过教育在华得到更有效地传播,而且为中国教会培养了人才,从而使基督教在华有了相当的发展实力。正如1922年出版的《中华归主》一书中所说的:"教会教育工作也在向前飞速发展。一二十年以前,大多数宣教会对于发展高等教育工作还举棋不定,他们满足于本教会学校中的教职员所受的不多的教育工作训练;现在这种教务政策显然是不合适了,一方面教会应当对它的青年人进行基督教教育,另一方面教会应当同时兴办大、中、小学校系统,其教育质量不应亚于国立学校。只有这样才能保证教会有好的领导人才,这是与教会的命运息息相关的。"[2] 教会这一策略的变化,导致基督教对中国社会的影

---

[1] 《中华归主》(下),中译本,中国社会科学出版社1987年版,第888页。
[2] 《中华归主》(上),第10页。

响到20年代已较以往任何时候都要大。

不仅如此,在华的传教士也或多或少地改变了以往各差会各自为政的策略,他们在1910年爱丁堡举行的普世宣教会议的影响下,强调各差会的共同合作和依靠本地区人员的力量。这一策略的改变使基督教在华各差会能集中更大力量从事传教事业,促进了基督教在华的发展。1913年,爱丁堡会议后当选为第一任续行委办会主席的美国布道家穆德来华访问,主持召开了一系列会议,"使各国传教士及中国职员们更加深信,正在成长的中国教会团体要想成功地应付教会在各方面遇到的问题和利用目前的时机,最根本的是要有明确的统一计划和有效的合作",①而"要想明智地制订一个有效的发展计划",就需要全面地了解基督教在华传教的各个方面的基本情况。为此,在1913年的全国基督教会议上组成体现合一精神的中华续行委办会,开始对中国基督教的各项事业进行全面调查。在此基础上,中华续行委办会执行部又于1919年12月在上海新天安堂召开了一次全国大会,组织"中华归主运动",参加者有117人,中西代表各半。"赴会的人,国籍不同,宗派不同,所作的工夫也不同,但是大家一心一意地谋求一种联合进行的作为,藉以彰显基督确能救国,确能改正人心,确能使中国化险为夷转祸为福。"②会上讨论的中心问题是"中国教会职员应如何协力合作及如何成就工作",③提出了对信徒的六点希望,其中第5条是"实行服务的活动,盼望在民国九年,每个信徒都肯担任一种或数种切实服务的工夫,即如服务教会,服务社会等事,若是人人如此活动起来,定能使教会格外进步,使国家大得利益"④。1920年中华续行委办会成为中华归

---

① 《中华归主》(上),第5页。
② 《致全国同道书》,《中华归主:中华归主运动通告书》,第1期,1920年1月10日,第1页。
③ 全绍武:《中华归主运动》,《中华基督教会年鉴》,第6卷,1921年第45页。
④ 《致全国同道书》,《中华归主:中华归主运动通告书》,第1期,1920年1月10日,第1页。

主运动的中央机关,为配合这一运动,委办会将会员中的华人比例由原有的三分之一增至二分之一,并认可中华归主运动委员会总干事由华人担任。这一运动不仅为消除在华各宗派之间纷争作了努力,并且在培养中国职员和提倡信徒服务教会和服务社会方面都有所发展,这使中国基督教会的传教能力和水平有所提高,也使一些中国人逐渐改变了对基督教的看法。

二是义和团运动之后中国政局的发展对基督教的发展有利,而基督教在促进这些变化中起到了相当大的作用,为中国社会所接受。

清政府中顽固派势力在义和团运动后受到致命的打击,再也无力恢复元气。迫于国内外的压力,清政府实施了一些改革,如1905年下诏废科举、设学堂,并派出大批学生留学日本,造就了一批新型知识分子。这些新型知识分子与中国旧的士大夫最大的不同点在于他们接受的是西方教育,成为国内推行西方科技和民主精神的先驱,并在国内发起了各种运动,促使中国社会发生巨大变化。乐灵生在前引文中对义和团运动之后20年间中国社会及基督教发展情况进行的概括和分析,认为:"1900年以后的20年来,中国出现了极其明显的革命趋势……在此时期内将一切旧原则、旧制度一一革除,代之以某种新原则、新制度……在所有变化里,国民性的变化是最值得注意的。已经发生的种种改革必将成为日后更大改革的先兆。中国不仅受世界改革潮流的影响,而且要进一步影响全世界。"[1]而所有这些变化都与基督教有密切关系。具体而言,主要包括:(一)民主精神的发展。自1900年后,封建专制政体已成溃败之势。中国人民固有的民主精神冲破专制制度脱颖而出。辛亥革命推翻帝制典型地体现了这种新精神。而后袁世凯企图复辟帝制,结果身败名裂。此后再无一人敢冒天下之大不韪。约在

---

[1] 《中华归主》(上),第83页。

1915年开始的新文化运动使科学和民主精神得到进一步的发扬。1919年五四运动爆发,这是反抗外国侵略的积怨的复发,虽然矛头指向日本侵略者,却表明了人民政治责任心的觉醒。(二)抵抗罪恶运动,以禁烟运动最突出。"至1908年,禁烟运动以空前巨大的道德声势与罪恶势力拼搏"。与此同时,"反对缠足运动亦风起云涌"。(三)知识革命,与之相关的是改良教育运动。1905年人民向政府请愿,要求废除科举制度,并向普通国民灌输普通常识。(四)白话文运动,因文言文不再适应国家教育国民的需要,由此出现以普通官话为基础的统一语音运动。(五)经济独立运动,建立中国新式银行团,原目的是抵制国际银行团。虽该目标未能实现,但它在全国的政治、经济和道德上已形成一股力量。(六)西方工业在中国人统治下获得惊人的发展,这种情况突出地表现在上海。(七)平民阶级的出现与政治兴趣的增长。这里的平民主要是指商人。这一阶级的出现促进了地方政府和地方自治势力的发展,削弱了中央政府的权限。(八)宗教信仰自由的发展。

在所有这些变化中,基督教都起到了相当的推动作用。乐灵生指出,这些变化"在某种程度上是教会自身积极活动的结果,但很大程度上却应归功于基督教在文化上所发挥的影响"。[①] 不管是基督教直接活动的结果,还是通过文化发挥的影响,中国社会的变化的确与基督教有着千丝万缕的联系,例如在推动中国政治民主方面,继19世纪末一些自由派传教士直接参与维新运动后,20世纪初一批中国基督徒积极参加了孙中山领导的推翻满清政府的活动和1911年的辛亥革命。再如在"抵抗罪恶运动"中,基督教在拒毒、拒赌、反嫖娼纳妾、反妇女缠足及提倡男女平等等方面都建立过相应的组织,例如1900年成立了济良所,收容从良妓女,教她们识字及各种谋生技能;1907年建立了中国

---

① 《中华归主》(上),第85页。

妇女节制会,主旨是反烟酒、嫖娼及谋取妇女权益;1908年成立了万国改良会分会,力主禁烟酒嫖赌等等。这些组织在中国社会中都起到过积极的作用。在推动知识革命、废除科举制和推动白话文运动中,许多教会学校发挥了积极作用。1910年代教会所译的和合本《圣经》采用白话文,至今仍是中国基督教会通用的版本。各地的基督徒还与政府共同推广注音字母以统一国语,尽管他们起初的出发点主要是为了便利信徒识字读经的需要。他们也积极参加社会改良工作,与地方上有关人士联合,共同致力于道德、医疗、教育、赈灾和公共卫生等事业。例如,教会在福州创办的中华卫生教育会在预防霍乱等方面就曾做出过较大的贡献。在推动宗教信仰自由方面,基督教也起了很大作用。早在1907年基督教举行来华百年大会时,不少传教士就呼吁宗教信仰自由。民国建立后,基督教团体在联合佛教、天主教,反对康有为等人提出的设立孔教为国教的斗争中显示了较强的战斗力,并最终使政府于1916年将宗教信仰自由正式列入宪法。总之,由于中国局势的变化,使基督教得以在华发挥一定的作用;与此同时,随着基督教在社会中发挥作用,又使基督教得到愈来愈多的中国人的认同。

二是中国基督徒民族意识的觉醒,要求摆脱西方教会的控制,这也迫使西方基督教各差会更意识到应让中国人自办教会,也就是中国教会必须中国化。

传教士百年大会时,在汕头传教长达30多年的传教士汲约翰以《中国教会》为题,认为以往教案发生的原因在于传教士在华要建立的不是"中国基督教会"而是"西方基督教会"。由于民族主义意识的觉醒,如今中国教会已不愿再受西方差会的控制,有些信徒提出了建立真正中国人自己的"自治、自养、自传"的"三自"教会,不要差会人力和财力等的资助。他个人对此表示支持。实际上,正是由于中国社会的变革,促使中国基督徒投身于上述各种社会变革的活动中,并逐渐"意识到了自己的价值,意识到了自己拥有对全国来说至关重要的福音和生命"。① 在这个过程中,一批中国的教牧人员得到了锻炼和培养,脱颖而出。正如《中华归主》所载,"通过为数不多受过良好教育的工作人员,特别是那些从高等学校毕业或留过学的男女青年职员,教会已经能够在全国范围内表现自己。虽然这样的领袖人物目前还很少,但其人数和影响确实在与日俱增"。许多基督徒在中国社会大变革中逐渐增长了民族意识,积极投身于爱国运动中。例如在五四运动中,许多基督徒学生参加了这次运动,有的还为此负了伤。他们的行动得到了不少中国教牧人员的支持。著名教会领袖诚静怡对基督徒学生的爱国行动十分称道,为他们的英勇和牺牲精神备感骄傲,并明确指出:"在民族正义的问题上,基督教会负有无可回避的责任。"② 与此同时,他们对中国教会由差会控制的局面愈来愈不满,"强烈希望基督教从所谓'洋教'的梦魇中挣脱出来,不允许西方各宗派在中国各自为政的现象永远存在下去,认为外国势力对中国教会的统治是基督教在中国迅速传播的主要障碍,也是许多教会软弱无力的间接原因"。1918—1922年任中华续行委办会执行干事的传教士罗炳生牧师引用一位中国青年教牧人员的话:"传教士的工作虽然很有成绩,但没有成功地在中国基督徒中建立起对教会工作的主人翁感",认为"他指出了一种确实存在的可悲事实。今后几年的当务之急就是在中国信徒中树立对教会的主人翁感,使教会成为真正中国的教会"。③ 正是由于中国教牧人员民族意识的增强,才真正迫使传教士们正视这一现实。例如入华传教百周年大会上曾就"中国的教会"这个称呼进行过议论和表决,当时表决结果

---

① 《中华归主》(上),第10页。
② 诚静怡:《中国基督教会和全国运动》,《教务杂志》(英),1919年7月号,第456页。
③ 《中华归主》(上),第10页。

是只能用"在中国的教会"(Churches in China),不能用"中国的教会"(Chinese Church),而到1920年就有不少传教士肯定"中国的教会"的提法了。在这期间,"教会工作的重担也逐渐从外国传教士肩上转移到中国职员的肩上"①。教会内一些中国基督徒意识到必须走中国化之路,并为此作出努力,才使基督教在华得到了较快的发展。

凡此种种均说明,1900年之后二十年间,中国人逐渐改变了对基督教的态度。"不少学者和有财产、有地位的人加入了教会"②,基督教在中国的地位由此发生了根本的变化,不仅许多教会学校的毕业生受聘到国立学校任教,而且不少基督徒在政界任职,如民国初期,国民政府中有许多官员是基督徒,"1912年广东省官员中基督教徒竟占65%,使基督教影响大为增加"③,并在华得到迅速的发展。据《中华归主》的统计,全国受餐信徒1900年为8.5万人,1906年达到17.8万多人,到1920年则增至近36.7万人。就基督教传播的地区而言,到20年代"基督教在全国1713个县城,还没有占据的才有126个,其余的都树立了基督教的旗帜"④。与此同时,中国基督教教会领袖不仅在人数上,而且在能力上有很大的增长和提高。如1907年基督教来华百年大会时,与会的外国传教士共1000多名,"没有一名中国职员。当时外国传教士都认为中国教会的领导权仍在他们掌握之中。过了不久,1913年大会时,115名代表中中国代表就占了三分之一,到1919年中华归主会议时,中国代表已占半数,中国教会领袖已成为教会事业中必不可少的力量"⑤。乐灵生曾对20年代中国教会领袖的成长作了如下描述:

---

① 《中华归主》(上),第10页。
② 同上书,第94页。
③ 同上书,第87页。
④ 全绍武:《基督教与中国》,《中华基督教会年鉴》,第7卷,1924年,第39页。
⑤ 《中华归主》(上),第90页。

到1922年,"中国领袖在全国大会上首次阐述中国基督徒的使命,为大会增色不少。中国基督教处于被动地位、俯首听命的时代已经过去了,中国教会已经完全能够表达自己的意见。例如,二十年前没有一个中国人给《教务杂志》投稿,如今则中国人的稿件愈来愈多。近来各圣教书会的出版物中,中国人的著作约占三分之一,这是空前的现象,在广学会董事部里,中国人已逐渐掌握权力,该会出版物中,中国人的作品也逐渐增加了。教会的中国领袖日渐成长——尽管成长得较慢——逐渐取得其应占有的最高地位"。①

总之,所有这些变化的发生,一方面与中国社会剧变有关,另一方面也与中国教会日趋成熟,逐渐中国化有关。如果说,19世纪推动中国基督教本色化的主体是某些西方传教士,那么到20世纪,这一主体则逐渐转移为中国信徒。其中20世纪初中国基督徒发起的自立运动,是中国信徒首次自发地表达了要求基督教中国化的强烈愿望。

第二节　中国基督教会的早期自立运动

西方列强对中国的侵略行径,清政府的腐败无能多次割地赔款,使中国蒙受种种屈辱,不少传教士往往站在本国政府的立场上助纣为虐,大大引起中国教会内的一些爱国信徒的不满。从19世纪70年代开始,一些具有民族气节的信徒就希望摆脱外国差会的控制,由中国人自办教会。像前一章提及的广东的陈梦南先生和山西的席胜魔牧师都在各自所在地谋求教会自立。80、90年代,一些信徒经济状况较好的教会实现自养的日益增多,还有一些虽然没有真正达到自养,但信徒正积极募捐,向这一目标前进,如1885年山东登州文会馆的40名学生组织

---

① 《中华归主》(上),第91页。

了"酬恩传道会",规定每人每年捐钱3千文,作为教会自立的基金。这个行动一直持续了18年。这类在经济上实现自养的教会在19世纪末达到100多所。严格地说,其中绝大多数还不能说是完全自立的教会,只是在经济上自养,由于中国信徒神学根基差,仍然难以实现自传,教会对传教士和外国差会的依赖性仍然很大。实际上,真正要求摆脱外国差会控制,建立中国人自己教会的自立运动是在义和团运动之后。

义和团运动中虽然有不少教徒被杀,但帝国主义列强对中国的勒索之巨更是令人瞠目。这种状况也激起了一些爱国教徒深刻的反思和对列强的强烈不满,从而为20世纪初教会自立运动奠定了思想基础。义和团运动后的几年,教案仍时有发生,如1902年湖南辰州教案及其后的连州、漳浦、南昌等教案,虽然这些教案规模不大,但列强的勒索却有增无减,对有关的当事人的处理也极其残酷。辰州教案就是一个例证。

1902年湖南辰州发生瘟疫,当地民众谣传是两位洋人传教士胡绍祖、罗国全指使人在井中和塘内投毒造成的,由此将他们殴毙。这件教案本身具有很大的非理性成分,但随后对此事的处理则更是惨无人道。清政府迫于英帝国主义政府的压力,将300多人逮捕入狱,判处死刑者20多人,将他们用大炮轰成肉酱,又勒索赔款白银8万多两。这一行径不仅激怒了许多非信徒,也激起了广大爱国信徒的强烈不满和自立的决心。

1902年上海的高凤池、王亨通、邬廷生、谢洪赉、宋耀如、龚伯瑛、俞国桢等13名基督徒对义和团运动中信徒受难一事作了深刻的反省,开始有了"自传主道,自立教会的觉悟"[①],加之辰州教案"西政府索赔甚苛",并出于对"教案迭起士民侧目"的忧虑,而发起了中国基督徒

---

① 《神学志》,1924年秋,第10卷第3号。

会,提出以"爱国爱人之心,联络中国基督徒合为一群,提倡中国信徒宜在本国传道"①。中国基督徒会成立大会于壬寅年(1902年)十月初十借慕尔堂召开,出席者十分拥挤,说明自立精神深得人心。一时间全国许多省纷纷响应。"燕晋豫鄂湘蜀闽粤等省,望风景从者颇不乏人。"②1903年春,中国基督徒会创办季报《基督徒报》,鼓吹自立,得到一些地区教徒的热烈响应,并在香港、北京、天津、宁波、徐州、长沙、太原等地设立了支会。以后虽然这些支会中多数都改名,仅宁波和香港两地保留原名,但这种自立的精神已在全国各地开花结果。

20世纪初继辰州教案之后,又有多起教案发生,更激起了一些教徒要求自立的决心。1906年上海闸北长老会堂的华人牧师俞国桢(俞宗周)就是在这基础上正式成立中国耶稣教自立会。

俞国桢牧师于1894年任上海虹口长老会堂牧师,以后该堂迁往闸北,故改名为闸北长老会堂。该堂经费由外国传教士范约翰所控制,根本不尊重俞牧师的意见,强烈地伤害了俞牧师的民族自尊心。不仅如此,他深感不平等条约中的保教权条款给教会带来的危害,使"奸徒藉保教为护符,国家视信徒为教民,以至教案迭出不穷"。③庚子赔款对他更是一个刺激,认为这是中国人蒙受的"奇耻大辱"。凡此种种,使他萌生了坚决摆脱外国教会控制的思想。1903年他成为中国基督徒会的发起人之一。在教徒的支持下,同年他宣布他所在的教堂经济自立,摆脱外国教会的控制,改名为闸北自立长老会堂。1905年他又倡导组织自立会,并与信徒黄治基等人积极筹备达半年之久。1906年新春,全体上海信徒在礼拜堂举行岁首公祈式,并发表宣言,正式宣布成立自立会,定名为"中国耶稣教自立会"。

---

① 《中西教会报》,1903年,总91期。
② 《中华基督教会年鉴》,商务印书馆1914年初版,第13页。
③ 柴连复:《中国耶稣教自立会》,载《中华基督教会年鉴》,第11期(上),商务印书馆1929—1930年版,(贰)第92页。

该会简章有九条：

一、命名：本会之设，由各会华教友，忧教案之烈，悲外患之日亟，为消弭挽救而组织，具有爱教爱国之思想，自立自治之精神，故定名曰耶稣教自立会。

二、宗旨：本会既命名自立，凡事不假外人之力，以期教案消弭，教义普传及调和民教，维持公益，开通民智，保全教会名誉，顾全国家体面为目的。各会华教友，不分彼此，不限区域，庶几联合同志，合而为一。

三、会友：凡各会华教友品行端正，向无指摘，能承认本会宗旨，担任本会义务者，均可为本会会友。

四、会员：1.会正、副会正各一人。2.会计一人。3.书记一人。4.稽查二人。

五、会期：每星期晚七点半钟开会，宣讲救世真道，讨论自立要务。每星期三晚七点半钟聚集祈祷。

六、会所：本会通讯处，假沪北海宁路自立长老会堂，暂为办事之所。

七、会费：大意分同志捐助，会外乐输二端。

八、支会：大意为凡各处会友，联合同志，意图自立，当分设支会。

九、改章：大意为暂行试用，俟发达有期，再行增改。①

该简章不仅反映了成立该会的宗旨，也可以看出他们的组织建制

---

① 柴连复：《中国耶稣教自立会》，载《中华基督教会年鉴》，第11期（上），（贰）92—94页。

和活动情况。

同年3月,他们呈报上海苏松太兵备道批准立案,并得到保护示谕,即《上海道保护中国耶稣教自立会示谕》。该示谕写道:

> 为出示晓谕事。据牧师俞国桢、黄治基、举人黄乃裳、西医缪仲茂、姚伯希、执事丁楚范、俞廉泉、谢永钦等禀称,耶稣圣教,兴自泰西,传入中国,详考圣教新旧两约,首重昭示上帝,普爱世人,以悔过为入德之门,以迁善为进修之功,举凡君臣之义,父子之道,一切伦常大义,莫不至详且备。我国民屡有误会宗旨,以此事为外人主持,视民教两歧,妄想揣测,一旦酿成交涉,致碍大局。即如近日连州、漳浦、南昌诸案,并历来叠出各案,上贻君父之隐忧,下伤百姓之元气,殊非教会之本意。国桢等在美国耶稣教会传道劝善以来,相安年久。近届我中国风气渐开,百度维新,是即不事傍假,务求自立之意。国桢等有鉴于此,爰集各会同志,议设中国耶稣教自立会。务在实事求是,整饬教规,发明在教亦民,不分畛域为主义,即遇有民教词讼,一以和平办理,不假外人分毫之力。所谓合群爱国当在先爱同胞,庶几道一风同,俾此后不独民教之嫌隙尽除,即中外误会之祸亦可因之而弭,实为二十世纪全局之大本,岂仅吾会与中国之前途之福而已哉。惟事属创始,难保无歧视异议之人,或匪徒以无外人出面,故意欺凌等事,是以不揣冒昧,联名环求恩准立案给示,将国桢等所设中国耶稣教自立会一体保护等情到道。据此查历来各处闹教之案,每由民教不和,各怀猜忌而起。今该牧师等自立教会,发明宗旨,无分民教,一主和平。遇有词讼到官,只问事之是非,定其人之曲直,从此消释嫌疑。大局所裨,良非浅鲜。除批示并分行县廨外,合行出示晓谕,为此示仰诸色人等一体遵照。勿得藉端滋扰干咎,切切特示。光绪三十二年三月初

三日示。①

以上简章及示谕充分显示自立会的建立是出于以俞国桢为首的一批教徒的爱教爱国的思想。

俞国桢提出建立自立会的主张得到有地位的信徒的支持,文中所列的教会领导人中除牧师、执事等专职教牧人员外,还有举人、医生等,为该教堂的经济自立奠定了基础。事实上该堂中有不少信徒是商务印书馆的职员,有一定的经济实力。

中国耶稣教自立会得到清政府的批准。同年十月初十,洋务局总办王省三向浙抚禀报此事,并报告已得到苏松太兵备道瑞澄批准。十一月十二日浙抚"照会,给予全牌,以资奖励"。② 这表明中国教会自立的做法也得到了地方官的支持。

中国耶稣教自立教会成立后,不少省市乃至华侨信徒纷纷加入,到1909年参加者已达万余人。1910年在上海成立总会。同年全国教会推举俞国桢为代表,呈请都察院转奏,要求收回教权,即取消不平等条约。他们提出"收回教权,离外人而独立,宁受屈于同胞,不借威于异族",并批评那些卖身投靠丧失民族立场的人是"奉西洋人为神明,以西教会为营穴,为护符,为衣食父母;只计金钱,甘为奴隶"。③ 对他们的爱国行为,清朝廷虽口头嘉许,但终究惧外而不敢有所表示。

1911年辛亥革命之际,耶稣教自立会创办了《圣报》,其宗旨是"鼓吹自立,调和民教,激起爱家爱国爱人之思想",并推动中国基督教自立运动。从创办起它确实遵奉这一原则,在推动中国教会的自立中发

---

① 《真光报》,1906年5月,第5卷第3期。
② 《中华基督教会年鉴》,第11期(上),93页。
③ 二忘:《中国教会早期的自立运动》(下),《天风》,1957年,第14期。

挥了一定的作用,其爱国的特点更是贯穿始终。

1915年,因加入自立会的教会日多,教会遍布16个省并南洋各埠,原简章有些已不很适合,由此重新订了大纲十二条。同年召开了会议,审定和修改了章程,确立了全国自立会章程共十三条。1919年在上海江湾建立了自立会全国总会永志堂。1920年,耶稣教自立会召开第一次全国大会,全国会所有189处,会员达1万余人[1];以后又不断增加,到1924年达330多处,信徒达2万多人。

自立运动较突出的还有山东基督教自立会。其渊源可以追溯到前面提到的1885年山东文会馆40名学生组织的酬恩布道会。入会会员于毕业后每年要照章捐资两大吊,捐至12年始成为终身会员。传道会每积至一千吊便派二人外出传道。1898年文会馆中又有十多名学生"以教会学堂,皆西国教士所创,殊觉汗颜",遂创立自立学塾。[2] 每人照章捐款,在乡间开办小学,培养中国传教人才。这是教会自立的先声。

1908年华北长老会在潍县开会。山东长老会牧师、长老及广文大学教师20余人商讨共同建立向直隶保定府西广昌、阜平等地传教的传教会。以后便采用了中华基督教会的名义向那些地区传教。这也是山东中华基督教会最早的来由。

1911年清王朝灭亡前夕,原登州文会馆毕业生,后在青岛教会任长老的刘寿山及青岛山东银行经理隋熙麟(石卿)为修建自立的中华基督教会教堂,愿出资一万元。但当他们向当时占领青岛的德国政府要求拨地并减税时,却遭到拒绝。辛亥革命成功后,中国信徒要求教会

---

[1] 韩镜湖:《中国耶稣教自立会全国联合大会记实》,《中华基督教会年鉴》,第6期,1921年,第57页。

[2] 李道辉:《山东中华基督教会》,《神学志》,1924年秋,第10卷第3号,第58页。

自立的呼声日高,刘、隋两人建议将教堂盖在济南,认为在那里设立自立堂影响会更大。这一建议深得山东信徒的支持。1912年山东中华基督教会在青岛召开临时会议做出迁往济南的决定。年底,会长袁曰俊牧师等人便到济南择地设堂,并先租房开展布道工作。由于信徒日增,租房无法满足需要,便向政府申请拨地建堂。

信徒的爱国热情得到了山东省政府的支持,当时鲁督周自齐及商埠局长蔡序东给自立教会在济南三马路拨地20亩,为建立教堂、房舍之用。长老刘寿山、隋石卿出资万元,在该地修建了能容纳1500人的大教堂,另外在周围又建起400间房屋出租,"以收入租金补助经常经费,组织董事会,创办学校及安老院,聘李道辉为牧师……终于从奋斗中达到了教会自立的始愿"。①

1913年济南中华基督教会袁曰俊牧师去烟台提倡建立中华基督教会。后因他去世这一工作有所延误。1917年刘寿山长老再次来烟台倡导自立,得到烟台教友的热烈响应并着手进行筹备工作。1918年2月正式建立了筹备会。由于经费等原因,直到1919年6月烟台中华基督教会才正式成立,并建立了自己的礼拜堂。

1916年原青岛长老会信徒经认真讨论,宣布脱离母会,加入中国人自立的山东中华基督教会,成为该会的一个支会。自聘于新民为牧师,开展各项工作。从此济南、青岛和烟台成为山东自立教会的三个中心。以后大辛疃、潍县、台东镇等地也都相继建立自立的中华基督教会。1924年在济南成立了"山东中华基督教会总会"。

山东教会在自立过程中曾受到一些传教士的责难和阻挠。下面的几则小事可以证明。

袁曰俊牧师到济南创设自立教会时,曾拜会美北长老会的莫约翰

---

① 二忘:《中国教会早期的自立运动》(上),《天风》,1957年,第13期,第18页。

牧师。莫约翰问袁牧师来此何干,当得知是来设堂传教时,便说:"你们来传道,我们做什么呢?"又说:"是自立会要紧呢,是长老会要紧呢?"袁牧师当即反问:"是差会要紧呢,是布道会要紧呢?"①使对方无言以对。

1914年7月中华基督教会在青岛开会,正值长老会华北大会也在此召开。美北长老会牧师狄乐播找到刘寿山,要求刘寿山取消在济南建自立教堂自行传教的行动,与他们合办城市布道。刘长老回答说:"那是大众的事,我一人主张不了,而且与我们的原意也不合"。狄乐播听后马上变脸说:"那样我们外国人就回国吧!"

1912年青年会召开第六次全国大会时,传教士路崇德牧师在听说济南办自立教会之事后便劝他们不要这么做。自立会的中国信徒当即回答:"我们在济南设立自立教会,和西国弟兄一点恶感也没有,纯乎是为传基督,是为发达教会。"并向他作了较为详细的解释:建自立教会一是为了满足信徒需要;二是为了使一些不愿进外国人教会的中国人入教;三是传教也是中国信徒的责任,不能光靠外国人来传教。由此打消传教士的怀疑。②

当然也有些传教士对中国教会走自立之路持赞同态度,如狄考文、郭显德等人曾给予烟台自立教会各种支持。在烟台的长老会中的西国教徒自愿将自己教会中的家具捐给自立会,狄考文之妻将其在烟台的一座小楼,大小共20间无偿借给自立会使用。但从总体来说,对中国教会自立持怀疑甚至反对态度的传教士相当多。中国信徒自立并非一帆风顺。

山东自立会在自治、自养、自传方面做得较好。到1929年信徒人

---

① 李道辉:《山东中华基督教会》,《神学志》,1924年秋,第10卷第3号,第59页。
② 同上书,第59—60页。

数达到2000人,据说"从无因信仰问题,引起任何纷争",而且声称:"本会虽为自立,然与西人毫无冲突,彼此分工合作,情感融洽,同心宣传主道",①这表明山东自立会总体发展较为顺利,内部较团结,与传教士的关系总体上也还不错。

华北地区较早建立自立会的除山东外,还有天津和北京。天津自立会的建立也是一波三折。早在1899年便有伦敦会的教徒陈翰臣提倡华人自立,得到了同道数人的支持,便在老西开租屋设堂,起名为"华北自立会中国福音堂"。办了一年多因义和团运动而中断。1901年又有伦敦会教徒凌锦泉发起公益会,筹备自立,但未成功。1902年凌锦泉又与原山东长老会的仲子凤、圣道堂的左敬之等人联合伦敦会、公理会、美以美会、圣道堂信徒筹划自立。这种自立行动遭到英国传教士圣道堂甘霖牧师和美以美会的宝复礼牧师的坚决反对,有些信徒由此而灰心,最终自立成为泡影。尽管如此,仍有一些信徒为自立大声疾呼,如伦敦会信徒张芝庭对中国教会不能自立深感痛心,为此著书演说,不遗余力。1908年他联合其本会及长老会的一些信徒成立了一个公祷会,专为自立会祈祷。不久他们通过信徒捐款和向伦敦会借款的方式筹集资金在南门外太平庄典了四间草房,成立了"自立会福音堂"。1910年公理会信徒杨宝慈、徐汇川、张伯苓等人联合7个会堂、5个公会的信徒共百余人商议创立自立会,得到公理会传教士玉嘉立牧师的支持,将鼓楼东的旧教堂借给华人自立。经过一番努力,于当年旧历十月十九日正式成立天津的自立会,确定了章程,定名为"中国基督教会"。

天津中国基督教会成立后,入教的中国信徒逐年增加。到1924年先后受洗信徒达713人,加上老信徒共有1100余人,会所7处。此外

---

① 刘思义:《山东中华基督教自立会》,《中华基督教会年鉴》,第11期(上),第95页。

外县还有两处——武清县的王庆坨和献县的杜生镇约有信徒40多人。① 中国基督教会在王庆坨、沈王庄、仁田西里等地都设立了支会。

  北京中华基督教会的成立较天津顺利。早在义和团运动之前，北京各教会便组织了竭力会，发起捐献为筹建中国教会自立之用。当时参加者"每日捐当十大钱一枚，月终有人代为收存，以备将来立会之用"②。庚子之后一些差会更认识到中国人向中国人传教的重要性。公理会专设本地布道会，由各支堂的信徒捐款充作中国人布道之用，这是中华自立会的起点。此后公理会、伦敦会信徒又联络圣公会、美以美会、长老会等的几位信徒共同发起组织中华基督教会，得到一些外国传教士的支持。经过数年的筹备，于1912年5月4日决定在当月20日于灯市口公理会大礼堂召开成立大会，议决修正简章。组织委办由圣公会、美以美会、公理会、长老会、青年会、伦敦会等各派成员组成。组织委办的主任为美以美会的刘馨庭，副主任为伦敦会的诚静怡。在举行成立大会时，参加者达千余人。京师大学堂总教习丁韪良、农商部次长王正廷、天津南开大学校长张伯苓均在会上发表了演说，对中国信徒的这一行动表示支持。伦敦会还将崇文门外东柳树井福音堂和"东直门外关厢福音堂一所及附属市房数十间，又义园十余亩"③让给中华基督教会使用。两堂自立后吸引了不少中国人入教。据说东柳树井听道者"由数十人至百余人，特别演说则有二百数十人之谱"。④ 1917年公理会宽街布道会正式归入中华基督教会。米市大街的伦敦会教堂于1920年正式建成后也归属中华基督教会。1921年朝阳门外三间房村

---

① 宋则久：《中华基督教会历史——天津》，《神学志》，1924年秋，第10卷第3号，第45页。

② 孟省吾：《中华基督教会历史——北京东柳树井》，《神学志》，1924年秋，第10卷第3号，第34页。

③ 同上书，第33页。

④ 同上书，第35页。

的一所伦敦会教堂也赠予北京中华基督教会。这五处会堂于1921年春成立了区议会,由16人组成,负责各堂会务。

1916年北京、天津、山东的中华基督教会组成了华北基督教会联合会。每年8月各处代表集会一次,共商各项有关事宜。

总体而言,华北中华基督教会与差会关系较为融洽,有些虽然在早期自立时受到来自外国差会一些传教士的阻挠,但随着形势的发展,也得到了一些传教士的支持,尤其是北京自立运动,公理会、伦敦会等外国差会都较为配合。

至于具有合一性质的中华基督教广东会和闽南中华基督教会直至1919年才正式成立。它们的建立直接受到"中华基督教会联会"的影响。

中华基督教会联会最早的根基是长老会。长老会来华传教较早,发展的信徒也较多,但原由各国差会组成,形不成统一的力量,对其传教事业很不利。在19世纪下半叶欧美奋兴布道运动的影响下,尤其是在中国信徒自立运动的影响下,长老会一些传教士希望本系统能成立联会。他们在1890年的上海传教大会上首先提出成立全国长老会联合会的建议。1900年义和团运动后长老会再次在上海集会讨论此事,以后又进行数次商讨,终于于1907年在上海成立了全国长老会联合会。1918年4月中国长老会联合会在南京召开第五次大会,中外代表共46人,改组成立"长老会全国总会"。与会者还有公理会、伦敦会代表,他们强烈要求能与长老会联合,于是就在这次会上通过了五条联合的办法。其中最重要的有三条:"一、长老会、伦敦会、公理会组合而成一联会。若另有性质相同之会,欲与本会联合者,亦极欢迎。二、定此联会之名称曰'中华基督教会联会'。三、采取各会之意见,酌定办事之规则,以预备将来成立一合会为宗旨。"[①] 1919年1月,该联会的临

---

① 招观海:《中华基督教会广东大会概况》,《神学志》,1924年秋,第10卷第3号,第28页。

时总会在南京召开会议,除长老会、伦敦会、公理会有代表参加外,浸礼会、贵格会也派代表参加,通过了信条与典章。这次大会推动了全国,特别是闽南、广东基督教自立运动。闽南长老会和伦敦会联合成立闽南合一教会大议会,建立了闽南中华基督教会。广东也成立了中华基督教会广东大会。

闽南中华基督教会虽然正式成立于1919年,即在中华基督教联会临时总会成立之后,但其雏形可以追溯到19世纪中叶在厦门之新街、竹树两堂成立的中国自治教会。该两处教会最早是由英美传教士在1856年首先建立的,他们从一开始就注意培养华人任长老和执事。到1862年"两长老会西教士以教会进展端赖自治,乃就所已立地教会分别组成堂会……而新街、竹树二堂会,合组'大会',为中国自治教会,使各地华职员与西教士同负担会务"[1]。自该大会成立后,新立支会,"或成自治,或兼自养,力行自聘牧师,或开垦新地,广布福音"[2]。到1890—1918年这段时期各堂会不仅基本自养,还达到了自传的目的,因为大会做出决定,凡要自立新堂会者,必须能自聘牧师。这主要是因为天山等会要与漳州堂会分立,起初大会不同意,认为时机尚未成熟,但天山等会决意分立,于是大会做出此决议。天山等会也确实做到了此点,在自养的同时实现了自传,由此这些自立教会也真正实现了自治。《中华基督教会年鉴》1915年卷中还特别介绍了位于闽南一海隅荒僻之村市金井教会自立简史。该堂属安海长老会管辖,建于1890年,由一些热心信徒自筹部分资金,加上西差会赞助50元而建成。此后信徒发展较快,1893年又建两所支堂。1894年金井堂信徒自筹款聘

---

[1] 《闽南中华基督教会推进自立自养概况》,《中华基督教会年鉴》,第12期,1933年,第80页。

[2] 同上。

请牧师,并向安海长老会请求自立。长老会中一些传教士认为,该堂经费虽足,但会友无多生计,终恐不支,因此不准分立。但这并未因此而动摇金井信徒要求自立的决心。1895年,金井信徒又向长老会大会提出,坚决要求分立堂会,实行自立,并选举当时任圣道书院监席的许声炎为牧师。在信徒强烈的要求下,长老会大会只好同意他们自立的要求。1896年许声炎正式担任金井教堂牧师,教会实现自治自养。不仅如此,一些信徒积极从事自传工作,发展信徒,在潘径、深沪、钱江、钱仓、东按、玉湖等地陆续建立支会。金井自立教会得以发展,其一是因为华人向华人传教,中国人易于接受;另一原因是1896—1905年闽省沿海各地鼠疫流行,人人自危,"当发疫时,戚友弃之弗顾,骨肉漠然远离。而信徒则相亲相爱,病者守之,死者葬之,遗者抚养之。致有子死而父受感,仇教转而信教者焉"。① 因此教会发展兴盛。

当时在闽南实现自养的各堂会情况不尽相同,大致有三类,"一、有数堂合组堂会,仅母堂得聘牧师,其余各支堂传道,由各支堂与传道公会合作;二、有母堂支堂均能自养者;三、母堂支堂自养外,兼能自传,分设新地者"。② 这些自治教会并不与原差会切断联系,中外人士均在教会中发挥作用,尤其是第一类更与西方传教士关系密切。为促进自养,闽南传道会还采取了五年减尽小法,即支会每年增加1/5的收入,而公会(外国差会)则减少1/5的补贴,五年后支会达到完全自养。正是在这种自立的基础上,加之中华基督教联会临时总会的成立,促使闽南的教会于1919年成立了闽南中华基督教会,成为中华基督教联会的一分子。

---

① 许声炎:《金井教会三十年自立简史》,《中华基督教会年鉴》,第2期,1915年,第145页。
② 《闽南中华基督教会推进自立自养概况》,《中华基督教会年鉴》,第12期,1933年,第81页。

广东一些地方堂会实行自立也较早。前述陈梦南先生早在19世纪70年代末便建立华人自立教会。由于广东华侨较多,一些华侨从海外筹款支持其家乡教会实行自立之事并不少见,自立自理的教会也较多。中华基督教会联合临时总会的建立无疑促进了广东教会自立教会的合一运动。1919年1月中华基督教联会临时总议会在南京通过联合宗旨后,同年4月广东的长老会、伦敦会、公理会、同寅会、美瑞丹会、巴陵会代表聚集于青年会共商南京的联合宗旨,成立"中华基督教广东大议会"事宜。同年7月该组织正式成立,由谢恩禄、邝柳春任正副议长。

1922年4月基督教全国大会在上海举行。全国中华基督教会临时总议会则利用此时机复议修改典章,获得一致通过,选举毕来思、龚子云、许声炎、施白珩、招观海等16人为执行委办,设机关于上海。

新典章提出中华基督教会的宗旨是:"联络中华基督教各教会合力进行,共图自助、自治、自传之精神,以为基督生活之表征,发扬基督教完全之主义于世界。"该新典章将中华基督教会体制由原设的"总议会"、"大议会"、"区议会"、"堂议会"改为"总会"、"大会"、"区会"、"堂会",以表明本会的体制"不只有献议的性质,实有执行的实权"。[①]它还对总会、大会、区会、堂会的组成、权利和义务都作了详细的规定。

到1922年,参加中华基督教会的差会有9个:长老差会、伦敦差会、美公理会、纽西兰长老差会、美瑞丹公理会、纲纪慎自理总会(属公理宗)、加拿大长老差会、美同寅差会、广东长老传道会。以后又有复初会、友爱会、归正会、行道会、遵道会、朝鲜长老会等19个单位参加,成为一个较为庞大的联合体。这个联合体实际上对各地教会的教政并没有太大约束力,只是"希望藉此实行适合中国国情与思想的教会政治"。[②]

---

① 招观海:《中华基督教会广东大会概况》,《神学志》,1924年秋,第10卷第3号,第29页。
② 高伯兰:《教会合一运动》,《中华基督教会年鉴》,第11期(上),(叁)第6页。

综上所述,1902—1920年中国教会自立运动基本可分三大类:

第一类是强调脱离外国教会,力求成为"中国人的教会",力主"有志信徒,图谋自立、自养、自传……绝对不受西教会管辖"。这类教会主要在华东地区发展。中国耶稣教自立会就属于这类教会。

第二类是华北的中华基督教会模式,以联合与自立相结合,在组织上脱离外国教会,联合不同教派的中国信徒,但仍与各差会保持良好关系。

第三类是在教派内发展自立自养,与差会保持合作关系,这类教会模式主要在华南。如闽南厦门、漳州、金井等教会均如此。

应该指出,中国教会发展自传较之自立、自养为晚,早期虽然有个别地区也有华人成立布道会,如19世纪末闽南建立的长老会的宣道会、1885年山东的酬恩布道会、1908年华北长老会在潍县设立的山东布道会等,但总体而言规模较小,难以持久。随着自立运动的发展,中国信徒也愈来愈意识到自传的重要性,辛亥革命后陆续建立起全国各宗的布道会,其中卫斯理宗有6个布道机关,圣公宗有4个,公理宗有2个,浸礼宗有9个,长老宗有5个,内地会系有1个。到1918年在江西牯岭的灵修会中有7位来自不同宗派的中国信徒,发起了打破宗派界线的中华国内布道会,认为分宗派传教不符合基督精神,并在全国各教会中提倡不分教派的宣教精神。在他们的努力下,到1927年参加国内布道会的人数达1.3万多,①不仅在全国各大城市(除甘肃、云南、贵州、广西外)建立了支会达79处之多,而且还派人去边远地区如云南、黑龙江、蒙古等省进行传教活动。这使自立运动在自传方面也有了较大的发展。

除了以上三类教会外,早期自立运动中还产生了一些中国土生土

---

① 李琼阶:《中国教会之自传运动》,《中华基督教会年鉴》,第9期,1927年,第42页。

长的新兴基督教社团。这类社团大多属灵恩派教会，有些则以财产公有为其特点。如1917年在北京和天津建立的真耶稣会、1921年在山东马庄建立的耶稣家庭及同年由倪柝声创建于福州的教会聚会处等。

真耶稣会的发起人魏保罗于1902年加入伦敦会，入会后便"认为该会名称显有文化侵略性，乃脱离西人在北京崇文门外磁器口首建第一座华人自立之教会"。在其后的日子里，他深感当时中国教会所接受的基督教教义全带有欧美色彩，"来华所传之会不下170余种，更且彼此攻讦，令华人信仰无所适从"，经过他16年"尽心研讨各会所长，摘《圣经》中有根据者独自信守之"。据说在1917年5月1日"竟蒙主耶稣显现召选，乃抛卸世事传真道"。① 为此他舍弃了开设的两座绸布庄，专门从事传教活动，得到了一些信徒。由于他所传的教义特别强调灵恩，与外国传教士有所不同，受到他们的强烈抵制。不久他到天津，"与同道祈祷，定名真耶稣教会五字"。随后又在北京设立真耶稣会总部。1919年魏保罗去世后，由魏以撒等人接替他的工作。该会自建立起在全国发展很快。首先有山东潍县的张殿举（巴拿巴）响应，在当地建立了凡物公用、共同生活的真耶稣会团契。全国很多省份纷纷建立该组织。到1922年该会在武汉召开第二次全国代表大会时，"计有河北、河南、湖南、湖北、江苏、山西各省本会均有代表出席，公举高大龄、魏以撒、张巴拿巴为全体之领袖，并订立会章"，②其后三人去上海参加中国基督教第一次全国大会。会上他们建议中国教会统称"耶稣教会"，即在耶稣的名下，实现教会的统一。但由于该次会议仍由西方传教士所控制，主席团对华人自治教会的一些提案反应冷淡。但经三人对其教义的宣传，当场便吸引了不少华人代表加入其教派。会后三人

---

① 《真耶稣会卅年纪念专刊》，1951年，第L7页。
② 同上书，第L8页。

分别赴长沙、河南、福建等地工作。1926年该会总部成立于南京,翌年迁往上海,并发行《圣灵报》。真耶稣会以后在国内外发展较快,不仅在包括台湾在内的全国很多省份建立许多会所,而且远及日本、朝鲜、马来西亚、新加坡、印尼、檀香山等地,甚至一些欧洲国家。据1948年该会出版的《真耶稣会卅年纪念专刊》报道,抗战胜利后国内外教会及祈祷所达1000多所,信徒达8万多。而在其全盛期信徒曾达10多万人。

耶稣家庭由敬奠瀛于1921年创立于山东泰安的马庄。敬奠瀛本人原崇尚儒家学说,在中学念书时接触到《圣经》,开始皈信基督教,但他不主张中国人的教会依靠西差会支持。他按照《新约》中原始基督徒社团组织形式加上中国家族统治的特色,要信徒完全弃绝自己的小家庭,变卖财产,加入耶稣的大家庭,财物共有,过集体生活。为了使社团生存发展下去,敬奠瀛一方面将信徒的日常生活标准定得极低,一日只有两餐,"上午吃'糊涂',即杂粮豆粉夹着甘薯根块或疙瘩所煮成的一种粥;下午吃窝窝头。布衣布鞋,全家男女不着袜子,可以说俭朴简单到贫农水准以下"。[①] 另一方面他又创造了一套将信仰与生产劳动相结合的办法。耶稣家庭的成员除老弱病残外都必须参加劳动。这些劳动主要是围绕着"衣、食、住、行"四方面。"衣"所从事的工作包括"从植棉、轧籽、弹化、纺纱、织布到裁缝制作,各部皆有组织的在工作,除此外,还有养羊、剪毛、纺毛、打线、织绒线衣及鞋子修改部等";"食"方面的工作包括"从耕种起(包括粮食和蔬菜)到磨坊、洗菜房、烤房、厨房等";"住"方面的工作包括建造"家庭"所需的全部住房及礼拜堂。木工部还要制作各种用具,从"一块板架到一口棺材,无一木器不是自

[①] 汪锡鹏:《耶稣家庭的共产制度》,《基督教丛刊》,第24期,1950年3月,第42页。

己做的";"行"方面的工作由铁工部负责,如自行车的修理改造,"还有乘坐运输用的牛车骡车,亦由铁工部修理添改"①。通过这些措施,信徒的基本生活都有保障,生老病死都有依靠。该社团还种植果树,并利用农副产品搞一些加工,如龙口粉丝等出售。加上参加耶稣家庭者必须变卖原来小家庭的一切上交,因此该社团本身具有一定的经济实力。耶稣家庭十分重视信徒的灵性生活,每天除了参加集体劳动外,就是进行集体祈祷。由于该派属于灵恩派,因此"每日统计一天灵恩祷告说方言共约五小时半,一年四季三百六十天,无一天间断"②。这种组织形式对一些中国信徒,特别是生活贫困地区的人们极有吸引力,因此分布密度最高的是华北、西北九省境内。正是通过这种较为原始的共产主义手段,各地耶稣家庭做到了自立、自养、自传。

教会聚会处由王载、倪柝声创始于1921年。他们首先在福州仿效初期教会的形式,每周举行掰饼聚会(行圣餐礼),提出"走出教派,归回《圣经》"的口号,拒绝任何传统教会的教义神学及礼仪,并自编教义。1922年,有18名信徒受洗加入聚会处。1923年当时尚在福建圣公会书院读书的倪柝声创办了《复兴报》,以后又创办了《基督报》。倪柝声对其他教派均持不宽容态度,认为一个地方只能有一个教会,其他的教会都不是真正的教会。他还主张教会组织要按《使徒行传》中的模式,开始设立能自立自养的家庭聚会,当聚会成熟并产生出领导人时再考虑设立正式的聚会场所。他反对给最初传道人薪金。这些做法和观点使他与王载产生分歧,最终两人于1925年分道扬镳。王载在东南亚组织中国国外布道团。同年,倪柝声到上海、南京等地发展信徒,并于1928年在上海建立了地方教会。由于倪柝声编印出版了赞美诗《小

---

① 汪锡鹏:《耶稣家庭的共产制度》,第40—41页。
② 同上书,第44页。

群诗歌集》,由此该派又得名"小群"。30年代聚会处在山东得到很大的发展,这是由于烟台的李常受要求信徒尽其所有"交出自己",也就是捐献全部财产。当一处教会建立后,要其中的一些信徒家庭迁至东北或西北边远地区开辟新的基地,建立新的聚会处,努力发展信徒。40年代倪柝声在上海一边传道,一边经营企业,一些传道人纷纷仿效。其后,又发起"交出来"的运动,使教会拥有不少企业,教会日益世俗化,加之内部争权夺利,导致进一步分裂。

  自立运动在20世纪初期形成有多方面的原因。一是义和团运动及教案使中国信徒从中吸取了教训,深感中国教会不自立,不脱去"洋教"帽子,就难以使中国人接受,教案便会不断,因此从中国教会的前途考虑必须自立。二是爱国的中国信徒无法忍受列强们对中国的欺压,尤其是向中国索取巨额赔款,也希望摆脱外国教会的控制。《圣报》中记载广东黄其馨牧师在广州神道学院任教师时,因邻家失火殃及学校,由外国差会控制的校方便乘机要挟政府,要求高额赔款。正义的黄牧师对此种做法十分反感,挺身而出,予以驳斥。因此校方对他耿耿于怀。黄牧师通过此事"愈知教会的自立自传,有刻不容缓的必要了"。① 从这件事上可以看出当时一些信徒要求自立完全是出于爱国立场。三是中国教会在此时出现了一批较为成熟的领袖,如俞国桢、诚静怡、袁曰俊、许声炎等人。他们都为中国教会的自立做出了很大的努力,有些人还因此而失去健康,如袁曰俊牧师就因筹建山东中华基督教会"竭力联络,操劳过度,致患痢疾,因而一病不起"②,于1913年去世。在他的努力和精神感召下,山东教会的自立运动大有起色。四是中国信徒日趋成熟,造就了一批热心自立的信众。山东的刘寿山和隋熙麟

---

① 赵逸岷:《自立教牧传(一)》,《圣报》,1924年11月,第14卷第11期,第2页。
② 李道辉:《山东中华基督教会》,《神学志》,1924年秋,第10卷第3号,第53页。

为中国教会的自立"捐银万元";福建金井那样的穷乡僻壤的地区,信徒不顾自身生计无着,坚持教会自立。五是自立教会得到地方政府的支持,例如山东得到督办周自齐的支持。长沙中华基督教会则得到"湖南都督谭延闿助银千两为开办费,900两为常年费,并赠以马路旁之大地,为建筑会堂之用"。山西中华基督教会也得到"都督阎锡山赠以前清岑云阶抚晋时所建之娘娘庙为会堂,并月助经费50元以资鼓励"。① 六是义和团运动后中国社会的变革,尤其1911年辛亥革命爆发推翻腐朽的清朝统治后,儒家正统地位受到冲击,中国人对西方文化持较为开放的态度。国民政府吸收了西方的宗教自由和政教分离思想,基督教与其他宗教一样对待,多少消除了中国人对它的敌对心理,中国基督徒的民族认同感也得以增强,这些都推动了中国教会的自立。

不仅如此,中国教会的自立运动得以发展也得益于世界基督教合一运动的发展改变了在华外国差会中一些传教士的态度。

基督教历来有两股势力,一是主张扩张,另一是主张联合。19世纪时扩张占优势,但自20世纪起基督教合一运动开始发展。1910年新教在爱丁堡举行了普世宣教会议,特别注意"年轻教会的发展问题",提出"传教事业的主导目标是要使年轻教会实现自治、自养、自传",并总结了以往在海外传教区各教派互相竞争给传教事业带来的危害,强调相互合作的重要性。这次会议之后,在华各差会特别注意发展全国性的基督教组织,把以往"大英"或"大美"某某教会的招牌摘了下来,换上了"中华"某某教会,开始注意培养本土的传教人员。这种传教方针政策的变化对中国基督教教会自立与本色化的发展有一定作用。

---

① 陈春生:《基督教对于时局最近之概论》,《中华基督教会年鉴》,第1期,1914年,第12页。

总之，中国教会早期的自立运动取得了一定的进展，到 1920 年，独立教会(一般称为"中国耶稣教自立会"和"中华基督教自立会")占整个中国新教教会的 1.2%，与差会仍保持密切联系而又谋求自立的则更多。不管怎样，这一运动使中国信徒逐渐有了独立于外国人和外国差会自力更生办教会的意识，由此中国教会由原来的以西方传教士为主逐渐过渡到华洋合办，再进而向华人自办方向发展。与此同时，华人教会也从以往的分属各差会向着打破宗派界线而互相联合的方向发展。但从总体而言，早期的自立教会更注重的主要是经济上自养，行政管理上自治，而在组织形式上和神学思想上仍然承袭西方，还没有很好考虑与中国文化相结合，因此从这个含义上只能说自立运动是在本色化的道路上迈出的第一步。真正从思想上推动中国基督教本色化运动的是 1919 年的五四运动和 1922 年的非基督教运动。

自立运动在 1927 年大革命时期达到高潮，当时全国共有自立会达 600 多处。其后因"齐卢战起，国军北伐及'九一八'、'一二·八'各役以还，各自立会停顿者有之，解散者有之，复归原会者亦有之。截至民国廿四年上，真正自立、自养、自传底定不撼之自立会，仅剩二百余堂"。①

---

① 《中华基督教会年鉴》，第 13 期，1934—1936 年，第 24—25 页。

第五章　五四新文化运动中的中国基督教

第一节　五四新文化运动对中国基督教的冲击

自立运动主要是在教会的自立、自养、自传的实践方面向本色化迈进。但真正促使中国教会从神学理论上认真思考本色化的是新文化运动和非基运动。

新文化运动又称新思潮,是在反对中国传统文化的基础上产生的。反对将孔教立为国教是其导火线。

清末民初,中国产生了以孙中山为首的一批深受资本主义思想影响的新型知识分子,其中不少人成为1911年辛亥革命的骨干。辛亥革命推翻清政府于1912年建立民国之后,临时国民政府曾对控制中国数千年的封建礼教及儒家伦理纲常等观念进行了巨大的冲击,给中国人民带来了振兴中华的新希望。但不久,国家陷入了政治混乱、社会动荡的四分五裂局面。袁世凯窃取临时政府的最高权力之后,为了复辟帝制,积极恢复封建礼教。1913年袁世凯击败了革命党人发起的反袁独裁统治的二次革命,于同年6月发布了《通令崇孔圣文》,声称中华民国将"根据古义,将祀孔典礼,折衷至当,详明规定,以表尊崇,而垂久远"。[①]

[①] 袁世凯:《通令崇孔圣文》,《袁大总统书牍汇编》,第2卷,第51页。

1914年1月,在袁世凯的操纵下,政治会议通过了祭天祭孔的议案。同年9月底,袁世凯身着周朝服饰,带领文武百官去孔庙祭拜。1915年8月,在袁世凯的导演下,一批保皇派演出了拥袁称帝的闹剧。袁世凯的倒行逆施遭到革命党人及一批爱国人士的反对,在以蔡锷为首的讨袁大军的压力下,仅仅做了几天皇帝梦的袁世凯不得不于1916年3月取消帝制,恢复总统制,并于同年6月因患尿毒症而死。袁世凯死后,尽管北京政府仍被视为正统的中央政权,但中国陷入了军阀割据的混战局面。

支持袁世凯称帝的思想基础是以康有为为代表的新国粹派,他们认为"中国的精神文明优于西洋文化,极力提倡中国固有的宗教或采取各教的优点创设新宗教,孔教会尤其主张以儒教为国教"。① 孔教会是在康有为授意下于1912年由陈焕章等人创建的。该组织借鉴了基督教在西方国家中所拥有的地位,积极推行中国儒家的道统。1913年2月康有为创办《不忍》杂志,重申"以孔教为国教"的主张。康、陈等人并将此动议向众、参两院递交请愿书。这些做法深得袁世凯的支持。但遭到多方面的反对,不仅革命党人、推崇西方文化的知识分子反对,还遭到其他宗教徒,特别是基督徒的反对。1913年12月,一些基督教新教徒联络了部分天主教、佛、道教信徒及穆斯林组成了宗教联合会,发起了声势浩大的签名运动,坚决要求宗教信仰自由,反对定孔教为国教。1916年,康有为再次向国会提出尊孔学为国教,认为世界各文明国家都有其特定的宗教信仰,只有蛮夷落后的民族才缺乏宗教组织。他的努力再次因国内多数人的反对而失败。虽然孔教最终没有成为国教,但这种情况反映了民国初期人们对宗教的重视,这是中国历史上少见的现象,因为历来中国人的宗教观念一直较为淡薄,历朝历代从无人

---

① 张钦士:《国内近十年来之宗教思潮》序言,京华印书局1927年版,第2页。

提出过要将某一宗教定为国教。"国教"概念的引入正说明基督教在中国的影响逐步扩大。

国粹派的崇孔运动起到了相反的效果，使当时多数知识分子意识到民国虽然建立，但中国封建残余是根深蒂固的，因为中国传统文化，特别是儒家文化是维护封建专制制度的思想基础，因此要维护共和政体就必须首先清除旧文化的影响，建设起能与新体制相适应的新文化。正是在这一背景下一场轰轰烈烈的新文化运动开始了。

新文化运动可以看做是中国的文艺复兴。最早的发起人是著名的北京大学六君子，包括陈独秀、钱玄同、沈尹默、刘复、胡适和周作人。陈独秀更是这一运动的旗手，他于1915年创办《新青年》杂志，在发刊辞中提出了"科学"与"民主"的口号。这两个口号成为贯穿新文化运动的主线。除《新青年》杂志外，北京大学在推动新文化运动中起了很大的作用，特别是蔡元培于1917年在北京大学推行新教育以及同年胡适领导了当时中国的文学革命。此外尚志学会在这一运动中也起了相当的作用，特别是自1918年起，该学会的范静生先生赴欧美调查教育返回后，提议聘请欧美学者来华演讲，得到北大等学校及一些会社的响应，先后邀请罗素、杜威等著名哲学家来华讲演，推动了新文化运动的发展。

新文化运动中的各种新思潮主要是从西方传入的。特别是受当时在西方流行的达尔文进化论、赫胥黎的怀疑主义、康德的宗教道德律、尼采和伯格森的学说、各种无政府主义、国家主义、社会主义等思潮的影响，杜威和罗素两人对中国知识界更有直接的影响，因为他们来华后在各教育部门讲学。杜威本人是个实用主义者，提倡凡事问个"为什么"，对于那些不能用理性来解答的宗教问题则认为是非科学的，属于排斥之列。罗素则具有某种社会主义思想，对基督教持反对态度，认为宗教是非理性的，是以主观的感情代替客观的证据。"宗教者，是有几个条件来管束人的行为的,并且规定人生行为的准则,硬要人去信仰,其输入于人心的势力和人对于它的信仰是感情的和威迫的,并不是有理性的信仰。"①这些主张对中国知识界都有较大的影响。

新文化运动除了受世界新思潮的影响外,还受到国内形势的变化的推动。民国建立后,人们原以为能给中国带来希望,但其后军阀割据、政客争权夺利,民不聊生,中国人民仍饱受列强的欺辱。1919年第一次世界大战胜利后的巴黎和会上,英、法、美等帝国主义政府竟无视作为战胜国的中国的权益,悍然决定由日本继承德国在山东的特权,引发了以青年学生为主的五四爱国运动。在五四运动推动下,新文化运动步上了新的更高台阶,人们更自觉地投入这一运动中,在五四运动后的短短半年间出版的各类刊物猛增至260余种,而且绝大多数刊物都采用白话文。

《新青年》成为五四时期的进步青年的重要刊物,许多知名学者,如蔡元培、胡适、鲁迅等人都是该杂志的积极支持者。他们在提倡科学和民主的同时对宗教尤其是孔教进行批判和讨论。与此同时,当时另一个杂志《少年中国》也对宗教进行了极其热烈的讨论。

《少年中国》是少年中国学会的机关刊物。该学会于1918年6月由李大钊、王光祈、周太玄等人筹建,1919年7月1日在北京正式成立,宗旨是"本科学的精神,为社会的活动,以创造'少年中国'"②。学会对会员有严格要求,必须在自然科学或社会科学方面学有专长,并积极致力于"研究学术,评论社会,鼓吹青年"③的工作,经数人(初为5人,后改为3人)介绍,经评议部批准,方可成为会员。因为有这些限

---

① 罗素:《宗教问题演讲之二》,《少年中国》,第2卷第8期,1921年2月。转引自张钦士:《国内近十年来之宗教思潮》,第83页。
② 转引自杨天宏:《基督教与近代中国》,第67页。
③ 同上书,第68页。

制,该会吸收的会员不多,最多时达121人。会员人数虽少,但分布的范围很广,不仅遍布全国许多省市,而且远及法、德、英、日、南洋等国家和地区,能量却不小。《少年中国》不仅成为各会员思想交锋的场所,并对五四时期的中国社会也产生了一定的影响。

推动新文化运动的人之所以对宗教问题十分关注,除了他们在猛烈抨击维护封建主义制度的纲常伦理,反对设立孔教为国教时必然涉及对宗教的看法以外,还有其他几个因素。按张钦士的分析有:"觉悟到要使中国现代化,绝非采取西洋的技术与制度所能为力,必要把国人的根本思想完全欧化。但西洋文化除科学与民治两种精神外,是否包含宗教,确是一个不易解决的问题,遂引起讨论宗教在文化上的地位问题"。新文化运动"对于社会上一切思想、制度都要取批评的态度,重新估定价值,宗教自然要在讨论之列"。"民国成立以来,基督教中人举行大规模的布道运动;用种种方法引人加入教会。因之就有一部分人,发生很大的反感","再者少年中国学会,因限制宗教徒入会,引起对于宗教问题讨论的兴味"。[①] 实际上,归结起来主要是两个原因:一是受西方思想影响,对宗教尤其是基督教产生兴趣。一些主张全盘西化的人认为中国要走现代化之路,不只是要接受西方科技与制度,最根本的是要接受西方精神,而基督教是西方精神之根。另一些人则接受了西方理性主义思想,对基督教持批判怀疑态度。无论态度如何变化对基督教都十分感兴趣。二是因为基督教在20世纪最初20年间的迅速发展,对中国社会影响日益增大,也引起了人们的注意。一些人对它的发展持肯定态度,但也引起不少人的反感。此外,新文化运动对宗教的讨论还受到十月革命传来的马列主义以及五四运动的影响。在它们的影响下,中国人民民族主义意识觉醒,由此对基督教的反对也逐渐激

[①] 张钦士:《国内近十年来之宗教思潮》,序言,第2页。

烈,1922年非基运动之后更是如此。

从总体上看,仅对基督教的批判及反对的观点而言,五四运动前的新文化运动的知识分子对基督教的批评主要是从它反科学或反马克思列宁主义的唯物史观中考虑。从五四运动开始,尤其是1922年的非基督教运动之后,则主要是把基督教与帝国主义相联系,从政治上加以反对。张钦士曾将1917—1927年中国知识分子对宗教的态度分为三个时期:1917—1921年为第一个时期;1922年为第二个时期;1923—1927年为第三个时期。他认为:"第一期多偏于理性方面,第二期偏于感情方面,第三期则偏于意志方面。第一二两期只见诸言论且泛论一切宗教。第三期则不但在文字上反对,更作事实上的攻击,实行有组织的活动,且以基督教为集矢之的。在此时期更有一种极可注意的运动,即基督(教)内部的革新运动。"[1]我们如果粗分的话,可以将张钦士的第二和第三期归为一个时期,即非基运动时期,而第一时期也就是五四新文化运动时期。

第一个时期亦可称为讨论宗教时期。其中许多文章发表在《新青年》和《少年中国》等刊物上,代表人物有蔡元培、胡适、陈独秀、朱执信、田汉、王星拱、李石曾、李璜、周太玄、梁漱溟等人。

少年中国学会的成员大多对宗教没有好感,其中一些人持激烈的反对态度。1920年7月评议部主任左舜生代表巴黎一些成员提出,"凡有宗教信仰者,不得介绍为本会会员……并主张已入本会而有宗教信仰者,自请出会"。[2] 此论遭到田汉等人的强烈反对,《少年中国》为此展开了热烈的讨论。

---

[1] 张钦士:《国内近十年来之宗教思潮》,序言,第3—4页。
[2] 《评议部纪事》,《少年中国》,第2卷第4期,第87页。转引自杨天宏:《基督教与近代中国》,第69页。

从《新青年》《少年中国》等刊物有关人士所发表的文章来看，五四时代中国知识分子虽然大多不信教，不赞同宗教教义，但并不都是持反对态度。其中有相当一部分人对宗教，尤其是基督教持肯定态度，当然肯定的内容并不相同。

这些人中有些是因肯定宗教道德的积极作用而肯定基督教，如陈独秀，他初时反对任何宗教，但后来渐渐认为耶教高于孔教。在《基督教与中国人》一文中他说："在欧洲中世，基督教徒假信神信教的名义，压迫科学家，压迫自由思想家，他们所造的罪恶，我们自然不能否认。但是欧洲文化从那里来的？一种源泉于希腊各种学术，一种源泉就是基督教，这也是我们不能否认的。因为近代历史学、自然科学都是异常进步，基督教底'创世说'、'三位一体说'和各种灵异无不失去了威权，大家都以为基督教破产了。我以为基督教是爱的宗教，我们一天不学尼采反对人类相爱，便一天不能说基督教已经从根本崩坏了。基督教底根本教义只是信与爱，别的都是枝叶"。他提倡今后"要把耶稣崇高的、伟大的人格和热烈的、深厚的情感，培养在我们的血液里，将我们从堕落在冷酷、黑暗、污浊坑中救起"。他还分析了基督教在中国几百年产生许多纷扰的原因，归纳为十条，如"吃教的多，信教的少"，招社会轻视；"各国政府拿传教做侵略的一种武器"，招中国人怨恨；"中国人底尊圣，攘夷，两种观念"排斥耶稣；"中国人底官迷根性……看见《新约》上和耶稣往来的，是一班渔夫，病人，没有一个阔老，所以觉得他无聊"；"偏于媚外的官激怒人民，偏于尊圣的官激怒教徒"；"正直的教士拥护教徒的人权，遭官场愤恨，人民忌妒。邪僻的教士祖庇恶徒，扩张教势，遭人民怨恨"；"基督教义与中国人底祖宗牌位和偶像显然冲突"；"白话文的《旧约》《新约》，没有五经、四书那样古雅"；"中国人没有教育，反以科学为神奇鬼怪，所以造出许多无根的谣言"；"天主教神秘态度，也是引起谣言的引线"。其结论是："上列十种原因当中，平心而论,实在是中国人底错处多,外国人的错处不过一两样。他们这一两样错处,差不多已经改了去"。① 这些都足以表明他对基督教的好感。

有些人肯定宗教能给人以精神慰藉,包括基督教,如梁漱溟。他说:"所谓宗教的都是以超绝于知识的事物,谋情志方面之安慰勖勉的。""宗教除与人一勖慰之外,实不作别的事。此即大家所谓得到一个安心立命之处是也。在托尔斯泰固然当真得到一个安心立命之处,得到一个新生命,而其他基督教徒也未尝不可说是如此。"②他认为一切宗教之通点,"不外使一个人的生活得以维持而不至于溃裂横决","由此而在人类文化中占很重要一个位置,这个我们可以说是宗教在人类生活上之所以必要"③。他很同意"宗教能令我们情感丰富热烈而生活勇往奋发"的观点,认为出于宗教式的宇宙观,多半宗教家具有"悲悯爱人的怀抱,牺牲一己的精神"。④ 他从印度佛教产生于对人的生老病死的现象的情感的分析,认为这类情感是人人皆有的。"你莫以为人类所遇到的问题,经人类一天一天的去解决,便一天从容似一天,所谓问题的解决除掉引入一更难的问题外,没有他意,最后便引到这类无法解决的问题。为此……人们遇到这种不可抗的问题没有别的,只有出世。即是宗教至这时节成了不可抗的必要了。"⑤

有些人从宗教与文学的关系出发,对宗教特别是基督教有好感,如周作人。他认为从欧洲文学发展史看,文学的发达大都出于宗教。两者都源起于人类求生的精神活动。古代宗教和文学是无法分的。以后

---

① 陈独秀:《基督教与中国人》,《新青年》,第 7 卷第 3 号,1920 年 2 月。转引自张钦士:《国内近十年来之宗教思潮》,第 39—41 页。
② 梁漱溟:《宗教问题演讲之四》,《少年中国》,第 2 卷第 8 期,1921 年 2 月。转引自张钦士:《国内近十年来之宗教思潮》,第 113 页。
③ 同上书,第 114 页。
④ 同上书,第 126 页。
⑤ 同上书,第 135 页。

随着历史的发展虽两者有所分离,文学主要注重的是个人情感的变动,但仍无法绝对分开,因为宗教所讲"神人合一"、"物我无间"不仅与古代文学中表达社会情感的趋向并无二致,而且与现代所回归的注重表达社会及全人类的感情的文学是一致的,两者都符合人性的要求。他的结论是:"宗教无论如何受科学的排斥,而在文艺方面仍然是有相当的位置的。这并不是赞扬宗教,或者是替宗教辩护,实在是因为他们的根本精神确是相同。即使所有的教会都倒了,文艺方面一定还是有这种宗教的本质的情感。"[1]

有些人认为高等宗教对改良社会和人的精神的升华有利,如刘伯明。他相信宗教是随着人类社会的进步由低级向高级发展。最高境界的宗教,如柏拉图的宗教,"以为人性中有一种爱恋。此种爱恋,趋向于精神世界,如世间无绝对之圆,我们知圆而知其不圆者,由于人心中已有一理想之圆在,很可以证明此理。所以人必须有理想之见解,始能改造社会。柏氏在当时,本是一个社会改良家。根据他的理想,去改良社会,这就是柏氏的宗教。这种宗教何以人不可信仰?信仰它又有什么弊害呢?"刘伯明认为宗教之所以产生是由于理想与现实相互冲突的缘故。"因为人当精神不满足时,即有精神上之欲望,于是不得不求满足之道,宗教的需要,以此时为綦切。"[2]他批判王星拱、蔡元培所主张的以美术或美育代替宗教的观点,认为"宗教有精神世界作它的对象,为一般普通艺术所无有。如何能代替呢?反言之,能代替宗教的美术,只有受了宗教化的术艺"。对于一些人从反对唯心论立场来反宗教,他也并不赞同,如列举十字军东征来否定宗教,他认为像十字军之

---

[1] 周作人:《宗教问题》,《少年中国》第 2 卷第 11 期。转引自杨天宏:《基督教与近代中国》,第 83—84 页。

[2] 刘伯明:《宗教问题演讲之五》,《少年中国》,第 2 卷第 11 期,1921 年 5 月。转引自张钦士:《国内近十年来之宗教思潮》,第 141—142 页。

举动,"纯粹是狂妄过度,流于无意识,其危险是当然的","但这种宗教,是无知识的宗教,我们举例不可以坏的来做标准"。对像罗素那样认为宗教纯粹属于"主观的、情感的、想象的",并非是真理,人"须切切实实的根据现实去研究真理"的说法他也提出异议,认为"人的理想,人的想象不是全无价值的。如一篇小说,全是唯心的构造。其间组织有条理,有系统,与人情十分相合。所描写的人物,其言语动作必须与所代表的特性人格相吻合,此种想象,为可有的事实,或者为当然的事实,何尝没有价值呢?"他最后的结论是:"理想境界,是否有客观的存在?我不能证明。然我以为却有历史之根据。读柏拉图,经中世纪,近世纪,以及于今,东西洋,莫不有此种思想,实在有普遍性,所以它也有根据。然不根据于物质与自然,它所根据的是人的精神。这既是人心共同的趋向,它必有一种精神的根据,非盲目的自然势力所能产生的。"①

有些人出于提倡信仰自由而反对反宗教言论,例如田汉。他对于少年中国学会居然通过了凡有宗教信仰的人不准入会的决议表示极大的愤慨。他说:"我看了第四期才知道巴黎同人议了凡有宗教信仰的人不许入会。已入会者要自请出会。而评议部诸君竟不咨询也率而通过了。如此草率如此武断,思之不能不令人愤慨。"他引用其朋友张涤非的话说,少年中国学会的这种做法使其成为一个专制国,"不独信教自由没有,并信仰自由都没有"。他认为宗教问题决非他们这些懂点子科学知识和艺术思想的人所能解决的,"世间上的大艺术家,大思想家,没有不同时是宗教家的"。而"少年中国诸少年所差者正是一点宗教的信仰"。他说他自己是泛神教信者,经对圣经文学的研究,"有很好喜欢的地方,并且有点爱基督那种伟大崇高的人格"。他还把宗教

---

① 刘伯明:《宗教问题演讲之五》,《少年中国》,第 2 卷第 11 期,1921 年 5 月。转引自张钦士:《国内近十年来之宗教思潮》,第 144—146 页。

比作是一盏引路的灯,认为这盏灯对"去光明还远的很黑的东方"十分重要。田汉对《新约福音书》中有关耶稣与用香膏和头发擦耶稣脚的妇人的故事十分称道。他说:"我常叹那个妇人,那个耶稣,那件事,那段文章,真是再有生命的没有,再艺术的没有,再神圣的没有!耶稣因为有这样的感化力,所以配做教主!"①由此可见,田汉不仅因提倡宗教自由而反对压制宗教,而且对耶稣人格的感召力持十分肯定的态度。

还有些人是从哲学等学术的角度,反对简单地用科学和历史反对宗教,其代表人物是屠孝实。他在少年中国组织的"宗教问题演讲之三"一文中提到:"在现代自然科学家和历史学家的眼光里看起来,宗教这个东西,是人类思想幼稚时代的产物……目下在学术昌明的时代……万不该用宗教的见解,一味地模模糊糊,就把许多问题随便看过去。"但宗教能不能在学术发达的今日,有它存在的价值,很有讨论的余地。他首先对人进行了分析,认为"我们人类一方面虽然属于感觉的自然世界,处处受环境的影响,有自利的倾向,并且是有限的暂时的存在;另一方面却是想超越一切束缚——无论是时间,是空间,是社会的束缚,是自然的束缚,而趋向自由的一种灵物"。由此出发,他接着讨论了宗教的本质,归为自律说、玄理说和伦理说三类。他个人认为宗教必须具有两个条件:一是自然的束缚和求解脱的心;二是直接的宗教经验。所谓宗教经验,"只是自己觉得和超越者互相关系的内心经验";"无论什么经验,它的本态是绝对真的,我们决没有否定它的权利"。他的结论是:一、我们对于宇宙全体的态度,不能以一种为限。无论他取理智的态度,或是道德的态度,我们都不能说他是不对。科学、艺术、道德和宗教,各有它的特色,不容互相排挤,排挤只是一种偏

---

① 田汉:《少年中国与宗教问题》。转引自张钦士:《国内近十年来之宗教思潮》,第51—58页。

见,绝不是正当的办法;二、宗教和科学不是极端冲突的。宗教在直接的主观经验,具有直觉特色;科学则是理智的抽象和分析。直觉和理解,知识和情感都是人类心理中必然具有的作用,谁也没有否定谁的权利。科学虽然能否定宗教中的宇宙说明,不能否定宗教。因为宗教的本质,在于它的具体经验,具体经验却是不能否定的。三、宗教和历史也不是绝对冲突的。历史主张相对真理,但也并不能放弃绝对真理的要求。生活是动态的,实在就是生活全体向上发展的一相,也就是绝对真理所不可缺少的一个要件,因此历史上的个别的经验与人格,也就有了绝对价值。由此宗教家所主张的绝对真理和历史学家的所谓真理,在根本上是可以调和的。①

除了上述对宗教特别是对基督教持肯定态度的人外,五四新文化时代还有相当多的人对宗教持反对态度。多数反对者对宗教大多持理性批判态度,用词较为温和。但也有些人较为激烈,把基督教说得一无是处,较典型的是朱执信写的《耶稣是什么东西》。

朱执信从全面否定耶稣出发否定基督教。在他的笔下,历史上的耶稣是其母马利亚和罗马军官的私生子。他不仅认为基督教所说的耶稣是童女生子完全是假的,就连耶稣收过十二个门徒、最后因犹大出卖而被捕也是假的。在日本学者幸德秋水的影响下,朱执信甚至把耶稣死在十字架上的说法看成是对生殖器崇拜的结果。对于《圣经》中的耶稣,朱执信更是认为完全是假的。虽然他也承认《圣经》中的耶稣有某些可取之处,但从根本上说基督教则是一无是处。"《圣经》上的耶稣是讲平等的,讲博爱的,有许多爱人如己、索裤与衣的话头,并且这山上垂训的几条,确是很有价值的。但是当时的基督教会,实在是自私自

---

① 屠孝实:《宗教问题演讲之三》。转引自张钦士:《国内近十年来之宗教思潮》,第87—106页。

利的,褊狭善怒的,复仇的,把基督教的真正好处都灭失了。(上头所讲的好处,也是自古相传的训诫,与基督教无关。)所以他只管板着脸孔讲道德,他的排他狂谬的性质,不知不觉就流露出来。"他又举了《马太福音》第 25 章中"十童女的比喻"及《马可福音》第 11 章中"无花果树被咒诅"的两例进行了激烈的批判:"自利同复仇,这两种倾向,是基督教会自来有的。"在批判天主教的基础上他对新教也持全盘否定的态度:"新教揭发旧教徒酷虐的刑罚,固然不错;但是新教徒对于旧教徒,何尝不用这种方法?……新教的偏隘复仇残虐的性质,与从前没有差别。"他认为路德改革时,碰到人民反抗他的王公时也让王公残杀人民,"可见新教旧教里头,自由平等都是好看的话;做奴隶就该烧,做人民就该杀,有什么道德可以讲的呢?所以新教里的耶稣,也同旧教里的一样,是自利复仇的一件东西"。他的最终结论是:"耶稣是口是心非、偏狭、利己、善怒、好复仇的一个偶像。"①

像朱执信这样对宗教持激烈批判态度的人在新文化运动时期的知识分子中相对不多。许多人虽然对宗教持批判态度,但较为温和,如胡适、蔡元培、王星拱、周太玄等人。

蔡元培在《以美育代宗教说》一文中认为"宗教之原始,不外因吾人精神之作用而构成"。② 最早的宗教兼有知识、意志和感情这三种作用。随着人类自然科学和生理学、心理学、社会学等学科的发展,知识和意志两作用都离宗教而独立,与宗教有密切关系的惟有情感作用,即所谓美感。"然而美术之进化史,实亦有脱离宗教之趋势。""以美育论,已有与宗教分合之两派。以此两派相较,美育之附丽于宗教者,常

---

① 朱执信:《耶稣是什么东西》,《民国日报(耶稣号)》1919 年 12 月 25 日。转引自张钦士:《国内近十年来之宗教思潮》,第 23—34 页。
② 蔡元培:《以美育代宗教说》,《新青年》,第 3 卷第 6 号,1917 年 8 月。转引自张钦士:《国内近十年来之宗教思潮》,第 2 页。

受宗教之累,失其陶养之作用,而转以激刺感情。盖无论何等宗教,无不有扩张已教攻击异教之条件"。他举了基督教十字军东征、新旧教之战等说明宗教的缺憾。由此他提出以"纯粹之美育"代宗教,因为这种美育"陶养吾人之感情,使有高尚纯洁之习惯,而使人我之见,利己损人之思念,以渐消沮者也。"①

胡适在《不朽——我的宗教》一文中提出以社会不朽来代替宗教中的灵魂不朽及三不朽说,即立德不朽、立功不朽、立言不朽的概念。他不信宗教,也不信神不灭说和灵魂不朽,认为"宗教家往往说灵魂不灭,死后须受末日的裁判……这种说法,几千年来不但受了无数愚夫愚妇的迷信,居然还受了许多学者的信仰"。他赞同唯物论的观点,认为人的灵魂并不是什么无形体,独立存在的物事,不过是神经作用的总名,与范缜所说"神者形之用"正相同。但他认为"灵魂不灭的问题,于人生行为上实在没有什么重大影响:既没有实际的影响,简直可说是不成问题了"。中国儒家的宗教手段"在今日是不中用了。还有那种'默示'的宗教,神权的宗教,崇拜偶像的宗教,在我们心里也不能发生效力,不能裁制我们一生的行为。以我个人看来,这种社会不朽的观念很可以做我的宗教了。"②

周太玄对宗教的批判较之胡适和蔡元培要尖锐一些。他在《宗教与中国之将来》一文中说,"中国民族是文学美术的乐天的坚忍的民族,在天性上便与宗教不十分契投",但"现在的中国人对于宗教的观念,为我们所注意的,除了纯粹的教徒以外,以学者及一部分有知识之青年为最"。在他看来宗教是一种幻象,认为"我们为科学的精神,思

---

① 转引自张钦士:《国内近十年来之宗教思潮》,第5—6页。
② 胡适:《不朽——我的宗教》,《新青年》,第6卷第2号,1919年2月。转引自欧阳哲生编:《胡适学术文化随笔》,中国青年出版社1996年版,第53—62页。

想的自由,为进化论,为人格,为真理;似乎不应当坐视这种幻象自长自生。而一部分青年因一时的嗜好或暗示遂致为幻象所吞没的,也不当坐视不救"。他写此文,"实是为真理为人道而讨论宗教"。"宗教所需要的,并非真实,自由,合理,而专需要谬说迷信,即所谓宗教上的信仰与种种引人崇拜的形式。若宗教的内容改革为与真理良知相合,那他们所以维持宗教的各种原素,皆不能存在。"他对宗教的界说和特质进行了分析,认为宗教发生之初,不外乎当时社会及人生有此一时之需要。但这些人是犯了观念和方法上的错误才引诱走上这条路。他的结论是:"(1)宗教本身常是硬性的,故不变化;故常与真理和良知相背;(2)宗教是民族情感上一时的结晶,并非理性的产物,所以宗教对于人生只有一刹那感情上的满足,与理性与实际的生活无涉,故常堕于虚渺;(3)附属于宗教的各种作用及现象,如道德为善之警告等类,每每为一种机械式的盲动;(4)宗教上的事物和现象,在哲学中全系研究性质,正如医院中的尸体解剖试验,不能因此便说此人可医此人未死。"接着他又分析了宗教与中国人的关系,认为"一、中国人没有承认过全知全能的万有创造者。二、中国人对于神的观念大多是相对的消极的究理的。三、虽有大多数人信有神,但对于神不存绝对的依傍心,故神在实际生活上力量很小。四、中国人乐天,坚忍,富于感情上的弹力性,故在实际生活场中不易败北,即在困苦失望之时也不肯祈祷求神,故宗教上的感情作用中国人需要不多。"他最终得出的结论是"中国的将来是没有宗教"。①

王星拱对宗教的批判基点是宗教的两大特点:信从和崇拜。这决定了宗教采取的是神秘态度,这种态度在科学家看来坏处多于好处。

---

① 周太玄:《宗教与中国之将来》,《少年中国》,第3卷第1号,1921年8月。转引自张钦士:《国内近十年来之宗教思潮》,第155—183页。

他反宗教的理由具体而言理由有三:一是神秘使宗教对任何问题都采取"俯拾即是"的总解决办法,也就是直觉,这是科学极为反对的。二、宗教的神秘在知与不知之间设了一道不可逾越的界线,使我们永不能自不知而进于知。而实际上许多问题,我们现在不知,并不等于将来不知。三、神秘有唯心构造的危险。宗教家以为人类之知识,是建筑在神秘的基础上,而指导观察试验——经验看做不值一钱。而科学极重实证,因此要反对宗教。至于人们所说的宗教的好处,如有鼓励人类前进的力量,可减轻人类的苦恼的说法,他也并不赞同。其结论是:"宗教没有崇拜就不成其为宗教,崇拜无论是仪式的心理的,都不是科学家所赞成的。至于宗教的态度,就是不经研究不经证明而信从的态度,却是坏处多而好处少,而且它的好处,也是可以用教育美术去代替的。"①

在无政府主义者中反宗教较为激烈的是吴稚晖。他相信进化论,自称为是"科学主义"者,认为人是物质组成。精神也只是物质凑合而成。早在1908年,他就发表了《宗教问题》一文,认为宗教的产生是由于早期人类知识肤浅,无力管治世事。随着人类知识的增进,道德也随之进化。但宗教给人带来迷信和罪恶,挫钝了人的天赋道德,阻碍民智的发展。随着社会的发展,社会主义将最终取代宗教,宗教终将消灭。②

从上述反宗教的文章中我们可以看出,他们反对宗教主要是认为宗教是非理性的,是反科学的;宗教,特别是基督教是反道德、反人性的;基督教对异教的不宽容性;基督教与中国传统文化和民族性不相容。这些主题在1922年的非基运动中得到了进一步的阐述。

---

① 王星拱:《宗教问题演讲之一》,《少年中国》,第2卷第8号,1921年2月。转引自张钦士,《国内近十年来之宗教思潮》,第59—72页。
② 《吴稚晖学术讲著》,上海,1926年第3版,第203—218页。

第二节　五四新文化运动对中国教会的影响

如果说20世纪初开始的中国基督教会自立运动是中国基督徒谋求组织上本色化的表示,那么他们对新文化运动及其后非基督教运动所作的回应与反思则是从理论和思想上为中国教会的本色化作准备。通过这两个运动,中国基督徒力图使20世纪的中国基督教"不论是在组织上或是在思想上,再不是一个以西方差会或是西方传教士为中心的基督教"。①

对新文化运动的回应在中国基督徒中很不一致,"有的人把它看作'洪水猛兽',以为新文化运动处处都是危险的举动,若不竭力扑灭它的毒焰不但教会遭它击打,连社会也要受客观存在的扰害。也有人把它看作'布帛菽粟',深觉这种文化上的运动,实在是民生日用所不可或少的东西。社会各方面的情形,活泼不活泼,全在这种运动的能力浩大不浩大。这种运动的势力如输入在教会里面,教会也必要发扬蹈励的,有一番新作为。所以在报纸上屡次看见'宗教革新'与'20世纪的新宗教'等问题披露出来,那就是这派人所发表的议论。更有一等传道士,对新文化运动的事抱极端的冷静态度,绝不与闻其事,很有一种'运动尔自运动,安逸我自安逸'的光景"②。通过新文化运动提出中国教会本色化要求的大抵属第二类人,他们虽然对新文化运动中的一些反教人士的言论并不完全认同,但从总体而言,对新文化运动中的新思潮持支持态度,也就是把新文化运动视为"布帛菽粟"的一批教会

---

① 吴利明:《基督教与中国社会变迁》,基督教文艺出版社1997年第3版,第4页。
② 王恒心:《中国传道人才的呼声》,《神学志》,1920年9月,第6卷第3期,第4—5页。

人士。正是他们,使中国基督教能够较快地跟上了新的形势。

这些思想开明的基督教人士首先肯定新文化运动中的新思潮是与基督教思想相吻合和一致的。一些人认为新思潮源出自基督教,如张开文在《教会与新思潮》一文中直截了当地下的断语是"教会即新思潮",或者说,"今日中国的新思潮所标揭的各种主义,统统都是从最旧的教会里头偷出来的"。具体而言,平等、自由、博爱来源于基督教,此外"牺牲主义"、"互助主义"、"民治主义"、"劳动主义"也都植根于《圣经》。他还论证了基督教与新文化运动提倡的科学、道德、美术、文学、音乐等都无法分离。就连新文化运动中出现的白话文运动也是近五六百年来宗教改革的产物。[①] 在他看来,"鼓吹新思潮者而倘若主张无神,只是他对于宇宙所有的知识没有增进罢了",因为"吾人对于宇宙所有之知识愈进,则神秘之理愈见其多;而对于宇宙主宰者之能力如何亦可以因此而渐得确正之知识"。[②]

不仅如此,他们还肯定了新文化运动给中国基督教带来的积极影响,认为它实际上起到了推广基督教的工作。如"助基督教奋斗社会的迷信,作基督教播种的预备"。基督教在华从事百余年的工作,如禁烟、教育平民、施医施药、解放妇女,尤其是教人爱人、服务社会的工作,现今由新文化运动提出,间接地将基督教的本意和盘托出,使普通的中国人更能了解基督教,基督教的服务人群的宗旨也更能得到中国人的推广。新文化运动促进对宗教问题的讨论引起人们对宗教的兴趣和研究,尤其对基督教的研究颇有成效。正是通过这些研究促使一些教外学者改变了原有的反基督教立场,如陈独秀,他们的著作对普通中国人产生了影响等等。这些论述使中国基督教会与新文化运动保持一致,

---

① 张开文:《教会与新思潮》,《中华基督教会年鉴》,第6卷,1921年,第134—140页。
② 同上书,第139页。

而不是反其道而行之。

在分析新文化运动中的反教原因时,他们认为主要是因为这些人对基督教的误会。因此中国基督徒的重要责任就是要澄清这些误会,使参加新文化运动的多数人能真正了解基督教,不再反教。他们通过出版刊物、发表演说或邀请反对者参加讨论等方式阐明中国基督徒对世界、社会、国家、科学和民主等的看法,表明其与新文化运动的主流并无二致,力图消除"误会",促进"社会共同的服务"①,从而使中国教会能在中国社会中发挥更大的作用。与此同时,他们对教外人士中肯的批评也持虚心接受的态度,并由此深刻检讨中国教会中所存在的问题,特别是"洋教"问题。正是在这过程中,他们推动了中国教会向着本色化的方向发展。其中由北京一批知识分子信徒组成的北京证道团在这方面做了大量的工作。

北京证道团由徐宝谦、吴雷川、赵紫宸、刘廷芳、胡金生等中国较有影响的一批教会领袖于1920年春建立,实际上正是中国教会中的有识之士对新文化运动和五四爱国运动作出的一个回应。参加者对这两个运动均持肯定态度,认为即使参加这运动的许多人持反基督教的立场,那也情有可原,一是因为他们不了解基督教,只要使他们真正了解了基督教,知道基督教与民主和科学精神不仅丝毫不相违背,而且还是它们的发源地,就会对基督教由反对转而支持,这一点他们在陈独秀身上找到了根据;二是因为中国教会本身存在许多缺点和不适应时代潮流的地方。为此他们由衷地希望中国教会通过新文化运动和爱国运动有所改革,使中国教会更适应新文化的时代潮流。为此,他们组成了证道团。徐宝谦曾在《中国基督教会年鉴》(1921年)对证道团缘起作了如下的阐述。他说,北京是学界爱国运动和新文化运动的发源地,参加这

---

① 徐宝谦:《基督教与新思潮》,《生命月刊》,第1册,1920年9月,第3页。

些运动的人都是抱定了平民主义和科学精神去打破社会中一切旧制度和旧文明,建立新文明,基督教成为他们攻击的目标,认为宗教同科学和平民主义是根本不相容的。而"这种论调多半是误会的结果,但足以摇动一般同基督教接近的人的心理。我们若能作一种证道的工夫,不但能免除这层危险,而且能解释反对者的误会,使他们也与基督教接近。况平心而论,现在中国一般信徒以及中国教会的内容组织制度、仪式种种实在有许多不能适应时代潮流,应当重新讨论改革的地方"①。这些很能说明该组织的建立完全是对新文化运动作出回应的产物。

该证道团的宗旨是:"一方面要证明基督教如何与时代的精神相适应并如何足以当时代的先驱;一方面要坦白的讨论教会内部的各种问题作革新教会的准备"。他们虽然深信基督教,但看到了"信徒与教会的不完全,实足以妨碍基督教的发展",因此认为"革新教会的方法首在改革思想,引起大多数的觉悟"。② 至于证道的方法主要是通过言论和文字。为此证道团一方面组织经常性的讨论会,邀请一些名人参加,如蔡元培、胡适、李大钊、蒋梦麟等人讨论宗教问题。这些人虽然对基督教持不赞成的态度,但均能与证道团的人坦诚相见,相互增进了解。按徐宝谦的说法:"他们虽不满意于基督教,但一种坦白诚实的态度,实在让我们欢喜。"③另一方面,证道团创办了机关刊物《生命月刊》,发表了一批有关教会对新文化运动所作的回应文章。

在证道团及其《生命月刊》的促进下,教会其他刊物也纷纷对新文化运动作出回应,如青年会的机关刊物《青年进步》、中华归主运动办的《中华归主》,以及《兴华报》、《神学志》、《圣报》等都发表了有关对

---

① 徐宝谦:《北京证道团的宗旨及计划》,《中华基督教会年鉴》,第 6 卷,1921 年,第 133 页。
② 同上。
③ 同上书,第 134 页。

新文化运动(或称新思潮)的评论文章。

与此同时,1921年5月5日中华续行委办会在上海举行第九次年会时,重点也是围绕着新文化运动与中国基督教的关系进行讨论。《生命》主笔刘廷芳、毕来思,青年会干事柴约翰,《兴华报》主笔罗运炎等都就新文化运动与基督教的关系作了讲演。刘廷芳的题目是《新文化运动中基督教宣教师的责任》,毕来思的题目是《中国新思潮和基督教的关系》,柴约翰的题目是《基督教与中国的新思潮》,罗运炎讲的是《新思潮和基督教》。其中尤其是刘廷芳把新思潮运动的来龙去脉,以及基督教应对它采取的态度及责任都作了详细的阐述。他的讲演不仅对新文化运动本身进行了详细的介绍,而且对新文化运动对中国基督教会和基督徒的影响也都作了详细的阐发,最后论述了基督教宣教师对新文化运动应负什么责任,应该如何做。从总体而言,这四位学者的基调都是对新文化运动持肯定欢迎的态度,认为"基督徒应该欢迎他们对于基督教的严格的审查",①或者"一方面要记得我们的不足,一方面要尽自己的力量,去容纳他人的意见"。② 在四人报告后,会议围绕着他们的讲演就新文化运动的五个议题展开了热烈的讨论,如:新文化运动对于妇女有何影响;如何帮助基督徒明白新文化运动的真相,消除隔阂;如何帮助新文化运动及其领袖们明白基督教的教旨;教会在对待华人教会领袖方面如何受新文化运动的影响;教会对新文化运动应作什么文字贡献等。③ 与会者畅所欲言。他们大多肯定新文化对现时制度的批判,主张男女平等、提倡白话文等。但对它对教会的批判,一些

---

① 柴约翰:《基督教与中国的新思潮》,《生命月刊》,第2卷第1册,1921年6月,第5页。

② 毕来思:《中国新思潮和基督教的关系》,《生命月刊》,第2卷第1册,1921年6月,第6页。

③ 《中华续行委办年会纪略》,《生命月刊》,第2卷第1册,1921年6月,第2页。

人持谅解态度,认为要对新文化运动的利弊加以分析,在这过程中揭示基督教真理。有些人则主张要对其反宗教的方面进行反击,绝不妥协等等。不管教会人士对新文化运动持什么态度,但新文化运动对教会的巨大影响是显而易见的。

从这些讨论文章和演讲看,中国基督教会中不少开明人士之所以对五四新文化运动持欢迎态度,一是肯定这一运动所提出的要求"重新估定一切价值"的态度有其积极的方面,认为这表明国人近年来有一种自觉的表示,"不拘是对于政治、对于社会、对于学问、对于宗教,都能一反从前漠不关心的态度,而能下一种评量的工夫,取一种干涉的手段,先不要论所批语的对不对,所干涉的当不当,只论这一种肯批评、肯干涉的精神,便是国民进步的表证"①。二是肯定这一运动中提出的科学民主精神,认为该运动提倡的平等主义、共和主义、人道主义是真理,给国人造成一种新的人生观,并给以新的希望和新的胆量。至于新文化运动提倡的科学万能,竭力提倡科学的态度,也一反以往中国人的旧传统旧习惯,让国人醒悟,自觉地抛弃迷信。三是肯定新文化运动对改良社会所起的作用。正由于这一运动给国人以全新的价值观和新的精神,使国人在推动社会改良方面共同作出努力,如家庭婚姻制度的改革,对大家庭与小家庭生活以及纳妾和离婚等问题的讨论,以及对贫民的生活、劳动问题、资本问题、限制人口问题、自由恋爱问题、共产问题、妇女解放等诸问题的探讨都在促使人们改变旧有的习俗和制度方面起了一定的作用。新文化运动尤其在推动中国的文字从文言转为白话的改革中做出巨大贡献。这种文字改革在一些教会人士看来是最重要的改革,"不但可说在中国历史上有大关系,即全世界的前途也有关系。因为中国的衰弱,大半是中国人道德的堕落。中国人道德的堕落,大半

---

① 《大会号》,《中华归主》第16期,1921年11月10日,第3页。

是因思想的腐败。中国人思想的腐败,是因为数百年来被文字的束缚。新文化运动死争这一步,可算是'从大处落墨'了"①。四是肯定新文化运动对爱国运动的影响,最为突出的是五四运动。徐宝谦说:"爱国运动起首的时候有人疑惑以为这种运动无非受政党的煽惑,但现在已知这种疑惑是无根据的。这种爱国运动的发生有两种理由:第一个理由是因为受世界潮流的激动。第二个理由不能不归功于三年以来新思潮的运动。"②

实际上,中国教会领袖在肯定新文化运动的同时也接受了它的思想影响,尤其是汲取了五四新文化运动中的爱国精神和批判精神,由此不仅推动了教会内的爱国运动,并且在对中国教会的现状进行深刻反省的基础上,推动了中国教会本色化。现就这两方面作进一步的阐述。

一、五四新文化运动促使许多基督徒提高民族意识,进一步激发起他们的爱国情怀和对社会的关怀。

五四爱国运动爆发后,在其爱国精神鼓舞下,5 月 11 日上海基督教传道联合会集合了"沪上各公会教友"共 1200 多名聚集在慕尔堂,特开救国祈祷大会,"为国求免内争外侮",会后向全国各公会发通告书,要求"致电政府,表明基督徒望治之殷,并求罢斥误国官僚,以息民怨。电令驻欧专使,坚持公理"等。③两天后,即 13 日,传道联合会正式向政府致电,全文如下:

---

① 刘廷芳:《新文化运动中基督教宣教师的责任》(1922 年 5 月 5 日在中华续行委办会演讲),转引自张西平、卓新平编:《本色之探》,中国广播电视出版社 1999 年版,第 140 页。
② 徐宝谦:《基督教新思潮》(1920 年 9 月 12 日在北京中外信徒会演说词),《生命月刊》,第 1 册,1920 年 10 月,第 1 页。
③ 《传道联会之爱国热》,《月报》,1919 年 7 月,第 27 期,第 7 页。

> 北京大总统国务院钧鉴：真日上海传道联会教士信徒集于慕尔堂，为国祈祷和平。窃念内乱不已，由于武人之弄权；外交失败，由于贪庸之误国。哀吁上帝，回阅墙者之私心，戢侵略者之暴行。基督教爱人为怀，望治尤切。全国信徒四十七万，愿为正义真理之政府作后盾。伏乞罢免佥壬，以息民怨。飞电驻外代表，勿签字于不公道之条约。国可亡，公道不可屈。天相诸公，放胆努力。上海基督教公民周世光等一千二百人叩文。①

这份电文充分反映了中国基督徒的爱国之心是与全国人民相通的。此后教会信徒也与全上海人民一起投入了罢课、罢工、罢市的浪潮中以支持北京学生，反对军阀政府对他们的镇压。

徐宝谦曾提到新文化运动和爱国运动是如何影响基督徒的。他说，中国基督徒看到"这两种群众运动在这最短的期间所成就的甚多甚大，因而引起了国民爱国的思想，许多的青年立志为爱国、为他们的主义奋斗到底。这种伟人的成就就当然使中国基督徒发生一种反躬自问的感想。这种感想就是叫我们要问我们所认为有充分真理及能力的基督教在中国已经有一百多年，并且有四十万的信徒，为什么不能够成就群众运动所成就的事呢？"②正是这种思考推动和促进了中国基督教民族意识的觉醒。

中国基督徒中的一些先进分子在五四运动之前就已在新文化运动的影响下探讨爱国问题。当时的《月报》、《青年进步》等杂志都有这类文章。如1917年《青年进步》杂志主任范子美先生就基督徒爱国之方

---

① 《上海基督教传道联合会公启》，《月报》，1919年7月，第27期，第7页。
② 徐宝谦：《基督教新思潮》（1920年9月12日在北京中外信徒会演说词），《生命月刊》，第1册，1920年10月，第1页。

法举行过演说。他以中国"修身、齐家、治国、平天下"的儒家思想为基础提出:一爱国"当先爱身",所谓爱身,即"须高尚其品格,勿自戕伐,即所以爱国也"。二"爱国当先爱家",认为"信徒当使成年之子弟出而问世,令知稼穑之艰难"。爱家之法有三,一为清(洁),二为勤(劳),三为慎。他认为做到这三点就能为国家培养身体强壮的、能为国家出力的人才,并能量入为出,有余资提供国家。三"爱国当先爱社会",提倡以耶稣为榜样"提拔卑陋之人,甚至以一身牺牲社会"。其结论是:"无上帝之爱则无基督之牺牲,无基督之牺牲,则万事亦弄不成矣。故曰欲爱国当先自爱社会始"。①

还有些人在新文化爱国思想的启示下,从圣经神学中找爱国根据,说明基督教本是提倡爱国的,由此加深信徒对爱国主义的认识,如范皕诲写的《爱国之耶稣》。他通过对《福音书》中耶稣的分析,认为"耶稣之爱本国先于爱世界,救本族先于救他族"。耶稣爱国之心,痛旧京之将来,哀祖国之终沦,而彼昏不知……身不觉其悲愤之余声随泪出"②。他的最终结论是:"自古未有不爱国而可谓之圣贤者。"这些都为中国基督徒的爱国行动提供了神学理论上的依据。

另有些人则直接提出基督教救国主义,首倡者是徐谦(徐季龙)。他在《基督教救国主义》一文中阐述了他的一套救国理论,认为基督所救的就是人与国。基督教要达此目的必有一定之主义,即"积人成国,积国成世。故救恩之所含即人国世三者"。救国与救人、救世密切相连,互相包容,缺一不可。而这三者都与基督的救恩有关。他从中国近代史备受列强的欺负出发,不赞成一些基督徒"惟求将来得永生入天国而已,虽现世有亡国之痛,亦且不恤",认为这样"岂非多一基督徒即

---

① 《范子美先生基督徒爱国方法之演说》,《月报》,1917年12月,第8期,第3—4页。
② 范皕诲:《爱国之耶稣》,《青年进步》,1918年5月,第13册,第9—10页。

少一国民乎。然则国家又何赖有基督教"。但他也深感列强之所以欺负中国是由于他们站在自私自利的国家主义立场,因此提出"今吾之所谓救国主义者打破国家主义者也,救国不分人己,耶稣言爱人如己,故救人国与救己国一也","基督教救国主义使人人持此主义救己国救世界各国则基督徒之责"。①

在五四运动的推动下,一些基督徒不仅提高了对爱国的认识,而且还有爱国的行动。如徐谦在1919年秋指出,不能再空说基督教救国主义,而是到了"实行之时"。他比以往更明确地表明:"今吾国已当存亡危急之秋,若基督教竟无补于吾国,而无救于灭亡,则基督教断难免于淘汰。若基督徒坐视国之灭亡,而犹曰灵魂将于来世入天国,则基督徒亦无足与比数矣。此岂基督之道乎。"又说:据"《约翰》8 章 34 节至 36 节,吾人苟欲为上帝之子则必不为罪恶之奴隶。既不为罪恶之奴隶,岂可为他国之奴隶乎,岂可陷自身领受亡国奴之罪恶不救国并不救己及己之子孙而甘为卖国贼所卖乎?"由此他们更为迫切地呼吁上海成立基督教救国会。

建立基督教救国会的动议最早是在 1918 年 7 月由上海的基督教传道联合会牧师提出。他们将有关讲述基督教救国主义的讲演词刊行发表,并在一些礼拜堂中宣讲。同年 8 月在牯岭召开的由 11 个省代表参加的基督教大会上,徐谦等人又将此动议提交大会讨论,得到全体与会者的支持。尤其是"得到诚静怡、余日章、陈维屏、梅云英等诸教会钜子之赞同。一时风起云涌,全国响应"。② 但真正成立是在五四运动之后。1919 年 9 月广州首先成立基督教救国会。以后京、宁、浙、粤等多处成立了同类组织。在徐谦、王葆真等教会多人的努力下,上海也于

---

① 佐治徐谦:《基督教救国主义》,《月报》,1918 年 8 月,第 16 期,第 7 页。
② 《中华基督教救国会大会纪事》,《月报》,1919 年 11 月,第 31 期,第 7 页。

1920年1月1日正式成立这一组织。不久这类组织遍布全国许多省市，如南京、厦门、温州、开封、西安、黑龙江的呼兰等处。由于当时上海是基督教的中心，因此全国各地的基督教救国会都自然与之联络，使它成为事实上的基督教救国会总部。

为什么要成立基督教救国会，这点在《中华民国基督徒救国会宣言》中有明确的说明。现将其主要内容转录如下：

> 国无道必亡。道无人不著。今人言救国矣，而不务其道，言其道矣，而不辨其真，是以救国者愈众，而危亡愈速。图治者愈急而祸难弥甚也。盖救国非寻常事，而寻常人决不能为，惟能人之不能乃可为。然非识其智勇必超出乎寻常者也，要在恪恭神旨、身体力行，感受其圣灵大爱大能之赐。斯以发施于救国，则断然未有不成功。是故今日救国之大任，天心之所眷，惟在基督徒。
>
> 彼夫名士如鲫，伟人如云，武将政客，车载斗量。比年以来，栖栖皇皇，策战智斗，电掣风驰。言治而乱滋，图存而亡迫，非不焦心苦思，流血饮恨，头颅拼掷，忧患迭更，然而功业未建，祸变频仍，民福未蒙，国病不瘳，又见人心畔冤，党德凌迟，民气雕残，舆论纷浊。往往号称救国之人，先已陷身于罪恶。彼不正己，安能正人。彼不爱人，安能爱国。滔滔横流，莫为砥柱。茫茫前路，如履霜冰。虽救国之责，为一般国民所公有，而救国之事则一般国民所不能，于是我基督徒之负责，更不容缓矣。
>
> 我基督徒亦国民也，而国民中之遵行神意者也。屡经举办慈善事业，拯救苦难之同胞，国人啧啧称善。匪伊朝夕，然而救济少数之贫民，何如救济四万万危亡之同胞。救济片时之灾难，何如救济永世之沉沦。地上之楼莽不除，天国何由降临。人间魔鬼不去，恩光岂能普照。读约翰之书，知耶稣亦为国人而死。诵埃及之记，

感摩西独出同族于险。盖救国之精义,本寓于救世救人,而救人之准则在使之平等自由。今中华民国,四亿万众,行为奴隶鱼肉,淫虐杀戮,一任强暴所欺凌,更因压制束缚生命灵魂,俱至沦陷于永死,真理以之而晦暗,公理以之而澌灭。此则主恩之大为怜悯,帝心之深为恻怛者也。

夫不知爱人如己,非基督徒也。知爱人而不知救国,亦非完全之基督徒也,乃往往惑于政教分离之说,自以为基督徒,非国民也。国之存亡,无关己也,殊不知欧洲诸国教会之势力,在中世纪时尝以教会僧侣执行政务。国王践祚秉政,尚仰承教皇之裁可。教会即政府,政府亦教会。及至宗教改革乃有政教分离之事,惟使教会政府不相干涉而已,非谓教会不可言政治,信徒不可爱国家也。呜呼神兮,惠我民兮。此非英国会军将军之语乎。上帝已左袒我,当从神意奋战。此非克伦威尔三千铁骑之语乎。若使基督徒而不问政治,是必至英之宪政终无成功。而世人之权莫有伸展。又观美之初独立时,或聚议教会,击报丧钟以抗税,或借用礼堂,募同盟军而自立,以及华盛顿屯兵山谷,专聘牧师,随营布道,列队祈天。若使教会而不言政治,是必至十三州之人民,迄今仍受苛虐。合众国之名号,历史无由昭垂。是知拯救国难,原属基督徒之义务,改良国政,乃合基督教之本能。或乃藉政教分离之说,坐视国亡而种奴,此甚悖乎上帝博爱之旨,而实堕于恶魔自私之计者也,凡属基督徒不可不察焉。

今教外之人,往往斥耶教徒无国家思想,造作蜚语,反对宪法上信教之自由,致使圣教真理不无阻塞传播之影响。是吾徒以不尽救国之义务,致损圣道之荣名。毋亦基督之罪人者欤,耶稣望耶路撒冷而哭曰,大难将至,必有敌临,转攻斯城,歼其赤子,毁其巨室,是召尔等忧乡国也。经曰上帝为父,人皆同胞,欲爱无形之上帝,必爱可见之同胞,是召吾等救众民也。至于重牺牲,坚信仰,尚公义,爱自由,卑己服役,释怨合群,宝灵魂而死生如一,崇真理而邪妄弗迷,风浪满天不能动其志,山岳阻路不能遏其行。圣洁温民,自足潜消乖戾之气,虔祷默示,更可豫决纷难之端。此皆基督徒之所可能,而他人所不可而能。帝既假我以大能,主又喻我以大义,是不可徒托信道之空言,而当期救国之实效也明矣。

自徐季龙先生阐发基督教救国主义,海内和之。浦化人君著文陈义,已豫相符合。诚牧静怡、余君日章、陈君维屏相继赞扬。文言可征,其未表见,而感悟同一之理想者,一时云兴风起,不可名数。可见圣教真解自有公论。然不发于此前,而兴于同时……以为拯救之方,其在兹乎。呜呼。上帝我主,将拯斯民乎,眷斯国乎。

我同人虔祷之余,爱本此义,虚心讨论,组织基督徒救国会。以为实行之初步,深懔才智蒙昧,难期艰巨。复惟祸难迫切,亟待商筹。欲求声应于全国,须先树基于一隅。曷敢经始,但愿驰驱。谨拟临时约章,暂设会于广州。俟征全国同道,再集议于津沪。即今粗辟规模,不过芟夷荆棘之志,从此合建殿宇,端期奠定磐石之功。请看绾符执政,几非纷芏之茔,堪嗟当代名流,多如蝎蛇之毒。犹太既灭,圣京不免为邱。高丽被并,耶教也受其束缚。国亡种奴,安得信教之自由。政紊民病,遑问福音之真理。可知救国即所以阐教。阐教端资乎救国。呼基督之名,而不效基督之行,是有负于基督。食中国之粟,而不急中国之难,是有负于中国。想我宗主昆弟,信爱敦笃,忧国匡时,智珠在握,群力合一,方济艰难。幸赐指示,俾匡不逮,谨祝福以俟。

其念服役牺牲,责在吾侪,国家权荣,永属上帝。阿们。[①]

[①] 《中华民国基督徒救国会宣言》,《月报》,1919年10月,第30期,第9—10页。

上述文章不仅从世界基督教史和神学上论证了爱国的重要性,更结合中国国难当头的实践要求中国基督徒必须爱国,并对那些以政教分离为借口对国家存亡漠不关心者进行了痛斥。

从总体而言,救国会组织的计划是"要实行耶稣的天国主义","他们所信所求的是天国终必实现在这个世界"①。参加者认为,今天世界上的罪恶主要是国家造成,国家强迫人们犯罪,所以要把耶稣的天国在现世实现,首先要救国,对国家进行根本的改革,包括打破私有制,实现公有制,最终实现世界和平与大同。而要做到这点,首先要从教会做起,教会内进行改革,并最终达到合一。实际上基督教救国会是体现了社会福音的思想。为了能使天国最终在现世实现,他们都致力于改造社会的活动,反对中国基督教会脱离社会;与此同时,他们也关心教会的革新,尤其是中国教会的革新,反对宗派活动,主张教会合一。这些对中国教会的本色化都起了促进作用。

在基督教救国会运动的推动下,全国基督徒围绕着基督教如何救国问题展开了更加热烈的讨论。

对中华基督徒救国的理由和方法论述得较为具体的是浦化人。他在《中华基督徒救国意见书》中列举了四点救国的理由:一是效法耶稣之救国。根据《圣经》,"耶稣虽救世,却先救国。虽救万族,却先救本族"。"吾人不能为忠心之中国民,岂能为忠心之天国民乎。况耶稣令其徒为道忍辱则闻之矣。而从未闻其令人断送山河于他国也。"二是促进基督教之文化。基督教文化能"抑制强权、降服横暴、援助贫弱、扩张自由"。针对列强对我们的欺辱,英美各国听任日侵占青岛一事,他说:"独令我可怜之幼稚民国泣血椎心,是使强权仍胜公理,基督教精神振而又蹶。基督教光彩明而又暗。吾人之不肯放弃青岛,非但为

---

① 徐谦:《基督教救国会纪略》,《中国基督教会年鉴》,第6卷,1921年,第223页。

爱国起见,抑亦为爱护基督教之文化耳。"三是挽救将来之战祸。他再次指出列强承认日本侵占我青岛一事将引起战祸。凡尔赛和约"仍使强者凯旋,弱者忧愤",世界永久和平的试验遭失败。他要求"酷爱和平之美英法政府,以我永不消灭之民气,为彼修改此不公的和约之后盾……以达到永久和平之目的。""基督教福音和平福音也,基督耶稣和平君王也,吾欲为真基督徒,不可不维持和平,而消战祸。欲消战祸,不可不争青岛。"四是表白基督徒之心迹。指出中国基督徒之爱国心素被外人怀疑,"若于此空前未有之风潮,而持旁观态度,则人皆鄙不我齿,而年来所大声疾呼之'基督教救国'悉成空谈而失信于人。传道之能力从此永灭无存,而基督教之前途不堪设想。且各国基督徒无不热诚以救祖国,祈祷也,演讲也,募捐也,救伤也,临阵也,各尽其能。吾国信徒自宜急起直追,共救危局"。最后,他呼吁教会要速起"救我神圣不可侵犯之祖国。中国之存亡,教会之兴衰,胥在与是"。这四条中第一条从神学上论证爱国的正确性,为其后中国本色神学的建立提供了依据。第二、三两条都是从中国当时备受列强欺凌的实践中要求爱国。第四条则是从中国基督教及基督徒的处境和国外基督徒的爱国状况出发,阐述中国基督徒不仅应该而且必须爱国。

至于中国基督徒救国之方法,他共提出12条,如为国祈祷,力求外援,光荣祖国,劝用国货,节用储金,传道革心,教导学生(爱国),利用主日学(教儿童爱国),(发表爱国)宣言书,(推广)义务教育,著作书报(提醒信徒救国之责任),联合(教内外投入救国运动)。[1] 这些方法都很有实际操作的价值,使中国基督徒救国不再只流于理论探讨。

五四运动后不少中国教会领袖也与浦化人一样,深感中国信徒在

---

[1] 浦化人:《中华基督徒救国意见书》,《月报》,1919年7月,第27期,第18—21页;同年8月,第28期,第18—21页。

与中国民众和社会相结合方面做得不够，有些人只关心个人灵魂得救，而对国家和社会漠不关心。由此他们提出中国基督徒在关心灵魂得救的同时也必须关心国家和社会，因为基督徒不仅是国民的一分子，而且应是其中的先进分子，因此"当负拯救国家之责"，"当抱改革社会之责"，"当存匡济人民之责"，"当任推广救恩之责"，"当肩实行真理之责"。① 只有这样，中国基督教会才能有前途。由此他们要求教会从单纯的宣传"个人福音"转向强调"社会福音"，认为"主的福音，必是救社会的福音，必有能力改良社会"。② 一些中国教会领袖提倡基督徒要真正尽起社会的责任心，要团结自强。如诚静怡就说："人多说不幸是生为中国人，常抱悲观。我如今有两句话献与各位。我觉心里有非常的快乐。一是我们生为中国的人；二是我们生为今日中国的人"。他认为"如今家庭社会各种腐败不道德的事很多，正是我们应该反躬自省的日子。"提出当今需做三件事："一、责任心。要人人有责任心。国荣与荣，国辱与辱。二、团体。要四万万人同一个心，成为一个大团体。三、更新。外人呼我国为东方病夫。去旧更新，非靠他人，前途总在自己"。③

还有人认为中国出现的问题主要是道德败坏，提出救国应先从基督教诲德入手。如董景安提出"欲救吾国当先救社会。欲救社会当提倡适宜之道德。以革人心，易风俗"。在他看来基督教信仰的道德力量是最可取的，因为"一基督教尚牺牲，足以救吾国民之利己心也"；"二基督教尚平等，足以改良吾国之社会制度也"；"三基督教斥偶像，

---

① 花之渊：《论基督徒对非基督徒之责任》，《神学志》，1920年10月，第6卷，第3期，第1—5页。
② 刘廷芳：《新文化运动中基督教宣教师的责任》(1922年5月5日在中华续行委办会演讲)。转引自张西平、卓新平编：《本色之探》，第162页。
③ 《诚静怡博士圣餐日之演辞》，《月报》，1919年7月，第27期，第3页。

足以革吾国之邪风恶俗也";"四基督教重实行,足以助成各种事业也";"五基督教尚进取,以促进吾国文化也"①。另有人探讨人格救国问题,认为应首先从基督徒本身做起,以身作则,以耶稣基督为榜样,然后在下层民众中做一些实实在在的改善社会造就人格的事。如教育人们"不骂人、不吃烟、不赌博、不懒惰",进而再使他们能"讲求清洁节俭,行一切当行的事;又能发现良心,不仅为自己劳力,也能为他人劳力"②,这样社会上就能多一个有良心的人,社会人格也就提高了一些,社会文明也就随之扩大了。

总之,新文化的爱国思潮对中国基督教教会有着十分深刻的影响。随着愈来愈多的中国基督徒投身于爱国运动,人们对基督教的看法逐渐扭转,由此中国教会缩小了与中国主流社会的隔阂,推动了教会的本色化。

二、新文化运动的批判精神,提倡凡事不盲从、都要问个为什么的研究态度对帮助中国教会的成长和本色化有着极其重要的意义。

新文化运动对基督教的批判,帮助部分中国信徒摆脱了对信条和西教士的盲从,使教会有识之士深刻反省中国教会本身存在的问题,并提出了要求改革教会,努力探索如何使中国教会能摆脱外国差会的附庸教会的地位,真正成为中国本民族自己的教会。这种态度为中国教会走本色化之路从思想理论上做了准备。

刘廷芳在《新文化运动中基督教宣教师的责任》一文中要求中国教牧人员要向新文化运动学习两点:一是"造成研究的习惯";二是"练习评判的态度",即"一、对于习俗相传下来的制度风俗,要问'这种制度现在还有存在的价值吗?'二、对于古代遗传下来的圣贤教训,要问:

---

① 董景安:《救国论》,《月报》,1920年3月,第35期,第2—3页。
② 任夫:《人格救国是怎样的》,《青年进步》,1921年7月,第45期,第4页。

'这句话在今日还是不错吗?'三、对于社会上糊涂公认的行为与信仰,都要问:'大家公认的,就不会错了吗?人家这样做,我要该这样做吗?难道没有别样方法比这个更好,更有理,更有益的吗?'"①一些教会领袖也将新文化运动给中国带来的积极影响与中国基督教会的不足之处进行了对比,由此对教会提出了批判,从而强烈要求改变中国基督教现状,使教会真正成为中华民族的教会。归纳起来,他们对中国教会的批判主要有如下几方面:

1. 教会的平民主义思想较差。新文化运动给中国带来了"平民的政治",即平等思想,但在华的西教士带给中国教会的是专制,缺乏"平民主义",他们往往带着种族主义或狭隘的国家主义,抱着"你白他黄"、"你尊他贱"的态度,把自己视为差会或教会凌驾于中国信徒之上。"教会中的管理法,是一个专制政体,西人管辖华人"。②"在神学上,教会时常取专断的态度"。③ 在这种体制下,华人信徒无权、无责。许多传教士素质低下,既无能力培养中国信徒,又十分懒惰,过着一种十分优越舒服的生活,严重脱离中国信徒。一些西教士虽口头上也承认差会只是过渡,最终应将教会管理权交给中国人,但他们不重视培养训练华人领袖,也不给华人实践机会,造成中国的牧师及传道人素质不高。有些对西教士存在依赖心,缺乏自修工夫,对《圣经》理解肤浅,加之忙于俗务,讲道平庸,满足不了信徒的灵性生活。他们还批判了传教士控制的基督教会采用武断的言论,叫人盲目接受的传教方法,认为今

---

① 刘廷芳:《新文化运动中基督教宣教师的责任》(1921年5月5日在中华续行委办会演讲)。转引自张西平、卓新平编《本色之探》,第169页。(在《本色之探》一书中将此文印成1922年5月5日的讲演,经作者核实,应改为1921年5月5日。)

② 刘廷芳:《新文化运动中基督教宣教师的责任》(1921年5月5日在中华续行委办会演讲)。转引自张西平、卓新平编:《本色之探》,第159—169页。

③ 赵紫宸:《中国教会前途的一大问题》,《生命月刊》,1922年,第2卷第8册,第5页。

后的中国教会不能再以这种权威主义的态度进行传教,而应以理服人,给予别人一个理智上有根有据的信息。这一信息不仅必须是要具有相当理论水平的福音,而且应是中国本色的,不然不能吸引中国的教外人士,特别是吸引中国的知识界。当今中国教会欠缺的正是这种本色的福音。他们还提出应该发扬基督教中强调世人同一天父、四海之内皆兄弟的平等思想,并由此提出基督徒"非以役人,乃役于人"的服务精神。

2. 教会的"民族自觉"意识较差。新文化运动造成了"民族的自觉",也就是使"民族主义渐见发达"。但中国多数教会缺乏"民族自觉"的意识。它们与外国母会之关系如同属国或保护国。每当母会开会,中国代表寥寥数人。一些外国传教士蔑视中国人,甚至对中国传教人员也如同对待仆役。在传教士影响下,教徒不问政治,把自己视为与中国命运无关的"教民"。教会中的"种种气象、精神、形式,由名辞、语言、文字、诗歌、服式、典礼,以至思想、道德、信仰,多是强烈外国化的现象,甚至某国某会的原译祈祷书中,竟有祝大某国大皇帝多福多寿之祷辞,强中国教徒以必念"。[1] 至于教会学校也很成问题,一直都由西教士把持,各校校长都是西教士担任,而且多数人并非教育家。"教会学校的学生大半长于英文及运动,然而他们的中文是很坏的……同全国教育计划有不能融洽的地方。在学生爱国举动发生的时候,教会学校的校长大半不知道怎样去应付。"[2]教会学校被国人视为"只有铲除其学生一切民族性之功用"。它们培养的学生也被形容成"牺牲为国者,未见有一人"。[3] 他们深刻认识到如再不改变这种状况,教会在中国将

---

[1] 简又文:《民族的教会》(上),《青年进步》,1922 年 4 月第 37 页。
[2] 徐宝谦:《基督教新思潮》(1920 年 9 月 12 日在北京中外信徒会演说词),《生命月刊》,第 1 册,1920 年 10 月,第 6 页。
[3] 简又文:《民族的教会》(上),《青年进步》,1922 年 4 月,第 38 页。

难以为继,由此倡导基督教爱国主义。

3. 教会的"知识中兴"观念欠缺。新文化运动使中国"知识中兴",带来了新科学和新思想,而中国教会却有许多"不适于知识中兴之时势","批判的态度,科学的精神是教会所畏惧,不信任的"。① 这表现在所传的教义、信仰、信条与时代的知识和科学"不共进",不引进新神学和新哲学。即使在培养中国教会领袖时,其手段也十分陈旧,如在讲解《圣经》时,从不给中国信徒讲授国外早就流行多年的"历史的研究方法",而仍采用中世纪的"穿凿附会"方法,使中国教会与近代科学和学术精神相违背。中国教会对待教会礼仪及《圣经》的僵硬态度也导致它在社会中不能起到先导者作用,反而"步了社会进化的后尘"。按吴雷川的说法,"这是因为,一则教会看重古代一切的仪式,如同受了遗传性的捆绑,虽然明知社会进化是不能免的公例,在现今的时代,还要勉强人随从一千多年前的规矩。不但在理性上通不过,就是在感情上也是不可能,但在人事方面,有种种的牵制,终不肯改变,以致自己丢弃了先觉的地位。二则新旧两约书的道理,自然有大部分至今还不失效用,但因种族的关系,区域和时代的关系,他们的思想不同,语言不同,文字组织法也不同。若是一点不肯变通,还要泥着文字去解释,就免不了'以文害辞,以辞害志'。以致叫人疑惑书上所讲的道理,多与世界上事实不相切合,于传道上大生阻碍"。②

他们在对以往基督教反科学的态度进行批判后,提倡基督教科学化,特别强调用科学方法评论《圣经》,即提倡高级圣经评断学,认为中国的基督教只有将那些迷信的成分剔除,才能为新文化运动所接纳。刘廷芳说:"唯一可行的途径,便是运用科学性和历史性的研究方法。

---

① 赵紫宸:《中国教会前途的大问题》,《生命月刊》,1922年,第2卷第8册,第5页。
② 吴雷川:《我对基督教会的感想》,《生命月刊》,第4册,1920年12月,第2页。

我们愿意指出昔日基督教的前辈曾相信一些怪谬的理论和幻想,当中不少是他们自我创作和过分琐碎的分析;我们也愿意承认曾缺乏勇气去纠正或改变他们。"①由于用科学的眼光来审视基督教,他们要求摒弃《圣经》中超自然事物,如童女生子、耶稣复活等神迹奇事,强调历史中耶稣的高尚品格,认为通过传讲耶稣的言行,可以提高中国人的素质,以达到人格救国的目的。

在使基督教本身科学化的基础上,一些基督徒知识分子还加强了基督教与科学关系理论上的探讨。有些人认为宗教与科学是两个不同的范畴,宗教是情感的、主观的、精神的,而科学是实证的、客观的、物质的。罗运炎就指出,两者不能相提并论,因为其路线从根本上是有所分别的。另一些人则寻求科学与宗教的和谐,认为上帝是宇宙万物的主宰,他赋予人的理智,使人具有认识世界的能力,因此人们可藉着理智探求知识,包括验证神学,匡正其错误。与此同时,科学需要宗教的指导,因为科学也是有限的,它解决不了人生的真谛,如不认识这点,把科学的作用上升为万能的,那就会犯科学主义的错误,把科学引入歧途。只有科学和神学保持和谐的关系才能帮助人类建立一个合理的完整的人生观。

4. 教会在新伦理特别是社会伦理观方面没有新建树。新文化运动造成中国伦理的变化,将一些专制的、家族的、闭关的旧习俗进行了革命,提倡博爱、平等、自由、互助、服务社会、尊重人格等新风尚,并由此逐渐达到改造中国社会的目的。今天中国教会所传的则仍是中世纪的福音,也就是"只重在死后玄渺的生命,而贱视现在实际的生活"。"不

---

① Timothy T. Lew(刘廷芳),"China's Renaissance —— the Christian Opportunity", Chinese Recorder, 52, May 1921, pp.319—320. 转引自林荣洪:《风潮中奋起的中国教会》,香港天道书楼1990年版,第45页。

重伦理,惟尚玄理,不求实际上之拯救,惟传感情的信仰,不谋改革社会,惟求个人的得救。"①教会虽然也做些慈善事业如开办医院学校等,但也只是为灵魂得救而已,并不提倡拯救社会,发展全人类的福音。这不仅与新文化精神不合,也与中国民族重实际的精神不合。他们认为造成这种状况的神学基础是保守派的末世论。由于基督教保守派强调人的罪性使人性全然腐败,完全没有建设一个完善社会的能力,因此天国何时降临,那是上帝的事,与人无干。在这种神学思想指导下,基督教的主要目标当然也就成了向个人传福音,使他们悔改皈依基督,灵魂得救。而革新派在新文化运动的人本主义影响下,提出了末世论应以人为中心。天国的来临要靠人与上帝的配合共同努力才能实现。基督徒教育家韦悫说,我们的新宗教"决不跟从传统的观念,相信现今的世界必须被破坏才可产生那个超自然的新时代;但我们却努力去改造今天的社会,以求上帝的国度能够日渐兴起来"。② 由此他们反对以往传统保守的不关心社会,只注意个人得救的末世论思想,提倡信徒应与中国人民一起为新中国的前途谋求出路,为国家发展提出改造社会的计划。

5. 教会的宗派意识强烈。这完全是分属不同差会的西教士所挑起的,有些甚至到了"自私的地步,有的教会不让别的教会的教友去领圣餐,有的教会说非受过浸礼的不能算基督徒"③等等。而这些教派意识原是欧美历史造成的,如欧洲宗教改革时期形成的,或是因美国的南北战争等原因造成的,本与中国教会无关,却因他们的纷争而造成中国信徒也分成什么"我是'中国南长老会的教友',你是'加拿大长老会的教

---

① 简又文:《民族的教会》(上),《青年进步》,1922年4月,第40页。
② 转引自林荣洪:《风潮中奋起的中国教会》,第44页。
③ 徐宝谦:《基督教新思潮》(1920年9月12日在北京中外信徒会演说词),《生命月刊》,第1册,1920年10月,第5页。

友','他是美以美会的教友'"①等等,造成中国教会内派系林立,互不团结。他们认为中国的文化素有包容性,这种宗派意识完全不符合中国国情,由此提出中国教会必须抛弃西方教会给我们带来的分裂,走具有中国特色的联合之路。

在对作为传教士附庸的教会进行批判的同时,他们也深刻地认识到在这样的教会中难以培养起信仰纯洁的信徒,按吴雷川的话说:"现在一般号称基督徒的,他们信仰的起点,能不能说是正确呢?据我的意思,无论市井无赖,要藉着教会做护符,和穷困无聊,想得教会的帮助,因而进教的,固然不能说是信仰。就如在青年的时候,为求学的便利,因而进教的,似乎也与信仰无关。更进一步说,就如承认自己有缺欠,或是怜悯社会的堕落,因而确实悔改,追求幸福,这样的起信,虽然可以不受什么指摘,但是他的目的,如果只为个人得救,得永生,照严格的论断,终久免不了狭隘,不能完足基督教的光明正大,普遍圆通。这样说来,真正的信仰,十分难得。怎么能怪人有吃教、迷信、自私,种种的批评呢?"②徐宝谦也谈到:"普通的教友,吃教的还是不少,他们的宗教同迷信没有甚么分别,对于信仰的真意思并没有一种了解。"③

在这样的教会中也难以培养中国信徒的服务精神,不少人不愿为中国教会出力,特别是一些文化程度较高、又有一定见识的信徒明知中国教会人才奇缺,却不肯进教会工作,而是站在教会外指手画脚,作一些不负责任的批评和议论,使中国教会难有长进。

正是在这些批判和反省的基础上,他们认识到中国教会已到了非

---

① 刘廷芳:《新文化运动中基督教宣教师的责任》(1921年5月5日在中华续行委办会演讲)。转引自张西平、卓新平编《本色之探》,第159—169页。
② 吴雷川:《我对基督教会的感想》,《生命月刊》,第4册,1920年12月,第1—2页。
③ 徐宝谦:《基督教新思潮》(1920年9月12日在北京中外信徒会演说词),《生命月刊》,第1册,1920年10月,第4页。

改不可的地步。而要改变这一切最根本的是要真正建立起民族的教会,也就是本色化的中国教会。这种本色化的要求在1922年3月开始发起的非基运动的推动下有了进一步的发展,导致1922年5月召开的基督教全国大会上中国教会第一次正式提出了"中国教会本色化"问题。

第六章　非基督教运动与基督教

第一节　早期非基督教运动的
形成及其思想基础

20世纪初是中国基督教迅速发展时期。"各地开辟教堂,设立学校以及布道事工,均欣欣向荣,有漫无止境的气概。"①1913年美国布道家穆德与艾迪来华在14个城市布道,听众达137579人。与此同时,在穆德推动下,1913年的全国基督教会议上组成体现合一精神的中华续行委办会,由鲍引登和司德敷负责组织在华各差会,开始对中国基督教的各项事业进行全面调查。经过9年的工作,中华续行委办会于1921年完成了这项大规模的调查工作,并于1922年出版了经编辑整理后的大型调查资料集成,用英、中两种文字分别出版。英文版书名为 *The Christian Occupation of China*,可直译为《基督教占领中国》,中文版书名为《中华归主》。此书一出,在社会上引起了很大的反响,尤其是受五四新文化运动影响的一些中国知识分子原本对基督教就无好感,如今更对基督教产生了极大的反感,因为这些调查材料不仅显明了基督教在华发展势力之迅猛(由本世纪初的8万人到20年代初发展为

---

①　沈亚伦:《四十年来的中国基督教会》。转载于张西平、卓新平编:《本色之探》,中国广播电视出版社,1999年版,第535页。

36万），而且还表明了基督教的最终野心是要"占领全中国"。恰在此时，正逢世界基督教学生同盟第十一届大会要在1922年4月在北京清华园举行，一些反基督教人士便以反对此次会议在华举行为由，成立了非基督教联盟，并由此发起了第一次非基督教运动。

世界基督教学生同盟是一个国际性的基督教学生团体。它是在穆德发起的基督教学生运动的基础上，于1895年成立的一个以各国的学校基督教青年会为核心的组织。我国第一个学校基督教青年会于1885年成立于福州英华书院，当时称为学塾幼徒会。以后又有一些教会学校成立了同类组织。到1896年夏穆德来华时，中国已有5处幼徒会。他与当时在华的第一任干事来会理巡视了中国学生最集中的几个城市，如烟台、北京、上海、天津、福州、汉口等地，先后召集了40所学校的学生聚会，并由此新建了22处学校幼徒会。同年11月新建的及原有的学校幼徒会共27处（一说到会的是22处），派代表36人于上海成立了中国学塾基督幼徒会，并参加了世界基督教学生同盟。1897年中国首次派代表1人出席在美国马萨诸塞州威廉斯敦（Williamstown）举行的第二届世界基督教学生同盟大会。1907年同盟大会在日本东京召开第七届会议时，中国各校会派代表参加者已达70人。1913年同盟又在美国墨航湖举行第十次会议。由于当时中华民国刚建立不久，基督教在华已是一支颇为活跃的力量，经中国代表争取，大会确定下届会议在中国举行，但因第一次世界大战等原因，直拖到1922年，世界基督教学生同盟才决定于北京召开。

为迎接这次会议的召开，基督教一些刊物，如《生命月刊》等，发表文章，表示欢迎。世界基督教学生同盟的刊物《学生世界》也于1922年1月发表了一系列中国信徒阐述中国教会及基督教教育的文章。而作为中国青年会的刊物《青年进步》更是于1922年2月出版了"世界基督教学生同盟大会号"专刊，对这次会议能在中国召开感到由衷的高兴,认为五四以来,学生的爱国声调将全国鼓荡起来,因此"这大会是为着中国学生的缘故来的。现在世界的视线都注射在中国,而在中国的聚光点,就是学生"①。专号还对世界基督教学生同盟和中华基督教学生运动的历史,世界基督教学生同盟第十一次大会宣言、会议总题及分股讨论题目等作了一系列的介绍。

根据这些介绍人们了解到会议总题是"基督教与世界改造",共分六股讨论:一、国际与种族问题;二、基督教与社会及实业的改造;三、如何宣传基督教与现代之学生;四、学校生活的"基督教"化;五、学生在教会中之责任;六、怎样使基督教学生同盟在世界中成为一更强有力的团体②,同时还介绍许多较为具体的情况,如世界基督教学生同盟如今已有40余个国家参加,有基督教学生团体2500处,有会员20多万③,"中国在25年以前,只有一二处学校青年会……(而)现有的男学校青年会共188处,女学校青年会共90余处"④等。这使教外人士得到强烈的印象:基督教学生运动不仅在世界、在中国有较大的发展,而且这次即将召开的会议其目的明显地是为了达到基督教进一步扩张在华的势力,这似乎也印证了《中华归主》一书中基督教要占领中国的野心。正是在这一背景下,反基督教人士将矛头直指第十一届世界基督教学生同盟大会。

反基督教运动首先在基督教力量较强大的上海发起,参加者主要

---

① 陈立廷:《世界基督教学生同盟大会与中国学生》,《青年进步》,第50册,1922年2月,第11—13页。

② 皕海:《对于大会总题'基督与世界改造'及分股讨论各问题的感想》,《青年进步》,第50册,1922年2月,第5—9页。

③ 谢扶雅:《世界基督教学生同盟二十五年小史》,《青年进步》,第50册,1922年2月,第21页。

④ 顾子仁:《世界基督教学生同盟第十一次大会宣言》,《青年进步》,第50册,1922年2月,第4页。

是受共产主义思想影响的青年学生。他们于1922年2月26日开会，筹备建立"非基督教学生同盟"。3月9日发布了"非基督教学生同盟宣言"[①]，全文如下：

> 我们反对"世界基督教学生同盟"。我们为拥护人们幸福反对"世界基督教学生同盟"。我们现在把我们底真态度宣布给人们看。
>
> 我们知道，基督教及基督教会在历史上曾制造了许多罪恶。这且不要管彼。但是彼现在正在那儿制造或将制造罪恶，凡是有血性，有良心，不甘堕落的人，决不能容忍彼宽恕彼。
>
> 我们知道：现代的社会组织，是资本主义的社会组织。这资本主义的社会组织，一方面有不劳而食的有产阶级，他方面有劳而不得食的无产阶级。换句话说，就是：一方面有掠夺阶级、压迫阶级，他方面有被掠夺阶级、被压迫阶级。而现代的基督教及基督教会，就是"帮助前者掠夺后者，扶助前者压迫后者"的恶魔。
>
> 我们认定：这种残酷的、压迫的、悲惨的资本主义社会，是不合理的、非人道的、非另图建造不可。所以我们认定这个"助桀为虐"的恶魔——现代的基督教及基督教会，是我们底仇敌，非与彼决一死战不可。
>
> 世界的资本主义，已由发生、成熟而将崩坏了。各国资本家——不论是英、是美、是日、是法——因而大起恐慌，用尽手段，冀延残喘于万一。于是，就先后拥入中国，实行经济的侵略主义了。而现代的基督教及基督教会，就是这经济侵略底先锋队。

[①] 此电发于1922年3月9日，见《先驱》(The Pioneer)半月刊，第4号，1922年3月15日。转引自《世界宗教资料汇编》(第二集)，1982年12月，第78—79页。

各国资本家在中国设立教会,无非要诱惑中国人民欢迎资本主义;在中国设立青年会,无非要养成资本家底善良走狗。简单一句,目的即在于吮吸中国人民底膏血。因此,我们反对资本主义,有时必须反对这拥护资本主义欺骗一般平民的现代基督教及基督教会。

"世界基督教学生同盟",为现代基督教及基督教会的产物。他们预计于本年四月四日,集合全世界基督教徒,在北京清华学校开会。所讨论者,无非是些怎样维持资本主义及怎样在中国发展资本主义的把戏。我们认彼为污辱我国青年,欺骗我国人民、掠夺我国经济的强盗会议,故愤然组织这个同盟,决然与彼宣战。

学生诸君! 青年诸君! 劳动者诸君! 我们谁不知道资本主义底罪恶? 我们谁不知道资本家底残酷无情? 现在眼见这些资本家走狗在那里开会讨论支配我们,我们怎能不起而反对! 起! 起!! 起!!! 大家一同起!!! 非基督教学生同盟 一九二二,三,九。

从这则宣言上看,他们反基督教主要是因为基督教代表了资本主义势力,在中国充当了经济侵略的先锋队。青年会是培养资本家的走狗,而世界基督教学生同盟的会议在华召开则是想在中国发展资本主义。与此宣言和通电相配合,他们还在《先驱》杂志上发表一系列文章,包括赤光的《基督教与世界改造》,卢淑的《基督教与资本主义》,绮园的《基督教与共产主义》,哲华的《基督教与妇女》等,强调基督教"与资本家狼狈为奸"①,"基督教是资本主义的化身;教会,青年会,是资本主义间接掠夺无产阶级的工具;基督教徒,青年会会员,便是资本主义

---

① 赤光:《基督教与世界改造》。转引自《世界宗教资料汇编》第二集,1982年,第92页。

第六章 非基督教运动与基督教　169

的党徒,或是猎人的猎狗"①,耶稣"原来是一个刻薄的资本家赞美者"②,"基督教,在根本上把女子看做男子的附属品"③等等。

与此同时,他们向北京清华及全国各校发出通电,宣传其主张。通电全文如下④:

> 北京清华学校诸君暨全国各学校学生诸君公鉴:自文艺复兴以来,人智日开,宗教日促,是以政教分离及教育与宗教分离之说,日渐弥漫于欧洲。彼昏不悟,仍欲移其余孽于域外,以延长其寄生生活;政府巨商,以利其为殖民之先导;于是四福音书遂挟金铁之威,以临东土。金铁奴我以物质,福音奴我以精神。东南文盛之区,悉变而为耶教化资本化,无端集合于我弱国之首都。吾爱国青年之血泪未干,焉能强颜以颂上帝。且北京不乏耶教会场,清华为国校,非教会所立,又焉能供一教之用。此而不拒,中国无人矣!伏乞诸君发为傥论,共斥横逆,以期永洁我青年教育界。非基督教学生同盟叩。灰。

在他们的影响下,3月11日北京大学一批学生首先宣布成立"非宗教大同盟",并于3月20日发表了通电(称霰电)及宣言⑤。

> 快邮代电:北京晨报、京报……(共有25家报馆,为节约篇幅23家报馆名称从略——引者注),请转全国各报馆、各学校、各团

---

① 卢淑:《基督教与资本主义》。转引自《世界宗教资料汇编》第二集,第93页。
② 绮园:《基督教与共产主义》。转引自《世界宗教资料汇编》第二集,第95页。
③ 哲华:《基督教与妇女》。转引自《世界宗教资料汇编》第二集,第92页。
④ 此电发于1922年3月20日,原文载《民国日报》1922年3月21日。转引自《世界宗教资料》第二集,第79页。
⑤ 同上书,第79—80页。

体、各界同胞、各国同胞、各国同志均鉴：教毒日炽，真理易泯，邪说横行，人道弗彰。我国本为无教之国，乃近代受害，日趋日深。近闻世界耶教学生第十一次会议，今年四月，又欲举行于我北京首都之地，亦将于我中国，宣传迷信，继长增高。同人等特发起组织非宗教大同盟。依良心之知觉，扫人群之障雾；本科学之精神，吐进化之光华。同盟宗旨，仅非宗教。既无种族国家男女老幼之别，尤与一切党派作用无关。同志加入，一体欢迎；分途组织，亦为会友。惟信教非教，中无两可之地。爱人救人，必有一致之心。凡我同志，尚希明决。急起直追，幸勿犹豫。极盼复示。请寄北京大学第一院金家凤君收交。临电屏营，无任祷切。北京各学校非宗教同人（名详另单）同叩。霰。

宣言原文

我们自誓要为人类社会扫除宗教的毒害。我们深恶痛绝宗教之流毒于人类社会十百千倍于洪水猛兽。有宗教可无人类，有人类应无宗教。宗教与人类不能两立。

人类本是进化的，宗教偏说人与万物，天造地设。人类本是自由平等的，宗教偏要束缚思想，摧残个性，崇拜偶像，主乎一尊。人类本是酷好和平的，宗教偏要伐异党同，引起战争，反以博爱为假面具骗人。人类本是好生乐善的，宗教偏要诱之以天堂，惧之以地狱，利用非人的威权道德。宗教本是没有的，他们偏要无中生有，人造迷信。宗教本是假设的，他们偏要装假成真，害人到底。总而言之，上帝本身既不由理化物力所构成，到底是什么东西？教主生活，更不是吾人意识所能想象，究竟是什么现象？既有造物主，何不将电灯飞艇早日造出？既有赏罚权，何不使世间人类，尽成善士？好笑的宗教，与科学真理既不相容。可恶的宗教，与人道主义完全违背。

　　中国在世界,比较起来是一片干净土,算是无教之国。无奈近数十年来,基督教等一天天的向中国注射传染。最近几月,毒焰最张。又有什么基督教的毒害,比其他诸教都重大些。他们传教的方法,比起他教尤算无微不入。他们最可痛恨的毒计,就是倾全力煽惑青年学生。青年学生原是很纯洁的,不易煽惑。他们便使用他们不知怎样得来的金钱,建筑高大华丽的房屋,叫做什么基督教青年会。他们始而对青年学生说,入会的不必信教。其实既入谷中,一步一步的引人入胜,卒至基督教青年会就是基督教预备学校,就是基督教养成所。弹子房呀,体育会呀,电影呀,名人讲演呀,茶会呀,英文呀,年会呀,津贴呀,招待员呀,交际员呀,干事呀,队长呀……就是他们施毒的麻醉药、催眠术。伤心呀,可怜的无知青年,真是上当不少。伤心呀,可恶的基督教徒,将置我们青年学生的人格于何地。

　　宗教的罪恶,千言万语,哪能说尽。平日大多数人,或未注意或不觉其毒害至于如此之甚。过细想,能不伤心?凡有血气者,能不急起直追,拥护真理。

　　我们组织非宗教大同盟,实属忍无可忍。同盟宗旨,仅非宗教,不牵涉一切党派,亦丝毫无他作用,尤无种族国家男女老幼之别。信教与非教,中无两可之地。凡不迷信宗教,或欲扫除宗教之毒害者,即为非宗教大同盟之同志。特此宣言,普告天下。

北京各学校非宗教同人共 79 人签名,包括李大钊、李石曾、萧子昇、缪伯英等。

通电发出后不久,4 月 9 日,非宗教同盟在北京大学召开非宗教大会,蔡元培、李石曾等人在会上发表讲演。蔡元培认为,现今一些宗教都是引起无知识人盲从的信仰,完全用外力侵入个人的精神界,可算是侵犯人权。他尤其反对教会学校同青年会用种种暗示去诱惑青年加入基督教的做法。由此他提出三点:一是大学中不必设神科,但在哲学科中设宗教史、比较宗教学等;二是各学校中不得有宣传教义的课程,不得举行祈祷式;三是以传教为业的人,不必参与教育事业。李石曾在讲演中指出,宗教不仅违背科学和学术之进步,而且与道德也相反,因为道德的为善是自然之动机,而宗教却以赏罚起作用等等。[①]

北京的非宗教同盟较之上海非基督教同盟有较大的变化。一是参加成员中为首的虽然有马克思主义者,如李大钊、邓中夏、陈独秀等人,但绝大多数是新文化运动中其他思潮的代表,包括无政府主义者、国家主义者、自由主义者等,如蔡元培、李石曾、王星拱、吴虞等;二是不只是反基督教,而是反一切宗教,虽然重点是基督教;三是所列举的反宗教的理由不像上海非基督教同盟那样采用过激的言词,而是认为宗教反科学、反人类,是迷信等。从这点看,北京的非宗教同盟实际上延续了新文化运动的反宗教思想,也正因为这一原因,它能吸引较多的知识分子,特别是青年学生参加,对全国产生的影响较上海的非基督教同盟要大得多。

在北京非宗教同盟的影响下,全国许多地区响应,在上海之外,天津、保定、唐山、太原、南昌、南京、芜湖、杭州、厦门、广东、湖南等一些学校相继成立了反基督教或反宗教团体,出版刊物或宣传品,召开演讲会及举行示威游行等活动,形成了自义和团运动之后中国又一次反基督教高潮。尤其是在广州,汪精卫发表了《力斥耶教三大谬》、《宗教毒民论》等文,广东《群报》发表了多篇反教言论,并重新刊登朱执信的《耶稣是什么东西》,吸引青年学生积极参加非基运动。在他们的推动下,

---

[①] 见张钦士:《国内近十年之宗教思潮》,第199—206页。原载《少年中国》,第3卷第11期,1922年9月。

运动甚至发展到工界,使广州成为南方非基运动的中心。当然,这一运动虽然也是反基督教,但与义和团运动的反教有本质的不同,主要体现在参加成员不同,这次是以青年学生为主,采用的方法是口诛笔伐,而不是义和团时期以农民为主,采用暴力手段。

尽管如此,这次反宗教,确切地说反基督教行动,被西方一些国家看作与义和团运动同样的"排外"行动,不少中国信徒对此也持反对态度。此外,教外一些自由派人士,如周作人、钱玄同、沈兼士、沈士远、马裕藻五人发表主张信教自由宣言,认为"人们的信仰,应当有绝对的自由,不受任何人的干涉。除去法律的制裁以外,信教自由载在约法。知识阶级的人,应首先遵守,至少亦不应首先破坏"①,由此他们明确表明反对非基督教同盟。在遭到国内外一些人的反对和抵制后,非宗教大同盟的有些成员也进行了反省,防止采取某些过激行动,这集中反映在非宗教同盟发出的第二次通电上。全文如下②:

本同盟自"霰电"发出后,各处电函,愈来愈多,一致主张,不信宗教。这可见真理的力量,总是迷信埋没不住的。但是有些外国人未尝明白此中真相。在外国报纸上,间有误会的批评。一般教徒,自不免从中挑拨,混淆是非。因此再发电明白解释。

(一)外国人有些疑想我们的非宗教运动或不免含有"排外"的性质,如同以前义和团一样。这是大错了。我们要很诚恳的对他们说道,我们的非宗教,只是为着"非宗教"三字。我们都是学界受了知识的人,我们对于友邦无不是很亲善的,何至再有"排

---

① 张钦士:《国内近十年之宗教思潮》,第199页。
② 此申发于1922年4月2日,原文见《群报》(广东),1922年4月10日。转引自《世界宗教资料汇编》第二集,第81页。

外"的愚见？况且我们这同盟，也欢迎外国人加入。现在已有友邦同志，对向我们表示同情的。将来我们的同盟中一定会有很多的外国同志。可见我们同盟的组织，是以"信教"与"非教"做界线的，不是以国家做界线的，又何从而想到"排外"呢？

（二）有意挑拨的话，又说我们的非宗教运动的人，好像是些过激党。这也是动人片时的疑想。这又大错了。我们又要很诚恳的对他们说道：我们的非宗教，就只为以科学胜宗教，毫无别的作用。讲社会问题的，是另一回事，与这同盟无干。所以加入我们的同盟的，无论他是贵族平民……只要他是非宗教，都没有什么分别的。

总之，我们前次的通电简章，均已屡屡声明，本同盟宗旨"专为解脱宗教羁绊，发挥科学真理"。又说了"无种族国家之别"，自然不是排外；"无阶级党派之分"，自然没有什么过激的意思。

这篇电稿子写完了。又在三月三十一日的《晨报》上，看见周作人君等五个人的主张信教自由的宣言。他们这篇宣言不发表于耶教学生同盟在北京开会消息传出以后，而发表于非宗教大同盟等已有组织以后。他们说"对于现在的非基督教非宗教同盟的运动表示反对"，而对于耶教学生同盟又独不表示反对。有这两层，虽说他们"不拥护任何宗教"，其实已经有倾向于拥护宗教的嫌疑，而失了完全的中立态度。

这是就他们的态度说。至于论到真正的信仰自由，我们又何尝侵犯？我们只是要保护我们的自由，不受人家的侵犯。然耶教学生同盟，分明是宣传引诱的作用。对于真正的信仰自由，实在是"衅自彼开"。正是耶教同盟侵犯人家的信仰自由，其过不在我们。我们为纠正颠倒黑白，所以也就附此作一声明。非宗教大同盟叩。东。

这一通电(简称"东电")表明非宗教同盟不想造成"过激"或"排外"的形象。此后一些人在写文章时较注意说理性。

非基运动并没能阻止世界基督教学生同盟第十一次大会如期在北京举行。但这一运动却再一次引起国人对宗教问题,特别是基督教的重视。知识界爆发了围绕着信仰自由和非基运动是否合理等问题的论战。

不赞同或不太赞同非基同盟的做法的非教会人士中,除周作人等五人外,较有代表性的还有傅铜、梁启超等人。他们身上很明显地反映了新文化运动民主和科学精神的影响。

傅铜的《科学的非宗教运动与宗教的非宗教运动》一文学术性较强。他首先探讨什么是宗教,进而又讨论了宗教的分类,认为"中国自最劣等的宗教以至最高等的宗教,一概都有;而劣等的宗教又较为有势力"。接着他从劣等宗教消费财产、阻碍教育、迷信等方面分析,认为世界各国都有反宗教的需要,尤其是中国,这种需要比列国更为迫切。他又谈到了他平日研究宗教的态度,即抱着尊重别人信仰和同情的态度,具体分析了某种宗教的历史政治社会背景及心理因素等。然后他谈到他对非宗教运动的态度,认为这一运动理应是个科学运动,即用科学的方法去反对宗教,但如今名不符实,因为运动的参加者不持科学家的态度,不用科学的方法,成了"非科学的"科学运动,也就是一种非宗教的"宗教运动"。它不但在感情上足以引起宗教家的反感,也足以引起科学家的反对。尽管如此,他还是认为这一运动有许多功用:"可以惹人的注意,可以动人的兴趣,可以为科学研究的导火线"。虽然运动有时需要矫枉过正,但应该自觉意识到"过正"了。他进而认为可以反对某种具体宗教,但不必反对一切宗教,因为我们知识程度够不上,而且理想的宗教于我们无害,没必要反对。非宗教同盟并不是为一时或一事的,不是基督教同盟大会完了就结束了,而是应扩张和持久,不仅对劣等的迷信要反对,而且对高等宗教中的许多腐败分子都应反对。对付宗教的最利害的武器是宗教史与比较宗教学,也就是以科学的方法研究宗教。最后他说他所希望的非宗教同盟是科学运动,科学的非宗教运动。言下之意,并不是如今的"非科学的"或者说是"宗教的"非宗教运动。①

梁启超在《评非宗教同盟》一文中表明他对非宗教同盟持保留态度。他认为宗教完全是情感的,想用理性来解剖它是不可能的。理性只能叫人知道某件事应该做,却不能叫人去做事,能叫人去做事的,只有情感。而情感结晶便是宗教化。情感烧到白热度,事业才会做出来。人类所以进化,就只靠这种白热情感发生出来的事业。这种白热度情感,他称之为宗教。他反对有些人总是把宗教的本质视为消极的,而认为"宗教的作用,却完全是积极的不是消极的"。对那些吃教混饭的人他表示深恶痛绝,但认为他们只是宗教的蟊贼,而不是宗教。宗教本身是神圣的,"为人类社会有益且必要的事物",由此他承认自己是"非非宗教者"。对于非宗教运动,他认为如果是个主义,并在这个主义下行动,便具有宗教性,因此他同样对它表示十分敬意,但如果不是"非宗教的宗教",即并不是对这主义有什么热烈的信仰,而是随声附和,他便不敬重它。对于非宗教运动中一些"讨武檄"式的电报及"灭此朝食"、"歼除恶魔"及严责主张信教自由的人的词语,他表示不赞成。对中国的基督徒他也进了一言,希望他们通过这次运动有所反省,努力为人类社会教育事业做贡献,但切不可以信不信教作为善恶的标准,或只是替自己所属的教会造就徒子徒孙,如果这样就会玷污了宗教两字。他对非宗教同盟人士提出要求,认为中国真正要讨伐的是一些下等宗

---

① 原载《哲学》,第 6 期,1922 年 6 月。见张钦士《国内近十年之宗教思潮》,第 240—260 页。

教,如同善社、悟善社、五教道院等,它们才是邪教,并且他们的势力比基督教不知大几十倍,毒害深得多。最后他认为中国人现在最大的病根是没有信仰,正因如此,有人假借信仰做手段。当前最要紧的是确立信仰。而信仰的确立要靠情感,而不是理性。也就是说,"只有情感能变易情感,理性绝对的不能变易情感"。①

积极支持非基同盟的人的论点则针锋相对,但从总体上看都没有摆脱新文化运动中大力提倡的民主、科学、自由、平等、博爱等主题。即便是直接将宗教与政治、与资产阶级等联系而加以批判的,像《非基督教同盟宣言》那样激烈的文章也不多见。一些马克思主义者,如陈独秀等人的文章也是如此。陈独秀曾于1922年3月20日配合非基运动发表了《基督教与基督教会》一文。此文较之他在1920年写的《基督教与中国人》一文加大了对基督教批判的力度:一方面从基督教历史上曾压迫思想自由和科学的事批判教会的罪恶,另一方面从现实的政治上对基督教教会进行了抨击,认为教会是他们"政府殖民政策底导引","无一国教会不是日日向资本家摇尾乞怜","无论新旧教会都以势力金钱号召,所以中国的教徒最大多数是'吃教'的人。教会在中国所设学校,无不重用他们本国文字而轻科学"等等,结论是:"综观基督教教会的历史,过去和现在的堕落,都足以令人悲愤而且战栗,实在没有什么庄严神圣之可言"。② 即便如此,他还是强调要将基督教教义与基督教会分开,对基督教教义大体仍持肯定的态度,认为"博爱、牺牲,自然是基督教教义中至可宝贵的成分",尽管教义中有无法用历史和科学证据证实的内容,但这是"小小的缺点"。而这一时期另一名马克

---

① 原载《哲学》,第6期,1922年6月。见张钦士《国内近十年之宗教思潮》,第260—271页。

② 见张钦士:《国内近十年之宗教思潮》,第193页。

思主义者李大钊所写的有关批判宗教的文章,则主要仍是从新文化运动提倡的自由平等博爱等方面入手,如《宗教与自由平等博爱》一文就是论证宗教无自由、平等和博爱。这也表明即使是当时的一些马克思主义者,对基督教的批判大体上并没有脱离新文化运动的民主和科学精神。

少年中国学会的成员在早期非基运动中也起了相当的作用。其中余家菊的文章颇有代表性。他于1922年9月在《少年中国》杂志上发表了《基督教与感情生活》,反对梁启超把宗教视为情感并加以肯定的论调,强调中国的宗教问题实就是基督教问题,"与其组织什么'非宗教同盟',实不如专干'非基督教'之直截了当"。① 因为下等的宗教国人早已斥之为迷信,而孔教、佛教只是教名,并非宗教,因此"只有基督教有攻击的必要"。接着他从论述感情生活的意义入手,对"宗教情"作了分析,认为宗教情主要体现在崇拜、寅畏、虔敬三者。而"崇拜之元素为惊异与自卑","寅畏之元素为崇拜与畏惧","虔敬之元素为寅畏与温情",②因此"时人所谓的宗教足以满足感情生活之'感情',乃是一种感情而言"。接着他分析了感情生活与理智生活应保持何种关系:通常有三种关系,即"两者应该各自独立分疆";"还是感情为主而理智为宾","抑是理智为主而感情为从"。理智与感情不能分裂,"欲统整自我,欲统整理智与感情,其只有用理智统驭感情之一法呵!"③感情不可有悖于理智之许可。而宗教感情与理智不相协调。因为宗教之根本是拜神,而神本身是人自心之产物,所谓恕宥自己、安慰自己、援助自己者,都是自心活动之结果,

---

① 见张钦士:《国内近十年之宗教思潮》,第278页。
② 同上书,第283页。
③ 同上书,第291页。

并非神之行为。结论是:"基督教所有的感情生活,是不合理的,非吾人所应容允"。之所以着力反基督教,是"因基督教之宗教职业最为发达,所谓牧师、主教,不知有多少万。他们日日想用包围政策……基督教之纠合教徒,开会结社,而为群众运动式之播道 ……传教愈烈,世界受祸也愈烈。传教的人愈多,入迷的人亦愈多",所以要反对传教,提倡废除宗教。① 这篇文章主要是从宗教情感与理智的关系和宗教心理学的角度否定基督教,仍属于新文化运动提倡的用科学来反对宗教的范畴。

张钦士在1923年8月的《教务杂志》上对1922年发表的近百篇支持非基同盟的文章中所持的反宗教理由进行了如下概括和总结:宗教落后于时代;宗教阻碍人类进步;宗教没有道德观念;宗教对人类不必要的。反基督教的理由为:太不科学;不合乎逻辑;与现代不相适应。由此可见,1922年的非基运动仍主要以新文化运动思想为基础。但是值得注意的是,早期的非基运动的思想已开始突破新文化运动对宗教批判的范畴,有从学术向政治转化、从讨论转向行动的倾向。在随后的非基运动中,这些倾向愈益明显,并发展成将基督教直接与帝国主义联成一体而加以反对。

第二节 中国教会对非基督教运动的回应

第一次非基运动基本属于自生自灭,因为并没有统一的组织,大抵属受新文化思想影响的反宗教的师生们自发的行动。它持续时间不长,到1922年7月各学校学生放假,高潮便基本过去,到1922年年底,运动便落下了帷幕。尽管如此,它在促进教会对本色化的认识上还是

---

① 见张钦士:《国内近十年之宗教思潮》,第272—304页。

起到了相当的作用。

面对非基运动,中国基督徒最初有两种态度,一种是我行我素,不予理睬;另一种是积极起来护教,撰文回应。其中以《生命月刊》、《青年进步》和广州张亦镜的《真光杂志》所发表的回应文章最集中。但在护教的态度方面教会中的保守派与开明派并不相同,在促进教会本色化方面所起的作用也不相同。一些开明人士在护教的同时对反教人士的意见进行研究,开始反思教会自身的问题,认为教会必须进行改革,从而推动了本色化的进程。这可从《生命月刊》和《青年进步》所发表的一些文章看出来。而保守的基督徒在这方面做得不够,他们往往一味地"反唇相讥,致力抵抗"①,而忽略了对教会自身问题的批判。这可从《真光杂志》的文章中看出来。

张亦镜在《真光杂志》上刊登了非基运动中较有影响的文章20余篇,对它们逐篇进行批驳,并编辑出版了《批评非基督教言论汇刊》,共13篇文章,其中9篇出自他本人的手笔。这些文章不仅针对那些所谓较为激进的反教人士,如汪精卫、朱执信、赤光、卢淑,就连蔡元培、陈独秀等较为温和的非基运动的参加者也无一放过。他用词尖刻,火药味极浓,大有基督教卫道士的气概。如在批驳《非宗教同盟宣言》时这样写道:"你们这些话,纯广东人所说的'蛋家婆嗌交',湖南人所说的'王婆骂鸡'的口吻。"又说:"你们自誓要为人类的社会扫除宗教的毒害,请问你怎样扫除法?杀绝他吗?基督教是愈杀愈兴的。"②再如在斥汪精卫的《力斥耶教三大谬》一文中,他写道:"汪先生,你这篇文字也作得太没价值!你既没韩昌黎那种筋粗面赤、眼睁气急的神情难看,就不

---

① 钟可讬:《中国教会概况》,《中华基督教会年鉴》,1925年,第8卷,第9页。
② 张亦镜:《附评北京各学校非宗教同盟靉电及宣言》,《批评非基督教言论汇编》,1922年,第32页。

该学他那个样。谁知你发表这篇文字,比他那种神情,还难看万倍;绝没有什么研究的态度,所批评又是不值得一批评的东西。"①为了与这些基督教的"敌人"战斗,张亦镜等人对中国基督教存在的问题并没有作较多的自省。当然这并不表明他们对中国教会的问题完全不顾,但对非基运动之反感却使他们无暇顾及。通过这些护教文章,张亦镜及《真光杂志》在华的知名度大为提高,《真光杂志》的发行量大增。大体上说,对这些基督教会的保守人士而言,早期的非基运动并没有直接起到促使其反省教会本身的问题从而推动教会本色化的作用,但他们的护教文章,起到了宣传基督教的作用,从而使一些教外人士增加了对基督教的了解,扩大了基督教在华的影响。

《生命月刊》和《青年进步》以及一些基督教开明人士对非基运动的态度与保守派不完全一样。他们对非基运动作反击时并不是以咄咄逼人的口气,而是以理服人,提倡对非基运动对教会所作的批判进行认真的研究和反思。这表明他们在进行一系列护教活动的同时,努力尝试建立一个适合中国的新宗教。这种态度从他们一开始对非基运动做出反应时就是如此。基督教会最早对非基运动做出反应的文章是刘廷芳撰写的《非基督教学生同盟》一文。该文以《非基督教学生同盟宣言》为开头,然后作如下评论:

> 这篇文章有三样特色:一、这是一篇很好的白话文,措辞很清顺。二、这是篇很嫩的文章,全凭意气,不讲理性。三、这是一篇鼓吹作用的文字,从头至尾偏僻激烈。

这篇文章是要反对基督教,因此反对基督教的产物"世界基

---

① 张亦镜:《批评汪精卫〈力斥耶教三大谬〉》,《真光杂志》,第21卷第8、9期合刊。转引自杨天宏:《基督教与近代中国》,第194页。

督教学生同盟"。但反对的论调,是像初学的布尔什维克的口吻,不是科学家、哲学家、历史学家平心静气、切实具体的研究和由研究后细心精确的批评。

基督教的组织和宣传,其中的短处不少。但是这样的攻击可算是"隔靴搔痒",于基督教无益亦无害,于攻者亦只空逞一时的意气,借这机会对布尔什维克的激烈派作一种效忠的表示而已。

作《非基督教学生同盟宣言》的几位,虽不造成尊重他人宗教的自由,但,《生命月刊》却尊重他们非基督教学生同盟宣传主义的自由,并且相信"他山之石可以攻玉"。因此把原文转载,并且要借这机会,请赴同盟大会的基督徒仔细自审:

一、我们做基督徒的,我们作基督教学生同盟会员的,一切言行和思想,有可使人诋我们为"资本家的走狗"之处否?

二、我们所信仰的基督教有"助桀为虐",作帮助"压迫阶级","掠夺阶级"去掠夺、去压迫国民否?

三、我们所入的世界基督教学生同盟,成立已二十七年,这二十七年中对于世界"经济上的不公道"有何表示,有何改革?

四、我们赴同盟大会的会员,"现代基督教"的教友,对于世界"压迫阶级"对于资本主义的罪恶,有什么主张?①

从这篇简短的评论看,刘廷芳等人也是举起新文化运动中的科学和理性旗帜反对《非基督教同盟宣言》。为体现基督徒的民主精神,他们不仅全文刊登《非基督教同盟宣言》,而且还请赴世界基督教同盟大会的基督徒自审是否存在如非基同盟宣言中所说的各种劣迹。这种自审的态度正是促使中国教会本色化的基础。

---

① 《生命月刊》,1922年3月,第2卷第7册,第8—9页。

同期《生命月刊》上还刊登了以"中国知识界对基督教的态度"为题发表的编者按及胡适、周作人、陈独秀等人有关基督教的文章。编者按表述了他们组织一批在新文化运动中颇有影响的人物如胡适、屠孝实、张东荪、周作人、钱玄同、高一涵、陈独秀等数十人的文章的原因,明确表明其目的是为4月间世界基督教学生同盟召开时,"给这千余代表一个机会,实实在在地明白我国知识界的领袖,对于中国基督教的态度的真相"。① 因为对于"中国人和基督教"这个问题,过去都是外国传教士或一般中国信徒去揣摩我国知识界对基督教的态度,而不是真正通过中国非基督徒知识分子本身的论述。《生命月刊》表示对这些持不同意见的非基督教知识分子的文章,要用"科学研究的态度,欢迎他们的言论,作我们讨论和研究的资料"。正是这种态度,使他们在护教的同时没有与非基运动人士产生敌对情绪。常见的情况是在批驳非宗教运动的同时对基督教本身的问题作深刻的检讨。

这种态度在青年会的五位领袖简又文、杨益惠、应元道、范子美、邬志坚等于4月10日发表的《对于非宗教运动宣言》②中也很能体现。该文从表面上看对非基运动的批判要比《生命月刊》激烈得多。它开宗明义声称"是用科学的精神和方法,专门研究宗教学的。现在各处知识界发起的非宗教运动,引起我们特别的兴趣和注意。但连续读了他们纷至沓来的宣言和应声,细细考究他们对于宗教的言论和进行,实在与他们主张科学和进化的见解不符"。然后分10条列举非宗教运动的种种错误,其中包括所罗列的宗教罪恶"笼统空泛",没有具体的史实和确凿证据,不合科学精神;这些人都不是专门研究宗教学的学者,而却要侵入他人的研究范围,武断立论;他们专以攻击和扫灭与己不同

---

① 《生命月刊》,1922年,第2卷第7册,第6页。
② 张钦士:《国内近十年之宗教思潮》,第207—212页。

的信仰为宗旨。不许异己者各信其所信,这种态度和行动不是20世纪自由思想的中国所能容忍的;他们不由学问正途,只迷信和盲从外来奇异旧说,以抒发先入偏私的成见,不是学者应有的态度;世界基督教学生同盟在我国开会,我们不向外人展示我国的优秀文化,却提出这类不合理的议论,暴露我国学术界思想界的颓落,让外人窃笑,是学界不智的辱国举动;各宗教在中国无益者固不少,但有益于中国者极多,如基督教在教育、慈善、社会、道德上都有成绩,不能一笔抹杀等等。即便如此,在文中最后他们还是肯定了非宗教运动也给宗教带来一定的益处:"一即是显出各宗教受不得攻击的弱点;二又足以激刺一向安心于旧信仰的教徒,使惊醒而反想其所信,以谋进化;三而且他们极力诋毁宗教,其实反露出一己对宗教的兴趣,他们的心理和举动现象,正系我们研究宗教、改造宗教的好材料和好帮手。因此迎头一击,宗教的学术藉以提倡,教会的内容因得滤涤"等等。不仅如此,特别要指出的是该文在批驳非宗教运动的同时,对传统基督教也作了深刻的检讨,并在这基础上提出了中国基督教要中国化、要适应我民族精神需要等主张。例如,第八条中,在指出非基运动错误地将基督教视为一成不变的死宗教时,他们强调基督教本身是进化的,今天的基督教不同于古代和中世纪的。他们说:"我们现在所信的基督教,不是古代和中世纪的,不背理智,不背事实,以耶稣的伦理和人格作基础,与科学共同协作,方在世界上蓬勃发达的、新基督教。"并特别指出:"我们要这样的基督教,变成中国化,乃实用之以为发展生命和服务社会的工具和(指)南针。"①第九条中又说:"我们深悉现在的基督教会里,有许多杂质,是由古代和中世纪里泰西各国的社会环境而生,遗存至今,故教义教典上有许多是不适时势之处。但这些杂质,并不能埋葬耶稣卓绝群伦,开新纪元的理想、

---

① 张钦士:《国内近十年之宗教思潮》,第210页。

精神、伦理和最有能力的信仰。而且宗教系社会制度之一;社会进化则宗教也一同进化。从历史看来,基督教的进化可能,是固有的和显露的。它的教义教典和一切内容外相,都是因要济时宜自行改造,以拯救生命,培养生命,发展生命的。我们不敏,愿细心尽力,虚己忍耐,以从事于此任务,求改造基督教的全部或局部,使其理想、伦理、精神、信仰、人格,得适应时势,以供应我民族精神需要。"① 这些阐述都表明他们对非基运动中对教会的许多合理的批评,实际上他们都接受了,并且力图改正。

随着非基运动在全国的发展,它对基督教构成了一定的冲击,这种冲击的力度要远远超过新文化运动时期,尤其是在上海和广东等地,不仅反教人士言论激烈,而且反教的范围也有所扩大,逐渐从"学界"开始扩大到"工界"。例如广州就有 20 多个工人参加这一运动。如果说新文化运动"促使"中国信徒和中国教会思考他们存在的问题,那么非基运动则在"迫使"他们考虑这些问题。徐庆誉对这点有较深刻的认识,认为"一切攻击宗教的文电都是信徒和传教师的好'当头棒'",非宗教同盟促使信徒反省。"世间事要有反对,而后才有研究;要有批评,而后才有真理。从前国人对于宗教,都抱一种'不闻不问'的态度,究竟宗教是什么?他们也不管。即信仰宗教的人,也是莫名其妙的信仰。加上许多冒牌的教徒,以奉教为手段,以营私为目的,于是吃教者,与借教为护符者,种种流弊,不一而足。虽有许多真实笃信的人,也不过拘守成规,没有人肯破除情面,直斥教会的。如此长此以往,将来一天一天的腐败,不知道坏到什么地步?幸而有这次非宗教同盟的组织,造成有力的舆论,痛诋教会的弊端,汹涌一时,风动全国,不仅可以促国人注意,更可以促信徒反省。"② 刘廷芳也认为这一反宗教运动,"在教

---

① 张钦士:《国内近十年之宗教思潮》,第 210—211 页。
② 徐庆誉:《非宗教同盟与教会革命》(写于 1922 年 5 月)。见张钦士《国内近十年之宗教思潮》,第 226—227 页。

会本身上的效果,两月以来,是益多害少",并列举了四大好的效果,其中除了运动本身引起国人注意宗教问题,"使多数对宗教漠不经心的男女,发生了研究宗教的兴味和决心"外,其他几个好效果都是对中国基督教本身而言的,如第一个好的效果,"就是做基督徒及时的警钟"。文中说,1922年本当是教会十分得意之年,有世界基督教学生同盟在京召开,又有全国基督教大会在沪召开,使人觉得教会在中国已有了实在的势力,"正兴高采烈的时候,乐而忘忧,便发生那懈怠的危机。有这种反对宗教的运动,迎头打击。使人不得不警醒,自问基督教的本身到底如何?这警醒是和教会的前途很有关系的。"第三个好效果,"就是强迫基督徒思想。有许多中国基督教徒,犯了一种毛病。就是人云亦云,拾西人的遗唾,奉为不易的宝训。对于西方来的古训遗传,只晓得作卑鄙的摹仿,无思想的抄袭……反对宗教的运动狠狠毒毒地攻击教会的信条、教会的历史和教会的行为。凡有目能识字的,耳能听人谈的,就是向来懒惰不堪的,也不得不稍稍用一点思想。这是基督教从反对宗教运动所得最好的酬报"。第四个好效果,"就是给基督徒一个借镜自照的机会。基督教历史上最大的污点,就是基督徒误用护教的热忱,破坏博爱的宗旨。最可怜的经验,就是过分地随感情作用阻碍理性的发展。"通过这次反宗教运动中一些不根据理性、不取科学态度的函电文章,可使教会中人得知"'入主出奴'的可鄙,武断鼓吹的可厌,意气用事的可羞……他们的短处,正是我们教会中最普通的短处。若教会中,无论中西男女的信徒,都能借这镜来自照,力行痛改,这便是反对宗教运动给我们的好赏赐了"。[①]

非基运动迫使一些信徒深刻反省自身的问题,正如徐庆誉说的:"信徒在这个时候,要问我(信徒)到底是信教,还是吃教?如果是信

[①] 《反对宗教运动》(社论),《生命月刊》,1922年6月,第2卷第9—10册,第1—3页。

教,基督那些牺牲、平等、博爱、自由……各种教义,我实行了没有?我这自命为真信徒的人,到底为社会做了什么事?"有没有为人类服务的决志?是否决心根除自己的贪婪、自私、虚伪等等的劣根性?中国牧师和外国传教士各自扪心自问是否诚心传道,以改良国民的道德为己任,是否体现了基督的爱等等。① 不少信徒在非基运动的推动下还直斥教会的弊端。如赵紫宸在4月16日撰文对教会提出了14条不满之点。他指出:"教会虽主张信仰自由,良心自由,却不实在使人得心灵上知识上的自由;批判的态度,科学的精神是教会所畏惧,不信任的";"社会愈进步,教会愈退步";"现在中国有识者的思想,大都反对资本主义;今日中国教会虽不与资本主义同化,却没有对于经济不平的状况有真切的,合乎基督精神的表示";"教会乃是反对虚伪的机关,却变成了容纳欺诈的窝藏";"教会的事工太肤浅,范围太狭窄;其中的教友,颇有不良的分子,亦颇有不知基督生命为何物的人。有识之人,虽信基督的道理,尊耶稣的人格,不敢踏进门来,况乎不信之人,岂能受感动而皈依主呢?""教会虽有放弃宗派界线的表示,依然不肯实现"等等。他认为之所以造成这种情况是"因为中国宣教师的愚鲁无识","也因为教会是西宣教师的教会,不是中国人的教会"。因此"教会中的组织、思想、形式,不是中国本色的乃是西方传来的,故不适于中国的国民心理"。② 据他所言,"这些议论,大概是全球基督教学生同盟第五股讨论会中中国学生所发表的,也是我自己从学生口中听来的,所以不尽是个人的意见"。③ 这说明参加基督教学生同盟的与会者在非基运动的影响下,对中国基督教存在的问题也进行了深刻的反思,并持激烈的批判

---

① 徐庆誉:《非宗教同盟与教会革命》。见张钦士《国内近十年之宗教思潮》,第226页。
② 赵紫宸:《中国教会前途的一大问题》,《生命月刊》,1922年,第2卷第8册,第5页。
③ 同上书,第6页。

态度。无独有偶,简又文也在《民族的教会》一文中批评中国教会"几乎全数是(外国差会的)'附庸的教会'"①,对此提出了严厉的批评,这似乎是受到非基运动指责基督教是"资本家走狗"这类思想的影响。总之,在非基运动的推动下,教会内的开明派对教会本身问题的检讨和批判要较之新文化运动时期深刻严厉得多。这也表明非基运动实际上对教会产生了正面积极的影响。

正是非基运动增加了中国教会的危机感,许多有觉悟的人士,认识到教会非进行彻底改革和本色化不可。1922 年 5 月间召开的基督教全国大会中中国代表们强烈要求教会改革和本色化的要求就与这一运动有着密切的关系。

在分析中国教会之所以会如此不尽如人意时,许多人都认为主要应由传教士负责。"如果传教师不把几千年以前的神话做真理,谁敢说宗教是迷信？如果传教师不强别人信童女怀孕,谁敢说宗教束缚思想？如果传教师不向资本家乞怜,谁敢说宗教是拥护资本家？"②由此提出应限制传教师的资格,摆脱中国教会附庸教会的地位,走民族教会之路。这些思想在基督教全国大会一些中国代表的发言中得到了很好的体现。

虽然早期非基运动基本上还保持着新文化运动学术层面上对基督教的批判,但从一开始的《非基督教同盟宣言》就表现出它已开始从政治层面上进行对基督教的批判,特别是把基督教与资产阶级和压迫阶级相联系,尽管此后非宗教同盟的观点与做法努力"纠偏",但在某些地区如广东等非基运动仍十分激烈,这对基督教不可能没有触动。基督教会中一些人开始认真研究和考虑基督教与资本主义及与社会主义

---

① 简又文:《民族的教会》(上),《青年进步》,1922 年 4 月,第 33—44 页。
② 徐庆誉:《非宗教同盟与教会革命》,载于《国内近十年之宗教思潮》,第 228 页。

之间的关系问题。实际上早在4月召开的世界基督教学生同盟大会上,就有关于基督教与资本主义、基督教与战争这两个问题的讨论,而且这两个题目也是代表们非常关心的。"大多数代表认为资本主义的发展,很容易招致各种社会的流弊,应当设法改善社会的结构及人民的生活。可惜西方教会对这些问题视若无睹,不能协助纠正这种社会制度的错谬。"①此后基督教全国大会通过的一些有关经济方面的议案对资本主义作了批判。教会中一些开明派人士还号召对基督教与资本主义问题进行探讨。如刘廷芳认为,对于一些人"责备教会是资本阶级,压迫无资本阶级",教会要取一个公允的态度,即"应当根据历史的事实去讨论。基督教千余年来,曾否帮助无资本的阶级。曾否和资本阶级奋斗,为无资本阶级争利益。曾否和资本阶级联合来欺压无资本阶级。这都是我们应该研究一下。有错的当承认。无错的莫冤枉"。②还有人主张教会不应一味地反社会主义,而应对社会主义作些探讨研究,因为耶稣本身是同情穷人的,这点与社会主义不矛盾。张仕章即接受这种看法。他不仅探讨了基督教与社会主义的关系,还进一步反对把两者绝对对立起来,认为"中国的基督教和社会主义都有研究的必要和提倡的价值。至于二者的性质是大同小异的,并没有什么冲突的"。由此他提出两者都要作改良。其中基督教的改良要从理论和实践两方面着手。理论方面有四点:"1.极力避去西洋遗传的教义和中古神学的争论,使耶稣本来的教训和他的精神自由表现出来。2.重新评定《奈西(尼西亚)信经》和《使徒信经》以及《圣经全书》的价值,使他们成为合理的信仰的基础。3.大量容纳科学家和社会主义家的批

---

① 林荣洪:《风潮中奋起的中国教会》,第132页。
② 刘廷芳:《基督徒的经济观和基督教教会的责任》,《生命月刊》,1922年11月,第3卷第1册,第1—3页。

评,使基督的真理更得昌明。4. 充分吸收中国固有的文化,又特别注重个人的宗教经验,使他的上帝观、宇宙观和人生观都带着中国的色彩,适合社会的需要。"实践方面也有四条:"1. 不要偏重将来的、呆板的个人的生活,但是注意现在的活动的、社会的服务。2. 不必多收盲从的、拘礼的、挂名的基督徒,但是承认自动的、自由的、真实的非教友信徒。3. 不可按立假心的、贪名的、专权的主教或牧师,但是训练志愿的、自助的、公平的宣教师。4. 不准各分门户,排斥异己,但是同心协力,一致运动。总而言之,我们现在要提倡一种中国色彩的基督教和组织一个合而为一的基督教会。"①显然教会中开明人士对基督教与资本主义、社会主义关系的讨论,最后也是归结为中国教会的本色化。这些都反映了1922年的非基运动与教会本色化之间的密切关系。

---

① 张仕章:《中国的基督教与社会主义》,《青年进步》,1922年10月,第56期,第19—20页。

第七章 中国基督教全国大会(1922年)

第一节 中国基督教全国大会的筹备与召开

1922年5月2日至11日,中国基督教在上海南京路市政厅召开了百多年来规模空前的全国大会。本次到会代表1025人(一说共1089人),中国代表568人,来自19个省,6大宗派及6大机构[①],其中还有不少女代表。会议总的主题是"中国教会"。由于这次会议举行的时间正是非基运动发起后的两个月内,也正是非基运动的高潮期,因此在很多方面都体现了深受这一运动的影响。

中国基督教会为什么要召开这样的会议?这个问题在一些教会文章中已有阐述,归纳起来有如下几点:一是延续基督教通过会议相互沟通的传统。自马礼逊来华以后基督教差会已召开过数次全国大会,通过这些会议,基督教会总结在华传教中成功的经验,吸取失败的教训,并对将来的事工作一番筹划。更何况自1907年百年传教大会以来中国基督教有了长足的发展,外国传教士达6000余人,信徒有34万,中国教牧有1000多人,在教会中传道和任其他各项职务的不下2.5万人,各级教会学校学生约20万,主日学学生有22万,在华的各种传教

[①] 陈鸿钧:《民国十一年基督教全国大会》,《中国基督教会年鉴》第7卷,1924年,第62页。

机构有130多个,全国1713个县中已有1587个县设立了教会,只有126个县尚无教会。面对如此庞大的基督教传教事业,十分需要加强各传教会及传教机构间的互相配合与协调。再者,第一次世界大战后,欧美一些差会人力财力较之战时充裕,大有扩张传教事业的意图。在华的传教会各有其特定的传教计划,更需要加强相互间的沟通。

二是中国社会的剧烈变化,基督教要跟上形势的发展,迎合国人的需要,就必须召开全国大会。1907年百年传教大会召开以后,中国政局发生了巨大的变化。新文化运动以来,国人的思想开放,对政治、社会、学问、宗教都"一反从前漠不关心的态度,而能下一种评量的工夫,取一种干涉的手段……这种情形,从宗教的人眼光看来,是一个绝好的机会",①由此基督教要作一计划,"以便迎合人心的需求"。具体而言,由于新文化运动推动了中国的民族主义,非基运动在这一背景下发起,它又给中国基督徒一个"当头棒",更促使他们要与西方差会分离的决心,因此基督教就"应当合时宜,使世人真能知晓基督教到了中国便是中国的基督教"。教会应"从各方面研究此事,使将来的基督教事业更能发显光荣,作国人的导引"。另一方面,在新文化运动和非基运动的影响下,中国信徒日益觉悟,渐知"自己的责任是何等的巨大",也希望对如何行使中国基督徒的职责,使教会真正成为中国人的教会等问题作一番探讨。

三是中国基督教需要有一个全国性的联合机构,这个机构也必须由全国大会产生。中国基督教会从来没有一个全国性的协调组织,各差会各自为政。它们往往只顾及本身利益,使中国基督教会处于四分五裂的局面,从而影响整个在华传教事业的发展。随着基督教在华的发展,各差会强烈地感到需要有一个统一的机构进行协调,在世界基督

---

① 《基督教全国大会的各问题》,《青年进步》,第52册,1922年4月,第59页。

第七章　中国基督教全国大会(1922年)

教合一运动的影响下,1913年全国大会后便成立了中华续行委办会,从事对整个中国基督教会事业的调查工作,并临时作为全国性的机构。但因为续行委办会终究不是教会的正式代表机构,任务完成后,其生命也便要结束。如今的中国基督教是如此庞大的一个事业,没有一个全国性机构来协调则难以为继,召开全国性大会以产生这一机构势在必行。实际上选择1922年召开大会是十分恰当的,因为1921年续行委办会完成了对中国基督教会现状的全面调查工作,用中、英两种文字出版了一本厚厚的调查资料集《中华归主》,为人们了解在华基督教事业大有裨益,也为全国大会打下了扎实的基础。凡此种种促成了1922年全国大会的召开。

1922年的全国基督教大会在中国教会史上是一次很重要的会议,它之所以重要是因为突出了"中国"教会的作用。这可以从大会的别名中反映出来。有人把它称为"中国基督教第一次全国大会",其原因是虽然在它之前有过三次全国大会(1877、1890、1907年),但并不真正代表"全国",而惟有这次大会确实代表了全国。这次会议参加者之多也是中国教会史上从未有过的,法定代表1000人,实际参加者超过千人,被称为中国"教会历史上的盛会"。还有人将这次会议称为"中国教会的大会",这是"因为以前的大会并没有中国人参与,此次(大会)中国代表已过半数,并且大会事事以中国方面为主体,实地上说,也总算是中国人关于教会事业在这全国教会舞台上露头角了"。[①] 也有人将它称之为"五二大会",因为它在5月2日召开,这一称谓是要表明它与五四运动等重大事件有同样重要的全国意义。另有人称它为"全帼大全","这是因为一般人士在大会里受了女子代表的感力,所以把'国'字改成'帼'字。原来此次大会中的巾帼丈夫无分中西,而尤以中国女丈夫

---

① 《大会报告号》,《中华归主》,第23期,1922年6月10日,第7页。

极力出现在此次的教会舞台上,于是雌麾一举,女信徒的声威大振,从前漠视女权的人揉一揉眼睛,才看清了今日教会内女权的一跃千丈"①。

上述这几个别名正可以反映大会的几个特点。与以往历次大会相比,它更具有普遍的代表性(反映在人数和所代表的地域上),更民主,更平等(反映在中国教会领袖,特别是女信徒的参与上),也更体现了基督教合一运动在中国取得的成果(表现在各差会和各宗派的参加及中华基督教协进会的建立)。最重要的是本次大会第一次明确提出中国教会本色化的宣言。这些都反映了教会深受新文化运动及非基运动的影响。例如,本次会议比历次会议都要重视女性,又一次反映了非基运动对教会的批判所起的作用,因为非基人士曾激烈地批判教会歧视妇女。

这里特别要谈一下关于大会推进本色化的努力,这不仅反映在参加会议的中国代表的人数上,还反映在大会所讨论的主题"中国教会"上。基督教(新教)自1807年传入中国到20世纪20年代这一百多年来召开了数次全国性的大会,其中尤以1877、1890和1907年这三次大会最为重要,而在这三次会议上,除第二次会议有二位(一说三位)中国代表参加外,出席者竟全是西方传教士。这种格局直到1913年的全国会议才有所突破,115名代表中,中国代表占了三分之一,即36人。这虽较前有所进步,但讨论的主题仍是在华传教会(差会)的工作。本次大会则从形式到内容都有了长足的进步,不仅中国代表人数占代表总数的二分之一强,选举了中国人诚静怡为会长,各分股及分组讨论会的负责人中也有不少由中国人担任,更重要的是会议的主题为"中国教会"。这种新气象的出现一方面是因为中国基督教会日趋成熟,教会工作的重心正从"宣教会移到中国教会","从宣教师转到中国信徒"。②"总的意

---

① 《大会报告号》,《中华归主》,第23期,1922年6月10日,第7页。
② 《基督教全国大会的各问题》,《青年进步》,第52册,1922年4月,第59页。

思就是教会以前是以差会为中心,凡事都要听差会的调遣,这次大会的目标就是由全国下手,把教会由差会手里挪到教会手里,百事要听教会的调遣"。① 另一方面它也与非基运动,特别是新文化运动有着直接关系。这一点我们可以从这一主题产生的背景中看出来。最终确定这一主题是1921年5月召开的中华续行委办会第9次年会,这次年会所讨论的重点就是"基督教与新文化运动的关系"。

诚静怡在筹建会议时撰写了《中国的教会》一文,将此次大会与新文化运动的关系及如何推动教会本色化的问题作了较好的说明。他说:"新思潮的运动对于中国的少年,很能激发他们的思想。他们对于一切事物,决不肯假定他是对的,而欲加以'为什么?……为什么'的问题了。他们对于基督教当然亦例以同样的原理。他们用批评的态度,去研究教会的历史和教训。有的人批评基督教说,基督教对于自己的时代,固然是很中用的,但在今日科学的世界,便失了他的效用。有的说:美育可以代宗教。有的说:基督教对于世界倒是害多益少。有的说:基督教不过是愚妄和迷信,在今日知识的时代,决无地位可言。在最近两三年中,反对基督教的文字(如反对基督教的信仰啊,基督教的教训啊,基督教的组织啊,基督教的信徒啊,色色都有)恐怕比过去的一切时代还要多些。以上的种种际遇,替教会开了许多机会,可以见证主基督。但是一方面我们心中起了疑问说:'教会对于这种非常的际遇,有没有想到怎么样去应付呢?''主的预言者在哪里,能肩荷现时所急需的福音呢?''现今最适时用的基督教文字在哪里,就是能适应一般寻求者的要求的?''领袖的人才在那里?''基督徒的各种势力,有没有十分觉到现今时局的意味?''他们在思想方面,行动方面,有没有十分联络,以利用当前的机会,而造就极大的进步?'对于

---

① 《中华归主》,第18期,1922年1月10日,第2页。

这些问题,我们务预想到他们的成功和失败,对于教会和国家当发生什么影响呢?"①这段文字很能说明新文化运动对教会提出了种种问题,迫使教会去思考,由此推动本色化。

会议筹备过程围绕着五个主题做准备,称为五股。"第一股基督教在中国今日的实况。第二股基督教在中国明日的事功。第三股教会的使命。第四股教会事业中的领袖。第五股各教会事业的一致进行与通力合作",②简称为"今日的教会、明日的教会、教会的使命、教会的领袖、教会的同工"。

全国大会筹备委员会在开筹备讨论会时通过了一项重要提议,即"五股中第三股关于'中国教会的使命'应完全由中华国民独自担任,不派西教士合作"。③ 这一做法在中国教会史上是个创举,用刘廷芳的说法是:"这议案的通过是教会在中国空前的一件可注意的举动。因为教会使命的问题,是一件很重要的问题,和全教会进行的方针有莫大的关系。这种问题向来可说是完全在西教士手中,这一次完全交华人自拟,并且声明除非第三股华人委员自愿请西人做顾问外,西人不得过问,不得干预。"④

虽然大会五股中仅有一股完全由华人做主,但也很说明问题,据刘廷芳的分析主要有三个原因:一是西教士深受宗派主义影响,不容易摆脱旧的思想习俗,华人则没有这一宗派历史,由华人讨论此事可免去许多不必要的争论;二是教会的使命是中国教会的,它不是为西人而设立的,而是为华人而立,理所应当由华人为主体;三是教会已在华有百余

---

① 诚静怡:《中国的教会》,《青年进步》,第52册,1922年4月第25页。
② 刘廷芳:《基督教全国大会》,《生命月刊》,第2卷第3册,1921年10月,第1页。
③ 同上书,第2页。
④ 同上。

年历史,全国已建立了6391处教堂,信徒达345853人,中国职员达24732人,应自觉负起责任,不能再让西教士代谋。① 不管怎样,这表明中国教会在经历了各种运动后独立意识在增强,西差会已不能小视此点。

不仅如此,大会筹备组还专为各股列出了一些题目,让人们特别注重对本色教会的考虑。如第二股"明日教会事工"方面就对发展中国本色基督教与教会自助问题进行探讨,例如:"什么叫作中国本色的教会呢? 现在我们已有的教会是什么色彩呢? 是西洋的么? 是东方的么? 是不中不外的么?"②

会议筹备过程中,不少人围绕着会议议题作了较为深入的研究与探讨。他们通过各种教会杂志,特别是《生命月刊》、《青年进步》、《中华归主》、《神学志》等,对何为中国教会、何为本色化、本色化与中国文化的关系、教会的今天与明天、教会的领袖等问题以及对本次大会的要求都作了深入的探讨,提出了不少好建议,由此从理论上推动了本色化进程。

诚静怡专为基督教全国大会筹备工作而写的《中国的教会》一文对中国教会本色化问题作了全面的探讨。他指出,基督教在传入中国时带了很多欧洲色彩,如今东方的基督徒渐渐能用自己的眼光去观察基督的福音,并且觉得基督教到中国来并不是要破坏什么,乃是要完成古代文化中的真善美。譬如祭祖问题。以往传教士的做法是一概弃绝,造成了中国人加入基督教的最大障碍。如果中国基督教徒能弃绝祭祖中的迷信色彩,而又保存符合基督教的因素,"每年开一个基督教式的纪念会,以追念已故的先人,这种做法不仅能解除真正的困难和误会,并且可以增美古代简朴浑厚的纪念祖先的习俗"。③ 针对中国教会

---

① 刘廷芳:《基督教全国大会》,《生命月刊》,第2卷第3册,1921年10月,第2页。
② 《中华归主》,第18期,1922年1月10日,第3页。
③ 诚静怡:《中国的教会》,《青年进步》,第52册,1922年4月,第17页。

的"头重脚轻"现状:"像巨象(宣教会)身上的一条尾巴,附联在宣教会的身上了",教会内华人无自主权,只能以助手身份帮助传教士工作,且待遇菲薄,他迫切希望能改变这种情况,并问道:"中国教会的助手究竟是华职员呢?还是宣教士呢?"因为在中国的教会,确切意义上讲"宣教士乃中国教会的助手"。[①] 他对传教士浓重的宗派意识提出批评,提出中国教会必须联合的要求。与此同时他分析了中国教会中信徒多数"不识字"的现状,认为这是阻碍基督教在中国进步的最大障碍,要求教会发起运动,扫除这一障碍。接着又谈到教会自立问题,认为自立本身包括自助、自治、自传三要素,要求传教会培养中国信徒的自立精神,指出今后的传教会和中国教会的关系再也不可以金钱为联系了。他还具体探讨了如何走这条路,包括吸收自立会的经验,培养中国的教会领袖等问题。最后探讨了教会应该如何处理本国与各国的关系问题,认为基督徒要与爱国的学生一起关心国家的命运,抵制外国对华欺凌,如日本对华的不公,关心受苦的大众,积极帮助救灾等,用实际行动改变中国人,特别是中国知识界对基督教的看法。这篇文章还在最后部分谈到了本色化与新文化运动的关系,认为从理论上和实践上对中国教会如何走本色之路指出了具体的方向。

简又文的《民族的宗教》一文也是论述本色化的一篇好文章,特别是对何为"中国的教会"的解释深受非基运动的影响。他认为中国的教会即"适应中国时势和满足新文化需要的教会",也就是"民族的教会"。具体而言就是:一、"民族的教会不是国家的教会,乃是国民的教会",它不受政府的掣肘,而以高尚的基督的道德导引政治生活,利国福民;二、"民族的教会不是附庸的教会,乃是国化的教会",即不由外国设立,受治于外人的教会,所宣传的是对中国民族而发的福音,所造

[①] 诚静怡:《中国的教会》,《青年进步》,第52册,1922年4月,第18页。

就的是中国信徒;三、"民族的教会不是玄理的教会,乃是实际的教会",也就是以中国基督教救国主义作为事业,适应我国民族的伦理、新文化精神等等;四、"民族的教会不是分裂的教会,乃是合一的教会",即反对宣教会造成的宗派主义;五、"民族的教会不是放逐孤立的教会,乃是衔接历史的教会",即是将基督的伦理思想、道德、精神、宗教、信仰作基础,与基督教一脉相传,承受历代教会的信仰及特性遗产。①

天协(笔名)则从另一个角度对什么是中国化的基督教做出了解释。他认为中国化的基督教是"指一种含有中国人精神的基督教,而且是照中国人的样式把它发表出来的"。中国化并不是简单地使教会脱离外国人,教会主权掌握在本国人手中就能做到的,那只是外表上的。基督教的特点在于能适应任何民族的思想和品性,唯一的奥秘在于针对精神方面。西方人将基督教传入中国"实际上有益于中国人的只不过服务的精神罢了。西方人对于经济上的帮忙不但不能发展中国教会自主的精神,反足以把这精神消灭了"。他认为要使基督教本国化必须使传教会的势力移去一部分,传教士能与中国教会协同工作,强调"本国化的基督教之所以能发展全在乎传教士对于华信徒的态度和华信徒对于传教士的态度为转移的。做传教士的应当多在中国社会中周旋一下,不应当使中国人变成外国的样式,应当把基督教的精神竭力贡献给中国人,并且要把这种精神照中国式的方法表现出来",而中国信徒则在接受传教士的经验与优点中采取种种适宜的成分。最后他提出了发展强化本国化的教会及限制传教会权力的一些建议,如一切关于传教会及中国教会的问题应经中西联席会议讨论,传教士的聘用、工

---

① 简又义:《民族的教会》(上),《青年进步》,1922年4月,第41—44页。

资等须经教会代表会议通过,中国教会代表应有权参与教会学校、医院及其他事业的管理等等。①

惺吾(贾玉铭)对基督教与中国国民性之间的关系作了很好的阐述。他认为,宗教制度可以适应社会而改变,但宗教之信仰勿以社会为转移,中华基督教会宜利用华人固有之国性,"我基督之真理,虽万古常新,其对于各国各族之感力,亦历世不变。然人所处之时代种族、政治文化、秉性心理、常识环境既不同,其与教会之真理相接触,所生之效力,亦自不等"。中国人的国性与宗教有密切关系,如:1.有保守的性质。孔子所谓"述而不作,信而好古"表明了中国人的心理是静止的,初时不能不排斥新近输入的基督教,但果信之,则不致为异教之风荡漾煽惑也;2.有调和的特长。中国人对于宗教素抱一种齐物观。如儒释道之教理,虽迥然有别,然终能调和之,使合而为一。此种调和性质,对于中华基督教会前途不无关系。将来我主之羊"归为一群"之实现,殆自我中国教会始,而以中华基督教会为合一之先声;3.有神秘的思想。中国人信寐中受示、奇梦见验,且有见神见鬼等,虽是迷信,但果得其正用,表明最易信灵界之实,亦最易化为有灵交灵感,与上主有交秘;4.有坚深之信仰。中国人之信仰实甲乎诸国以上,观于一般普通国民敬事偶像之热忱,即晓然矣。虽知识阶级中人每取怀疑态度,但此等人一旦启示其信仰,其对于基督教之观念未尝不尤加诚切,"盖以中国人信仰之真纯,仍系乎性生也"。他认为如果注意到中国人固有之特性与专长,发扬光大,则中华基督教会前途无量。②

还有些人提出了实施本色化的一些具体可行的方案,如沈嗣庄的

---

① 天协:《中国化基督教的发展》,《青年进步》,第52册,1922年4月,第49—51页。
② 惺吾(贾玉铭):《今日之中华基督教会》,《神学志》,1922年春,第8卷第1期,第23—25页。

《宣言三种》,首先提出"中国化的宣言",认为基督教之所以被视为"洋教"有许多是因为外国传教士不懂中国民风,造成误会。而"最可痛的是中国传道的东施效颦,拼命的依样画葫芦"。由此他提出:一、"中国化的宣言"。包括1.中国化的《圣经》,可用两种方法适合现在社会的心理,一是将全部《圣经》统统用新方式的排列和标点;二是将《圣经》中的诗歌译成中国古诗体裁五言或七言,以便记忆。2.中国化的诗歌:取消不易上口的调子;在赞美诗中多添合乎中国人心理以及中国人熟悉的调子,如拜香调或唱春调等;西国的曲调可以因地制宜,若懂的人多可采用,但在乡僻之地还是不用为好。3.中国化的讲材。4.中国化的音乐,如用胡琴、笛子等代替钢琴、风琴等洋乐器,既便宜又好修。二、"有理性的宣言"。包括1.有理性的释经。即主张历史释经,反对字面释经。2.有理性的神学,反对不合理性的神学。3.有理性的信条,对一些太不合理性的信条要修正。4.有理性的对外。对不信基督教的其他人,或其他信徒应开放胸襟,阅读他们的书或经典;要有容纳之心,对于他教不作无谓的宣战。三、"有生命的宣言"。1.有生命的灵修。祈祷和安息日都与身灵有补益,但不要忘记"生命"两字,它们是活的,而不是死的。2.有生命的事业。中国的基督教最大的事业是应当谋社会的生命,即关心社会,做对社会有利的事业,而不是"不管闲事,专门专道"。①

真如也对明日的教会提出了具体的本色化建议:1.打破贤人政治,提倡平民政治。如今中国教会乃操纵在少数人手中,即所谓的"贤人政治",是一种自上而下的组织。"但欲改造教会合乎'德谟克拉西'(民主)的组织,非先打破各教会固有的西洋的方式,非自造中国化的新教会不可",也就是实行"自左而右横的组织"。这种组织"须鼓吹教

---

① 沈嗣庄:《宣言三种》,《神学志》,1922年春,第8卷第1期,第57—89页。

友自动精神",教会对教友应采用父母对儿女的态度,而不是采用干涉摧残的方法,去培养他们的自动的精神;教友当有自动的讨论,使他们知道他们是教会的主人,对教会要负起责任,因此提出发起"全国教友大会";2.从经济上提倡生利的事业,也就是"欲图教会自立,不能单从消极的捐输上着想,必须提倡合作事业"。合作大体包括三种,即消费合作、生产合作、信用合作。通过这些合作,教会达到自立,基督徒生计富裕,能尽各种义务。为此教会必须建立"全国基督徒合作银行";3.从学术思想上设法提高基督教一般人的程度。新文化运动中不少非基督教知识分子对宗教的研究已达到相当深度,如陈独秀等人。佛教近些年也十分活跃,并以其高深的学识得到知识界的青睐。在这方面基督教应向佛教学习。由此提出在神学中设立"佛学研究科",并设立"基督教图书馆"。其中尤以设立图书馆最为重要;4.改造教会的形式,使有适合中国化的仪节。也就是去除不适合中国人心理习惯的西洋式仪节和制度,向佛教学习,在形式和组织上都做出改造,以与中国人心理习惯相适应,"订定合乎中国化的中华基督教宪法"。①

有些文章表达了中国信徒对本次会议的看法、希望与建议,顾子仁的《我对于基督教全国大会的观念》②一文在这方面较有代表性。他首先肯定了大会全力集中于"中国教会"的议题切中中国信徒的心坎,认为这五股都与中国信徒有直接的关系。第一股论基督教在中国今日的实况中,有两个问题最为中国信徒所乐闻,即关于中国教会进步和发展的事实以及基督教现在的环境,特别是非基运动和新文化运动与基督教的关系。第二股有关明日的教会中,中国信徒最关心的是如何培养

---

① 真如:《关于明日教会的四个建议》,《神学志》,1922年春,第8卷第1期,第33—48页。
② 顾子仁:《我对于基督教全国大会的观念》,《神学志》,1922年春,第8卷第1期,第12—21页。

信徒的宗教生活：一是如何发展中国的本色教会。中国信徒有两种倾向，其一是要求摆脱西方差会的管辖，其二是教会能够自立自养自治，也就是使教会朝着"本国教会"去做。要做到这一点还需与西方差会协力，因为中国教会尚未成熟。二是宗教教育和基督教文字事业如何能适应时势需要也是个极重要的问题。三是培养信徒对传道事业的自觉心。这点十分重要，"教会在中国设立了许多学校，最可痛的事就是没有好多的基督徒学生担负教会的事业。教会中也有好多富足的信徒，他们也不觉得对于供养教会负有什么责任。我们若要中国教会发达，我们的责任就是发展中国信徒的觉悟，使他们对于传播福音担负责任，并奉献生命和金钱为教会服务。促使他们担负责任的觉悟，最好的方法，是将责任堆积在他们肩上，要他们担负"。第三股中国教会的使命，须特别注意中国社会实况。第四股教会领袖问题的讨论，应调查对于他们的训练、酬劳、待遇等问题，并对此作特别讨论。还应有专心致力于文字工作的人才，对新文化运动产生影响。第五股的讨论最能引起中国信徒兴趣的是组织基督教全国议会的提议，能有一个机构，代表全国各处的教会，并彼此得以联络等等。

一些人还就中国教会领袖问题展开热烈的讨论与研究。中国教会领袖有受薪的与不受薪的之分。不受薪的指义务为教会服务的人，即"义工"。受薪的是指"宣道士、医士、校长、教员以及一切凡属教会事业领袖人员"。在讨论中信徒们分析了这两类人的优点和缺点，及他们今天在教会中所处的位置。特别是受薪的这部分人的地位完全"是以西教士的喜怒和需人地方的缓急"而定的，因此"不是因才使器，乃是在教会看什么地方需人，就将他位置到什么地方"。这些人"除最少数西教士能以同工或同等的看待外，大多数是以奴仆的方法看待他们"。西教士"多半用一种愚民的政策，兼笼络的手段，叫他们终身为其所用，听他们为所欲为"。正因如此，中国教会难以培养出合格的领袖人才,"缺少的是人格高尚,思想精细,对于基督教的精义确有研究和心得,有勇敢的精神,具容纳的态度,顺应潮流的人才"。① 将来的教会领袖,要"人格高尚,学识渊博,灵性丰富,性情温良,有彻底的觉悟,担负新的使命,以建立天国于世上"。② 有人提出"迫切希望一种有身份有骨格,不附和权势,而在世界知识上有精深的阅历,在基督的道学上,有真正的根底"③。"实际受有高等教育,不是要虚有文凭的,灵修是要实际在行为上彰显,不是要装做在口头上欺骗人的,办事的勇敢毅力,是要为道利群,不是要自己出风头的,那才是合格的人才"。对罗致人才的方法,人们都认为当今的这种由西教士操纵的方法必须改革。有些人主张"应当组织一个新的强有力的机关",西教士或本地教会可将其属意的人,介绍至这一机关,由该机关对此人进行接洽、交涉、培植、调查等,作为人才储备地。各教会如需要人才时,可由该机关随时提供。④ 也有人提出"经常的教育计划",即教会应当开设完善的神学、师范、大学、医学等吸引人才,从中选拔乐意为教会服务的人员加以培养。等到修业满时,"按各人的才干,位置他们"等等。⑤ 讨论中还谈到中国受薪的教会领袖工资待遇太低等问题。

参加这类讨论的不仅有中国信徒,还有一些外国传教士,如司徒雷登对中国教会自立问题发表了文章。⑥ 他认为中国教会在自立上的进步是极其缓慢的,这不是经济自助所能了结的,其中传教士有很大的责

---

① 彭长琳:《教会领袖问题的讨论》,《神学志》,1922 年春,第 8 卷第 1 期,第 90—97 页。
② 同上书,第 98 页。
③ 罗咏章:《将来之领袖》,《神学志》,1922 年春,第 8 卷第 1 期,第 98 页。
④ 彭长琳:上引文,第 97 页。
⑤ 刘南山:《教会领袖问题的讨论》,《神学志》,1922 年春,第 8 卷第 1 期,第 100—101 页。
⑥ 司徒雷登:《中国教会的自立》,《青年进步》,第 52 册,1922 年 4 月,第 45—48 页。

任。如果传教士能信任中国的职员,"不以被雇者看待他们,而以同僚者看待他们,那么他们在工作方面必定更有起色,我们在人才方面亦能引起中国社会方面的感应了。所以这些事情实在和中国教会的自立问题极有关系"。他还提出要与华人分配管理权。传教士必须下决心把教会权力交给中国信徒,这样才能"引起中国(信徒)的热忱和努力,并且使他们在捐钱方面也更加踊跃了……"传教士必须对中国信徒有信心,放手让他们试办,才能促进中国教会自立。

以上这些讨论和文章都是在会议筹备期间进行的,从中可以看出这次会议是经过充分的酝酿和准备的。这些讨论和研究极大地丰富了中国教会本色化的内容。

经过多方认真研究和讨论以后,大会正式召开,不少代表都对中国教会发表了各自的看法,从各个方面对什么是中国的本色教会作了较为全面的探讨。在大会作报告的有:第一股股长吴德施作"今日的教会"的报告,论述了基督教当时的实况,包括20年代基督教在中国取得的进步,教会的环境及基督教的感力等。另有穆德的讲演,论述基督教在世界今日之优势;赵紫宸的"中国教会的强点与弱点",以及贾玉铭的"基督徒的个人生活"。第二股股长为毕嘉乐,就"明日的教会"为题对教会将来的工作作了规划,包括培养基督教团体的宗教生活,巩固已有的工作地之教会,以及经营未工作地。其中特别强调要以发展中国本色教会为要旨。第三股是关于中国教会,由诚静怡为股长。该股发表了教会的宣言,并由刘廷芳和易文思分别作了"中国的基督教会"和"西宣教士对于中国的基督教会应取的态度"等报告。第四股是教会的领袖问题,股长为余日章。该股报告书对受薪与不受薪领袖作了区分,并对他们的今昔状况进行了分析,然后论及传道、社会服务、教育、医药、文字等方面培养中国教会领袖的方法及启示等等。第五股是关于教会的调剂与合作,股长为施珩白,作了"关于教会的合作"的报告,主要以组织全国基督教协进会为中心问题,包括三部分:国内教会调剂与合作的组织法与进步情况;教会的管理法与各宗派合作的议案大纲;全国基督教协进会职务、性质与组织的提议。围绕着这些报告组织了许多专题研究和讨论,如中国本色的基督教研究、教会领袖的训练、教堂学校与家庭内的宗教教育、城市与乡村的教会与训练等。从总体看,中国代表在会上取得了不少的发言权。现将有些报告内容简介如下,从中可以看出本次会议与教会本色化的关系。

赵紫宸所作"中国教会的强点与弱点"的讲演,是在对中国教会深刻反省的基础上写出的力作。他分析中国教会的强点有:一、教友常识的增长,例如识字的比例超过教外,分别为男信徒达60%,女信徒达40%;二、教会的教育事业也是其强项,全国教会学校的学生在20年间增加了333%,占全国学生总数的十九分之一;三、教会的思想事业由以前的完全由西人为中心,"到现在,华信徒中,已经出了许多独具只眼的人才,他们的干才识鉴,学问道德,思想经验,既不亚于西宣教师,复或胜于西宣教师";四"中国教会在宗教生活中颇重道德,并不以神秘的经验,阻碍基督生命在牺牲服务上扬溢"等。其弱点有:一、"今日中国教会对于道德的觉悟,除少数人外,实在十分肤浅"。他分析了"吃教"现象,认为"西宣教师中间,良莠不齐,麦稗并生,既不能免,华信徒中间,忠奸互出,善恶同登,更觉可慨";二、"教会弱点,又在她西洋式的组织与思想与夫四分五裂的宗派"。他指出"基督教本身原可适合华人的心性;但其宗派的繁复纷沓,华人不知其所以然,组织的千态万状,华人不明所适从。因此华人对于基督教,未免食而不化,即有召来者多,被选者寡的艰难。"他强调西式教理教仪不肯因时适境,是造成中国人对基督教误会的原因所在。"吾们若将华人误会基督教之处,一一分析,可以知道他们所以误会的缘故,有许多是根据于'洋教'二字而发生的。'洋教'上面,再加上宗派与宗派主义,基督教的西洋色彩于是乎更加浓重了"。由于宗派主义使"个人主义与他世主义的信仰,弥留续进,而基督教的社会运动,世界观念,不能畅适地鼓荡于教会之内",由此他认为"此种教会的状况,不但是个弱象,简直是个险象了"。三、面对中国国变多端,"基督教既受外界的批驳攻击,复有内部的龃龉错杂,于是乎呈露无力应境的现象"。当前"中国学界,日在要求科学,科学经验,两不相蠲,而须相成,当这时候,教会似未深知知识界的要求,反视其要求为宗教的大患,以朋友为寇仇,以腹心为草芥,因此,教会的思想益形固滞,主张愈见专断"。正是因为教会不能适应社会环境与知识环境,遂又生出一个弱点。① 整篇讲演,特别是有关反思中国教会的几大弱点,实际上正是对新文化运动及早期的非基督教运动批判基督教所作的回应。这表明中国教会充分认识到必须适应中国社会和知识环境,去掉"洋教"形象,提高信徒素质,真正走上本色之路,教会才有前途。至于什么是本色的教会,他曾说:"本色教会,乃是中华人民信仰了基督,从他们特有的国民性民族性里,将他融在他们精神里,心血里,灵性意识里的信仰发表出,而组成的教会"。② 本文所作的对教会的反思正是为了实现他心目中的本色教会。

刘廷芳的《中国的基督教会》在会上引起了不少人的兴趣,不少地方也都反映了他深受新文化运动的影响,例如发扬新文化运动的批判精神,提出"中国的基督教会,必须对一切罪恶作无畏的奋斗",它不能再走历史老路,对社会和个人的罪恶,明攻暗助假装不知。而应"对于教会内的,教会外的,国家的,社会的,个人的,种种罪恶,奋力地猛攻"。由于新文化运动中许多人批评基督教是迷信,反科学,他特别指

---

① 赵紫宸:《中国教会的强点与弱点》,《生命月刊》,1923年1月,第3卷第5册,(著论)第1—8页。
② 转引自许祖焕:《如何创造中国本色的教会》,《神学志》,1924年,第10卷第4号,第95页。

出"中国的基督教会必须深切地满足信仰《圣经》真是上帝的训言",强调"现在科学的时代,用科学方法研究《圣经》真理,是知识界所共认的","不但《圣经》,就是教会中所有的教义和信条,礼节和仪式都应当快快乐乐的受科学的实验"。他批判了教会中一些人因爱惜《圣经》而禁止别人用科学方法研究等陈旧的做法,并由此强烈要求基督教科学化,去除一切不符合科学精神的迷信。这反映了他深受新文化运动中科学精神的影响。针对新文化运动中有人批判基督教会是"洋教",他提出"中国的基督教会,必须能实地服务中华国民","中国的基督教会当是中华国民自有、自治、自动、自主的教会,不是一种压伏制治国民的机关,是服务中华国民的公仆"。为服务国民就要保存一切国民精神遗产,对于宝贵的国故要切实整理,并要"有导师的观觉,领袖的精神,引导我民族顺世界的进化的潮流,积极前进",由此他提出中国基督教会的一切组织和计划"不但要吸收各国的新文化,并要根据我民族精神上最高尚的要素,真能代表我国民最高尚的理想",不能专事抄袭西方,而要独立研究,为基督教真理作东方的诠释,贡献世界。这正表明了新文化运动民族主义的深刻影响。此外,他特别提出"中国基督教必须竭力主张统一",反对欧美的"四分八裂","绝对不容人造的宗派"在中国的基督教会内滋生等等。① 他心目中的本色教会是这样的:"中国的基督教会,是中华国民的教会,他的首务,是真正能服务国民,重生社会,他的组织,他的计划,当本诸中华民族的精神,当合中华民族的心理,一方面常整理辉光固有的国故,一方面当吸收世界的文明"。②

易文思在讲演中认为,中国教会现在已经不是 1910 年爱丁堡会议

---

① 刘廷芳:《中国的基督教会》,《生命月刊》,1922 年 6 月,第 2 卷第 9—10 册,第 1—10 页。
② 转引自许祖焕:《如何创造中国本色的教会》,《神学志》,1924 年,第 10 卷第 4 号,第 95 页。

中提到的"宣教地中的教会",而已成为事实上的中国的基督教会了。由此便产生了西国传教会在中国教政上的地位和西国传教士个人的地位问题。他认为"现在的中国教会,既然存在,西国教会在中国的宣教会,除了中国教会乐愿给与以外,就不应再有政教上的地位"。如今西方传教士个人的地位就有两种,一是自认为欧美各差会的人员,被派来为华服务的;另一是可自诩为中国教会信徒,作各该会之会员,在灵性上与教政上与中国信徒处同等地位,毫无差别。他还深刻地检讨了以往在中国"行使了许多过分的职权","结果把中国信徒的活动力摧毁",为此他深感羞愧。对差会财产,他认为可以采取赠予或共管的办法。至于宗派问题,他认为传教士可采用两种方法:"一任中国教徒对于西方宗派自由采用删改或抛弃;二与中国信徒分裂,使中西教会分立"。总之,为了中国教会的利益,各传教会应改变过去的宗派主义的做法。[①] 他的这一发言对年轻的中国教会走自立之路无疑是十分有利的。

在讨论的基础上,大会最终通过了体现本色化精神的《教会宣言》和《中华基督教协进会宪章》,并着手成立由各大宗派组成的联合体中华基督教协进会。

这里特别要指出的是,《教会宣言》完全是由参加第三股的中国教会人士独立研究讨论的结果。全文除有一节专论"中国本色的教会"外,其余部分也有许多地方体现了本色化精神。它对本色教会的定义是:"我们所称为本色的基督教会,一面仍与世界各宗基督教会,在历史上有连续不绝的关系,一方面是要实在通合中华民族本有的文化和精神上的经验。"宣言共分两大部分。第一部分是"敬告同道书",内分七个问题:统一的教会、中国本色的教会、教会深切的成圣、更殷勤地读

[①] 易文思:《西宣教士对于中国的基督教会应取的态度》,《生命月刊》,1922年6月,第2卷第9—10册,第1—7页。

经、社会重生、国际亲善、布道。第二部分是"敬告国人",包括国史的尊荣、我国的险状、挽救危局的方法、中国需要基督教等等。现将该"宣言"中集中讨论的有关中国本色教会部分内容转引如下:

教会宣言第一章第二纲原文[①]

(二)中国本色的教会

一、吾中华信徒,认定教会是基督徒得受灵育的灵家,此种灵性的抚育,不当与吾国民族的遗传与心灵的经验相违反。

二、吾们感佩西国宣教者,因为他们曾用忠虔舍己的精神,在中华创立教会。吾们也感佩西国教会,因为他们尽力的捐输和恳切的祈祷,助成中国教会的事工。今日一切的成绩,他们都是有份的。

三、我们对于西来的古传,仪式,组织,倘若不事评判,专做大体的抄袭,卑鄙的摹仿,实在是不利于中华基督教永久实在的建设,这是我们教会同胞的公意。

四、中华教会,现在对她的使命与职务,已发生觉悟,这是我们要郑重地宣告。

五、中国的历史,国人的特性,教务的性质,经验的指示,以及国内种种迅速的变迁,莫不要求一个中国本色的基督教会。俾得宣传中国本色的基督教。吾们所称为本色的基督教会,一方面仍与世界各宗基督教会在历史上有连续不绝的关系,一方面是要实在适合中华民族本有的文化和精神上的经验。

[①] 刘廷芳编:《中国教会问题讨论》,第14—16页。

六、所以我们请求国内耶稣基督的门徒,通力合作,用有统系的捐输,达到自养的目的。由果决的实习,不怕试验,不惧失败,而达到自治的正鹄。更由充分的宗教教育,领袖的栽培,及挚切的个人传道,而达到自传的目标。

七、我们宣告,时期已到,吾中华信徒,应用谨慎的研究,放胆的试验,自己删定教会的礼节和仪式,教会的组织和系统,以及教会布道及推广的方法。务求一切都能辅导现在的教会,成为中国本色的教会。

八、吾们请求现在中国教会里服务的西宣教师领袖,用切实的指教,辅助中华信徒,俾能当此大任。更使中华信徒,在他们试验中,得有不受限制的自由。

九、我中华基督教会,承西方各母会,抚育已久。吾们深望我们的教会,成为中华本色的教会以后,一切思想,生活,与事功,不久都有可观的成绩,可以贡献西方母会,以表示我们感激他们的盛意。并且一切中华本色的贡献,能使全球基督教会的生活,都因此而得丰盛。

除此之外,还有许多与本色教会有关的内容,如在"统一的教会"这一节中,强调宗派主义是西方教会历史造成的,与中国信徒没有关系,西方传教士将宗派传入中国,"宗派主义,在中国不但不能成为感人的动力,而实为教会中纷乱、扰惑、失效的主因","今日中国急切地需求基督的救法,并确信惟统一的教会,才能拯救中国。因为事工浩繁,教会如无坚固的统一,断难得充足的力量,以应此等需求"。① 由此

---

① 邵玉铭编:《二十世纪中国基督教问题》,正中书局1980年版,第519—520页。

从组织上对中国教会的本色之路指出了方向。再如"更殷勤地读经"一节中指出:"我们深觉中华教会,渴望有华人自译的《圣经》,正如英文《圣经》,是英国学者所译述;德文《圣经》,是德国学者所译述。华文《圣经》,也须是中华民族中虔诚的学者所译述。从吾们布道工作的经验,国内学术急进的趋势,及教会前程的事业看来,吾们可断言:吾们对于中国本色的《圣经》,与对于中国本色的教会,都有一样的必要。"①正是在这一精神推动下,在该次会议后,中国教会更加注意本色的文字事业。在"国际亲善"一节中更是把历史上中国遭受的西方侵略与基督教相联系,表明中国基督徒的爱国之心,这一点与非基运动的影响不无关系。例如它首先强调"上帝从一本创造万族人民",因此对各民族都是一视同仁的。接着又说:"吾们深感此百年中……因为基督教传入中国的历史,和中国国史上伤心的经验,不幸有相关的关系,西国列强,曾借端欺凌吾国。百余年来,有好几次国耻,可以和基督教相提并论,所以发生了许多误会,致使圣教在中华的流布,有很大的阻碍。吾们教会全体,承认教会前此乏力,未能阻止西方自称基督教的政府,对于中华主权上,种种违反基督教教义的侵略和攘夺。"并且提出"吾们请求全教会用她的能力,时常要求世界各国承认吾国不可侵犯的主权和利源,并且承认吾国应有发展和进步的机会,而不妄行牵制","请求中华宣教师,谨慎养成中华国民爱国的民气;用基督教博爱的精神,感化日盛的国家主义;因为酷爱和平,是吾们中华民族特殊的禀赋"等等,表明了基督徒的爱国之心。在"敬告国人书"中主要表明了基督教救国思想,指出基督徒要甘作众人的公仆,教会要关心社会,作社会的表率等等。此《宣言》可以视为中国教会最早的本色化宣言,它为以后中国教会在理论和实践上探讨本色化

---

① 邵玉铭编:《二十世纪中国基督教问题》,第523页。

奠定了基础。

大会的另一个重大成果是《中华基督教协进会宪章》,并在此基础上成立了体现合一精神和本色精神的中华全国基督教协进会。这也可以看作中国基督教会在组织上进行本色化的一种形式。我们通过它成立的宗旨和职务等就可以了解这一点。

据中华基督教协进会女青年会干事范玉荣介绍,协进会宗旨有二:"(一)要使全国教会与教会内各种机关有统一共济合作精神。按基督教是由西方各国传来的,各国的人情风俗彼此不同,所以在传道地点,所作各事也就大同小异,名称也就随之各别;因此就生出许多形式上的隔阂来,以致教会不能收到完全迅速的效果。近年来教会对于此事颇有觉悟,立意谋求联合,这协进会就是为此而设的。(二)使中国教会成为本色的,中国教会是由西方传来,由西人创设,职务又由西人担任,其方法规模也就不期而然的依照西方各教会了。这样就不免有不合华人宗教观念的地方,所以人常目教会为洋教。这协进会就是使教会成为本色的、自立的、自养的、自传的、自动的教会。

组织:协进会有会员百位,由全国各教会及各机关推选,代表各教会各机关的。内有女会员21位,由此百人中,又推出21位为执行委员会,规定常年的工作与计划。

性质:协进会虽是代表全国教会,却没有独断独行的权柄,因为它不是一个独立的机关,它以全国各教会各机关为生命。它的用意是要造成一个共济合作的团体,所以它作事必先求得大家的承认,这种性质就可以名它为顾问的性质。

职务:1.培植和表扬中国教会的合作精神。2.注意研究中国教会的自立、自治、自传的进步,设法使得教会早日合乎华民的性质和环境,并且提倡一切运动方法,使得迅速完全自立。3.用全国眼光研究中国教会种种的需要,计划如何使中国得福音的化导,提高教会的灵育,筹备全国祈祷会,组织布道运动会,召集大会,随时培植教会灵性生活及布道的精神。4.提倡化除各教会领袖的界限,使他们互相新生彼此信托,培植长于全国问题及国际问题经验的领袖人才并求中国教会与他国教会互相联络。此外还有数种职务,俱不外乎联合教会共求达到天国临世的目的等种种方法"。①

上面介绍的中华基督教协进会是按1922年全国基督教大会通过的《中华基督教协进会宪章》归纳和总结的。该宪章包括协进会成立的理由、行使的职权(共有13条)、组织的方法、选举会员、聚会、职员、执行委员、机关、经费、全国大会等内容。其中不少与如何建立本色的中国基督教会有关。如在职权13条中就有若干条直接与中国教会本色化有关,其他的也间接有关,现将这13条转载如下:"一、要培养与发扬中国基督教会的交通和统一精神;并要求达到中国的基督教与全世界基督教会统一的精神,又要从此使教会得有机会从事于同心的祈祷,与一致的思想。二、在中国基督教运动必先助人更普通的承认中国教会当占中枢地位;注意并研究中国教会的自养自治自传的进步,提倡一切运动方法与进步,俾得迅速的完全达到这种目的;鼓励教会中正当的运动以求达到完全自治;并设法教会适应环境,以致中国教会得以早日成立。三、要用全国的眼光研究中国教会种种的需要,并且计划如何能使全国得福音化而蒙救恩。四、要使教会领袖不论中西,在何处,属何公会,能彼此认识,尊重,信托,并辅助教会种种协办的事,和协和的计划,可以办得均能办得自然,办得到,办得好。五、要在教会和差会中培植领袖人才使他们能得经验用全国眼光对付全国与国际的问题。六、预备程序使全国教会和差会分部的组织及其他机关可藉与讨论全中国为基督作工的人所办的各种

---

① 范玉荣:《中华全国基督教协进会》,《女青年报》1922年12月,第11—12页。

工作如何得以联络扶持。七、要筹备特别祷告的时期;组织布道的运动;筹备聚集大会的种种事项;随时栽培教会一切灵性的生活,及布道的精神。八、要组织一个调查问讯处,调查全国教会一切事情,编刊各种调查的成绩,使教会差会和差会的董事会,从这种调查的报告得出合宜的指导。九、本会应当将基督教教育会、中华基督教博医会、中华卫生教育会及他种专门机关联为一气。十、别国也有基督教全国的机关;中国既有了这个基督教协进会要代表中华全国的教会彼此通信或派代表接洽各事。十一、倘中国各教会遇到甚么有重大关系的问题有全体发表言论陈条意见的必要时,本会得执行之。十二、倘中国各教会遇到甚么别的责任,愿意委任本会代办的本会也当承办。十三、筹备并召集下届基督教全国大会。"①从这13条看,有些条目较为原则,可视为中国教会本色化努力的方向,如前5条;有些较为具体,可视为中国教会朝向这一目标前进时目前可以进行的工作,如6—13条。正如中国教会的《宣言》第一章末段所说:"吾们相信在根本上中华信徒都有统一的实在——我们放胆地希望中国教会统一之后,可以激励西方信徒,使西方分裂的教会,也得以早获统一。"这说明合一本身正是中国基督教会本色化的一个特点。中国教会实施了合一,能对世界基督教会起到表率作用。所以中国教会的合一与世界基督教事业有直接的关联。

特别要指出的是,本次大会在非基运动的影响下,对工人问题非常关注。这表现在本次会议的议案中关于经济工业议案规定有三项标准:"一、12岁以下的男女孩童不得入厂作工;二、工作的七日内,要有一日休息;三、对于工人健康之保护,应有下列之办法,即限制作工时

---

① 《中华归主》,1922年6月10日,第23期,第3页。

间、工场卫生及作工保险方法之配置。"①其后协进会还专门以这三条作为制定"帮助教会在工业界施行博爱的原则"②。这也可视为基督教会对资本主义的剥削制度的不满而作的"见义勇为"③的事业。

  对于这次大会,多数人持肯定态度。王治心在《聚过基督教大会以后》④一文中对这次大会作了很好的总结和概括。他对大会前期的准备工作感到"十二分的满意",五股的报告书的筹备工作,两年之久的《中华归主》统计表不知几经调查、几经思考才成,其后的五种报告也都是"煞费苦心,征求意见,分组讨论,才能编成。所有的计划——思想等等,皆足以为全国基督教辟开一条新门径,叫全国四十万男女信徒向着(中国教会)的目标,努力开步走"。大会一千多位代表中,中西代表各半并无国界和种族的区分,共同讨论中国各方面的问题;大会重要职员以中国人占多数,会长及事务委员长分别由诚静怡和余日章担任,此亦很值得称道。会议本身最值得肯定的有两点。一是教会合一的问题,中国教会原本无门户之见,但受了西方宗派的影响有了宗派主义。这次会议集合了130多个教派,推动了合一运动,发表了共同宣言,中国教会实现宣言中的"合而为一"这一预言将为期不远。二是"中国教会"也就是"中国本色教会",中国"化"的教会。对为什么要"本色化",他的解释是,这"可以表明传教在中国,必须把原来的西洋仪式——组织——改变过来,叫他合乎中国的特性,成为中国的土产,不是一种舶来品,既然叫他中国教会,中国人应当立在主人的地位,样

---

  ① 陈鸿钧:《民国十一年基督教全国大会》,《中国基督教会年鉴》,第7卷,1924年,第63页。
  ② 全绍武:《甚么是中华全国基督教协进会》,《中国基督教会年鉴》,第7卷,1924年,第66页。
  ③ 同上。
  ④ 治心:《聚过基督教全国大会以后》,《神学志》,1922年夏,第8卷第2期,第1—8页。

样事体走上前来担负责任,不要落在西人之后,反主为客;而西国的朋友,因此也得了一种很大的觉悟,中国教会迟早要交给中国人手里,他们终是一个宾客,不应当长此把持"。但他也对会议提出了批评,最大的不满是"言论上太嫌限制得利害;十天工夫的大会,讨论时间只有七小时"。这样"除了内幕中少数执大纛旗的主麾者以外,大多数会员不过做一个应声虫——伸手大将军罢了!正如演一出傀儡戏,不少的人都做了傀儡"。

张君俊对会议也作了中肯的评价。他在肯定会议的同时对会议也提出了批评。一、会议的议题是本色化,但会议本身在这方面做得很差。例如,名为"中国教会",但会议发言完全用英语,使中国代表在听取他人发言以及本人要求发言方面都大受限制。因为540人中只有2/5能勉强听懂英语,而3/5的人根本听不懂。这使理应为主体的中国人倒成了"外国人"。二、大会对发言规定较严,发言者要填写讨论券,还要经审查等,使一些讨论会成了"哑巴会",为少数人所包办。三、中国代表虽然都反对宗派主义,但在成立协进会时还是按宗派划分。大宗派的代表就多,这也为基督教合一运动和本色化带来新的问题。① 还有人批评这次会议选举不民主,"由筹备委员会开出一张名单,命令式的宣布一下,不容全体会员有所考虑,这是何等的武断"。②

另有一些人对会议持全盘否定的态度。如湖南张子谋,认为本会议从根本上是错误的,"教会而以中国命名,根据耶稣何种教义?教会而使为中国化,是何种作用?"由此提出"中国教会"及"中国化的教会"从根本上是国家主义思想,绝非上帝的旨意。③ 这里面存在对"中国

---

① 张君俊:《评基督教全国大会》,《生命月刊》,1922年6月,第2卷第9—10册,第3—5页。
② 治心:《聚过基督教全国大会以后》,《神学志》,1922年夏,第8卷第2期,第6页。
③ 同上书,第4—5页。

化"含义的理解问题,但也说明教会在实施本色化时所遇到的各种阻力。

总之,这次基督教全国大会在许多方面深受新文化运动和非基运动影响,在推动中国教会本色化方面也作了不少努力。但要靠一个会议解决本色化问题是不现实的,也绝无此可能。这有待于中国教会渐渐成长。尽管如此,大会所提倡的教会中国化对一批思想开放的中国信徒产生了相当的影响。大会结束后的数年间,教会某些刊物仍热衷于讨论有关本色化问题就是一个证明。

第二节　中国教会本色化讨论的继续

在大会精神的鼓舞下,1923年中国基督教协进会成立了本色教会委员会,设置了五项大纲:"甲、教会与差会之关系;乙、自立问题;丙、教会之组织与管理;丁、教会统一;戊、本色之意见发挥。"对教会为什么要言本色作了如下的阐述:"基督教会何以在中国生根落叶,适应自然。基督教入中国近且百年,枝繁叶茂,大有可观,而洋教之恶名未除,虽属言之过分,亦不为无。因惩前毖后,加以深厚培植,使教会从事工作机能,更形丰富优美,此本色教会之所以一唱百和也。"为求本色教会意义明确,该委员会作了如下的解释:"本色教会并非含有下述意义:甲、排外;乙、创设新宗派;丙、组织全国总教会;丁、与他教混合而产生一折衷之宗教。"并提出"本色教会之意义:甲、使基督教更适合于我国国情与环境;乙、扶助本国基督徒使其逐渐了解个人及共同之责任;丙、以本国之贡献献于我主,而增厚基督徒生命且扩大基督教之效用"。该委员会的宗旨有三:"1.研究我国基督教会如何成就上帝所予之使命方能最有益处且最有效力;2.注意及报告关于我国教会改良上试验与发展之事业;3.向西教士及其他人士解释我国基督徒之愿望。"该组织的责任有六:"1.研究中国文化中具有永久价值之各种要素;

2.调查我国各种宗教团体之近代运动;3.考察'非宗教'及'非基督教'运动;4.研究国内独立教会之情况;5.研究西宣教会对于我国教会之关系;6.研究我国基督教会中种种习惯。"①需要说明的是该委员会虽然成立,但并没有专任的干事,其后的进程也并不令人满意。尽管如此,还是表明了本色化对教会的影响。

基督教全国大会后,本色化的讨论在一些中国信徒中仍在进行。一些基督教刊物增加有关论述本色化内容的文章。例如《神学志》在王治心于1922年下半年任主编后,认为其主旨除了从事神学的研究、学术思想的总汇外,还要介绍"中国化的讲材"。他说:"我们不是讲道给中国人听吗?人们不是希望中华归主吗?因此,我们应当注意中国固有的讲材,中国有四千年的历史和经史子集汗牛充栋的书籍,难道没有材料可取吗?不是的,是因为没有人做收集工作的缘故;所以我们在贡献讲材的问题上,特别注意到中国化三字。"②

继《生命月刊》以后,1923年4月,吴震春(即吴雷川)、宝广林、张钦士、彭锦章、吴耀宗、陈国梁、胡学诚等人创办了《真理周刊》。在《发刊词》中他们声言:"'教会改造'、'中国教会'的声浪正在极高的时候,我们为教会的前途计,觉得对于教会中的种种问题均需有一番精细的研究,统盘的计划,方能规定进行的途径。我们几个人愿意贡献我们'一得之愚'和全国同道共商榷。"由此他们确定该刊物的宗旨是"一方面用基督教的眼光,评论国家社会问题种种事实,造成公正舆论, 方面本着现代的需要,研究基督教会中一切组织规制以及遗传的信条和解释是否确当,使一般社会明白基督教的真精神,并藉以谋教会的

---

① 李则灵:《中华全国基督教协进会三年以来之回顾》,《中华基督教会年鉴》,第8卷,1925年,第98—99页。

② 治心:《本志对于传道部的贡献》,《神学志》,1922年冬,第8卷第4期,第3页。

改造……"①该刊的出现,使有关中国教会本色化的讨论锦上添花。在1924年第二次非基运动来到之前,它与《生命月刊》《神学志》等成为当时讨论有关中国教会问题最为集中的刊物。

这一阶段中,教会有关杂志所发表的文章大体上可分为几类:一类是直接讨论本色教会的文章,如赵紫宸的《本色教会的商榷》、许祖焕的《如何创造中国本色的教会》等。另有数量极多的一类是从某一方面论述教会本色化的。其中关于论述中国教会改革问题的有罗锡嘏的《如何应用书本上神学到社会上》,王善治的《实用神学》,赵紫宸的《我们要什么样的宗教》《宣教师与真理》,胡学诚的《我们当作什么》,萧慕先的《教会今日的急需》,鲍哲庆的《牧师与其教会》,刘廷芳的《宣教师的问题》《三益教会与教会的自养》,彭锦章的《对于差会改建为自立会的意见》,简又文的《三益教会与基督教》,张钦士的《北京教会当作什么》,吴耀宗的《中国的基督教学生应当作什么》,心悟的《对于教会用人才的我见》,吴震春的《论中国基督教会的前途》,吴雷川的《对于教会中学校改良的我见》,王启刚的《教会是什么》,范皕海的《中华基督教青年会今日的使命》,宝广林的《中华学生立志布道团的现状是否适合将来的要求》,尤树勋的《乡村布道谈》等等;关于基督教与文字事业的有:曾郁根的《中国基督教文字事业的问题》,刘廷藩的《教会文字事业的问题》,彭长琳的《中国基督教文字事业当如何改进?》,许光迪的《中国基督教文字事业的问题》,哲夫的《基督教提倡文字事业的刍议》,赵紫宸的《基督教文字事业的前途》,陈国梁的《中国基督教会的'学识盲'》等;关于基督教与中国传统文化的有:吴雷川的《基督教经与儒教经》《论基督教与儒教》《论基督教与佛教将来的趋势》,王治心的《中国理学家所言之"诚"与基督教所言之"灵"》《基督教与佛

---

① 《真理周刊发刊词》,《真理周刊》,1923年4月,第1期,第1页。

学》以及他写的一系列有关老子哲学、庄子哲学、列子哲学等与基督教进行比较的文章;涉及教会与国家和政治的有:罗运炎的《基督教与政治》,宝广林的《信仰与政治》《基督徒与政党》,胡学诚的《我们今后对于国事应有的觉悟》,巢坤霖的《爱国主义国际主义和基督教教会》,吴耀宗的《国民的责任》,刘廷芳的《中国基督徒爱国问题评议》,赵紫宸的《中华基督教的国籍问题》,陈国梁的《传教士与治外法权》,陆伯衡的《外国差会的宣教师与治外法权》等;此外还有有关教会合一的讨论与文章等等。

虽然这些文章观点不尽相同,但都在谋求使中国教会能适应中国文化与中国社会,并表明要与西方差会拉开距离,其内容在广度和深度上较之五四新文化时代都有所发展。这与非基运动和全国基督教大会精神的影响有直接的关系。

从广度上看,这些文章涉及的教会组织是多方面的,有泛论教会或教会学校的,也有论述某一地方教会的,如北京教会、乡村教会等,还有论述某些教会团体的,如青年会、学生立志布道团、协进会等。所涉及的内容有关于教会本身的,包括教会组织、圣经神学、礼仪、伦理、文字事业、教徒与牧师等方面,有涉及教会与中国文化、教会与中国政治和社会、教会与教育、教会与其他宗教等的。其中许多问题是过去没有提到的,如基督教与政党、传教士与治外法权等。从深度看,有些文章的学理层面的论证较过去更为深入,并首次提出了神学上的本色化,认为神学应与中国社会实践相结合。还有一些中国信徒开始注意从中国传统文化的角度,包括与儒释道、诸子百家学说与基督教作比较,找出其异同之点,探讨基督教与之相结合的可能性,以此来达到本色化目的。虽然这种探讨与历史上有些传教士,如明清之际的天主教传教士利玛窦及近代新教传教士林乐知、李提摩太等人"以儒补耶"的做法相一致,但中国基督徒,特别是中国新教徒在以往较少从事这方面的工作。

基督教全国大会之后,中国信徒如吴雷川、王治心等人也开始从事这方面的工作。不仅如此,许多文章在进行本色化的理论神学层面的探讨的同时,对如何实施本色化提出了许多具体建议,这也是以往少见的。

有人对这一阶段有关本色化的文章作了某些总结和归纳,认为核心问题有三:一、本色教会是什么?二、为什么要有本色教会?三、如何创造本色教会?

对于何为本色教会,有多种说法。基督教全国大会有关本色教会的《宣言》中的说法是:"我们所称为本色的基督教会,一方面仍与世界各宗基督教会在历史上有连续不断的关系,一方面是要实在适合中华民族本有的文化和精神上的经验。"诚静怡的说法是:"当今举国皆闻的'本色教会'四字,也是'协进会'所提倡。一方面求使中国信徒担负责任,一方面发扬东方固有的文明,使基督教消除洋教的丑号"①。这里他强调的是中国信徒的责任、东方固有文明的发扬和消除"洋教"的丑号。

刘廷芳认为:"中国的基督教会,是中华国民的教会,他的首务,是真正能服务国民,重生社会,他的组织,他的计划,当本诸中华民族的精神,当合中华民族的心理,一方面常整理辉光固有的国故,一方面当吸收世界的文明。"②他强调的是教会要服务社会、合乎中华民族心理,发扬国故和吸收世界文明。

赵紫宸的说法是:"本色的教会并不是建设在基督教以外的真理上的。他是耶稣基督所启示的真理之守护者……本色的教会要把基督教和中国古文化所孕涵的一切真理化合为一,使中国基督徒底宗教生

---

① 转引自王治心:《中国基督教史纲》,基督教文艺出版社1993年第四版,第274页。
② 转引自许祖焕:《如何创造中国本色的教会》,《神学志》,1924年,第10卷第4号,第95页。

活和经验合乎国土国风,不至于发生不自然的反应。经过了若干时期——这个时期将因基督徒底合作和爱而缩短——本色的教会在经济方面,完全由中国人挹注;在管理方面完全由中国人操持;在组织方面完全要适应中国人底禀赋;在神学方面完全要任中国思想自由的膏腴润泽……并且,本色的教会必定不可使有思想的中国人对它发生猜忌;本色的教会必须充满爱国精神,以过失为过失——无论是国家性质的或是国际性质的——本色的教会以热心努力在中国传布福音,为示爱于世界底惟一方法。本色教会不参与神学争论,虽然本色的教会也有信条,但它能以中国人底思想为思想,觉得宗教信条和神学争论是两件事,而不是一件事"。① 这一段话涉及本色教会的各个方面,包括经济、组织、神学与中国文化和社会的关系等。

许祖焕曾对上述说法作了如下的总结:"本色的教会,并不是建设在基督教以外的真理上的,是把基督教和中国古文化所孕涵的一切真理化合为一,使中国基督徒的宗教生活和经验合乎国土国风,而不至发生什么不自然的反应。"

关于为什么要有本色的教会,许祖焕总结了三条:一、为要合乎中国的国民性。要去除西方色彩,使基督教真理深深地立在中国文化传统和民族特质中,也使中华国性因基督教而实现其伟大深毅的蕴储,必须要有本色教会;二、为要统一中国的教会。中国教会因受西方宗派主义影响而四分五裂,这本不是中国人创造的。为要得充足的力量以拯救中国,不得不有本色的教会。三、为要发展中国的自由思想。中国教会受到西差会遗传仪式教理及其他种种压制,束缚了我们活泼的思想。只有有了本色教会才能发展中国人自己的思想。

赵紫宸的说法是:"我们所以要急急乎改弦更张,走这一条新路,

---

① 赵紫宸:《本色教会的商榷》,《青年进步》,第76册,1924年10月,第8—9页。

也有许多原因存在。我们生成爱我们底习惯风俗,我们生成爱我们底遗传文化,我们懒惰地依傍他人,有时不免要战栗而恐慌。况且由西方移植来华的基督教,直到现在还不曾入土生根,直到现在还是在人工保护之下,还是在人工的热气和潮气底营养之中,试问维持这样的现状,能不能使基督教在中国继续地生存而发育? 今日中国基督教有两个很难应付的问题。一方面它要适应新的环境,要对付非基督教的运动和中国思想家之理性的态度与批评的精神。一方面,中国教会须有本国的领袖人才,但现在他们所用以羁留领袖人才底手段不得其法,同时又不能增多领袖底数量,以跻求供于两平。中国基督教会处此两难之间,而又正值中国人民逐渐觉悟底时期,所以一般真正爱中国者和爱上帝者,遂觉本色教会不可一日迟缓。"①这里他不仅说明了为什么要有本色教会,而且也表明了为什么当前如此急需本色教会。

对于如何创造本色教会,也有各种不同的强调点。全国基督教大会的《宣言》说:"我们请求国内耶稣基督的门徒,通力合作,用有统系的捐输达到自养的目的,由果决的实习,不怕试验,不惧失败,而达到自治的正鹄。更由充分的宗教教育领袖栽培,及挚切的个人传道,而达到自传的目标,我们宣言,时期已到;吾中华信徒,应用谨慎的研究,放胆的试验,自己删定教会的礼节和仪式,教会的组织和统系,以及教会布道及推广的方法。务求一切都能辅导现在的教会,成为中国的本色的教会。我们请求现在中国教会里服务的西宣教师领袖,用切实的指教,辅助中华信徒,俾能当此大任,更使中华信徒,在他们试验中,得有不受限制的自由。"②对此,许祖焕总结为四点:1. 放胆地去试验宣传;2. 删

---

① 赵紫宸:《本色教会的商榷》,《青年进步》,第76册,1924年10月,第9—10页。
② 转引自许祖焕:《如何创造中国本色的教会》,《神学志》,1924年,第10卷第4号,第97页。

定教会的礼节和仪式、信条;3. 有系统的重新组织;4. 与中国文化所孕涵的真理融合。①

上面讨论的可以说是有关本色化的核心内容。围绕这一核心问题具体的涉及某些方面本色化的讨论范围则是十分广泛的。

在进行中国教会本色化的探讨中,许多文章都继承新文化运动的批判精神对中国教会所存在的不符合本色化的缺点一一指明。一些人将基督教与佛教相比,两个宗教同样都是外来的,由于佛教中国化了,因此就无人把它视为"洋教",而基督教因没有中国化,因此始终被中国人视为"洋教",其原因主要是基督教的西方色彩太浓,从教堂建筑至堂内陈设,及各种礼节、规矩无一不是西式的;教会组织中,西人与中国人地位相差悬殊,不平等的地方太多;礼拜次数太多,反而使人产生逆反心理;基督教排斥中国的儒释道等教太过,与中国人素来主张的宽容精神不合,难以同化中国人;对《圣经》的僵硬态度,认为《圣经》"不可增加一字,不可减少一字","这种传道法和《圣经》见解足以引起反影,连咀嚼消化都不能,又怎能同化呢?"此外还有宗派的区分太严等等。② 还有人指出中国"在城市的教会,不能养成领袖人才。"原因是一些基督徒男女学生,从普通学识到宗教道德都不尽如人意;而一些有识之士,教会又没与之沟通,而且教会的种种弊病,使他们失望,使教会得人难。而"乡村的教会,不能供给群众的需要",往往"不是毫无生气,便是任凭教友倚仗势力,欺压平民",这样的教会,"没它不嫌其少,并且有它转嫌其多"③。还有一些文章对教会学校、青年会等持激烈的批

---

① 转引自许祖焕:《如何创造中国本色的教会》,《神学志》,1924年,第10卷第4号,第95—97页。
② 萧暄:《中国化的基督教》,《生命月刊》,第3卷第5册,1923年1月,第1—3页。
③ 吴震春:《论中国基督教会的前途》,《真理周刊》,第11期,1923年6月10日,第2页。

评态度。如吴耀宗在《中国的基督教学生应当作什么》①一文中指出，学生青年会是从西国移植过来的，并不是学生从需要中自然的、自动的产物，因此每每有"削足适履"的毛病。而教会学校那种外国空气，外国管理法，难以使中国基督教学生运动成为真正中国的、活泼的运动。吴雷川在《对于教会中学校改良的我见》②中指出教会学校对中国的教育制度起到过重要作用，但由于教会的保守性太重，"自从国家遍设学校之后，教会学校的进步，反而迟滞"，大部分已不能应付社会的需求。

教会存在的问题中，较多涉及的是教会自立、教牧人员的培养和教会的文字事业，而神学上的本色化却较容易为人们所忽略。《神学志》在这方面作了开创性的工作。1923年春，该刊以"如何应用书本上神学到社会上去？"为题开展讨论，开始了神学本色化的探讨。罗锡暇认为"近来提倡基督教之中国化言论，连篇累牍，相望于教会的出版物中，惟对于保全宗教、宣传宗教的神学，从未见有提倡其中国化的；岂是西洋式的基督教会不可行于中国，而保全此西洋式的基督教会、宣传此西洋式的基督教会之神学，独可行于中国吗？神学与宗教是互相因缘的，难道宗教该民族化，而神学不应该吗？故兄弟以为提倡基督教之中国化者，当先提倡神学之中国化；若神学是中国化的，基督教自然成为中国化了。"③神学本色化最重要的就是要与中国社会相结合。"中国的民族性与西国的民族性，多有不同的地方，这是尽人皆知的。耶稣欲救世人，住在世人中间，然后能成其救世之志愿。今日中国所有的神

---

① 吴耀宗：《中国的基督教学生应当作什么》，《真理周刊》，第10期，1923年6月3日，第1页。

② 吴雷川：《对于教会中学校改良的我见》，《真理周刊》，第16期，1923年7月15日，第1页。

③ 罗锡暇：《如何应用书本上神学到社会上》，《神学志》，1923年春，第9卷第1号，第11—12页。

学,若不是社会化了,断不能拯救社会改造社会";"社会化的神学,一方面能培植人群的公意,以维系人心,而解决社会纷纭的现状;一方面能创造崇高的新信仰,以指导社会,而从根本上铲除社会空气的恶劣"。①但今天神学校所通用的课本"不是玄妙莫测的理论,便是陈腐不堪的神学;不是佶屈聱牙的译文,便是弯弯曲曲的原文",都是"社会上应用不着的"②。那么"怎样的神学才是中国社会化"的呢？他说,简单地说,就是"与中国的社会有互助的精神和血统的关系的神学。他不是因袭西国或古或今的神学,也不是以宗教为出发点而仍旧归宿于宗教与社会全不相关的神学;他是联络基督教与中国社会的摆渡船,一方面以中国社会为编著神学的背景,一方面以中国社会的宗教化为编著神学的终极目的"。③与此同时神学校的制度和神学的研究方法要改革。神学研究者要把神学应用到社会上去就要做到三点:一是要"明悟",对书本上的神学有个明悟的了解,知其来龙去脉,使之心如明镜,随感而应,无物不照。二是活化,对书本上的《圣经》真理要活化过来,然后宣传出去,把基督的人格逐渐融化在自己的生命里,何愁人心不重生,社会得不到改造。三是宣传,包括文字、语言和人格这三方面的宣传。

如果说罗锡瑕主要还是从理论上探讨了神学如何与社会实践相结合的话,那么王善治、沈亚伦等人则除了理论层面外,还对神学应用于社会有具体的建议。如沈亚伦提出在仪式上,"牧师讲经必要穿礼服,祈祷要屈膝,听经要站立,献捐要拱手,最好礼拜堂内不用坐位,当用洁

---

① 罗锡瑕:《如何应用书本上神学到社会上》,《神学志》,1923年春,第9卷第1号,第12页。
② 同上书,第11页。
③ 同上书,第16—17页。

净的地毯,排列蒲团"。① 家庭布置也要合中国人的心理,可用牧羊图代替百马图,撒马利亚妇人打水图代替美人图。宣传时可用中国人喜闻乐见的诗歌等形式,如赞美诗可采用现在社会上所欢迎的曲调,如中国的孟姜女调等等。王善治在《实用神学》一文中提出基督教教堂内可采用佛教布道的设置,如设香炉烛台等物,以显明中国教会的本色化。基督教的教堂内,可有木主式的神位,上写"天父上帝"的字样,"神位前设一香案……案上可陈设十字架,或耶稣十字架,或耶稣别项绘像一具,且当在'天父上帝'之右,以符《圣经》之言,凡圣餐杯壶盘碟,和盛洗礼水盂,收捐囊等件,都置于案上。此外亦供小香炉一只,烛台一对,以备礼拜时焚香点烛",②讲经台设在香案的右下角;香案左下角则置乐器和唱诗班。礼拜时要有"礼拜秩序",宣教师穿制服,教友列成雁行等等。该文发表后在教会内引起了激烈的争论。有的表示赞成,有的是部分赞成,但更多的人表示不赞成。赞成者中则有的已实施,如南京下关基督教丛林就采取了佛教形式。不管教会信徒赞成与否,这场讨论本身的进行以及少数教堂在这方面进行尝试都说明神学本色化问题在中国教会正逐渐引起重视。

在这些本色教会的讨论中,中国教会的自立问题始终是教会关注的重点。根据《中华归主》的记载,"中国传教事业,每年要花 1200 万元,可是中国信徒所能担任的,不过 100 万元……信徒中呢,14 人中就有一个领薪水的职员。在欧美各邦,实无此等比例"。③ 因此中国教会如何自立,如何使差会的教会改变为自立的中国教会,即做到"自理、

---

① 沈亚伦:《如何应用书本上神学到社会上去?》,《神学志》,1923 年春,第 9 卷第 1 号,第 23 页。
② 转引自《关于礼拜仪式的讨论》,《神学志》,1923 年夏,第 9 卷第 2 号,第 168 页。
③ 宝广林:《中华学生立志传道团的现状是否适合于将来的要求》,《生命月刊》1923 年 1 月,第 3 卷第 5 册,第 1 页。

自养、自传"，是达到中国教会本色化的一个极其重要的问题。不少人认为经济自立是本色教会的第一步，但如何实行则是极难解决的问题。许多中国教会领袖对此不无忧虑。张钦士就谈到了这一点。他说仅北京教会各基督教机关每年用费达 300 万，"但中国信徒所担任者尚不及十二分之一。基督教运动的最终目的，不是要造成中国本色的教会，以耶稣的精神改变中国社会么？试问北京平信徒中能时刻为教会思想谋划者共有几人？他们是否有坚固的团结，自动的事业？设若明天在北京所有的西教士和由西国捐来的款项，同时撤回，北京的信徒能否继承他们使现在北京各基督教机关所办的事业照常进行？"①还有人指出"教会的自养声浪，多年就充满了耳鼓，直至如今，依然还是襁褓婴孩，在许多事实上，还是要仰给西国差会。间有自立自养的教会，其中有些不过有自养自立的名目，没有自养自立的精神，甚至或属沽名钓誉，或假此而排外罢了。"造成这种现象的主要原因是西方传教士。他们用金钱支撑教会，教会的主权自然就落到西教士手中，中国信徒惟命是从，久而久之，自然就成为一种不知责任心的教会了。②

为达到自养的目的，不少教会人士纷纷献计献策，总起来有四种：一是差会逐年减资，迫使中国教会逐渐养成自立习惯。如以 10 年为限，每年差会减少 1/10 的资助，10 年后，则全由中国信徒负担。二是奖励捐款，达到一定自立程度（例如可分为完全自立的自理会、半自立的协理会和 1/4 自立的辅理会等）的地方教会方准予立牧师或给予其他荣耀奖励。以这种方式刺激信徒捐款。三是学佛教置恒产的办法，使教会每年有基本的固定收入维持生活。四是如果本地教会信徒实无自立能力时，可向他会信徒广为募化，这虽不能算是真正自立，但至少

---

① 张钦士：《北京教会当作什么》，《真理周刊》，第 9 期，1923 年 5 月 27 日，第 1 页。
② 萧慕先：《教会今日的急需》，《生命月刊》，1923 年 1 月，第 3 卷第 5 册，第 3 页。

不必仰仗差会。有人还对某地教会的经济行为作了具体调查和考察,探讨教会自养的途径。如简又文对广东张立才牧师组织的东山嘉南堂三益会进行了调查。该会主要是通过信徒集资,在省城建房,然后出租从中获利,再将每年红利中的20%归教会,由此不仅使教会自养,也使一些入股的信徒得利。这一做法很快不仅被广东许多教会所仿效,而且外省的一些教会也来粤取经。但也有人对此很有看法,认为这样做会使教会过分物质化,冲淡了灵性,总体上对于教会不利。简又文为此撰写了万言的《三益会与基督教》①一文,引起教会对如何达到自养问题的讨论。刘廷芳对此文的评论是:"简君做这篇文章的动机,目的和态度是正当的。三益会是很有研究价值的一种教会自养的实验。三益会虽是一省的实验,但是有推广全国的可能;因此不仅是粤省教会的问题,也是全国教会的问题。"②

以上种种方法都是想通过经济来达到教会的自立、自养,但也有人认为这些办法都不能从根本上解决问题,因为达到自立主要还不是经济问题,而是教会组织体制问题。彭锦章就持这一看法。他认为,通常教会组织的建立是要先有一批志同道合的信徒结合,然后再建立教会,例如使徒时代或欧美的教会均如此。"而今日的中国教会却不然了,先有的是房屋与组织,后有信徒。信徒是入教的。入教之后就守着一种规礼,在一个特别的房子里,按着一准的时期,礼拜,祈祷,歌诗。会中领袖人并没有告诉信徒们对教会负责,信徒也不觉得有什么本分。现在你要对他们说你们自立吧、自养吧,恐怕他们要说'不给你们做礼

---

① 简又文:《三益会与基督教》,《生命月刊》,第4卷第6册,1924年2月,第1—17页。
② 刘廷芳:《三益会和教会自养》,《生命月刊》,第4卷第6册,1924年2月,第1—3页。

拜了'!"因为这种教会并不是他们理想中的教会。① 由此提出建立新的地方教会不要首先搞建筑,"最好只遣布道人员宣扬真理,那堂屋的建筑与规礼的组织,等那信道的人多起来的时候,按着人类的群性,与社会的必需,自然要产出一种适宜的外围,就是那理想中的本色教会。这样的教会是按着他们力之所及,心之所安组成的。他们拜主的圣殿,或在信徒的内室,或在树下河边。既没有职员薪金的开销,又没有房舍修治的花费。这样的教会,用得着提倡自立么?"换言之,这种教会不但自立是自然的,而且完全是信徒自己的。至于差会所建的教会要改成自立会虽然困难得多,但也必须彻底改造,不合适的宁可取消,而不应去追求数量。具体而言,在未派住堂布道员的教会不要再派遣,在未曾盖造会堂的教会不要再建造,等信徒有了这一愿望由他们自筹资金盖。已有的礼拜堂如信徒无法承担住堂布道员的薪金,就要将布道员撤销,将房屋借给该地方信徒,由他们负起完全的责任。教会应教导信徒明白"礼拜"与"教会"的真义,并给信徒规定本堂礼制与管理本堂事务的实权等等②。还有人提出教会"为今之计,一方面应当造就创业的人才,以求自发自展;一方面当提倡义务职员,以矫正已往的弊病"③。总之,教会内一些有识之士为如何实施教会自立确实在想方设法。

另有人关注传教士及中国教会人才培养的问题。许多人认为创造本色教会最重要的就是培养本色的教会人才,如诚静怡就谈道:"要着

---

① 彭锦章:《对于差会改建为自立会的意见》,《真理周刊》,第7期,1923年5月13日,第1—2页。
② 彭锦章:《对于差会改建为自立会的意见(续)》,《真理周刊》,第8期,1923年5月20日,第1页。
③ 宝广林:《中华学生立志传道团的现状是否适合于将来的要求》,《生命月刊》,1923年1月,第3卷第5册,第1页。

手这种伟大的事业,我们必要得许多受过教育和训练的领袖"。① 赵紫宸较为系统地论述了中国教会领袖人才与本色化的关系,认为如今中国教会最急切需要的有两种人:一是本色的牧师,一是本色的著作家。以往教会虽然栽培了人才,但有许多不能用,因为"教会从来不曾想到本色教会这个问题,所以从来不曾预备本色教会底领袖人才来应付这个时局"。因此"教会不曾训练出一种中国人才,即能充分尊重本国的文化,充分了解祖国精神遗产底特质。教会已把中国人变成了半性的外国人"。而"如果没有中国领袖人才,就没有本色教会,教会就不能经济独立,就不能自治,就不能自传。可是领袖们若不深知中国文化底精义,和中国精神遗产底特质,也就不能产生本色的领袖人才。"②他特别强调中国教会领袖必须懂得中国文化和中国人的心理,这是中国教会本色化的根本。他说:"倘如教会领袖不能充分地欣赏和了解那久浸淫于中国历史和习惯中的中国人心理,那教会就不得说是本色教会;倘如没有一个能使中国人在中国的风俗习惯中过基督徒生活底本色教会,基督教在中国就不能有深固的根基;倘若基督徒生活不能适应本国人底禀赋,基督教的国家和基督教的人民就不能存在。"③这些都充分表明培养教会人才与教会本色的关系是生死攸关的。

在新文化运动中,教内外人士对中国的教会领袖,特别是传教士问题都愈来愈关注,其原因据刘廷芳的分析主要有两个:一是基督徒因外界的刺激和自己知识的进步,慢慢地发生了一种对教会关注的自觉心,由此发起了对教会的批评,而首当其冲的是批评传教士;二是新文化运动鼓励人们研究问题,宗教成为研究哲学、反对宗教和关心时局的这三

---

① 转引自许祖焕:《如何创造中国本色的教会》,《神学志》,1924 年,第 10 卷第 4 号,第 96 页。
② 赵紫宸:《本色教会的商榷》,《青年进步》,第 76 册,1924 年 10 月,第 11 页。
③ 同上书,第 12 页。

第七章　中国基督教全国大会(1922年)　233

派人注意的对象,他们在讨论宗教时当然会关注传教士。① 据他总结,教外人士对传教士的批评主要集中于两点:"一、宣教师的行为和他所说的不相称;二、宣教师所说的和现代哲学理不合。"②教内的批评则主要是认为传教士说教无能,没有学问,常说些"陈腐的旧货",使信徒听得没兴趣,得不到灵性的进益等。在非基运动影响下有些教内人士对西方传教士及中国教牧人员的批评相当严厉。心悟就曾这样说:"中国教会的领袖,实在没有学问和阅历,好像没有脊梁骨一样。只知道一味的供西国人使用,好在教会中占重要的地位。此种情形,在教会中到处皆见……实在与中国教会前途的发展,有莫大的妨碍。究其根本的错误,不只是在中国人身上,更是在西国人身上,因为从前有些西国人到中国来传教,不都是抱着传道的目的,不是实实在在的为造就中国人和谋求中国人的益处,是为一己的金钱,和国家的殖民政策的。所以现在中国教会的领袖,在西国教会势力的范围里的,务必要认清楚,不要为金钱和殖民的支使,使你们丧失自由。"他还谈到一些中国教会领袖凡事无主见,完全听命于西人,由此在社会上造成反感:"第一,人家要说,你们的使命,不是福音的使命,乃是金钱的使命。第二,人家要说是外国人的奴隶,试看非宗教同盟的宣言书,岂不就是这些现象招出来的么?"③还有人指出,西教士任人唯亲,不任用教会中培养出来的人,而是任用一些没有多少知识文化的亲信仆人。还有些人指出,中国"教会牧师,都在西国宣教师权力之下,受人的支配,未能发展他的志愿和工作;所以许多富思想,具才能的人,要做良好的牧师,也不能有机会;虽是他们缺少勇敢忍耐和毅力,也是西国宣教师欠容人度

---

① 刘廷芳:《宣教师的问题》,《生命月刊》,第3卷第3册,1922年11月,第1页。
② 同上。
③ 心悟:《对于教会用人才的我见》,《真理周刊》,第9期,1923年5月27日,第3页。

量"。① 这些都表明传教士如抱有私利只能成为中国教会本色化的绊脚石。

在围绕着传教士问题的诸多文章中,尤以赵紫宸的《宣教师与真理》一文理论性最强。他提出了一个最根本的问题,就是传教士最重要的品质是什么? 刘廷芳在介绍此文时说:"从各方面看来,宣教师的各种问题中最根本重要的便是他所宣的教,换一句话说:他所宣传的是真理否?"并认为"已任职的宣教师可用这篇文章来做自己的'测量尺',量一量自己的程度,问自己是否配作宣教师?""不任职的基督徒,也当研究这篇文章。教会不是宣教师独有的,是基督徒公有的教会"②。

该文原为赵紫宸为 1922 年夏天在牯岭召开的全国立志布道团会议准备的讲演稿。后来他因病未能参加,不久便被《生命月刊》全文转载。该文不是就事论事地谈传教士的问题,而是从真理这一哲出发去谈,涉及较深的哲学和神学问题。从该文中还可看到赵紫宸是如何将宗教,或者说"基督教真理"与科学相调和,以设法适应新文化运动的。

全文分为四大部分:人如何得真理,真理的范围,真理有什么权威,宣教师应当实行真理。对于人如何得真理,他认为认识真理并无一定路途与时间,它需要人心中的需求和本身的预备。真理不是一个人的产物,也不是一代人的产物。"人的真理不是一成不变,乃是递演递进的概念"。认识真理的道路也断无固定的限制。宣教师应该知道"布帛菽粟,生老病死,天地文章,尽是真理驻驾之地,发轫之点"。真理的范围包括一切人生的范围。这里涉及科学与宗教是否矛盾的问

---

① 鲍哲庆:《牧师与其教会》,《生命月刊》,第 3 卷第 5 册,1923 年 1 月,第 1—2 页。
② 刘廷芳:《宣教师的问题》,《生命月刊》,第 3 卷第 3 册,1922 年 11 月,第 2 页。

题。他认为"真理的境界内,各种元素必须融洽,并且日趋融洽","科学的本务,是发明现象的因果;宗教的事功是保存人生的价值",两者采用的方法不同,结果不同,但并"不是冲突,实是各有境界,不是不能并存,实是真理相辅相成,成为圆美统一的必然"[①]。这就使宗教与理性科学相协调,这正是中国基督教为适应新文化运动时期的社会一个很重要的方面。他不仅在本文中,而且在其他文章中也强调一个坚持真理的宗教要不断变化与进化。宗教要与知识的进步相适应;宗教要有理性,不要和时代思想中最有价值的事实相反。因而宗教应是合乎伦理的宗教、重人格的宗教、合乎社会的宗教。[②] 只有这样的宗教才是把握了真理。

《宣教师与真理》一文不少方面直接与本色化相关。关于真理的范围,它指出:"真理的范围,必须扩充。凡以固定的三坟五典、四书五经治国的,其国必弱。凡以固定的神学经本教规礼仪宣教的,其教必衰。"由此他提出基督教不是经本的宗教,乃是以基督为中心,以生命为根基的宗教。"当基督教传入希腊的时候,希伯来的伦理精神与希利尼的哲学思想冶在一炉,铸成了极丰足的基督教。如今基督教布在中国,百十余年,教理教义与中国的文化,应否调剂起来,成为本色的宗教,是一个重要的问题。若要融和调剂,基督教现有的真理,又须重组一番。宣教师在教理重组的时候,很有艰难的责任,但万不该阻碍经验的进取。"[③]在提及宣教师与环境的关系时,他批判有些宣教师对环境采取"关闭、顽固抗拒、退守、空想、怨憎、鄙视的行为。以为这样才算

[①] 赵紫宸:《宣教师与真理》,《生命月刊》,第 3 卷第 3 册,1922 年 11 月,(著论)第 7—8 页。
[②] 赵紫宸:《我们要什么样的宗教》,《生命月刊》,1923 年,第 3 卷第 9 册,第 1 页。
[③] 赵紫宸:《宣教师与真理》,《生命月刊》,第 3 卷第 3 册,1922 年 11 月,(著论)第 10 页。

卫道,不知正所以谤道毁教"。① 他提倡宣教师要听取教外的言论,读教外的书籍,与教外人来往应酬,辩驳研究,采用各种方法探讨真理。也就是说真理的探讨是不能脱离社会现实而闭门造车的。他认为传教士"要救人,须先自救;要传真理,须先得真理,先成为真理","他要传福音,他必须化福音;他要讲基督,他必须化基督;方才有切实的上帝的谕旨,可以宣布。不然他便没有话可讲,讲的并不是话,他也并不是真的宣教师……基督曾经约翰化,保罗化,故有千千万万圣徒的丰功伟业,基督曾经希腊化,罗马化,欧美化,故有希腊、罗马、欧美的见解,宣言制度,事功。如今基督教传入中国百十余年,尚不曾受中国的宣教师化,中国的文物化,心理化,中国将如何透入基督的生命而为基督教国呢?"②赵紫宸的这些阐述把传教士要宣扬的"基督教真理"与中国化密切相连。也就是说,如果传教士所讲的内容不能与中国社会文化相融洽调和,不能中国化,那就无法将基督教真理传给中国人。在他的文章中多处提到宣教师要宣讲真理,本人的道德行为至关重要,如"宣教师行为端正,存心正直,偶然失败,亦不得视为失败,或竟是成功的起点"。③ 而如果宣教师"威权独尊",那对他们能否认识真理倒要怀疑了。本文不仅对宣教师本人的品质提出了很高的要求,而且还要求他们在宣讲基督教真理时必须中国化。

在本色化讨论中另一个重要方面就是基督教如何与中国文化结合,包括如何改革中国基督教文字事业,如何与中国传统文化结合。许多文章都谈到基督教文字事业直接对中国教会的生存与发展有着极其重要的意义。但在这方面教会现在存在极大的问题。有人指出教会不懂得文字的重要性,没有培养这方面的人才,缺少中文参考书;教会言

---

① 赵紫宸:《宣教师与真理》,《生命月刊》,第 3 卷第 3 册,1922 年 11 月,(著论)第 14 页。
② 赵紫宸:《宣教师与真理》,《生命月刊》,第 3 卷第 3 册,1922 年 11 月,第 17 页。
③ 同上书,第 18 页。

第七章 中国基督教全国大会(1922年)

论多受限制;出版物的经济权由西教士掌握,他们不懂中国的风土人情,难以把握什么是好的文字等;①教会学校不重视国文,导致"基督教的文字,粗犷鄙俗,佶屈聱牙,不合人们的心理和时势的需求"②。为此不少人提出了改革方案,如提倡教会学校应当重视国文,必须将国文列为首要科目,请大文学家为教习。在教学中要采用语体文教科书,学校要设中文藏书楼,大学应中西并重,设国文专修学校等③。还有人提出教会要组织强有力的机构,从事提倡和培植中国基督教文字事业,培养从事文字的人才,鼓励爱好文字的人,如给予神学院教师或学生写作时间和练习的机会,如通过讨论会,互相切磋,还可以通过征文等形式多方面给予支持。也有人直接提出:"今后中国基督教文字的机关非华人自办不可,因为纵令西人谙习华人人情文理,而中国人的特色总是染的不多。而且一块儿办时,手续杂乱,难洽心意。"④

在众多的有关文章中,赵紫宸的《基督教文字事业的前途》⑤一文理论性较强。他首先谈到中国文化与基督教的关系,及文字事业与基督教中国化的关系。他说:"有生能的机物,从一种地土移植在他种环境中间,它的能否存活发展,全视乎它能否与新境中的势力材料互为转移,适则存,不适则亡,能适新境,则新境也相与为适了。文化的迁移,亦是这样,西方文化侵入东方文化,倘能互相应合,彼此婚媾,则其结果,必有一种非东非西,亦东亦西,交融调剂的文化产生出来。基督教

---

① 彭长琳:《中国基督教文字事业的问题》,《生命月刊》,第3卷第2册,1922年10月,第4—5页。
② 曾郁根:《中国基督教文字事业》,《生命月刊》,1924年6月,第4卷第9—10册,第9页。
③ 同上书,第10—12页。
④ 许光迪:《中国基督教文字事业的问题》,《生命月刊》,1922年10月,第3卷第2册,第11页。
⑤ 赵紫宸:《基督教文字事业的前途》,《兴华报特刊》(20周年纪念),1924年1月,第112—118页。

自西徂东止于中土,已达百十五年;始则由完全西式的宗仰,侵入中国民众,继则此种西土的舶来物,与中华文化内部的觉悟,相对直视,在历程中发生了基督教在华能否存在继长的问题。教中有觉悟的分子,在于今日,不单是明切地透见这问题,并且也知道这个是问题惟一的解决方法。解决方法无他,便是要集合教中先见先觉的人才,不怀成见,共事研究,去寻找出基督教与中国的同异,设法使双方互相转移适应,以成耶稣不为废除,乃为成全的宗旨。基督教须经一番适境与使境适合本身的变迁。换一句说,基督教必须打入中国文化的中心,一方面则为中国化,一方面则为化中国,这种历程,在民族的自觉,文化自动的时期,更为明了亲切;假使经得过则基督教兴,经不过则基督教衰且亡,而其经过与否,在乎基督教中有人才方法与否,使它得到适应切当的指导。文字事业是方法中一个重要的元素,吾人不可不深加注意。"他认为要论教会文字事业必要问它的前途和基础,也就是"教会的文字一行一行,必为基督教与中国文化组合中经纬,而后乃尽其责任,达其鹄的"。他谈到早期基督教由于与希腊、罗马文化结合,才得以那样巩固。在随后的发展中又不断加入了新的因素,如十字军东征、文艺复兴、宗教革命、科学独立等等。今天中国基督教与中国文化,双方发生自觉自动的同化,也是依赖文字为媒介。

赵紫宸认为当今中国国内的形势是基督教与中国文化融合的最好时机。当今中国处于现代的文艺复兴(新文化运动)中,"基督教处于此时此地,既受非教运动的抵排,又生文化媾嫱的觉悟,宜乎在宣教、教育、社会服务、医药运动、文字事业上,大加整理,藉以侵入华人的思想,而占一个中心位置。即以文字事业一端论,其为基督教树立本色基础的机会,没有比今日更广大的了……假使时机迎面而交臂失之,那么我便因我的愚顽而不能设想了。"

接着他提出了基督教文字事业当做些什么,共有六点:"一、基督教当有文章书籍鼓吹新社会,俾理想的社会标准,远大的社会运动,得有促进新社会实现的势力。一切言论当向着今日中国的社会,酌量情势,对症下药……基督教文字,应当意图宣传社会福音,从人心的洗革到环境的改造……""二、教会应当侵占文化运动中一席地……训练人才,为文化运动整理国故,将中国民族的心灵遗传,宗教经验从历史堆里发掘出来。更将所发掘的与基督教的根本原理互相构结成为丰美生命的元素,以致中国文化因此而光昌拓大,基督教亦因此而昌炽繁茂……""三、教会文字在伦理学人生观社会观宇宙观上,必须速速地作实在的贡献,帮助中国社会收拾道德涣散的局势。""四、文字事业中间,包含着发达情性的事功。宗教的音乐、礼拜的赞美诗,以至于翻译、公共的祈祷,莫不应当正确的美化……今日的文化运动,实以文艺为要点,基督教文字,对此光景,万不可徒尚其质,而支离其文。文而蹙损,精神懈矣。""五、基督教的文字,当在教理神学方面,有创造介绍的工作……神学文字当有两重工夫;一则解释,使中国人能够了解其中甚深微妙的奥义,一则创论,使中国人自有宗教经验与哲学,得以涌现于教义范围之内。如此,则中国教会对于中国人理解的要求,可以有合适的供应。""六、基督教的文字事业当与教外的文字事业,合作并进……生命的方面,千态万状,而宗教与学术有互为辅协的必需。科学宗教……并无冲突……哲学与宗教关系更密……我们打破隔幔,使丽泽交流,其成就在文化史上,必当大放华彩……"这六点如真能实施,中国基督教在文字方面也确实达到本色化了。

赵紫宸深知以上六条只是理论上的探讨,要做到有相当的难度,由此他指出了中国教会在这方面主要存在的问题及解决的办法:一是文字界人才"寥若晨星"。而在这方面"万不能依赖西洋人",因为"西洋人但能作外铄的工夫,不能举内发的事业",因此中国人在文字上的领袖问题必须早得解决。他提出要识鉴、训练、联络来培养人才。二是要建立完全由中国人组成的文字机关,不受公会与协和的限制,这样就"没有领袖与中国文化、中华民心阂隔的弊窦"。三是经济,使怀才者与挟资者互通消息,彼此了解,以筹得基本经费。"假使中国人能够自筹经费,悉心创办,作基督教的文化事业,那么根基既奠,信用可立,西国同志,亦必愿襄助。""经济宽裕了,机关便可成立了,基督教的文字便可有结集的中点。"这三条都有较大的可操作性。实际上此后基督教文社的创建与赵紫宸的这一思想有密切的关系。

在有关探讨基督教与中国传统文化的结合方面,吴雷川和王治心等人在中国信徒中可称得上表率。他们的一系列对中国诸子百家与基督教的比较研究的文章,充分显示了教会在本色化过程中对中国文化愈来愈重视。

吴雷川认为,"凡是流行的宗教,从甲地传到乙地,若不是和乙地固有的文化,互相吸收,互相容纳,必不能进行发展"。因此基督教与作为中国文化代表的儒教的融合就非常重要:"现今在中国流行的佛教与基督两大宗教,我们希望他们在中国发展,就不能不承认他们有与儒教融合的必要。"①基督教经与儒教经至少有三方面相同:一《创世记》上帝造人与《中庸》"天命之谓性"所说的"同是一回事"。《创世记》第二章七节说的是上帝用地上的尘土造人,将生气吹在他鼻孔里,他就成了有灵的活人。而《中庸》第一章第一句:天命之谓性。宋朱熹注,命,犹令也。性,即理也。天以阴阳五行,化生万物,气以成形,而理亦赋焉,犹命令也。于是人物之生,以各得其所赋之理,以为健顺五常之德,所谓信也。所以两者所说的是同一回事,"而文字的外表迥然不同,也不过是文化发展迟早的关系罢了。"二是《以赛亚出》第十一章一

---

① 吴震春(吴雷川):《论基督教与儒教》,《真理周刊》,第43期,1924年1月20日,第1页。

至十节有关"耶西的根"预言基督与《中庸》第三十一章"想望至圣""不谋而合"。三是《圣经》中所谈及的"圣灵"与儒教经中所提的"仁"也是相同的。"基督教所谓圣灵,就是儒教所谓仁。如果将《新约》书里论圣灵的地方,与儒家论仁的地方,比较解释,大概都可证实的"。通过这三方面比较,他认为"一、基督教经,多有写实的文字。只要不为文字的形式所障碍,就能领略他的精神。二、基督教的道理,有一部分用儒书来证明,就可以解除多少遗传的迷信。三、不但在知识界里宣传基督教,有许多便利,并且儒教也可借此发明"。[①] 吴雷川在论述基督教与儒教能否融合方面强调"教"与"道"的不同点。要使两者融合并不是"教"的融合,而是"道"的融合。他说,"宇宙间道只是一个,而教的派别却甚多",因为"修道之谓教",教加入了"许多人为的功夫,必然要加入时代,地方,和人事上种种的关系,就不免渐渐的掩尽了道的本真"。"儒教的礼教,本是将天道规定于各种人事之内,使一般人有所遵循,而行之既久,一般人只知有礼制,而忘却礼制中所含的精意,礼教遂致为人所诟病。基督的教会本是要宣传耶稣所发明的真道,但因为偏重了人事的组织,又拘守了遗传的解释与教条,遂令信教者成为一种仪式的信仰,受买椟还珠的讥诮。这都是一般人知有教而不知有道的弊病"。他还认为,教是一般人的说法,而道则非一般人所能领悟。世间本是庸众人多,使孔子和耶稣所传的道受了多数人的牵累,偏重了形式而缺少精神,"但教的成立,如果以道为根基,无论末流如何衰微,而道的根基,却永不能毁坏。因此要挽救教的缺失,除了重新发明道的真相,别无他法"。接着他从"论信"、"论诚"、"论忠恕"这三方面将基督教与儒教作了比较。认为基督徒最单纯的信仰,就是以耶稣的人格为中心。他论证了《中庸》中提到的智仁勇,正与基督教的信望爱相一

---

① 吴雷川:《基督教经与儒教经》,《生命月刊》,1923年3月,第3卷第6册,第1—6页。

致,而做到这些就是一个完人。同样,《中庸》中所提到的诚,多半与基督教论上帝的话语相合。"基督教以爱上帝爱人为道的总纲,儒教也是藉着忠恕,完成道的一贯。在立教的本旨上,显出共同之点"①。不仅如此,吴雷川还认为"不独基督教、佛教,要各自与儒教融合,并且基督教与佛教,彼此也要互相融合。譬如有甲乙丙三人,不独是甲与乙丙二人为至友,更要乙丙二人也为至友,然后能成为三人结合的团体"。他全文引证了原为基督徒后皈依了佛教的张纯一的《不读佛经不知基督教之短长》。张纯一在这篇短文中写了十事十四例,认为东方人欲研究基督教当先知十事,包括当日犹太文化远不及中国等,还认为必须吸收东方宝贵文化以改造基督教,并列举了十四例,如"当知耶稣实早知欧美人根基未熟,难闻佛老精深之道,特乘愿降生于犹太,预备为西方转法轮"等,在称赞佛法的同时,对西方人传来的基督教提出批评,认为他们蔑视东方一切佛菩萨圣贤为人,消灭了东方不少真正的文化,这绝非真基督教。真基督教的精髓与佛教的精髓是一致的,只因传道人违背了真基督教的精义,使之完全沦为"洋教"。在最后,他这样写道:"中国为宗教最完全之地,既为中国人,欲在中国求道或传道,则易书诗礼中的精微哲理,并老子文子庄子列子,管子之心术内业,韩非子解老喻老等,均属宗教要旨;墨子兼爱,尤似耶稣前身,必一一研究之,然后在中国传道,始与保罗在犹太人中当像犹太人之说相合。今传基督教者,在中国人中,完全不像中国人,而像洋人,是真基督徒之羞也"。吴雷川在引证张纯一的文章后认为,"他对于中国基督教所下的批评,却可以作传道的当头棒喝"。他还引证了佛教徒黎锦熙所著的《维摩诘经纪闻跋》的部分,认为"依他的眼光解释佛教,完全与基督教

---

① 吴震春(吴雷川):《论基督教与儒教》,《真理周刊》,第43期,1924年1月20日,第1—2页。

的精义相合"。① 这些都是与吴雷川强调通过"道",就能使基督教与中国传统文化相融合的思想相一致。

王治心采用与吴雷川相似的方法比较了"诚"与"灵"的含义,最后的结论是:"宋朝那些理学家所讲的'诚'字,含着很深邃的意义,不独可以把宇宙的原因,完完全全地说个明白,也可以示人以道德修养的简易方法。与基督教的道,实在很近,我们苟能从'至诚如神'的一句话来参证'上帝是灵'的意义,那么对于基督教的要道思过半矣。"②这里再现了历史上主张本色化的基督教传教士所提倡的"合儒"思想。他也对佛学进行了研究。关于为什么要研究佛学,王治心列出三点理由,概括起来是:一、佛教"学理既深,著作又富。我们基督教的著作实在比他不上"。一些知识界名流都深研佛学,而鄙弃基督教,因此基督教学者只有深知佛学,通过比较,将基督教的优点提出来,使人们有所认识。二、佛学思想在中国思想界由来已久,中国人绝大多数都间接或直接信佛,因为佛教成功地中国化了,并与新文化—科学精神接近。这也需要对它研究,以便"入虎穴得虎子"。三、如今是研究公开的时代,基督教"不能一味抱着门户之见,自尊自大"。佛教是基督教的劲敌,而为"以紫夺朱",必须对它加以研究,以对付知识阶级。③ 从这几点可以看出,王治心研究佛教或佛学的目的是更好地使基督教为中国社会和人民所接受,"不研究佛学,不足以传道"。其研究的目的"不是因为基督教不能满足我们的需要,要从佛学中取些材料来弥补,乃是要彰显出基督教来"。也就是通过将基督教与佛学作比较,明显基督教的优点。尽管如此,他还是承认佛学中有真理,基督教不能排斥它。例如在谈到

---

① 吴震春(吴雷川):《论基督教与佛教将来的趋势》,《真理周刊》,第44期,1924年1月27日,第1—3页。
② 王治心:《中国理学家所言之"诚"与基督教所言之"灵"》,《神学志》,1923年秋,第9卷第3期,第8—15页。
③ 王治心:《基督教与佛学》,《神学志》,1923年夏,第9卷第2期,第69—86页。

佛教的道德论时,他认为既有消极的,也有积极的。佛教中的布施实际上包括了基督教的周济和布道两事。而"佛家的忍耐功夫,实在是很可取法的"等等。他对中国传统文化所取的态度也与对佛教类似。①总体而言,王治心对待中国传统文化,包括已融入中国文化的佛教,是持一种开放的态度。虽然他的目的是通过这种比较研究更好地彰显基督教的优点,但在做这工作的同时,也使中国基督徒更了解和接近中国传统文化,为基督教摆脱"洋教"的丑号起了一定的作用。

基督教与爱国主义也是这一时期教会讨论较多的问题。刘廷芳曾针对教外反基督教人士批评中国基督教不爱国一事撰写了《中国基督徒爱国问题平议》②一文。文中分析了在国人中会造成这种印象的原因,其中谈到华信徒与西教士亲密的不少,而"这种亲密,有时候免不了妨碍华信徒爱国心的充分发展"。而造成这种亲密的原因有许多是一些华教徒得了西教士的好处,知恩图报的关系,但也指出在与西人亲密的华教徒中,思想完全独立的也大有人在。他们在"教会中办事不但丝毫没有阿谀取悦的丑态,而且与西教士作不客气的公直对付。不但不盲从,而且放胆反对。在国际问题上,着着不让西人。在国家问题,全以国民的天职为首务。中国教会中,现在这样的信徒,日日增添"。最后的结论是"批评基督教的人说基督徒不爱国,这样的批评是根据不充足的事实,和不精确的分析,不是公允的批评"。"中华的基督徒36万人中热烈的爱国者不少,不注意国事不能说不爱国,真正不爱国者,是极少数"。但他也指出"爱国心和个人的知识,及教育程度有密切的关系。华信徒的背景不同,有些原来的程度很低的,为国家前

---

① 王治心:《基督教与佛学》,《神学志》,1923年夏,第9卷第2期,第86—100页。
② 刘廷芳:《中国基督徒爱国问题平议》,《生命月刊》,第4卷9—10册,1924年6月,第1—8页。

途起见,必得提高他"。本文的最后落脚点是教会必须本色化,他说:"在外人治下的教会,说基督徒不爱国的评论,是免不了的。要免了这种冤枉的诬蔑,必须建立中国人自己的教会。""这样的教会,必须真正中国化,使入教的信徒一方面有清洁守道的人格,一方面要保护他们,使他们不作一种半中半西与社会人情背道而驰的生活。""根据中国的文化,参酌西洋文化的优点,重新发挥基督对于国家问题,根本的主张,使一切信徒,都能真正本基督精神,去爱国爱同胞,是今日谋中国教会革新的天职。能达到这个目的,才能算是创立真正本色的教会。"也就是说,只有本色化才能消除教外人士的批评。也只有本色化,才能使中国信徒有独立的人格。本色化最终要达到的目的是使信徒爱国爱同胞。

还有一些基督徒批驳了受西教士影响的某些华教徒存在的错误思想,即认为"基督教既然以世界和大同为量,就不应当说爱国"[①]。他们指出这种思想"是大大的差误了。上帝的旨意要我们生长在这一国里,所以爱国是我们的天职。爱自己的国并不曾含有仇敌别人的国底的意思。这样爱国并没有和世界大同的理想有什么妨碍"[②]。赵紫宸也说:"不爱国而谈爱世界的人,为人是妄人,为言是妄言。徒爱其国,而把别国为鱼肉,别国文化为刍狗的人,为人是贼人,为言是贼言。"[③]

一些中国信徒还就如何救国展开了讨论。这种讨论较之五四时代更有可操作性。有人提出:"中国今日亟需一个强有力的国民团体,监督政府,执行国民的要求和愿望……一方面督促政府执行,一方面尽力设法提高大多数的国民,使全国国民都有干涉政治的知识和能力,庶几

[①] 皕海:《中华基督教青年会今日的使命》,《青年进步》,第55册,1922年7月,第91—92页。
[②] 同上。
[③] 赵紫宸:《中华基督教的国籍问题》,《青年进步》,第73册,1924年5月,第15页。

一切问题,可以逐渐解决。"而中国的基督教在这里有了绝大的机会,并负有绝大的责任。① 也有人提倡爱国要从本身做起,如吴耀宗认为国民的根本责任不在于去督促政府,而是应提倡"第一是在我们本身的职业上,按我们本身所看为最善的,尽心去作。第二是拿国家的生命,看作我们个人生命的一部分,痛痒相关去研究,观察国家的一切的事情。"而要做到第二点关键的是公民教育,"有了公民教育,你不必提什么国民大会等等的,那真正民意的爱国举动,自然就会出来。救国不是发出一时的狂热,也不是随着大队去摇旗呐喊可以行的。救国不过是一般的国民,在平常的时候,作了两件平平无奇的事情的结果"②。也有人从具体负责的人群提出爱国的具体做法,如范皕海从青年会的角度提出当今的任务有三点,一是博爱主义,即服务社会面对处于危难中的国家;二是发挥基督教的平民主义,强调基督教不是资本家的宗教,因为耶稣就是个"劳动家",青年会要义务为平民服务,如开设半日学校或夜校等;三是青年会应振奋基督教的爱国主义。在谈及爱国时,他认为耶稣所持的主义是世界的大同,但爱国之情非常热烈。因此要用"爱国的工作指导青年。他本身不带什么政党的臭味。他也绝对的不偏向任何政党。他更不干涉政治。但他却要赤裸裸的培植青年的爱国心,即在他的德育,智育,体育,群育当中。这种爱国是确实的,是靠得住的。不是口头的爱国,不是笔尖的爱国,是从内心发出,低了头拼命去做的爱国"。③

在爱国精神的激励下,一些有觉悟的基督徒对外国传教士和差会

---

① 胡学诚:《我们今后对于国事应有的觉悟》,《真理周刊》,第46期,1924年2月10日,第1页。
② 吴耀宗:《国民的责任》,《真理周刊》,第46期,1924年2月10日,第1页。
③ 皕海:《中华基督教青年会今日的使命》,《青年进步》,第55册,1922年7月,第92—93页。

的治外法权问题提出了质疑和反对。这主要是由1923年5月山东临城事件引起的。当时有传教士被土匪绑架,一些传教士便以今日中国社会混乱,其生命财产得不到保障为由,要求本国政府增派军队,分驻教会,认为"除掉享受治外法权外,别无善法可保护他们"。① 在传教士的要求下,美国政府提出派军队帮中国剿匪,由此引起一些爱国信徒的不满。陈国梁的看法颇有代表性。他指出"在今日盛倡本色教会时代,此等问题,影响于将来者至巨。解决之法,当以华人之意见为主要的参考"。"庚子以后,西人势力大增,信徒中之无耻者,每多藉势凌人,劫夺侵压,屡见不鲜。官府畏事多袒之。即优良者亦多为分外行为,在社会上具特殊势力,另成一种阶级,较满人之于前清为尤厉。羡者有之,忌者有之,此教会之福乎?"现今则因临案一事,华府便提出出兵代为剿匪,由此他指出"今竟使中国因传教士而丧失其国家地位,不亦谬耶?""西教士今日所享之权利,所居之地位,为不合正轨的。继此以往,挟外力以谋安全,固非难事。其如玷污神圣事业,贻害中国国家社会个人何。"由此他呼唤道:"公平的正义的条约,你在哪里!"②这正表达了爱国基督徒对废除不平等条约的愿望。

也正是在爱国精神鼓励下,一些基督徒主张中国信徒应该积极关心社会与政治,指出这不仅是基督教教义本身所要求的,也是关系到中国教会能否生存的问题。例如罗运炎就认为基督教不是一个只养成信徒个人灵修的机关,乃是要直接服务社会的。个人与社会是不可分离的,"因为社会不良,则个人即必大受影响。所以基督先来改良社会,以便建设天国。""现在基督教在吾国的生命与效率,就是在乎他能不

---

① 陆伯衡:《外国差会的宣教师与治外法权》,《圣公会报》,第16卷,第23—24期,1923年10月,第16页。
② 陈国梁:《传教士与治外法权》,《真理周刊》,第35期,1923年11月25日,第1页。

能应付我国目前所最需求的;基督教在吾国是或存或亡,也全在乎他能不能供给我国多数和热烈爱国的,忠于主义,勤于服务,甘于牺牲的治国人才。"①

除上述问题外,教会合一也是人们关注的问题。1923 年金陵神学院召开了金陵神学大会,其中第七股讨论的就是教会统一问题。与会代表就此各抒己见,其中署名为炯的《教会之统一》②一文颇有代表性。它首先探讨了教会有无分宗派的必要,从信仰、教政和地理三方面作了分析,最后的结论是教会没有分宗派的必要。然后探讨了构成教会统一的障碍,认为第一是西人。中国教会把各宗派合起来并不难,但各西差会历史造成的信仰、遗传的门户之见连同"国界的歧视"却根深蒂固。"他们不单是宗派的竞争,简直是国家主义。以非必需的信仰,和国家主义合在一起,那就是现在中国教会的现象,然而负责任者,乃是西人。"③第二是大牧师。普通教友根据耶稣教导都赞成统一,但大牧师多淡漠视之,因为他们的出发点不是《圣经》,而是以各自的"权位和地盘"为根据。那么,教会如何可以统一呢?一是"对于礼制统一——自由"。也就是在礼制上不强求一致。如洗礼和仪制的繁简采取"因地制宜,各任自由"。如有人认为南京的基督教丛林仿效佛教能迎合中国人心理,提起人的宗教虔诚,但也有反对的。作者认为采用或不采用这种方法两者皆可。你不采用此法也不必反对别人采用。如各宗派都存宽容别人的心,那么为礼制而不能统一就不成问题了。因此,"统一教会,不必规定什么礼制,尽可任人自由"。二是对于事业的统一——合作。"1. 须注意协进会工夫。协进会是一个服务机关,本不

---

① 罗运炎:《基督教与政治》,《生命月刊》,1922 年 11 月,第 3 卷第 3 号,第 4 页。
② 炯:《教会之统一》,《神学志》,1923 年春,第 9 卷第 1 期,第 45—57 页。
③ 同上书,第 47 页。

是太上教会;所以协进会的任务就是把各教会联合起来。协进会应当规定教会的统一名称,称以基督教会,各宗派的名称一律除去。协进会选举会员及代表时,不按宗派,而以人才为标准,不然,宗派的界限永远不会消除。2. 宜协助国内布道。统一事业最好的练习,莫如国内布道"。但有些差会如监理会去东三省布道时不协同国内布道会,而偏偏打出"监理会"字样,使"东三省一片干净土,又要沾染了宗派的污点了。""所以协助国内布道会,就是教会统一的基础"。3. 宜合办教育。"金陵神学"将各公会融在一起的做法十年前遭到许多人冷笑,而如今已得到各方的肯首,"学生与公会,统统增了几倍",南京其他合办教育的也不少。"推至于各省合办的教育,都是成绩很好的,就本校论,学生的宗派虽然不同,而同窗数年,发生浓厚的感情,在将来教会统一,不无裨益"。三是对于经济的统一——自立。教会统一必须自立。各教会应该有自给的基本金,如同佛教的庙宇,各置产业等等。此文的特点是将教会的合一与礼制、布道、协进会、教育、经济自立等都联系起来,从中看出合一与本色化的关系。

此外,中国教会开始"特别着重乡村的教会事业",因为"大多数的国民与真中国还是在乡下,而不在大城,所以协进会已经积极的注重乡村的事业"。① 中国基督教与天主教以往一个较大的不同点是基督教一般偏重于城市,而天主教则较多地是在农村。如今在本色化的推动下,中国基督教会认识到农村教会的重要性,看到"中国数千年文化之精神寄托于乡村,故自古有贵农贱商之政令。中国有农村一百万,土地多在农家之手。中国有农民三万万人口,占全民之四分之三,其实力根

---

① 全绍武:《甚么是中华全国基督教协进会》,《中华基督教会年鉴》,第7卷,1924年,第65页。

深蒂固,不可侮"。① 正因如此基督教全国协进会于 1923 年成立了乡村教会与农民生活常备委员会,并派遣干事到各省如广东、四川、湖北、江西、浙江、山东、直隶等地基层农村巡视,以改进乡村教会的状况。该委员会提倡乡村事业的文字,据 1925 年《中华基督教会年鉴》介绍已出版的有:《乡村教会与本色教会》、《农村运动》、《乡村教会丛书第一册》、《乡村委员报告及五项建议》,还有英文的《教会与农业试验》、《教会与农民生活》、《农民归主的第一步》等,②并提出了对乡村事业的具体希望,包括"1.必使乡村教堂及学校为乡村社会服务;2.从事征求乡村义务职员,积极运动;3.各神学校各圣经学校负责训练乡村事业人才;4.举办乡村卫生运动"。③ 此外,基督教教育会也设了乡村教育股。一些教会联合机构也都设专门机关研究乡村事业,不少教会报刊纷纷刊登有关改造乡村教会及促进乡村布道事业等报道。一些报刊,如《生命报》、《中华归主》月刊、《教务杂志》(英文)都出版了乡村专号。青年会也着手研究乡村青年事业。教会还对乡村运动提出五点注意事项:"1.乡村归主为宣教事业未竟之最大工作。2.布道人才须乡村化,须受特殊训练,以应付农民之需要。3.乡村教会从树立之始即须自立自养,完全本色化。4.积极进行农民识字运动,能识字方可读经及增进常识。5.农民生活,须渐有解决方法,盖衣食足而后知礼仪也"。④ 这几点也正是乡村教会本色之根本。不少文章对乡村教会的状况作了具体分析,提出了改进乡村教会的一些办法和措施。以尤树勋的文章《乡村布道谈》⑤为例,它先分析了"乡村社会之情形"包括乡人的长处

---

① 钟可托:《中国教会概况》,《中华基督教年年鉴》,第 8 卷,1925 年,第 14 页。
② 李则灵:《中华全国基督教协进会三年以来之回顾》,《中华基督教会年鉴》,第 8 卷,1925 年,第 93 页。
③ 同上。
④ 钟可托:上引文,第 14 页。
⑤ 尤树勋:《乡村布道谈》,《神学志》,第 10 卷 第 1 号,1924 年春,第 53—67 页。

及恶俗,然后提出乡村布道工作,可以因地制宜,包括个人布道、逐家布道、庙会布道、水面布道、文字布道、影灯布道、随机布道等七种办法。提倡对乡村进行社会工作,包括通俗讲演、平民教育、农事知识、公益事业、施医舍药、赈灾济贫、设立地方和平会议、交际俱乐部等。接着又谈到乡村布道的注意之点,如语言通俗、多用故事、多讲伦理教训、宣讲吉祥福音、明察乡俗、谨慎语言、察其宗教心理等。而后提出对农村的医病逐鬼、求晴祷雨等事基督徒应该有的态度。还对于乡村教案问题作了客观公正的分析。最后谈了乡村布道人才问题。此文内容丰富,所提的建议切合农村实际,有很好的操作性。有一批诸如此类的文章,对推动农村教会的发展有一定的作用。由于农村教会的发展与本色化关系最密切,因此在这过程中又迫使教会必须走本色化之路。

总之,这一阶段围绕本色化的许多讨论和文章在深度和广度上都较之五四新文化运动时期有过之而无不及。而中国信徒对教会的某些批评,如对教会学校、治外法权、教会内信徒的质量等问题,也正是下一阶段非基运动中教外人士反教的部分内容。这说明教内的有识之士通过本色化运动对教会内存在的问题早有察觉和认识,而其后的非基运动又迫使他们更加深刻地去认识和行动。

第八章　收回教育权运动与基督教

第一节　第二次非基督教运动形成的背景

第一次非基运动主要是以青年学生为主，为期不长，只维持了几个月。从1922年3月发起，4、5月形成高潮，到7、8月学生放假时基本告一段落。到当年年底非宗教大同盟就销声匿迹了。

1924年夏，非基督教学生同盟再次组成，由此形成了第二次非基运动。这次非基运动因1925年五卅惨案而得到进一步发展，并一直持续至1927年大革命失败。其特点是：1. 非基运动与收回教育权运动和要求废除不平等条约紧密结合；2. 非基运动政治化，尤其在五卅运动之后。这不仅反映在政党的直接参与，包括共产党、国民党的部分成员和由部分少年中国学会的成员于1923年12月建立的"中国国家主义青年团"等党派，而且在这场运动中，基督教不仅被视为资本家的走狗，而且还是"帝国主义的走狗"，由此使这次非基运动与反对帝国主义的斗争结合起来。这次非基运动又可分成三个时期：1924年夏至1925年五卅事件前夕；五卅惨案后期；1926年秋至1927年春的北伐时期。

为什么第二次非基运动有上述特点？大体上有如下原因：

1. 马列主义的传播，尤其是列宁关于帝国主义的理论对中国知识界影响日益扩大。其原因：一是十月革命苏维埃政权的建立，给中国送来了马列主义。苏联曾于1919年和1920年两次发表对华宣言，声明取消沙俄时代与中国签订的一切不平等条约,这对当时的知识界有着深刻的影响。二是1921年中国共产党的建立,陈独秀、李大钊等人对马列主义的大力宣传。三是西方列强对华的霸道行径,激起了不少爱国知识界人士,包括国民党左派的反感,从而接受列宁的帝国主义学说。孙中山先生原来对西方列强抱有很大的幻想。但1919年和1921年的巴黎和会,西方列强无视中国代表的要求,硬将原德国在山东的非法权益转让给日本,再加上他们拒绝支持由孙中山领导的广东革命政府,反而给当时腐败的北京曹锟政权以各种支持。这使孙中山对他们完全失望,转而与共产党合作,于1924年实施了"联俄联共"的政策,同时在政治上也接受了反对帝国主义的思想。由此列宁关于帝国主义的理论在中国颇为盛行,特别是在知识界的青年学生中更有市场,并再次建立非基运动和反帝运动大同盟。这种反帝爱国行动在五卅之后更为激烈。这些运动密切与收回教育权的斗争相结合,爱国师生反对基督教正是以帝国主义的文化侵略为理论依据。

2. 新文化运动提倡的科学精神深入人心,促进了人们对教会学校的反感,要求回收教育权。新文化运动增强了人们对现代教育意义的认识,认为要国富民强,必须发展国家的教育事业。这是改变中国社会贫穷落后的关键所在。教育不发展,人民便会永远处于愚昧无知的境地,中国只能永远受列强的欺侮。教育与国计民生有如此大的关系,人们对被外国人控制的教会学校自然产生抵触心理。更何况教会学校强迫学生经常从事祈祷、读经等活动,更增加了深受新文化运动影响的知识界的反感。这种对教会学校的反感随着第一次非基运动的发展更有所增长,如蔡元培在1922年非宗教同盟的发言中就提出大学中不必设神学科;各学校中不得宣传基督教教义和举行祈祷仪式;以传教为业者不必参与教育事业等就是出于这一考虑。同年胡适、陶孟和、丁文江等人在济南召开的中华教育改进社第一次年会中提出了初等教育级议决案:"凡初等学校(包括幼稚园)概不得有宗教的教育(包括理论与仪式)。理由——儿童当此时期,感受力最强,而判断力最弱,教育家不应该利用这个机会,灌输'宇宙中有神主宰','上帝创造世界','鬼神是有的,并能赏善罚恶的'等等不能证实或未曾证实的传说。也不该利用这个机会,用祈祷、礼节、静坐、咒诵等等仪式来作传教的工具。总之学校不是传教的地方,初等学校尤其不是传教的地方。利用儿童幼弱无知为传教机会,是一种罪恶。"①

3. 新文化运动的爱国精神和第一次非基运动中的民族主义觉醒,增加了人们对教会学校的厌恶。尤其是对教会学校教育的目的是要使中国基督化的提法,更使一些反教人士反感。前面提到中华续行委办会组织全国各差会联合调查 1900—1920 年在华的传教事业,并写成了报告书《中华归主》,书中揭示了教会学校的学生自 1907 年至 1920 年间增加了 3 倍,达 24 万之多。1921 年洛克菲勒财团资助由美、英、中三方教会教育界人士组成的中国教育代表团对中国 36 个城市以及香港、马尼拉近 500 所各类学校所进行了为时 4 个多月的调查。1922 年他们写成报告书《基督教教育在中国》,认为教会学校要在中国长期办下去,必须进行改革,以便满足中国人和国内差会的要求,明确提出教会学校要"更有效率、更基督化、更中国化"。所谓中国化就是要使大学课程适合中国国情,为此教会大学必须更重视职业专业课程,如社会学、教育学、商业管理等。与此同时,应增加中国教师、行政人员等。为提高效率,要求调整统一教会学校,如大学要统一入学与毕业的标准,同一地区的同类学校应当合并。传教士也必须学习当地语言和接受专业培训,并建议差会给予大学以财政自主权。所谓的"更基督化"是为了满足差会和传教士的要求,他们认为许多教会学校的礼拜仪式和宗

---

① 转引自张钦士:《国内近十年来之宗教思潮》,第 271—272 页。

教课程已经完全变成了表面文章,由此调查团提出今后要任命最好的教师讲授宗教课程,并提出要开设少量的宗教必修课,建议多数宗教课程改为选修课,提出重要的是将基督教精神渗透到教会学校和各个领域。这些建议在反教人士看来,他们所强调的还是教会学校要直接或间接地传播基督教,其最后目的就是要使中国变为基督教的国家。与此同时,日本在奉天等省开设了大量的学校(1920年从幼稚园到大学已达450所之多),所设置的课程不只是宣扬日本文化,而且明显地鼓吹其在华殖民利益。这些都给中国知识界思想上造成了很大的刺激,从而迫切希望收回教育权。他们指出:"外人在中国办学,是由条约所取得的一种权利,与领事裁判权、关税协定权同是侮辱中国的一种行为。他们认定中国为野蛮国,为半开化国,所以有待他们来开荒。他们根本观念既错误,所以一切举措与态度无一不错。并且他们借教育为传教的一种手段……他们要给中国人自办的教育外,别立一个教育的系统。最后的目的,便是要在中国立一个教会教育的系统,使中国成为一个基督教化之国。"[1]1923年10月13日,少年中国学会通过了该学会纲领,第四条为:"提倡民族性的教育,以培养爱国家、保种族的精神;反对丧失民族性的教会教育及近于侵略的文化政策。"[2]少年中国学会的成员之一余家菊还撰文从国家主义的立场反对教会教育。首先他指出中国教育权的丧失是西方武力侵略的结果,而武力侵略的前驱则是传教的牧师。教会教育的目的正如在华教育调查团报告中所言,是为了"将来使中国成为一个'基督教国家'"。而中国是否需要基督教呢?接着他对中国教育调查团对中国的种种攻击作了批驳,并认为

---

[1] TSO:《教会教育盛行的原因》,原载《前锋》第2期,1923年12月。转引自杨天宏:《基督教与近代中国》,第225页。
[2] 杨效春:《基督教之宣传与收回教育权运动》,《中华教育界》,第14卷第8期,1925年2月,第4页。转引自王成勉:《文社的兴衰》,第15页。

所谓的基督教教化空洞无物。他指出教会教育的危害有三:一是侵略性的;二是制造宗教阶级;三是妨碍中国教育之统一。由此他提出教育必须中立,即不受任何宗教的左右。而要保持中立则要有具体办法,于是提出:一、要在宪法中规定教育于各宗教恪守中立;二、施行学校注册法;三、施行教师检定法;四、严格施行义务教育法规;五、"未经注册之学校之各级学生或毕业生,不得享受各该级学生或毕业生之权利。"以上五条中都有详细的细则,总体上都是不准学校宣传宗教。①

凡此种种为第二次非基运动奠定了思想基础。

第二节 非基督教运动的再次兴起——收回教育权运动

第二次非基运动的兴起可以说是从收回教育权开始。它首先从广州的一所英国圣公会办的学校——圣三一学校发起。起因是1924年3月有部分学生在非教会学校的影响下,要求成立学生会,实行学生自治。这一行动受到校方的阻挠。校方为此而提前于4月放假,还开除了几名学生积极分子。此举激起了全校大多数学生的愤怒,他们向社会发出呼吁,要求得到援助,"反对那奴隶式的教育,反对帝国主义者的压迫与侵略"。② 这一行动得到了广泛的同情和支持。共产党和共青团的刊物以及国民党的有些刊物都刊登了声援他们的文章,并提出了反对教会教育,中国政府收回教会学校管理权的主张。

圣三一学校风潮之后,广州公医学校、圣心书院都相继发生了学潮,一时间反对帝国主义的文化侵略的口号尽人皆知。同年6月18

---

① 余家菊:《教会教育问题》,原载《国家主义教育》,1923年10月。转引自张钦士:《国内近十年来之宗教思潮》,第332—336页。

② 《广州圣三一学生宣言》,原载《中国青年》第2集第32期。转引自杨天宏:《基督教与近代中国》,第245页。

日,广州学生联合会发表了《广州学生会收回教育权运动委员会宣言》,指出"教育侵略,比任何形式的侵略都要厉害得多",它"使中国学生洋奴化","忘了其种族、国家、历史、政治、社会的观念",因此"要求收回一切外人在华所办学校之教育权",并提出4条"最低限度"的解决办法:"1.所有外人在华所办之学校,须向中国政府注册核准;2.所有课程及编制,须受中国教育机关之支配及取缔;3.凡外人在华所办之学校,不准在课程上正式编入、讲授及宣传宗教,不许强迫学生做礼拜念圣经;4.不许压迫学生,剥夺学生的集会、结社、言论、出版等自由。"[①]

广州教会学校的学潮很快便蔓延至徐州、长沙、汉口、重庆、开封、福州、南京、湘潭等一些城市的大中教会学校中,并引起了教育家的高度重视和支持。许多教育家,如蔡元培、胡适等人对教会学校的宗教教育原本就持反对态度,余家菊等少年中国学会成员更是激烈地反对教会教育。因此他们都积极支持收回教育权运动。为此中华教育改进社于1924年7月在南京召开第三届年会。与会者人数空前,包括列席旁听者在内共计达1040人。这些人中有思想非常激进的国家主义者,如余家菊、汪精卫等人,也有较为温和的自由派人士,如胡适、章太炎等人。双方在如何收回教育权的问题上发生了激烈的争论,但最终基本上达成了一个妥协的《中华教育改进社决议案》。尽管如此,还有部分保留,这体现在最后第五条上。《决议》全文如下:"一、请示政府制定严密之学校注册条例,使全国学校有所遵守。二、注册分甲乙两种;凡学校及与学校相类之机关,须一律经过乙种注册;凡学校按照政府订定课程最低限度办理,并无妨碍中国国体情事,经视察无讹者,得行甲种注册。三、凡未经甲种注册学校学生,不得享受已经甲种注册学校学生所享之一切权利。四、凡外人借学校实行侵略,经调查确实,应由政府

[①] 转引自杨天宏:《基督教与近代中国》,第255页。

勒令停办。保留一条 五、凡幼稚园小学及中学有宣传宗教课程或举行宗教仪式者,不予甲种注册。前案议决保留,交董事会详细研究(1924年7月于南京第三届年会)。"①

会议闭幕后不久,国内出现了新的民族主义运动浪潮,先后在北京、上海、武汉、天津、湖南、山东等地建立了反帝运动大同盟。在这种形势的推动下,教育界收回教育权的呼声也更强烈。10月全国教育联合会第十届年会于开封召开会议,有代表19个省区的35名代表参加。会上讨论了众多提案,最后通过了两项:《取缔外人在国内办理教育事业案》和《学校内不得传布宗教案》。

《取缔外人在国内办理教育事业案》谈了取缔的理由:"外人在我国办理教育事业,流弊甚多。综其著者,约有四端。教育为一国最要之内政,外人自由设学,既不陈报我国政府注册,复不受我国政府之考核,此侵害我国教育主权者一。各国教育,各有其应具之本义。外人之民族性质及国家形势与我国不同,办理我国教育,自必扞格难合,此违反我国教育本义者二。况外人之在我国办理教育事业,情同市惠,迹近殖民,潜移默化,将至受日之教育者爱日;受英之教育者爱英;于美,于法,于德等亦然。独立精神,全被渐灭,此危害我国学生之国家思想者三。试更就外人在国内所设教育事业之内容考究之,主办人员,非多为宗教之宣传,即系有意于政治上之侵略,教育事业,其附属品耳!即如学校编制,大抵任意配置,学科课程,未能切符我国应具之标准,此忽视我国学生应有之学科者四。"取缔的办法有十一条:"一、外人所设学校及他项教育事业,应一律陈报政府注册。二、外人所设学校之设立事项,须合我国颁行各项学校规程,及各省现行教育法令之规定者,始准注册。三、外人所设学校须一律受地方官厅监督与指挥。四、外人所设学校之

---

① 转引自张钦士:《国内近十年之宗教思潮》,第338—339页。

教员,必须具有中国教育法令所规定之资格。五、外人所设学校征收学费条例所定标准,不超过所在省区私立学校所收之数为宜。六、未经注册各校学生,不得享受与我国学校同等之待遇。七、未注册各校,应由政府限令定期停办。八、外人所设学校举行任何典礼仪式,须遵照我国颁行学校规程办理。九、外人不得利用学校及其他教育事业,传布宗教。十、外人所设学校及其他教育事业,得由我国于相当时期内,收回自办。十一、自本案实行之日起,外人不得在国内再行加办教育事业。"

《学校内不得传布宗教案》中所言的理由是:"各级学校应设科目,本有定章,所以养成健全人格,发展共和精神,乃近来一般人士,每假办学名义,于校内传布宗教,强迫学生讲读经文,举行宗教仪式,颠倒错乱,失学校教育之本意,起社会观听之纠纷。设非严予禁止,殊不足以回末俗而策进行。"其办法有三:"一、各级学校内概不得传布宗教,或使学生诵经、祈祷、礼拜等事。二、各教育官厅,应随时严查各种学校,如遇前项情事,应撤消其立案或解散之。三、学校内对教师学生,无论是否教徒,一律平等待遇。"①

这些决议虽然形成,但并没有得到实施,其原因是来自多方的反对。按陈启天的分析,反对的主要有四类人:第一类是外国人——教会学校的外国校长、外国教师、教会的外国牧师,青年会的外国干事,以及他种外国人。第二类是中国教徒。第三类是教会学校出身的教育家。第四类是原与教会学校无大关系,不过暂且利用教会学校与外人勾结,增大自己的实力的教育家。②

---

① 转引自张钦士:《国内近十年之宗教思潮》,第 339—342 页。
② 陈启天:《我们主张收回教育权的理由与办法》。转引自张钦士:《国内近十年之宗教思潮》,第 343—344 页。

为推动这一运动的进行,《中华教育界》于 1925 年 2 月出版专号"收回教育权运动号",发表了一批教育家的有关论文,对为什么要收回教育权,如何收回等作了阐述。其中时任该刊主编的陈启天的文章《我们主张收回教育权的理由与办法》颇有代表性。

陈启天在文章中把收回的理由归纳为五条:一是从教育主权上看应该收回。教育主权是行政主权的一部分。教育是国家主权所关,国家生命所系,不可由外人所夺。教育主权包括三部分,即国办教育实现国家的教育理想;民办教育国家有考察监督取缔的权柄;凡无本国国籍的外国人,不得在本国领土以内设立任何学校,教育本国国民。这是英美德法日等国都实现了的。二是从教育宗旨上看应该收回。"一个国家的教育宗旨,至少要培养本国国民,延长本国国命,光大本国国运,任何特殊教育宗旨,不可与此国家教育宗旨冲突,致减少国家教育的效率,抹杀国家教育的根本。现在基督教教育既明说它的宗旨原在传教,即出了教育的范围。又说发展一种基督教徒的团体,即不是造就普通国民。又说化中国为基督教国民,更不是造就中国国民了。一言以蔽之,基督教教育是造就外国教徒的教育,与造就本国国民教育根本不能相容。我们承认了基督教教育,就要妨碍国家教育的推行,所以必须反对教会学校,绝对主张收回教育权。"三、从教育法令上看应该收回。中国自清末兴学以来,对于外人所设学校学生的出身,在法令上是不承认的。即使教会学校为本国人所办,其前提也须不妨碍公教育的推行;而教会学校宗旨既违反国家教育宗旨,办法又是各自为政,不受政府监督,这无形中摧残国家的教育。教会学校自小学到大学无不有宗教仪式,而宗教仪式为中国教育所不许,显然是弁髦法令。根据《中国基督教教育事业》中有关阐述表明,他们不按照国家教育标准行事,"有利于教会学校的就遵从,有碍于教会学校的就违反……一个国家的教育标准,与国家教育宗旨的达到,和国家立国精神的保持,是有密切关系的。私教育对于国家教育标准十分重要之处是应绝对遵从,不十分重要之处才可自由斟量办理。今教会学校对于国家教育标准,竟全反其道而行之。是而可以放任,何有国家教育之可言？是而可以不收回,何有中国教育之可言？"四、从信教自由上看应该收回。信教自由是近代各国宪法上的一个通则。保障此通则的根本办法,是要教育独立于各宗教势力之外,任何宗教不得借教育作宣传工具,设宗教课程,举行宗教仪式等。而教会学校则用种种方法强迫或引诱学生信教,有违宪法,必须收回教育权。五、从教育效果上看应该收回。教育的效果要看是否有益于所在的社会与国家。其标准是:1.能否继承固有文化的历史遗传。教会学校是外人设立,本身无中国固有文化的历史遗传,自然不能传授中国固有文化。教会学校中当权的是中外教徒,缺乏中国文化的素养,崇拜的是西方文化,不可能传授中国文化。教会学校存在的理由是为传教,也不会继承中国固有文化。2.对于国民意识的养成有无帮助或妨害。要养成国民意识惟一的要诀是在全国教育自小学至大学有共同的宗旨和一致的精神。而教会教育的宗旨是造就外国教民,中国教育的宗旨是造就本国国民,显然不同。宗旨不同,精神也就不同。教会学校培养的学生多半是"准洋人",足以破坏国民意识。总之教会学校的两大效果,一是推翻中国文化的历史遗传；二是完全破坏中国国民的意识统一。以上五点理由,"可以断定教会学校在中国是有百害而无一利的,至少也是害多利少,急应设法收回已是不容怀疑了。"

陈启天还提出了收回的办法:一、实行教育上的不合作主义。包括中国人不为教会学校做事,中国学生不轻入教会学校,已在校的则不参加宗教活动,政府不以金钱捐助任何教会学校,教育团体不与教会学校合作等。二、组织收回教育权的特殊机关。可由国民自由组织,如开封收回教育权促进会等；也可由政府特设,如由中央或省区组成的收回教育权委员会。他们各自行使自己的职责(本文中都有详细规定)。最后他提出了15条收回教育权条例草案,如外国人未得政府许可不得在中国境内办学;任何学校不得设宗教课程和仪式;所有中、小学校、幼稚园、师范都由中国人自办;教会大学酌量归并入中国自办的大学,不附宗教条件;凡未注册的私立学校,政府要限期封闭;教徒不得任中央及省教育长官和国立省立大学校长等等。①

胡适对教会学校的态度较之陈启天要温和得多。他认为基督教来华有三大难关。一是新起的民族主义的反动,提出取消协定关税,发展中国的工商业;收回领事裁判权;收回教育权;禁止外人在中国传教;废除外人在华一切特权等。这种反动是建立在80年列强欺负压迫中国人的历史,外人在华取得种种特权和租界的基础上,只要不公道一日不除,这些不平等的情形一日不去,这种反动就一日不能消灭。二是新起的理性主义的趋势。他们相信宇宙及其万物的运行变化都是自然的,生物界的生存竞争是残酷的,不存在什么超自然的仁慈的上帝。人不过是动物的一种,死后都要腐烂朽灭的,这是自然现象,不足使我们烦心。这种新理性主义的根本态度是怀疑,要人疑而后信。他的武器是"拿证据来",由此宗教,包括基督教的教义与信条也免不了他们的评判和攻击。三是传教士在中国生活的安逸,使来华传教的人鱼龙混杂,许多不该来的和不配来的都来了。基督教教育的前途决定了是否能过这三关。接着,他提出两点建议:"一、教会教育能不能集中一切财力人力来办极少数真正超等出色的学校,而不去办那许多中等下等的学校?"因为只有集中一切财力人力开办一二个真正出色的学校才能站得住。"二、教会学校能不能抛弃传教而专办教育?"因为"你不能同时服侍教育又服侍宗教。在今日民族主义和理性主义的潮流之中,以传

---

① 陈启天:《我们主张收回教育权的理由与办法》。转引自张钦士:《国内近十年之宗教思潮》,第342—365页。

教为目的的学校更不容易站得住。"理由有二,"一、利用儿童不能自己思想的时期,强迫他做宗教的仪式,劝诱他信仰某种信条,那是不道德的行为"。"二、为基督徒计,与其得许多幼稚可欺的教徒,还不如得少数晚年入教的信徒……给他自由思想的机会;他若从经验中感觉宗教的需要,从经验里体会得基督教的意义,那种信徒才是真信徒,一个可抵千百个的。圣奥古斯丁便是一个有名的先例。"他对所谓"教会教育抛弃传教,专办教育"作了注释,认为只要做如下几条即可:"1. 不强迫做礼拜,2. 不把宗教教育列在课程表里,3. 不劝诱儿童及其父兄信教,4. 不用学校做宣传教义的机关,5. 用人以学问为标准,不限于教徒,6. 教徒子弟与非教徒子弟同等待遇,7. 思想自由,言论自由,信仰自由"。① 胡适所言代表了当时自由派知识分子对待教会教育的态度。他们强调的并不是要求教会学校完全由中国人来办,而只是强调教会学校要办成一流的,并且不要进行传教活动,对教徒与非教徒的子弟一视同仁。

尽管教育界对收回教育权运动的认识不尽相同,但多数人同意教会教育不应灌输宗教,并主张教会学校应该注册,得到政府的认可。而真正实施这些建议是在五卅运动之后。

第三节　第二次非基督教同盟的建立和活动

第二次非基运动开始于教会学校学生收回教育权运动,但不久便引发了第二次非基运动大同盟的建立。1924 年 8 月上海首先再次成立非基运动大同盟,推举了柯柏年、高尔伯等人为同盟执行委员,通过

---

① 胡适:《今日教会教育的难关》,《中华基督教教育季刊》,第 1 卷第 1 期,1925 年 3 月,第 7—13 页。

了由吴稚晖等人草拟的简章,并发表了非基同盟《宣言》。这则宣言与1922年的宣言相较,突出了反对帝国主义的殖民侵略,把反对基督教的斗争与反对帝国主义和争取民族解放的政治运动联系在一起。

该《宣言》称,他们之所以反基督教及一般意义上的其他宗教,是因为它们都号召一个虚伪的和平观念和幸福观念,轻视现世之肉体的物质奋斗。让人不与暴君富豪斗争,"率全世界劳苦平民,信神安命。但知心萦天国,不妨身陷水火……各种宗教都有这些同样的罪恶,而基督教组织强大,其为害亦特深广,所以我们应该特别反对基督教。""在特殊意义上,我们更不得不反对基督教:封建时代基督教列在特权阶级……资产阶级自身成为特权阶级,遂转而保留基督教,利用基督教。第一是用他麻醉本国工人阶级,使其相信社会之贫富出于神意,不应以阶级之争,破坏现社会制度,致违神意。第二是用他麻醉被征服的殖民地半殖民地之民众,使其相信他们的兵舰军队,是为了赠送上帝的福音而来,是为了赠送教育及一切文化而来,不是为了抢劫金钱而来;使被征服的民众,对他们永远感恩戴德,不思反抗。资本帝国主义者保留基督教这第二个作用,正是我们中国人不得不特殊反对基督教之最大理由;神父牧师头里走,军舰兵队后面跟。《圣经》每页都写着'送枪炮来,送银子去'。八十年来这种传教通商的现象,我们怎能够忘记!""近年以来,他们布教方法日臻巧妙,由教会,而学校,而医院,而青年会,而社会服务团,而童子军,而平民教育,日益遮盖其布教面目,日益深入社会,迷惑无数青年。只看见他们拿来些学校医院的经费,而不看见他们拿去比这些数十百倍的投货投资的利益。此外更危险的是:一班神父牧师,他们回到外国,形容尽致的演讲中国人愚蠢之野蛮,好骗取捐款,因此益增外人轻鄙华人的观念。他们来到中国,无论是布教与教育,有意的或无意的,都宣传其国际资本主义的国际观念,以破坏中国的民族觉悟与爱国心。所以我国应该于一切宗教中特别反对基督教。"

该同盟的宗旨是:"秉爱国之热忱,具科学的精神,以积极的手段,反对基督教及其所办的一切事业。"规定的工作有:"一、文字宣传——刊行出版物等;二、口头宣传——举行演讲会等;三、研究——研究基督教及其所办事业之内容"。①

从这一宣言可以看出,它较 1922 年更突出了民族主义,或国家主义。这次上海的非基同盟组织也较之第一次完善,例如规定由大会推举五人组成委员会,委员会任期为一年。本同盟每年集会一次,并对经费等都作了规定。继上海之后,全国许多省市,甚至日本的中国留学生都成立了非基同盟,形成了一个以上海、广州、长沙、武汉四地为中心的一场声势浩大的非基运动。

据杨天宏在《基督教与近代中国》中对非基运动的分析,这一阶段反教人士主要开展三方面的活动:"其一,继续开展分析、研究、批判基督教及其在华传教事业的活动,将反对基督教的思想宣传引向深入。"运动的参加者,包括学生联合会、非基督教同盟、社会主义共青团、国民党、共产党、无政府主义者,都利用自己的各种刊物,如《中国青年》、《觉悟》、《向导》、《新学生》、《民国日报》等反对基督教。其间黄埔军校的学生也参加了反基督教的宣传活动。在他们的大量宣传鼓动下,国内舆论普遍同情支持非基运动。"其二,继续鼓动学潮,促进收回教育权运动的发展。"利用《非基督教特刊》披露教会学校内情,揭露其教育的目的,号召教会学校学生,或退出教会学校,或留校反教。"其三,在圣诞节前后发起'非基督教周'的活动",进一步扩大了非基运动的影响。

这次非基运动较之 1922 年的那次有加深政治化而淡化思想文化

---

① 原载《民国日报》(觉悟)1924 年 8 月 19 日。转引自张钦士:《国内近十年之宗教思潮》,第 376—379 页。

的倾向。它直接与反对帝国主义、废除不平等条约、收回教育权、反文化侵略等密切相联系。其组织化程度也较第一次高。这与政党的参与,特别是共产党的支持有密切关系。据杨天宏的研究,当时直接或间接参加第二阶段非基运动的中共领袖人物有陈独秀、瞿秋白、邓中夏、恽代英、萧楚女、蔡和森、毛泽东、周恩来、张秋人、唐公宪、李春蕃、施存统等数十人。其中一些人直接担任非基同盟的领导,如唐公宪、柯柏年(李春蕃)、张秋人、施存统等人均是上海非基同盟中的执行委员会成员。1925年1月在上海召开的中国共产党第四次全国代表大会上作出的一系列决议中就涉及积极支持非基运动中反教的新学生社等青年团体。在共产党的领导下,1923年8月社会主义青年团做出了在教会学校内建立反对基督教组织的决定,并在1925年1月的第三次全国团代会上通过了《反基督教运动决议案》,号召中国青年积极投身于收回教育权的斗争,取消教会学校,促进非基运动的深入发展。青年团的机关刊物《中国青年》刊登了大量文章,报道和指导非基运动的开展。国民党中也有许多人投入非基运动,如蔡元培、吴稚晖、廖仲恺、戴季陶、汪精卫、邹鲁、张宙等人都持反基督教态度。蒋介石、孙科等人则持支持基督教的态度,也就是不赞成非基运动。孙中山先生本人虽是基督徒,但一生严格奉行政教分离的原则。他"信奉基督教,乃重精神而轻形式,凡束缚之教义与教士之仪制,彼均不表同情",并且对自称信奉基督教而压迫中国的列强素持反对态度。他曾给友人写信时表达了这种思想:"彼信基督乃革命家及为铲除一切不平者。今日自称耶教国者,竟欲奴视中国,或压制其自己民庶,渠视之,与历史自称耶教徒者以基督教名义互相杀戮,或在今日以犹太最大人物之名义焚死犹太人者,同一可异云。"①正因如此,他对非基运动取持平态度,不介入,也不反

---

① 《孙中山先生是否基督徒真相之宣布》,《中华归主》,第51期,1925年4月10日,第3页。

对。这使国民党中一些人的反教行动只能是个人的行为,并不能代表政党的态度。尽管如此,一些国民党党员在非基运动中仍起了很大的作用,如吴稚晖等人。

非基同盟发表的大量反基督教文章都将基督教与帝国主义相连,并通过世界和中国历史来证明这点。在这方面李春蕃的《传教与帝国主义》和梅云龙的《基督教与中国》颇有代表性。李春蕃在文中首先列举了历史上传教与帝国主义的关系,从西班牙征服殖民地开始,其后的法、英等国无不是以传教开路实施侵略;然后又对中国外交史做了一番分析,从俄国与康熙订立通商条约,置宣教士于北京开始,英、法、德借教案瓜分中国,直至庚子教案,中国巨额赔偿,"都可证明帝国主义之利用传教为侵掠之手段"。而后又从法、意、德等国争夺保教权,说明传教是帝国主义侵略的手段。结论是:"基督教是帝国主义底先锋,是外国帝国主义侵掠中国的手段,历史的事实,已显明的证实。基督徒若要否认这话,请你们先否认历史的事实。如不能否认历史的事实,请不用空说许多好听的话。因为我们是不会受骗的呵!"①梅云龙的文章将基督教自利玛窦传入中国以来分为三个时期。第一个时期是从1582年明神宗时代至1841年鸦片战争,基督教呈衰落退化趋势,对华无任何影响。第二时期从1842年鸦片战争至1900年庚子联军。第三个时期是从1901年至1924年。后两个时期,在华的基督教由衰落而进于中兴,且中国外交失败一次,基督教的势力便发展一次。原因是17、18世纪西方由工业革命后向海外扩张,先占领了南美洲、大洋洲。当时还无力东顾。而到19世纪中叶则发展到经济帝国主义,原来的市场已经不够,他们便向极东发展,闯入中国。其第一步就是利用基督教来做他

---

① 李春蕃:《传教与帝国主义》,原载《觉悟》,1924年8月19日。转引自张钦士:《国内近十年之宗教思潮》,第381—386页。

们进攻的先锋队。因此鸦片战争后中国基督教势力猛进。鸦片战争后,帝国主义将传教作为经济侵略的一部分。"外国公司在商埠侵掠还不够,要教士在内地帮忙,非到中国全部血肉被吸尽不可。"这可从中国所签订的不平等条约上、外交上,看到帝国主义对于基督教的保护利用,不遗余力。"帝国主义的发展,同时也就是基督教势力的发展,而教案之发生,又是帝国主义利用以发展势力的好题目,双方步骤,一致不乱。"如1858年法国借口两教士被杀,英法联军破天津、入北京、烧圆明园等,清政府割地赔款;1897年德国也以同样借口,强占胶州湾,及1900年义和团运动后的中国支付的巨额庚子赔款等都说明了这点。最后指出:"中国受基督教之厚惠已经够了! 割地赔款……都是基督教到中国来,所赐给我们的! 我们为国家计,不得不起来反对基督教! 同胞呵! 请你勿忘记,'基督教在最近八十余年间协同帝国主义侵略中国的一件一件的惊心触目的事实!'"①

这次非基运动除了从国家主义的教育出发反对基督教教育,及反资本帝国主义出发反基督教外,还有就是从佛、儒的眼光对现行的基督教不满。聂云台的《宗教辨惑说》及张纯一的《佛化真基督教》两文就很有代表性。聂云台认为:"耶教以事天教人者也,然其言天也,在未来之虚荣,而非实际之受用,其所奖进,在专一之信仰,而非在正义之行为,换言之,重外而轻内,舍本而逐末者也。又以上帝为能自由祸福人,其条件以信否为从违,不以功罪为标准也。儒与佛则重在己功而轻外力,重在修行,重在至心忏悔,皆勉人为其难者也。耶教则奖人为其易,只须信耶稣名便得救,赖耶稣血得赎罪,明明斥诚而奖诈也。"②张纯一

---

① 梅云龙:《基督教与中国》,原载《反对基督教运动》,1924年10月。转引自张钦士:《国内近十年之宗教思潮》,第381—386、387—395页。
② 转引自谢扶雅:《近年来宗教及非基督教运动概况》,《中华基督教会年鉴》,第8卷,1925年,第21页。

说:"方今消灭东方文化最强有力者,首推基督教,最可哀愍者,莫若各教会之中国牧师及神学生。西人未闻佛法,种种沿讹传陋劣邪见,若辈悉奉若金科而不敢违,更不知其《新约圣经》中驳杂荒谬处甚多急当删汰。以佛法观之,所谓教会领袖,莫非极可怜者,而教友之盲从更可悲。以此不忍不立誓愿,畅敷佛化以度之,期为改造基督教,能成佛教之一宗,于愿偿矣。"①聂、张两人原都是基督徒,后受佛教和非基运动的影响转而皈依佛门,故对基督教的批判有相当的功底。

第四节 五卅运动前教会对非基督教运动的回应及自身的本色化

教会对这次非基运动所作的回应并不十分迅速,直到1924年年底才有较多的文章对此作出回应。基督教协进会于1925年1月21日召开了执行委员会,成立了研究非基运动的特别委员会,由余日章任委员长。这表明中国教会较以前更为成熟。该委员会召开了数次会议进行研究,还邀请了男女青年会、广学会、教育会等中西教会领袖开会研究。会上程湘帆就非基运动对教会教育事业的种种非难作了介绍。潘绍棠对教会应如何面对这次运动,采取何种态度等等也作了发言。根据非基运动对基督教所作的四方面的抨击而分组进行讨论:一是关于基督教生活及思想;二是关于基督教的组织;三是关于教会学校;四是关于差会团体。委员会还根据非基运动的抨击要点提出21个问题,通函各地教会领袖,请他们研究,以集思广益。例如,新文化运动与非基运动有何差异? 非基运动对教会的观察有何最堪注意之点? 彼方对教会之

---

① 转引自谢扶雅:《近年来宗教及非基督教运动概况》,《中华基督教会年鉴》,第8卷,1925年,第21页。

评斥有否因误会而起,吾人对此有否相当的解释?非基运动对于教会学校、教会机关或教道之反对,以何为最注重?彼方反教会学校、教会领袖、西教师、教会及基督教的要点安在?教会领袖对基督教本身有何抨击之点?是否阅读了非基运动抨击基督教之思想、哲学体系,或抨击基督教之组织、基督教之人生观等方面?非基运动是因思想觉悟而发起的,还是因对某些问题极其不满而发起的?非基运动者对基督教及其教会的抨击的理由是否充分,是否应予改正?基督教何以不能如共产主义激发学生界之热心等等[①]。从这些问题中可以看出教会在研究非基运动的同时也在对本身存在的问题进行反思。

总体而言,这次信徒对非基运动的态度与对第一次非基运动相差无几。有人对非基运动十分反感,完全站在护教的立场。也有人在护教的同时,对教会内的问题进行了认真的思考。不少文章在回应非基运动的同时,要求教会中国化和基督徒的好行为。如王文馨的《一个消弭非基督教运动的方法》。他首先将非基运动中反基督教的原因作了分类。一是以基督教为国家之敌,即将基督教视为帝国主义、资本主义的走狗,是文化侵略;第二类是以基督教为知识上的敌人,即是科学的敌人,阻碍进化,是迷信等;第三类是以基督徒为社会上的敌人,如基督徒虚伪、借外国人势力、吃教的多等等。认为第一类是误会,第二类是偏见,第三类是据实的。这三类可归为两种,即基督教带的西洋味;基督徒的行为。为此他提出为消除这些反教的理由基督徒必须从两方面做:一是在组织上:"应求处处都合乎中国人的伦理、性情、风俗、习惯,不必处处都凭着西洋的规则,和与本国人相违的习惯。现代教会的确有许多地方,叫人怀疑是帝国主义的,是资本主义的;其实都是组织

[①] 详见《本会应付非基督教运动之进行》,《中华归主》,第51期,1925年4月10日,第3页。

上欠妥,引起了误会。所以我们要免除这层的误会,必须于一切组织上,处处求适合于中国化才好。"二是在行为上"应真正地效法耶稣基督",也就是基督徒不是名义上的,乃是行为要相称。诚静怡先生曾说:"非基督教之对象,有为教会学校而发者,有为教会各种组织而发者,更有关于基督教的人物及历史上而发者,而鲜见有为耶稣个人而发者,可见他们也很崇拜基督,所以我们更要竭力地效法基督,才能消弭这些的批评。他又引用美以美会会督贝恩溢先生的话:"今日教会最要紧的事,不是在乎能引几千几万非基督徒入教,乃是在乎栽培已称基督徒的使他们成为实在的基督徒",说明基督徒的行为之重要。基督徒只有在组织上、行为上着手才能打破非基同盟的怀疑。①

吴雷川也对教外的批评持欢迎的态度。最明显的是他对张纯一和聂云台两人从佛教立场攻击基督教的文章均表欢迎,在有些方面还持十分认同的态度。他说:"近来基督教大受教内教外之攻诘,此实教会改进之动机。受之者,当反省不当忿怒,当儆惕不当恐慌。且如聂君是书,名为辨惑,而其推崇基督教处,固昭然若揭。又如前者张纯一君与记者通函,痛斥教会之纰谬,而仍欲于佛教内建立基督教宗,是皆证明基督教本身,固有不可磨灭者在。吾人固当于他人之所非议者,随时改善。更当就其不可磨灭者,尽力发扬。使基督教之真谛,日益彰显。久之谤议自息。此又所望于教会执事以及信徒,同心努力者也。"②

另一些人则完全从护教的立场出发,对非基运动所提出的各种批评逐条加以批驳,以消除人们对基督教的误解,如屠哲隐对基督教是帝国主义侵略的先锋,是袒护资本主义,是迷信,基督教不爱国、基督教传

---

① 王文馨:《一个消弭非基督教运动的方法》,《真光》,第 24 卷第 5 号,1925 年 5 月,第 15—18 页。
② 吴震春:《"宗教辨惑说"疏辨》,《圣公会报》,第 17 卷第 23 册,1924 年 12 月,第 10 页。

播的是文化侵略等观点进行了反驳,最后的落脚点是忠告基督徒:"当速起振刷精神,改良自身的种种劣点——谬误的信仰,无谓的仪式,纷乱的组织,腐败的人格,等等。"对非基督教人士的忠告是:"请把这番精力光阴移到他种建设的事业上——提倡中国统一和平,化兵为工农,筹款赎路,收回国权、振兴教育实业,等等"。① 由此可以看出中国基督徒在回应非基运动中,有些人抱着积极态度;还有些人虽对运动本身有抵触情绪,但在运动的影响下也不能不承认教会自身存在许多问题,内中仍包含着积极的因素。

由于这次非基运动与教会教育的联系十分密切,因此如何对待非基人士对教会教育的批评成为基督教会十分重要的问题。实际上教会教育界对收回教育权运动有多种不同看法。一些人明确反对1924年10月全国省教育会联合会通过的《取缔教会学校教授宗教》,认为会动摇教育之道德根本。复旦大学校长李登辉明确说:"果政府依照实行,将来直接受影响者,固为一般中国青年;而提出此案之人,亦恐难逃一种严重的责任"。② 对学生运动他也极有看法,认为这是"一班学生,多半不顾学业,专事捣乱",并说,"惟其捣乱之目的仅在捣乱……为害有限。假使思想已经成熟,而为学术领袖的教员,亦从事于此项运动,则其势将特别严重,而结果或至不堪设想了。"他对基督教教育,持完全肯定的态度,认为从中外历史上看,只要教育方法得当,宗教绝无摧残国民性之可能,更没有不爱国的危险。"基督教对于国家主义最大的贡献,即改良爱国的精神,推广爱国的主义。俾以爱国家者更进而爱人类。于是国际主义得以促进。"③ 今日的危险不是来自基督教,而是来

---

① 屠哲隐:《基督教与非基督教平议》,《生命月刊》,第5卷第7期,1925年4月,第53—57页。

② 李登辉:《国家教育与基督教》,《中华基督教教育季刊》,第1卷第1期,1925年3月,第25页。

③ 同上书,第26页。

自物质主义和布尔什维过激主义。今日国家主义应对付它们。中国数千年的道德基础经五四已被毁弃,青年人无道德可从,遂任性妄为。惟有恢复宗教道德才能拯救中国。他说:"我深以为基督教最足以救济今日之中国。其他宗教伦理不无裨益……就基督教在中国之事实而言,以健全的人生观替代不适当的迷信,一也。以博爱与公道主义化除吾人之自利与腐败,二也。以服务精神矫正一般态度冷淡之弊,三也。"① 可以说李登辉是持全盘否定非基运动和回收教育权运动的代表。

与之相反,基督徒中还有些人对收回教育权运动从总体而言是持肯定态度,如汪彊廷认为"这种收回主权的精神,反对外迫力的精神,不能不使人十二分的佩服,把从前那种无意味和盲从的行动较比起来,实在是有价值得多呢"。他也看到了要做到这一步十分困难,提出了四个难题:一是中国今天腐败的军阀政府,不可能接收教育权;二是当今公立学校问题极多,经济恐慌,人才恐慌,设备欠缺,教员学生罢课不断,这种状况无法使公立学校去取代教会学校;三是教会学校和平民教育已星罗棋布地普及到穷乡僻壤,解决了许多人的失学问题,如收回教育权,政府无力自己办学,势必造成大量青少年失学;四是如今一些青年崇洋媚外,教会学校的外文教学和生活方式正是他们所追求的。由此得出中国收回教育权的时机尚未成熟。② 还有些人提出了类似的问题,认为教会学校应该随时接受政府的监督,但政府主要是稽考办学的成绩,及课程的标准,其他事情就不必干涉。因为教会学校能对政府的

---

① 李登辉:《国家教育与基督教》,《中华基督教教育季刊》,第1卷第1期,1925年3月,第25页。
② 汪彊廷:《中国收回教育权的日子到了吗》,原载《真光》。转引自《圣公会报》,第18卷第5期,1925年3月,第10—14页。

教育做出贡献,确有存在价值。收回教育权并非空谈而能办到的,这要由办学的经济实力、办学的人才等因素决定。①

还有些人则通过收回教育权运动更迫切地要求教会学校进行改进,如董健吾提出四点改进的方法:"1.在教育部立案。2.注重国学。3.重用国人。4.准备至成熟时期,交华教会自办"。②

在这些文章中,刘廷芳的《反对基督教教育运动问题的研究——基督教全体的态度》一文颇能代表教会开明人士对非基运动和收回教育权运动的态度。在该文中刘廷芳对反基督教教育运动整体上持欢迎态度。他认为这次反基督教教育运动含有反对外人和教会的性质,较之义和团更为彻底,但并不像义和团那样"仇洋、排教",因此他主张"教会全体,对于这种运动当取沉静镇定的态度"。对反基督教教育的文章,他主张要作具体分析,有些是公允的,并正是教会中人自己在提倡的。但也有的是谩骂,强词夺理,而不顾事实。即便如此也要作分析,是因为事实不明确,还是一时冲动,不能笼统地对待,尤其是"切不可与谩骂者对骂"。"无论如何,基督教全体,对这种运动,当取温和和容忍的态度。"对这次运动中个别地方出现过激现象,而教会中人便对此采取恐吓手段,如某教会学校当局在圣诞节因受运动冲击不能守节,便向某国领事致函要求保护等的做法,他持坚决反对的态度,认为这只能激化矛盾。他主张"基督教全体,对这反对基督教教育运动,当取和平仁爱,逆来顺受的态度,显出基督徒的品格"。他不赞同教会中某些人认为这场运动只是一班血气方刚的少年瞎闹的说法,认为基督徒必须重视它,这可从对社会的舆论、参加人物的复杂、涉及问题的广泛及

---

① 韦悫:《基督教教育和政府教育》,《中华基督教教育季刊》,第1卷第1期,1925年3月,第32—35页。

② 健吾:《对于教会学校的忠告》,《圣公会报》,第18卷第5期,1925年3月,第3页。

参加者不仅有不信教者,还有教会学校的人考虑,因此"基督教全体,对这运动不可自骄轻敌,当以至诚相待",并要虚心自审。"这运动固然不少谩骂文章,谩骂中不少不公道的话,但这运动对教会教育所下猛烈的攻击,所批评教会学校的短处,都是完全捏造出来的吗?教会教育向来有无缺欠?这缺欠是什么?教会教育对中国有无相当的贡献?教会教育在中国所造就出来的人才是否合中国的需要?教会教育的现状是否与教会倡办教育的宗旨相合?教会教育在中国是否有把基督的精神表现出来?教会教育对中国教会是否有切实的贡献?教会教育有否造成基督化的人格?教会教育是否造成健全的中国国民?教会教育在中国的前途如何?……"通过这些问题他的结论是:"我以为反对基督教教育运动是教会的良友。我们当因他们的攻击反对,自己下一番谦卑自审的工夫。"不仅如此,他还提出教会要有决心改良教育。他认为教会教育虽从极困难的环境中创造出来,年来也有不少进步,但得过且过者也不少。1922年中国基督教教育调查会的报告有25万言之多,提出的建议也不少,但是"有多少曾经实行出来?譬如注重国学问题,改良课程问题,主张华人管理问题,主张财力不充分的学校裁并合办问题,注重师范教育问题……讨论次数已经不少了。对于各问题的真相不能说不明了,实施的紧要也不能说是不觉得迫切……但是,决心去实行出来这种改革的计划有多少?"接着他大声疾呼:"在教会办事的西人应当把这运动看作当头棒喝,不再因循延误!在教会办教育的华信徒应当把这运动看作警钟,赶紧做充分的预备,能担负责任,以免西人藉口华人无才力,逡巡不前!"他提出对这一运动亟待研究的几个问题,包括运动参加者的成分和原动力,运动对教会教育的处置法,运动主张的根本原则,运动所引起的问题和相关事实——教会教育与中国国家和国际间的关系,教会教育与中国教会和西国教会间的关系,教会教育与宗教教育的关系,教会教育与教育统一,私立学校的权利,国家主义和教育的关系等。最后他号召:"基督徒当欢迎这研究的刺激,作一番彻底研究的功夫!"①

由于收回教育权运动的直接目标是教会教育,因此中华基督教教育会在回应非基人士的批评,及在运动中为教会教育事业的本色化采取具体措施方面都是责无旁贷的。

中华基督教教育会的前身是1890年成立的中国教育会,目的是应教会学校的要求编辑适用的教科书,及教授互助,探求解决中国一般教育问题。1893年,因教会学校的增加,教育会成为正式的学会组织,会员全部为外国人,并在英文《教务杂志》上辟有教育专栏,为教育界交流意见的中心。1907年始有本身的机关刊物,英文的《教育月刊》,1909年改为《教育杂志》,后改为英文季刊《教育季刊》。1912年因教会学校的发展,各省区均成立了教育会分会,中国教育会便改名为全国基督教教育会,以联络各省区的分会。此时分会和全国教育会已吸收中国人参加。1915年在教会自立运动的推动下,该会正式改名为"中华基督教教育会"。1922年中国教育调查团的报告中提议中华基督教教育会当分为四部分:高等教育组、初等与中等教育组、宗教教育组、推广与成人教育组。四个委员会联合为全国董事会。

由于1924年第二次非基运动直接将矛头对准教会教育,迫使基督教教育会作出反应,特别是对教会学校注册问题。为此不仅各省区基督教教育会成立了注册委员会,还组织了全国委员会,以教育会副总干事程湘帆为委员长,青年会会长余日章、燕京大学校长司徒雷登、刘廷芳博士等人为委员,负责立案注册等事宜。为此程湘帆与在京的教育部负责私立学校注册的委员交换意见,以求互相谅解。其中对教会学

---

① 刘廷芳:《反对基督教教育运动问题的研究——基督教全体的态度》,《生命月刊》,第5卷第5期,1925年2月,第1—5页。

校能否教授《圣经》一事颇有争议。教会方面"深信现在中国社会最大的需要,在养成一班基督化国民;将来本基督的精神,服务于国家社会,故不得不教《圣经》。加以学校所有经费皆由外国热心信徒捐来,假使不授宗教课程,惟恐动摇经费来源。"政府方面则认为,"现在教会学校内读书之学生,只有少数是基督教徒……一律令读《圣经》,似与信仰自由的原则不合"。① 因此双方难以达成共识。

1925年1月,中华基督教教育会高等教育组干事罗炳生召集各大学重要的中国领袖开会,讨论基督教教育的前途问题,参加者有北京的刘廷芳、洪煨莲,广东的韦捧丹,湖南的颜福庆,武昌的韦卓民等十余人。教育会正副干事也出席参加。会议开了三天,对基督教高等教育中各种重大问题,结合非基运动对基督教的抨击进行了较为彻底的讨论,最后的结论是:今后的基督教学校,如要对中国有重大贡献,必须"更切的中华化,更大的效力,更深的基督化"。所谓"更切的中华化"就是,基督教大学不仅传布西方文明,而且成为中国文化的中心。基督教大学训练青年男女,使他们成为中华民国的优秀分子。对于中国的文化有精深的了解,并得于现今生活中实现。更因为基督教大学是培养中国基督教领袖的地方,这种设施的责任最好是放在中国人身上。因此,对于基督教大学行政管理人员,今后最好多用资格相当的中国人担任之。基督教大学的董事部,也当多请学校毕业生中之有成绩者,及对基督教教育表示深切同情的友人加入,使他们对于学校的计划与设施负些责任。所谓"更大的效力"就是要保持基督教大学在中国高等教育中的学术地位。为此基督教大学应多注意教授国学。因为学生在中学里所得的国学基础有限。基督教大学应规定国学最低标准:有文

---

① 《基督教教育界运动与重要文件》,《中华基督教教育季刊》,第1卷第1期,1925年3月,第43页。

思敏捷而且清顺的能力；有以国文发表大学教育内容的能力；对于固有的国粹，有敏锐的欣赏。由此课程上必须设置本国的语言、文学、历史、地理及哲学，使学生有充分的练习机会。并要有精深研究的中国学者教授之。规定中方教授用国语授课，西方教授可用英语讲授；在聘请教授时，如中西二人资格相等，则华人优先。聘任国学教授时，则以通晓英语者优先。通过这种方式使学生中英文皆通。并提出要给予教职员在学术上深造的机会，中西教授均有发展前途，成为知识阶级中的领袖等等。所谓"更深的基督化"就是希望学生在基督教学校环境中，能得着基督教的感化力。宗教对于发展人类行为上有很高的价值，尤其是基督教对于中国有特别的贡献。由此提出：在宗教仪式上，要能满足中国人生活中灵性的需要；宗教学科必须仔细的选择与组织，务使学生对基督教产生适当的信仰；在教授与学生的共同生活中，要使学生得到基督教的精神，改造他们的行为。① 从以上三方面看，前两部分明显地与基督教教育本色化有关。第一部分更多地涉及教会学校行政上的中国化，第二部分更着重在课程设置和教师的中国化。第三部分内容虽主要是教会学校传教问题，但也提出注意选择适合中国学生的宗教仪式和宗教学科，实际上也在做基督教传教中国化的努力。

  非基运动还促使基督教教育会创办了中文版机关刊物。作为全国性的教会教育机构，原来教育会的机关刊物只有英文的《教育季刊》，但"全国教会教师不谙英文者居多数，向以不能得季刊的益处为憾"，②第二次非基运动再次促使教会的本色化，为此中华基督教教育会决心创立中文刊物。1925 年 3 月中文版《中华基督教教育季刊》(简称《教

---

  ① 《基督教大学中国行政人员会议的结果》，《中华基督教教育季刊》，第 1 卷第 1 期，1925 年 3 月，第 49—50 页。
  ② 刘廷芳：《我对于基督教在中国教育事业的信条》，《中华基督教教育季刊》，第 1 卷第 1 期，1925 年 3 月，第 14 页。

育季刊》)创刊,由副总干事程湘帆任主编。

《教育季刊》在创刊号中声称其目标是:"贯彻基督教教育之中国化;发挥基督化教育之真精神;宣布科学的各种教育方法;交通中西各派教育意见"。为实施教会教育中国化原则,《本刊宣言》中肯定教育应该以国家主义为教育原则,认为造就国民资格的教育是国家的权利,亦是国家的义务,应该由国家办教育。在国家一时无力办学校时为使儿童受教育,可以允许私人或社团办,但国家要规定标准,实施监督和指挥。而如今基督教学校,"随意设学,不在政府注册,以致贯彻国家主义,维持国家团体这国民教育的课程限度,学校设备标准,以及政府视察监督的权利,皆未尊重。"因此提出基督教所设小学,必以尊重国家教育主权的精神。文中还提到1922年中国教育视察团(调查团)的报告中虽提出基督教学校非为外国政府权力操纵之学校,实完全为中华民国及人民求幸福,"然试考其学校之内容形式,其中颇有不能自圆之处。吾人以为基督教学校当努力彻底之中国化。行政管理必须逐渐参加中国人,至完全由中国人主持之。除特别情形外,教授应以国语行之。国学及社会学科应特别注重。各级学校应一律立案。所有经济责任亦逐渐由中国之基督徒负之。如此教育主权不致危险,而设施的教育亦不致与国情隔阂。故吾人以为基督教学校,如欲在国家教育系统上占有适当的地位,而享有充分的权利,必须由外国传教士的学校变为中国人的基督教学校;由外国教会的学校变为中国基督教的私立学校"。① 一言以蔽之,教会学校必须中国化。"本刊宣言"肯定基督教学校宜特别注重其基督化教育,但其主旨是指"以基督救世之热忱,与其乐于牺牲,勇于服务之精神感化学童。使其得着宗教上的无量力;庶爱

---

① 同人:"本刊宣言",《中华基督教教育季刊》,第1卷第1期,1925年3月,第1—5页。

国时,不为势利所屈服。而得忠爱国家到底;一方,使其得着基督之牺牲决心与丰满感情,庶服务时,不因险恶环境而缺望,而得服事社会到底"。同时强调"以教门或教会为主旨之教育亦非吾人的主张之基督化的教育"。这表明教会教育界也认识到,即使教会学校也不应该从事专门的教会或教门教育,他们所坚持的基督化教育强调的是以宗教的道德,或者说用基督精神育人,并证明这种教育实与国家主义教育不矛盾,反而能促成学生的爱国心和服务社会之心,以消除非基运动者的误会。

这则宣言发布后,引起了教内外各种不同的反响。为此基督教中西教育家又经多次讨论,最终达成了九条根本原则,发表了《中华基督教教育界宣言》。① 主要内容如下:

一、基督教学校的特殊功用。基督教学校的特殊功用及其辅助中国公立学校的地方,就是一方面为基督教团体中的儿童设施一种基督化的教育;一方面使一般愿入此种教育式的私立学校的人得着求学的地方。

二、德谟克拉西中之私立学校。依德谟克拉西的精神及现今世界上采用德谟克拉西主义诸国的通例,大概除国家办理公立学校之外,无不予个人或社团有设立私立学校的权利。惟须与公立学校一律遵守国家所定之最小限度,并不得与国家社会的利益有所冲突。

三、私立学校与教育进步。我们大家公认教育的进展,乃由于各样异式学校的存在,及办理上有最大的活动自由所致。假使

---

① 《中华基督教教育界宣言》,《中华基督教教育季刊》,第1卷第2期,1925年6月,第1—4页。

取缔这种活动自由的权利,而限制所有学校,无论巨细,必须按照一致的标准办理,实为国家教育的不利。故私立学校,除遵照国家规定的必要标准外,应予以最大的活动自由,因学校办法愈能活动自由,则教育愈有进步;教育愈有进步,则国家愈受其利。

四、私立学校与信教自由。私立学校教授宗教是根据信仰自由的原则。这种信仰自由是本国宪法明白规定的,也是民治国家的一个通例。考这种原则的范围,不但个人得依照良心的主张,有自由信仰的权利,也包括自由教授其子女的宗教的权利。且这种原则皆适用于各种宗教。

五、基督教学校与国家教育系统。中国私立学校应在国家教育统治权之下并为国家教育计划之一部,实为理之当然。但欲这种关系成立,私立学校应向官厅注册,遵守规定的学校法令,成绩标准,并受官厅之监察。此外则为私立学校之活动自由权利,基督教教育当事极愿此项关系成立,藉表尊敬国家教育主权的意思。至于基督教学校合立的研究建议性质的教育会,其目的乃为团结内部,增进效率的辅助机关,并非主管机关,尤非代行官厅职权的机关。

六、基督教学校与教授宗教。教育的形式虽有不同,但基本目的则在养成健全人格与道德品行。基督徒相信,他们对于国家前途的特殊贡献,就在这一点。教育行政官厅对于教会学校注册,谆谆以限制宗教的教学,取缔基督化的学校生活为条件。此举固不仅与教授自由和信仰自由的原则不合,且与基督教设学原旨冲突;而阻碍他们贡献于中国教育上的特殊需要。

七、基督教学校与爱国主义。基督教精神实表现于开明的爱国举动,故与爱国主义并无冲突。基督教学校素以发展学生的爱国心为目的。非然者,谓之不忠于其事。至于所谓"摧残学生之民族性",或"利用基督教学校以为宣传外国的帝国主义之机关"云云;非但捕风捉影,无此事实;即此种动机亦为基督教教育界中西人士深恶而痛绝者。

八、基督教教育应为中国的。基督教学校虽然是外国教会与西洋教士创设的,现在也是他们主理的,但其目的乃在谋本国人民之最大利益;而精神上,内容上,维持上,管理上,均应为中国的。此固中西基督教教育家常常发表的志愿,即素来赞助学校的教会,亦莫不作此想。所幸这种理想已逐渐实现,本国信徒将逐渐取而维持管理之。

九、基督教教育之永久基础。基督教教育之永久基础,系于基督教团体之热心维持,及中国健全的舆论;不系于中国与外国所缔结之条约上的特别权利。

上述几条可以看出教会教育界仍坚持教会学校要进行伦理意义上的宗教教育,但对非基运动中针对教会教育所提出的批判是经过认真思考的。例如针对非基运动指责教会学校利用不平等条约在华享有特权,教会学校培养的学生不爱国问题,明确地表示基督教教育要在国家的管理之下,基督教教育与爱国主义无冲突,"基督教教育应为中国的",并表示其教育不以不平等条约为基础等等。尽管这《宣言》因有许多西人参加,在如何使教会教育中国化问题的认识上还不如一些开明的中国基督徒,但较之以往有所进步。

对教会学校是否一定要进行宗教教育问题,绝大部分基督徒都持肯定的态度,认为这是基督教教育的重要内容,因此与非基运动的教育界人士在这方面难以达成协议。但也有极少数教会人士在一定程度上支持教育界的做法,认为宗教教育不一定非在教会学校中进行不可,也可以在校外进行。如招观海的《我国宗教教育之将来》一文认为"教会学校无论发达到怎样田地,都不应完全倚赖之为我们宗教教育的场所"。由此他提出可采用教会会堂开办与普通教育相对应的各级宗教教育班,说:"盖英美等先进教会,已先我行之事。查美国学制,也是不准任何宗教在公立学校内作礼拜教圣经。因此教会的宗教教育也是在校外——会堂举办。但所收效果,未尝减少"。其次,家庭也是一个天造地设的宗教教育机关。此外他提出利用教会宿舍、夏令学校、平民教育等方法进行宗教教育。① 当然他的这一看法受到教会内不少人士的批评,由此在教会内引起更为热烈的讨论。

除教会教育外,这次非基运动中很多人从国家主义出发反对基督教,因此不少基督徒从这方面做出回应。有些人是从正面肯定国家主义,并论证基督教与之相一致,使基督教与社会相适应。例如,吴雷川从教义神学上论证这两者之间并非必然冲突:"在我个人的意见,以为基督教的教义,诚然有许多高过国家主义的原理,然如降格相从,举其一部分而论,基督教正可谓为适合于国家主义者"。他从耶稣的人格、耶稣的教旨、犹太的民族性三方面加以论证。就耶稣人格而言,犹太国是以宗教为政治礼俗的中心,如宗教观念根本革新,其他一切自然改进。而"耶稣一生的事业,就是要改革宗教。他抱了这种决心,与当时的社会奋斗,至死不悔,真可算得历史上第一爱国的人。试想这样纯洁勇毅的品格,是否我中华民国所需要?"就耶稣的教旨而言,基督教的两大纲,即爱上帝及爱人如己,均为耶稣所宣布。国人如真实信仰基督教,必能爱护真理,服务社会,一国之中,多有这样进取者,岂有不发生良好影响。就犹太的民族性而言,提倡国家主义的人,最注重民族性。而耶稣生在犹太受罗马压制的时代,不以其国势衰弱为不足有为,方且

---

① 招观海:《我国宗教教育之将来》,原载《尽言》。转引自《圣公会报》,第18卷第10期,1925年6月,第3—5页。

全力大规模的改造,希望本族的人民觉悟之后,从而感化罗马,这正是表显犹太民族性的特征。反观中国的民族性,优点固多,却也有弛缓散漫,缺少团结力的弱点,耶稣的人格和教旨,正是补救中国民族性的最好方剂。他的结论是:基督教是教人爱自己、爱社会、爱国家的宗教,所以基督教与国家主义,根本上无丝毫冲突。①

与吴雷川有类似观点的有陈宝泉。他首先论证了基督教教义与国家主义不违背,但认为非基运动将基督教与国家主义视为相违背也有其合理的因素,因为耶教利用不平等条约入华,教会学校在华利用特权"无存案之手续;无课程之拘束……政教不分,教学不分。墨守中世纪传教之故态"。由此认为"今日一般青年认其与国家主义相违反"亦不能认其全无理由。然此不过我国一时宗教的现象。若认基督教教义根本与国家主义相反,夫岂其然?"②这些文章都是从爱国主义出发而肯定国家主义的,以显明基督徒与非基督徒具有同样的爱国精神。

如果说吴雷川等人对国家主义还是持较为肯定的态度,有些基督徒则对国家主义持保留态度。徐宝谦认为:"国家主义,在历史上固已有若干功绩,然其为侵略主义的导线,亦为必不能讳的事实"。由此他认为目前的非基运动有两种危险:"一、这种运动,至多能使中国做到富强的地步,却不问所谓富强的标准,是物质是精神的。更不问其所根据的国际伦理学说,是强权抑是公理。二、这种运动,虽标名国家主义,实是一个舶来品,无非抄袭欧美的故智。恐不足以发扬中国固有文化的神髓,及其对于世界的使命。"但他肯定其所持收回教育主权及取缔不平等条约这两项,理由是十分充足的。因为基督徒本博爱精神在中

---

① 吴雷川:《国家主义与基督教是否冲突》,《生命月刊》,第5卷第4期,1925年1月,第4—5页。
② 陈宝泉:《基督教教义是违反国家主义的吗?》,《中华基督教教育季刊》,第1卷第1期,1925年3月,第18—19页。

国办学,当然不能持条约,借教育以传教,以致妨碍我国教育主权。但他提出教育独立是前提,可这不等于采取统一的教育政策;强迫学生读经确实无存立的理由,但强迫与自由研究和自由结合则不能相提并论;教会学校不重国文和国性,公立学校和其他私立学校也有此等现象。因此他提出取缔教会学校的最好办法是整顿非教会学校。①

高厚德也对国家主义提出异议。他撰文将张之洞的《劝学篇》与少年中国的余家菊和李璜所著《国家主义的教育》作了对比,认为张之洞在书中一面主张保存中国固有文化,一面又欢迎并同化他国在文化上的贡献,实富有爱国主义精神。而余家菊则有诸多矛盾。他们所说的国家主义是从西方来的舶来品,而不是中国的国家主义。中国的新国家主义应是适合现代精神的20世纪产物,而不是西方19世纪的产物。"狭义的国家主义之拘束与专制政府之虐政实是同样的可畏。言论自由,出版自由,信仰自由,教导自由均为合于现代任何国家主义之基础"。由此提出"中国新国家主义,总须与世界主义有所契合";"中国的新国家主义当有大度,包容一切能促成进步与有利的实力",尤其是促成中国教育事业的发展等;"中国新国家主义,不应为无宗教的或非宗教的,当有大度容纳各种宗教之信仰与活动"。因此他肯定张之洞的观点,而否定了余家菊等人的看法。② 这些人虽批驳了国家主义,但都肯定教育必须保存中国固有文化,要注重国性,取缔不平等条约等等。这些观点有利于推动教会学校朝着中国化的方向发展。

五卅之前,基督徒都认为非基运动指摘"基督教是帝国主义先锋"的说法是无稽之谈,不值一驳,因此回应者不太多。一些回应的文章,

---

① 徐宝谦:《敬告今只提倡国家主义者》,《生命月刊》,1925年,第5卷第4册,第1—3页。
② 高厚德:《今日中国需要之国家主义》,《中华基督教教育季刊》,第1卷第1期,1925年3月,第22页。

如招观海的《帝国主义和基督教会》①,彭锦章的《基督教与帝国主义》②也都是明显地从护教立场对这种说法加以批驳。尽管如此,从这些文章中可以明显感受到中国基督徒的爱国之情。

招观海的文章列出了基督教与帝国主义十大不同点。如帝国主义是把人当作手段利用,搞愚民政策,保全阶级制度,压抑女性;而教会及其学校是提倡人人平等和平民教育,反对阶级制度,提倡解放女性和女权。帝国主义国家的贵族吸食平民,拉拢资本主义,与军阀主义狼狈为奸,对于其他民族,常以天朝大国自居;而教会和她的学校则提倡自食其力;提拔无产阶级和劳工阶级,极力主张非战主义和国际主义。帝国主义野心勃勃,与国家主义相依为用;而教会及其学校教人爱邻如己,视敌如友,并提倡宗教解放和信仰自由等等。他还通过孙中山及民国的一些基督徒伟人说明基督教对民国做出了贡献,又从清末康、梁变法和革命军都得到传教士的支持,以教会提倡男女教育,在华办学和医院等说明教会的正面作用。最后他认为教会及其学校较之那些热心过度的国民要见得"远"(承认专心求学为救国的惟一捷径,而不是空谈救国),见得"大"(不只要救本国,还要救别国),见得"高"(只肯以上帝的是非为是非,不以世人的功罪为功罪),见得"明"(以理性为裁判,断不肯意气用事)等。

彭锦章的文章强调基督教与帝国主义本是如同冰炭,互不相容。一些反基运动的朋友之所以将基督教说成是帝国主义的走狗,无非是基督教曾被帝国主义利用,或有些基督徒也是有野心的政客或军阀。他承认这两种情况都有。但这并不是基督教本身的过错。因为如假定基督教是帝国主义,必有两个条件:一、创教者要利用宗教,博得他本身

---

① 招观海:《帝国主义和基督教会》,《圣公会报》,第17卷第24册,1924年12月,第24—26页。
② 彭锦章:《基督教与帝国主义》,原载《真光》。转引自《圣公会报》,第18卷第9册,1925年5月,第5—6页。

的权势。二、教义中有奖励帝国主义的趋向。而基督教在这两方面都非如此。研究教主的生活，满有反帝国主义的色彩，提倡并实践服事人的精神。就基督教教义而言也没有附属帝国主义的情况。至于说到被帝国主义利用，那是帝国主义的问题，并不是基督教的问题，因为非基督教也照样被帝国主义利用。许多号称基督教的国家与个人在那里不断做侵略事业，是个人的举止，违背他自认的伦理。更何况有许多非基督教国家也照样侵略，帝国主义并不是基督教的特有产物等等。

尽管非基运动的这种指摘在中国基督徒看来全然是无稽之谈，而且回应也不太热烈，但通过这场辩论提高了中国基督徒对帝国主义的认识，使他们在五卅运动时也能积极投入反帝运动。

非基运动还直接推动了中国教会本色化的讨论。谢扶雅曾对此作了很好的解释："查考这次国内非基督教运动，概可分为三派：1.是以国家主义为前提，而攻击教会学校，其主张教育与宗教分离之原则，固大有可表同情之处。2.是从共产主义的眼光来抨诋基督教，说它是资本帝国主义的走狗；这个有事实具在，有社会公评，恕我这里不下批判。3.是从学理上，从中国民族性上，来批评基督教本身的价值，其结论是基督教思想太狭隘，教义近乎迷信，离开人事而邀言天道，与中国无益有损。我个人对于第三派的非难基督教，认为最有研究的价值，认为中国目下的当前大问题，凡属国人，理应起来开诚讨论。基督教今日在我国社会上，教育上，各种制度上，已占了不弱的位置，这是一桩重大明显的事实，为有目所共睹。那么，它无论对于中国有损，或有益，我们都不能不睬不理。有益，我们应该研究如何善用之方；有损，我们更应急起讨论如何挽救之道"①。这段话正表明了这次非基运动确是促进了教

---

① 谢扶雅：《基督教新思潮与中国民族根本思想》，《青年进步》，第82册，1925年4月，第1页。

会人士探讨基督教与中国民族和中国文化关系的动力。

在论述如何使基督教与中国文化相结合方面,谢扶雅的《基督教新思潮与中国民族根本思想》①一文颇有代表性。他分析了西方传教士在中国的传教事业并不成功的原因,主要是"他们所宣传的,不尽是真正的耶稣之道,更少有理解中国的根本文化,而能秉着耶稣'成全律法'的精神,来从事宣教的"。而中国人反教的原因是因为传教士着力打破中国的旧习惯和旧信仰,而其教理又太卑陋,不能招致士大夫一顾;而另一方面又太蔑人重己,入主出奴,而不能吸引下层人民。因此无法在中国植根。他认为基督教是随着历史的发展而不断变化的,但我国人士并不了解,还将中世纪的基督教视为当代的基督教。他强调现代基督教的教义已受了几种极大的刺激而成:一是科学,尤其是进化论的刺激;二是哲学,尤其是生命派和实验主义的哲学刺激;三是政治和社会的刺激。因此现今的基督教观,乃立基于五种主义之上:1. 人本主义。从过去的以神为中心转而突出人的价值,即归到耶稣本人的思想——神是人的父,人是神的子,全宇宙是爱的家庭。2. 今生主义。从过去只注重来世转为特别注重今世。认为理想社会的天国,即可在现实社会中渐渐实现扩大。承认肉身的价值,即"身体是上帝所居的殿"。3. 实证主义。认为基督教已从神学化的武断时期、玄学化的混沌时期,进而发展到今日科学化的实证时期。即基督教进入了与科学和社会相携手和接洽阶段。4. 社会主义。使基督教从由"个人的",进为"社会的",即放弃了求上天堂免入地狱的个人自私的信条,而注重社会的拯救。5. 力行主义。现代基督教已从人神隔离处解放出来,把灵交上帝一事放在服务人群的测量器上,发扬耶稣注重力行的精神。

---

① 谢扶雅:《基督教新思潮与中国民族根本思想》,《青年进步》,第 82 册,1925 年 4 月,第 1—15 页。

以上五项均以耶稣本身品格为归证。谢扶雅还论证了现代基督教思想有一部分是受了东方化，不少西方人受到了佛教因果思想影响，"于是西方最新的基督教思想，除了上述五根石柱外，更用佛式的角栋和老庄的窗牖，盖起了一座东土西方，五光十色的基督教堂"。"基督教倘能尽量容纳佛教高尚思想，其新局面必更灿烂可观。"接着他论证了基督教大有与儒教结合的可能及必要。孔子的"仁者人也"的理想世界无与伦比。中国的民族，在这教化中，可以称作世界上最深知伦理的民族。因此他认为"引领基督教与儒教契合的责任，势必要落在中华民族的肩上。基督教本是一粒最优育的伦理种子（上帝是慈父，人类是兄弟，天国是美满家庭），不幸被种在本鲜伦理素养的西土，辛苦挣扎了二千年，只少许开了一两朵干皱无力的花，而且常常给特种阶级所利用，弄得满天尘土，遂汩没了耶稣的真面目，这是何等可惜！真正的基督教，还没有在西方发现，这是西方有识者的公论。此后的基督教，已要在伦理沃厚的土地上试种一下，然则栽养灌溉之劳，我国民族，又安能辞其责呢？"

谢扶雅认为，基督教与儒教的结合不仅可改进基督教和西方文明，也能对中国民族固有思想做出贡献。一种文化如故步自封，不与外界接触，吸收新文化和新思想，必停滞不前，而日萎缩，以致完全绝灭。因此我们不能取闭关主义。基督教已来到中国，中国人也势必要尝一下异味。但他认为"将来我们所吸收的，必是基督的道，不是基督的教"。也就是说基督教将与中国无益，或利少害多，而耶稣之道则有助于中国，可以补血养身。他说："道与教大不相同：道是生活，是修德在仁的历程；教是教义，是因时制宜的解释。《中庸》辨'道'与'教'，最为精澈，'率性之为道，修道之为教'。耶道是指耶稣思想及精神所系丽的生活；耶教乃是历代所解释的，从耶道所演绎出来的典章制度，所以因时不同,因地不同。"①而"基督教在中国百余年,所传的尽是'教',无怪乎至今没有重大影响于中国文化"。基督教要影响中国,对中国做贡献,只有发扬耶道,其中有三项可与中国文化密切结合。一是耶稣的中心思想——"上帝是我们的父,我们彼此皆是弟兄"。耶稣对老幼之辈一视同仁,是真爱的最高理想。他虽不像孔子那样讲五伦,但"在耶稣看来,是一件人生当然的事,不消多讲的,他平生最能**体贴人情**,决无违拂破坏的意思。且他特用五伦中的'父子',来拟上帝与人类的关系,足见其父子观念,何等深远高明,"在他看来,耶稣的天人一体观与伦理思想,大足以补充我国在这一点上的固有观念。二是耶稣的积极精神。他对真理的追求,大胆无畏,他的悲天悯人的深情,乐观高旷的信仰,足可以与我国的中庸之道并行不悖,并可匡佐其弊端。"惟中庸中有积极,乃益见其深,惟积极中有中庸,乃益见其广。将来耶教与儒教融合后所结之果,当推此为最伟大!"三是耶稣完备的人范。人要求"人范",乃是人性向上,世界进化的原动力。耶稣的人格,连他的敌人都无法吹毛求疵,是完人之范。孔子与耶稣相比,只是某一时代,某一部分的良范。"我国不需要活人的模范则已,如亦需之,则耶稣大足以为我国之贡献!"总之,耶稣可有大贡献于中国。

对为什么要研究基督教与中国文化及如何研究,段光路在《基督教与中国文化》②一文中有较好的阐述。他首先谈到了研究基督教与中国文化的动机有二:一、新文化运动以一种批评态度,把国人从旧文化中解放出来,以促进其新生命。而这种新生命的滋养品,一部分是从旧文化中经科学方法的评判取出,另一部分是新的质素。只有新旧两

---

① 谢扶雅:《基督教新思潮与中国民族根本思想》,《青年进步》,第 82 册,1925 年 4 月,第 11 页。

② 段光路:《基督教与中国文化》,《青年进步》,第 82 册,1925 年 4 月,第 16—29 页。

种成分都是精的、粹的,经化合才能成为新的丰美滋养品。如何选择新的质素非常重要,用之不当不仅不能滋养新生命,反而成为致命的毒物。基督教正是需要选择的新质素。我们当用平等科学的态度,对基督教研究试验一下,这是研究基督教与中国文化的动机之一。二、基督教在华已有一百多年历史,但至今仍是洋式教会,在中国没有根基。一旦国际关系有所变化,这种教会会迅速归于无形,因此,如何本色化很重要。所谓本色化就是中国信徒的一种"自表精神"。而自表精神的发扬必须根据国人数千年来文化陶成的先天特性及民族本能的倾向。因此需要基督教与中国文化的化合物作为本色教会生命的上等滋养品。研究制造合乎中国胃口滋养品成分及其方法,以供时代需要是研究基督教与中国文化的动机之二。基督教与中国文化的视点有二:一是宗教;二是文化。文化所含范围很大,包括科学、文学、伦理、政治、经济、艺术等方面,宗教只是其中一部分。但宗教是文化的起源。从心理学上讲,宗教是情志本能发展的倾向,文化则是理智演进的结果。基督教与其他宗教最大的不同是其价值标准不同,包括神观、伦理、信仰者关怀、目的、创教者人格、教权来源、宗教生机等方面的价值。而中国文化与其他文化又不同。他先分析了东方文化与西方文化的不同。西方文化可以说是动文明,东方文化是静文明。用梁漱溟的话说:"西方文化是由意欲向前要求的精神,而产生科学与民治两大异彩的文化;至于东方文化,便是一种艺术的精神,好古的倾向,和玄学的直觉方法。"在东方文化中中国文化与印度文化又不同。梁漱溟指出:两者路向不同。中国的路向是对于自己的意志,变换,调和,持中。而印度的路向是一种转身向后的要求。段光路认为中国文化的特质"是一种求中、求双、求调和、求平衡的精神;其效果,随产生物质界,天然的知足满意;社会间,仁德君子相标榜的流风美俗;其薰习陶染于家庭中的大家庭主义,以五世同居为美谈;其影响于人心的,成为一种不争主义,达观的眼界,齐物论的态度;这才是中国文化的真正本色呢!"①

通过以上分析,段光路提出了研究中国文化的三种方法:1.比较与淘汰法——将基督教与中国文化在人生的物质、精神、社会三个层面上作比较,择优汰劣。2.调和法——经批评和淘汰,进而使基督教与中国文化相调和产生出一种本色的基督教,以促进中国新文化的发展。3.传播法——根据调和的结果,研究如何传播。

他详细地从精神、物质、社会三个层面分析了基督教和中国文化各自存在的优劣点。其劣点经比较要淘汰。例如基督教在精神方面的劣点是:一、没尽到人们理想上应有的贡献;二、偏重遗传和习惯、保守,成为文化的障碍;三、部分信徒有迷信观念,使真理不能大放光明。中国文化在精神方面的劣点有:一、迷信鬼神祸福之说;二、盲从长官;三、泥守古旧恶风等。物质和社会层面也各有其劣点,均需淘汰。对双方的优点则要调和,加以发扬。精神方面基督教的优点是:道德的创新力、为真理服务的热忱、近代新的倾向等。中国文化精神方面的优点是:随遇而安的达观主义,爱好和平的不争主义,宽宏的、优柔的、善能容纳的齐物论观态度。如将双方精神方面的优点加以调和,就能将舶来品基督教教义和种种不适宜处统统去除;而我国文化上精神的缺点也都得到补救。例如,中国文化的达观主义,加上基督教的道德创新力就能得到真正彻底的达观,能有应付环境的适当方法,而不是苟安。再如中国文化中的和平不争主义,如加上基督教的为人群服务和牺牲的精神,就能把消极的企慕和平变成一种积极的创造和平等。在物质和社会方面两者结合也能产生美好的结果。如中国社会的"君子"人格标准与基督教高尚的灵感的先知对于社会恶势力的奋斗精神结合,则"君子"的人格中就加入了与恶势力斗争的精神。再如中国的大家庭主义与基督

---

① 段光路:《基督教与中国文化》,《青年进步》,第82册,1925年2月,第19页。

教社会理想中的"天国主义"相结合,也将产生完善的社会效果等等。

文章的最后对基督教如何传播进行了探讨。当然首先是对"士君子"宣传,也就是向中国知识分子传播基督教,更要注重向平民传播,特别注重乡村的改造,要提倡平民教育,其中要推广家庭读书会的方式。他说:"我们所要的真正中国化基督教,不能到学校里去寻,不能到教堂里去寻,也不能到什么公众演说的高台上去寻;乃在各种阶级的家庭里。"最终基督教的中国化之落脚点是在中国家庭的基督化。

范皕海于1925年5月1日为杭州青年会德育讨论会作讲演所写的《中国伦理的文化与基督教》①一文强调了中国文化不仅可以与基督教相融合,而且在相融中可使中国文化得到进一步的发展。他首先说明在论述这问题时有两个前提:一、文化"是指中国最优等的文化,不是中国历代以来承讹袭谬,和变本加厉的风俗";二、基督教是指"基督教的原理,不是基督教的教会"。他指出文化就是文明教化之意,包括五方面:宗教、伦理、哲学、科学、美术。各民族在这些方面发达程度不同。如希伯来宗教最发达,希利尼(希腊)哲学和美术发达,到文艺复兴时,科学又发达。印度是宗教哲学最发达,而中国是伦理哲学最发达。中国是伦理和哲学不分,宗教信仰很淡薄;科学和美术在古代都已萌芽,但中途枯萎了。所以今天讲中国就要特别提伦理。中国伦理有古远的历史,"孔子删书,断自唐虞,尧典皋谟两篇所记的,已把全部中国的伦理,发挥得异常博大精深了。这两篇是说伦理之原本于天,伦理之施在于人。伦理是什么?便是五品。如何施行伦理?便是五教。伦理是由己及人的,是由家及国,以至全人类——万邦黎民——的。什么是道?天定伦理便是道,什么是德?实行伦理便是

---

① 范皕海:《中国伦理的文化与基督教》,《青年进步》,第84册,1925年6月,第1—10页。

德。怎样能上合天心,下致人治? 伦理普及,便能上合天心,下致人治,到天下太平的境界"。①"孔子祖述尧舜,继续这禹汤文武三代的遗传,儒家的伦理就发达至最高点。"②儒家终成为中国文化的正宗,伦理也就是中国文化的正宗。从此观点出发,范皕海对孔子的《论语》进行了剖析和解释,认为孔子提出的"仁"是由"忠、恕"两方面组成。可以概括为"己所欲,施于人,是忠","己所不欲,勿施于人,是恕"。孝悌忠信的伦理也可用忠恕解释。"忠"可以包含在"老者安之,朋友信之,少者怀之",也就是包含了全人类。"忠、恕"也可以总结为:"民之所好好之,民之所恶恶之",这就从个人的修己待人,推广到治国平天下了。"忠、恕"还可以推及服务和牺牲精神:"行有不得,反求诸己"。通过这种分析,他认为正是这种伦理原则存立于我们民族的心理,"但看今日强权势利,何等横行;而普通社会间,还有一种公正的清议。全国教育,何等不普及,乡里愚氓,犹能保存敦厚和平忠实的态度。这便是数千年来中国文化沦肌浃髓,成为吾民族第二天性的功效呢"。接着他对何为基督教做了一番分析。认为基督教可以用三句话包括:"上帝为天父","人类皆兄弟","我们当以服务牺牲建立爱的天国于地上"。基督教只认定这三句话,其他的形式可以不必去管它,因此基督教与上面所说的儒家伦理学说,"毫没有冲突的地方,不但没有冲突,而且能给以相当的说明"。例如基督教的最大的两诫,一是爱上帝,即天父;一是爱乡邻如自己。所谓爱上帝就是"服事兄弟中最小的一个,便是服事我"。所以基督教并不离开人事以求上帝,与儒家的存心养性为事天一样。而爱乡邻,儒家则将它一一指出,就是父子、兄弟、君臣、夫妇、朋友等等。由此他认为:"所以基督教的儒化啊,儒教的基督化啊。我们

---

① 范皕海:《中国伦理的文化与基督教》,《青年进步》,第84册,1925年6月,第3页。
② 同上。

确实见得他们俩的根本互同。信基督教的人,看轻儒教,或者儒教里面的人拒绝基督教,未免都是偏见和盲目呢。"他认为尽管中国文化博大精深,但也仍有引入基督教的必要。一是我们今日转用外来的开掘方法,可发现我们固有的无穷宝藏。如老庄哲学有许多与西方新哲学相近,而墨子的辨经多少与西方新科学有相同之点,如不研究西方科学和哲学的书就悟不到中国古代哲学的精深之处。中国伦理学今天已为八股庸愚谰言所误,基督教可以刊落枝叶,使我们认识原有文化的真髓,并可灌输一种热烈的新精神,使枯萎古老的伦理学问复新生命。二是世界文化复古翻新是循环。这种循环不是重复,而是加入了新分子后得到新的螺旋式的上升。如北宋时期儒教的复古,其内容已加入了释道两教的成熟分子,化合而成新质素。今天中国文化又到了这个时代了。百多年来基督教已激动了中国文化的中心,所以今天复古的思潮,正是接受基督教成熟分子的准备。中国文化在吸收了基督教的新分子后定会放出异彩。

像这类肯定中国文化可以与基督教互相融合的文章在这一时期中还有不少,许祖焕的《中国文化与基督教的关系》①一文就是如此。他认为中国文化特点有:尊天、和平(非战、相爱)、重义、非利、孝悌、大同、重仁、求灵肉合一(生命与生活合一)。这些在耶稣教导和《圣经》经文中也都能找到。结论是:"基督教是很和中国文化互相发明,可以融合。"

上面的文章着重于中国文化与基督教的结合,而较少涉及如何与基督教教会的结合,而王治心的《中国本色教会的讨论》②一文则较为注重讨论教会如何与中国文化相结合,真正成为中国的本色基督教会。

---

① 许祖焕:《中国文化与基督教的关系》,《青年进步》,第80册,1925年4月。
② 王治心:《中国本色教会的讨论》,《青年进步》,第79册,1925年1月,第11—16页。

他认为"基督教好比一粒麦种,随意栽在任何处所,都是相宜,不过有两件事应当注意:一、必须落在地里,吸收本地的肥料来滋养。二、必须死了,然后能生长,能结多果"。因此提倡中国本色教会并不是提倡国家主义。基督教要在一国生长必须吸收当地的文化思想,因为宗教必含有民族的特性。佛教从汉代输入中国,与中国固有的文化思想相调和,吸收了中国文化思想的滋养,结成了中国特产的佛教果,大非印度佛教的本来面目了。就像花生原是来自外国,但在中国土里,吸收了中国地土上的滋养,而成中国物产,因此无人称它为洋花生。但基督教传入中国却因西洋的遗传、风俗、文化、思想尽量地培壅和浇灌,绝对吸收不到中国文化和思想的滋养,故至今仍穿一身洋装,被人视为洋教,足可证明基督教在中国的文化思想里还未下种。基督教要成功地成为中国地产,重要的并不是"基督教在中国",而是"中国基督教",也就是让这粒种子下种在中国的文化和思想里,让层层包裹着的西洋仪式、风俗、习惯、思想在地里死了烂了,然后萌芽、生长、结出"中国本色"的许多子粒来。但至今基督教还是大部分在外国传教士怀抱中,战战兢兢地惟恐沾染中国地土上的微粒,哪里肯放手下到地里,所以到今日,还没有下种,还是非本色的。

"所谓本色教会者,就是改造西洋化的教会成功适合中华民族性的中国教会;这种改造,并不是动摇基督教的真理,不过使中国古文化与基督教真理融合为一,使中国基督徒的宗教生活,适合于中国民情,而不致发生什么隔阂。"如今有些热心的信徒已在从事这方面的工作,如教堂建筑、婚丧礼仪或赞美诗等采用中国式的。但这只是形式,是基督教接近中国文化的一种手段,而不是根本的下种方法。"因为在基督教的生命里,没有中国文化的血液在内,则基督教与中国社会虽日趋于密切,仍不过是友谊的握手,而不是血肉的化合。所以根本的问题,不是在形式方面,乃是在精神方面,把基督教下种在中国文化里面,吸收中国文化为血液,庶几无所谓基督教在中国和中国基督教,这才是建立在磐石上了。"那么什么是中国文化?王治心认为找出答案并不容易。不仅西洋人、半西洋人没有知道的,即普通本地中国人,知道的也很少。他从三方面加以剖析:一、中国文化在伦理上的表现。孔子的道德学说的结晶就是五伦。父子有亲、君臣有义、夫妇有别、长幼有序、朋友有信。这种父慈、子孝、兄友、弟恭的精义实不随时代而磨灭。五伦中以孝悌之道推至养生葬死——慎终追远等,使三千年来风俗之厚,民情之敦为世界之冠,未始不是从这种道德所养成。但随着欧风东渐,小家庭制度,不顾父母之养等,凡与基督教俱来的西化与中国固有的礼教无不相悖。在他看来,"这不是基督教的本色,乃是西方的习惯,层层包裹在基督教的外面。因为基督教也很重父子之亲男女之别的",如耶稣对父母的顺从等。因此他认为基督教的文化本也是东方思想的产物,与中国文化很密切。"脱去基督教之衣服而现其真相——本色——的,是东方人"。二、中国文化在精神上的表现。"柔和是中国民族的优越精神;耐劳忍辱,犯而不校,横逆之来,一再自反,礼让为国,与人无争,温文尔雅,从容自得的态度"。① 西洋人认为我们是惰性的民族,因为他们是动极的民族,与中国静止的民族性成反比。但这种"君子坦荡荡"的精神确为世界文化的一部分。实际上基督教也勉人以无抵抗的忍受。可见基督教的精神实与东方民族的精神异常密切。基督教所显露的本色也是中国的本色。三、中国文化在行为上的表现。"君子喻于义,小人喻于利","不以利为利,以义为利也"。这是中国人行为上惟一的抉择。而基督教传入中国,西洋的功利主义也影响到当代的青年。基督教本身虽不提倡功利主义,但宣传基督教者却汲汲于功利之求,计较进堂人数等。而中国人绝非有此素性,只知当为而为,

---

① 王治心:《中国本色教会的讨论》,《青年进步》,第 79 册,1925 年 1 月,第 14 页。

不计所得之效果如何。这是西方基督教与东方文化最相异的一端。如基督教能吸收这种中国文化精神,融化成自身的血肉,就不会发生隔阂。

最后他就如何造成本色教会提出了五点建议:一、培植本色的领袖。所谓本色的领袖,就是"能充分尊重本国的文化,充分了解祖国精神遗产底特质"的人才,而如今教会并不曾培养过这样的人才,培养出来的都是半性的外国人。神学中充满了洋气,只重洋文,而视汉文国学为疣痣。在这种洋气氛中,制造本色的人才未有不圆凿而方枘。因此培养领袖的机关,应当大大改良。二、宣传本色的真义。本色教会的成功与否建筑在群众心理之上,绝非少数领袖所能维持,因此要用种种方法,文字或讲演,从事宣传。三、取得友邦传教者的协助。让西教士理解基督教到底是中国人的基督教,越俎借箸可暂而不可久;而且本色教会并不离弃基督的根本,因此西来的朋友应当多谅解,给予协助。四、注重国化的材料。基督教在华宣传费了不少力,但大部分只在底层社会,而不能深入知识阶级,其很大的原因是传教者与国学太隔膜,所取的材料大多出自西洋,而绝少以中国固有历史为讲材。宣传方面译述多,而鲜有国化创作。佛教之所以能得知识阶级欢迎是国化的文字。因此基督教要多采用国化材料。五、删订中国教会的礼节和仪制。中国人本来富有宗教上的虔诚,尤其是中国妇女,如能拆毁那些西洋传来的与中国人心理造成隔膜的礼仪,本着中国人群众心理删订一切礼节和仪制,实为本色化刻不容缓的工作。

在讨论中国教会本色化方面,有些文章从某一方面入手,如刘廷芳专就中国教会的礼节仪式问题发表了看法。他首先肯定礼节是帮助人过宗教生活的,不能废弃。宗教礼节是宗教生活灵性的表示,应当是进步的,可以随时改良,以求适应灵性的需要。中国教会是中国信徒灵性生活的家庭,一切仪式礼节当合中国信徒生活,因此创造中国教会各种礼节是本色教会的根本工作。但他又认为中国教会并不与世界各教会断绝,是一本同源的关系,因此中国教会的仪式和礼节也当保持这一关系。有部分礼节是全世界信徒应当了解的,应当共享的,中国教会不能借本色的名义将它抛弃。因此在创作中国教会的礼节时,当选用各国教会所用的仪式。但在采用别国礼节时,则是自由的,凡不背真理而又合中国国民应用的,都能做实验的底子。①

总之,第二次非基运动不论是从理论上,还是在实践上,在推动教会及教会学校的本色化方面都有一定的作用。一些中国教会领袖对本色化的认识,从理论方面看较之以前确有所提高。但在实践方面却做得不够,包括收回教育权一事,教会学校改进的动作不大,基本属于雷声大雨点小。真正促进教会在实践上做出本色化努力的是在"五卅"之后,随着民族主义的高涨,教会受到了从未有过的巨大冲击,本色化运动也被迫迈出了新的步伐。

---

① 刘廷芳:《中国教会礼节仪式的问题》,《生命月刊》,第 5 卷第 3 期,1924 年 12 月,第 2—4 页。

第九章　五卅运动和北伐时期的中国基督教

第一节　五卅运动及中国基督徒的回应

1925年5月15日,日本纱厂资本家枪杀工人代表,伤十余人,30日,上海工人和学生为抗议日本帝国主义的暴行,云集南京路举行示威游行,遭到英国巡捕房的枪击,造成13人死亡、数十人受伤的"五卅惨案",激起了全国人民的愤怒。在民族主义精神的推动下,全国许多城市形成了罢工、罢市、罢课的高潮。在这"三罢"过程中,帝国主义者又对中国人民进行了血腥镇压,犯下了新的、更大的罪行。6月11日,英帝国主义者在汉口又制造了汉口惨案;6月23日,广州各界举行10余万人的游行大示威时,在沙面遭到英国士兵的机枪扫射,当场被打死52人,重伤170余人,轻伤无数;7月2日,英军舰对重庆示威群众开枪,又造成了重庆惨案。这一系列暴行激起了中国人民更大的愤怒。据不完全统计,五卅运动期间,中国南北各地有600余座大小城镇爆发了反帝爱国运动,直接投入运动的各界爱国人士多达1700万人,规模之大在中国近代历史上是空前的。① 一些研究者认为五卅运动是中华

---

① 任建林、张铨:《五卅运动简史》,上海人民出版社1985年版,第125页。转引自杨天宏:《基督教与近代中国》,第337页。

民族觉醒,民族主义全面高涨的一个标志。

第二次非基运动中早已有人将基督教与帝国主义相联系,认为帝国主义利用传教为侵略手段,把基督教化为其先锋,进行文化侵略等等。这种说法在五卅运动之前在反教人士中尚不很普遍,有些人还认为这些提法属于"过激"的"赤化"言辞。但在五卅及随后的一系列惨案中,血的教训促使广大人民群众,包括广大信徒,提高了对帝国主义的认识,野蛮的暴行充分地暴露了所谓基督教国家的英帝国主义的罪恶嘴脸,不仅愈来愈多的非基人士接受了基督教是帝国主义先锋的观念,就连许多基督徒也认同这种说法。在这场有关维护民族尊严的关键时刻,中国基督徒也与全国人民一样,满怀着爱国热情投入了反帝的行列。

就在五卅惨案发生后几天内,全国各地许多教会团体纷纷组织了沪案后援会,仅江苏一省就有上海、南京、镇江、苏州、常熟、徐州、金山、扬州、江宁陆郎桥、板桥诸镇等地的基督徒组成沪案后援会。他们纷纷发表宣言和函电,以极其愤怒的心情强烈谴责帝国主义对手无寸铁的学生和工人所犯下的罪行,并多处募集巨额专款,声援在沪的学生、工人、商人进行罢课、罢工、罢市的"三罢"活动,如6月2日,上海爱国基督徒"集议组织上海中华基督徒联合会以谋应付,除通电北京政府、南京长官请严重交涉并立函工部局声告实情,要求(1)惩凶,(2)抚恤,(3)谢罪,(4)工部局应有中国代议士,(5)取消租界内华洋不平等待遇"。① 6月4日,上海中华基督徒联合会为沪案通电"北京、天津、济南、太原、西安、成都、重庆、奉天、安东、哈尔滨、开封、长沙、汉口、南昌、安庆、南京、苏州、杭州、宁波、福州、汕厦、香港、广州、云南暨内地各基

---

① 《上海中华基督徒联合会为沪案通电》,《生命月刊》,第5卷第9期,1925年6月,第36页。

督教会全体同道",还有不少基督徒严正驳斥了帝国主义分子把这次事件归之为所谓学生"扰乱治安"、"过激主义"、"赤化"等诬蔑。如《南京中华基督徒对沪案之愤恨宣言》[①]称:"上海日纱厂及英捕房连日捕杀中国学生市民,死伤至数十人之多。此种惨剧,为世界所骇闻,使我独立自由之中华国民,蒙此奇辱,不独中国人民,大动公愤,即爱崇公理之友邦人士,亦莫不斥其残暴。彼工部局方且以'扰乱治安'、'过激主义'陷人于罪,皇皇布告,自圆其说,不知适为其自承暴厉之供词。赤手空拳之学生,围观奇异之市民,有何扰乱治安之可言;即不得已而开枪,距警告仅十秒钟,且弹从背入,足见故意杀人。至诬该学生市民以赤化,尤属信口雌黄,忍心害理。查死伤之人,皆为勤慎学生,有职业之安分良民,出于爱国热忱,有少数学生,沿途演讲,聚而听者类皆往来途人,及至被捕,观者正问何事,忽英捕开枪击杀饮弹而列者,犹不知其死于何故,如此岂得诬为过激主义。"并提出:"本会抱同仇敌忾之心,与各界一致行动交涉入手,先令其释放被捕,解除戒严,抚恤伤亡,惩凶谢罪,以及保证永不发生此种暴行,然后进而谋废除一切国际不平等条约,限期收回租界及割让地,此则一致对外之力争者也。"《两广浸会基督徒救国联合会宣言》在沙基惨案后发表,表达了对英帝国主义的强烈抗议和对受害同胞的满怀悲愤之情的爱国情怀,称这些惨案"实为世界历史空前所未见。不料号称文明国国民,乃有此灭绝天理人道之事,发生于青天白日之下","英国帝国主义者,此次杀害吾国同胞,实系蓄意谋害……要负完全责任"。"此种野蛮行径与基督教博爱服务主义,相背而驰"。[②] 许多基督徒以个人名义纷纷对五卅惨案表明了自

[①]《南京中华基督徒对沪案之愤恨宣言》,《生命月刊》,第5卷第9期,1925年6月,第36页。

[②]《两广浸会基督徒救国联合会宣言》,《真光》,第24卷第7号,1925年7月,第79页。

己的态度。程湘帆在《基督教人士之反对帝国主义及不平等条约宣言》中对帝国主义表示极大的愤慨:"今幸国人大梦已醒,觉悟已深。'反对帝国主义','取消不平等条约'的运动已经发动。我基督教信徒素来对于忠爱国家,服务社会未尝稍后于人。且'人类同胞','民族平等'尤为我基督教的精神。故对于此项运动,应一律加入贯彻到底。"他仍深信基督教实为中国所需要,"但宣传教谛须用光明手段。以枪炮兵舰的威力,压迫弱国缔结条约,外交道德尚不许可;安能以此权力,宣传救世之道?此实我基督教之大耻,亦我中国信徒之奇痛。"[1]著名的爱国基督将军冯玉祥发表了《告世界被压迫之基督徒书》,指出英国素以基督教国自夸,今天对学生的屠杀"非仅基督教之羞,是亦人类之耻矣"。他对于世界许多教会对此事竟不表态表达了强烈的不满,对此感到"殊为惋惜"。他指出不少教会因"恐获罪于强权政府,见恶于资本阶级,于自身均有不利"而保持沉默。由此他呼吁"诸君愈在压迫之下,愈宜挺身而出。努力奋斗,为教徒争人格,为教会保名誉"。[2]

凡此种种都表明基督徒的爱国之心实与一般民众并无区别。

就在广大信徒满怀愤慨的激情反对英帝国主义之时,多数传教士却采取了另一种态度。当时除了有些美国传教士,特别是燕京大学的一些美国人和其他极少数传教士对中国深表同情,并表示要敦促修改不平等条约以改善中外关系外,大多数传教士虽则口头上也对死难者表示同情,但借口等待公正调查而拒绝对此事加以评论。更有甚者,还有些传教士,特别是英国传教士,完全站在帝国主义立场,认为五卅是

---

[1] 程湘帆:《基督教人士之反对帝国主义及不平等条约宣言》,《生命月刊》,第5卷第9期,1925年6月,第45—46页。
[2] 《冯玉祥告世界被压迫之基督徒书》,《生命月刊》,第5卷第9期,1925年6月,第58页。

学生故意违反法律。他们大部分"偏听工部局片面的报告,以为当时杀人是不得已的事,以为当日巡捕开枪是为自卫计"。① 更有些人听信《字林西报》等西方报刊捕风捉影的报道,认为中国快要重演庚子惨剧,要求西国政府采取更严厉的手段对付中国。还有人则因怕中国赤化,支持英捕杀人。另有些传教士竟说,中国国内因军阀内讧和土匪所害者何止数万,今沪案只杀了几十个人便反响如此激烈,真是小题大做。与此相应的是大部分教会学校的传教士对学生的爱国行动同样不表支持,许多教会学校采取匆匆结束学年工作或提前放假等办法遣散学生,金陵女大、福建协和、东吴、沪江、华南女子和华中都是如此。岭南大学校长白士德对帝国主义在沙面枪杀中国师生的暴行拒不表态,圣约翰大学校长卜舫济甚至不准学生降半旗为被害工人开追悼会,事后又以关闭学校相威胁。

传教士的这种态度极大地伤害了中国信徒的民族感情,更激发了信徒的爱国热情。教会学校学生冲破校方设置的各种障碍,积极投入反帝爱国运动。据不完全统计,在五卅后的半年间,教会学校发生的学潮就有40多起。一些教会大学的学生和中国教职员工提出由中国人接管学校,如岭南大学爱国师生迫使校长白士德宣布辞职,圣约翰大学全体爱国师生宣布退学,另组光华大学。

不仅如此,传教士的恶劣态度也使信徒提高了对帝国主义的认识。沪案发生之后,不少中国信徒写信给英国传教士,指责他们不主持基督的正义和公义。更有些信徒通过这些事件认识到某些传教士是帝国主义的先锋。如《山西汾州基督徒沪案后援会特告英传教士的忠言》中就说:"欧战时代,贵国传教士之狂妄偏激,在华人心中已深深印下一种不美的感想,直到现在还使基督蒙着羞辱,贵国足以自豪的,不过是

---

① 刘廷芳:《基督教与中国国民性》,《生命月刊》,第5卷第9期,1925年6月,第9页。

在世界上多亡了人家几个国,多占了人家几块地,商业侵略之成功,海军压服了全球,其实这正是你们应当深自忏悔的丑恶罪孽;然而你们传教士,还洋洋得意的在传教条约之下,尊严无比,以为这些才表明贵国是文明不凡的国家,无怪乎欧战时,上海传基督的某著名机关,居然印了一份诚报,送遍全国,以宣传大英帝国武力之盛啊!贵国以贩卖鸦片而通商中国,在历史和世界上的罪恶,可称满盈,最近又挑拨西藏,争夺片马,割据香港……你们传教士素日所大声疾呼的,讲些基督教义的空话,到了事实上,还是舍基督而崇拜帝国的武力啊!……这些令人发指的事实,所告诉我们的:是你们不是为爱基督而来,更不是为爱华人而来,帝国主义既成了你们的最高意识,以致你们的传教和立学校,反成了帝国主义的先锋……"①由此一些信徒要求在华的西教士超越国界,超越宗派,超越权势,宜作调人,宜作华友,宜作顾问,代表基督。也就是不要持帝国主义立场,而应主持公道,宣传耶稣和平的福音,了解中国文化和国情,与华人为友,否则中国将不欢迎他们②。

中国基督徒通过传教士劣迹而加深对帝国主义的认识,还可从另一个例子中看出:上海基督徒联合会通函全上海各教堂于主日时共同对五卅惨案发表爱国讲演,认为,五卅惨案完全是英捕房屠杀了中国人,但英国人却口口声声尊重法律。为转移视线,英捕房埋火公埋,各家西方报纸反而造谣说中国人受苏俄过激影响,还盲目排外,庚子拳祸将至等。基督教之真谛是博爱平等自由主义,然一般西宣教师平日高谈基督,惨案发生以后,却抛弃基督而曰遵守捕房法律,而此法律又是为西人管束华人而专制定的,实际上是以捕房为重,基督为轻。基督教

---

① 《山西汾州基督徒沪案后援会特告英传教士的忠言》,《生命月刊》,第 5 卷第 9 期,1925 年 6 月,第 39 页。
② 李荣芳:《现时西教士在中国应有的觉悟》,《生命月刊》,第 5 卷第 9 期,1925 年 6 月,第 21—23 页。

在中国之大可悲伤,令人痛定思痛:1.基督教入中国非纯然以仁爱和平诸美德为后盾,而每每持武力为先驱。2.基督教之真理平日之娓娓,亦未尝不见之事实,及至遭遇强权,则真理立为俘虏,不能自由。自命为宣传真理者,亦可为强权张目。基督教之真理或存或亡,一视中国基督徒能否誓死拥护。此次惨案之应付,将是中国基督徒的试金石。最后的结论是:"1.中国基督徒应认定宣教师是宣教师,基督教是基督教,基督教不能完全代表基督,宣教师尤不能代表基督教。以故吾人良心主张断不为西教师所转移。2.申明吾人崇拜基督,努力发扬光大其主义,不特不因此事稍存冷退,且因而勇气百倍。3.吾人一致活动,促全国基督徒及世界人群起而援助。4.宣传西洋帝国主义在中国所加之种种压迫。又宣教师在中国管理教会之种种不合,亟待改良。5.努力苦劝各界严守秩序,切勿稍为无意识之暴动授人口实。至必要时,可出而挺身阻止。6.用种种平安方法积极援助罢工工人。7.苟有中西公正人士出而组织团体担任调查真相从事研究解决方法,吾人当静待其究竟予以尊重。"①

从这则讲演材料中可以深切地看出中国基督徒的爱国心,也可以看出他们对在华传教士和中国基督教会现状的失望。由此他们高举基督的精神,提出"基督教是基督教,基督教不能完全代表基督,宣教师尤不能代表基督教",这种区分就为信徒反对帝国主义所控制的基督教会提供了依据,这也是五卅惨案后中国基督徒的新认识。

这次运动促进了中国教会的自立运动。按吴雷川的说法,沪案发生后,基督徒一致参加运动,但在许多外国差会,尤其是英国差会中,中国信徒搞募捐,常受外国传教士的限制,由此而发生冲突。中国信徒连

---

① 钟可托、李则灵:《演讲(五卅惨案)之一助》,《圣报》,第15卷第7期,1925年7月,第23—24页。

参加爱国运动都要受限制,"不能完全自由,这是何等痛心的事!所以有些基督徒受了很强烈的激刺,都觉得义愤填膺,不可遏抑。然而外人是外人,教会是教会,空空的反对外人,而不能自立教会,亦复何补……那么,努力组织自立自养自传的教会,现今不正是最恰当的时机么?"①

正是在爱国主义情感的驱使下,特别是受到外国差会和传教士压抑的刺激下,不少信徒,特别是原属英国差会的信徒纷纷要求自立,如开封内地会全体教友因沪案发表了与英人完全绝交的宣言,提出本着"拥护真理,反对强权之基督精神,为国家争人格,为教会争人格,为基督徒争人格",另行组成开封中华基督教会。这完全是华人经济独立、自治、自助的机关。他们强调"基督教不能完全代表基督。宣教师尤不能代表基督教",一致主张与英人的内地会堂完全脱离关系,"并希望凡在英人旗下的中国基督徒们,皆有同样的组织"。宣言的结语是:"打倒帝国主义。取消一切不平等之条约。愿各界用精神或物力相助我们。成功了'拥护真理,反抗强权'之本色的有力的合乎国性的基督教会。用以拯救'蛮性''霸道''帝国主义'之英日"。②

上海内地会的一些信徒也在这种形势下,克服资金不足等困难,宣布自立,组成上海中华基督教会。他们的通启上说:"中国教会自立,自治,自养,自传之运动提倡已非一日。凡属信徒,均负职责。本会同人前隶上海内地会堂,筹谋自立,历有年所。惟以上海系通商在埠,需费孔多。本会预储自立基金,为数无几,未敢轻举。稽迟迁延,以迄于今。现时势迫促,无可再缓。于民国14年7月5日联合本会男女信徒,另组上海中华基督教会"。③

---

① 吴雷川:《沪案与中国基督教的前途》,《生命月刊》,第5卷第9期,1925年6月,第20页。
② 《开封内地会全体教友因沪案与英人完全绝交新组成开封中华基督教会之宣言》,《生命月刊》,第5卷第9期,1925年6月,第41—42页。
③ 《上海中华基督教会通启》,《真光》,第24卷第7号,1925年7月,第84页。

温州一些信徒也因为英籍牧师蛮横地阻碍他们对五卅事件表达爱国之情而宣布脱离圣道公会。五卅惨案发生后,信徒要求教会致电英国政府进行交涉,但遭到英国牧师的坚决反对。这位牧师不仅不主持公道,反而"犹抱国家主义""恃强傲慢","偏袒不公",诬蔑爱国信徒。这激起了信徒们的愤怒,为维护基督教的公义,表达他们爱国之情和对受难同胞的满怀同情,与国人一致行动,他们宣布脱离英国人的圣道公会①,成立自理教会,发表《自理宣言》,其中说:"各位兄弟们,你爱国么。我中国本是堂堂大国,现在已被英人随便凌辱,随便打杀,丧我国体,夺我国土,近于亡国了。国家兴亡,人人有责。你若有爱国之心,就应该自立。若不自立,只知依靠外国人,他就当奴仆待你,永远被他欺凌了。各位兄弟们,你爱教会么。是的。教会本是道德的教会,现在却被外国政府当作侵略的家伙了。耶稣博爱的道理,被他断送完了。现在外教人反对教会正厉害,说我们信洋教的是洋奴,替洋人作走狗的。洋人口里说的是善道,但是做出来的是恶事,圣教的名誉被这些人糟蹋完了。你若要保圣教的名声,就应该脱离洋人的圈套,就是从帝国主义的势力下面逃出来"。② 与此同时,《温州基督徒反对强暴宣言》③中也指出:"原来基督之教,以博爱为宗旨……但英政府残暴的行为,侵略的主义,不平的条约,实远背基督教旨,违反宗教精神,教会因他大失信用。基督为他被人污蔑。"由此提出"为此同人等力谋教会自立,脱离西人关系,以表同情于被难同胞,聊尽国民分子"。

尽管不少传教士在五卅惨案中表现不佳,但也有些传教士对华人深表同情,特别是一些在与中国信徒共同合作的教会机构中工作的西

---

① 《脱离圣道会宣言》,《圣报》第 15 卷第 7 期,1925 年 7 月,第 3 页。
② 《温州圣道会自理宣言》,《生命月刊》,第 5 卷第 9 期,1925 年 6 月,第 42—43 页。
③ 《温州基督徒反对强暴宣言》,《生命月刊》,第 5 卷第 9 期,1925 年 6 月,第 43 页。

第九章　五卅运动和北伐时期的中国基督教　309

教士。他们与中国信徒就五卅惨案发表共同宣言,并为五卅事件做了不少斡旋工作。如中华全国基督教协进会在五卅惨案发生的第二天便在沪召开了本会执行部驻沪委员会临时会议,商讨应急方案,并分别到中西各报,要求主笔对此报道要审慎,必要了解真相后才下断语。6月8日该执行部又致函上海工部局,要求有充分的华人代表在工部局任董事,因为华人在公共租界中居住者占大多数,所纳税达80%,并建议组织中西人士的调查委员会,其中"华人更当有充分之代表,以从事迅速公正、周密之调查。将此惨案前后经过之真象,源源本本公布于众,使社会舆论对此事有公正之解决"。① 此后又发表了《中华全国基督教协进会致全国基督徒书》,提出六条建议:一、要中西信徒一致平心静虑以听上帝的声音,强调未明真相前,切勿下断语。二、对惨案发生的国内外原因作了分析:国内是军阀横行,战祸不断,政治腐败,民生凋敝,鸦片蔓延,教育不普及,学生思想剧变,全国对不平等条约极反感等;国外原因是连年来帝国主义的侵略与压迫,条约不平等,白人对华人倨态,走私毒品、军械等。三、基督教与爱国主义决非水火抵触。基督徒当为最高尚的爱国志士与最伟大品格之公民。但基督徒应以公理为前提,而不以自国利害为前提。要坚决反对自私的盲目的武断的与牺牲他国以利自国之爱国主义。这次惨案应超脱于狭义的国家主义与种族偏见。四、当此情势十分严重之时,要严格谨慎,不要误入歧途(包括物质主义,悲愤失望,怀疑上帝、自私怨恨报复等),要发扬"公理优越强权"之基督教精神,及谦逊正谊公道宽恕博爱之宝训及世界及宇宙之灵德,并助之实现。五、批判一些基督徒以政教分离为由而置社会于不顾。认为"凡属信徒之思想言论行为,均应与基督教原理适合,不论个人团体或国家利害,即在危难之时,均应信守不渝。信如是,则

---

① 《本会致工部局函(6月8日)》,《中华归主》,第54期,1925年7月10日,第3页。

可以彻底改造人民之政治经济社会生活,更可使基督之道永掌国际与种族间之权威"。六、研究改善中国教会组织的现状,认为"教会与差会宜急起直追,以建设的批判,研究今日我国基督教之组织,并谋设法改善之,使基督教人生之道,可更切乎实用,更臻完善,更能与我国人民生活思想行为吻合"。①

还有些较大的团体,如燕京大学中西全体教职员经反复讨论后所发表的宣言、北京青年会全体中西干事、北京女青年会全体中西干事和董事、北京公理会中西教士、全国青年协会干事部、北京全城教会14校教职工组织评议会等都发表了宣言或通电。这些宣言措辞较为温和,但一致认为"沪案之违反基督教义,并说明不平等条约及中外感情为这次肇祸之远因"。按刘廷芳的说法:"虽然措辞极审慎稳重,而因其稳重,读之如看颜鲁公书,力透纸背,知每篇成功之经过者,看教会固有机关中中西人士,连英人也在内,能共同讨论这样问题,发表意见,作一致的主张,对于教会中'合作的可能'的前途,不能专抱悲观了。"②

一些有思想的基督徒较早就看出五卅运动与中国基督教的前途有着密切的关系。吴雷川撰文认为沪案将会与基督教有密切关系,其原因有四:1.凡世界大事,不管是一国的,还是国际间的,必影响到宗教,如世界大战就改变了人们的基督教观念。五卅也不例外。2.基督教由欧美传入中国,传教士又总宣传基督教如何有益于其国使人们认为他们国家的行动就是基督教的行动。3.五卅惨案的造成与外人在我国有租界,享有治外法权有关,是不平等条约造成的,而传教条款也是不平等条约之一,每当国人受辱便会联想到基督教。4.近来非基运动最大

---

① 《中华全国基督教协进会致全国基督徒书》,《中华归主》,第54期,1925年7月10日,第1—2页。
② 刘廷芳:《基督教与中国国民性》,《生命月刊》,第5卷第9期,1925年6月,第6—7页。

的标题是国家主义,认为中国人信了基督教便只知有外国教会,不知有中国国家,教会在各地设立学校便是造成一般不爱国的学生,由此要求学生退出教会学校。而沪案被害的正是学生,各地反抗的也是学生。加之外人治校向以专制的态度,近日又有少数教会学校,因抑制学生导致全体学生退学,尤其是圣约翰大学,由此引起不好的印象。他推断沪案将对中国基督教前途有重大影响。如果各国基督徒能彰显正义,在调解沪案时修改以前各种不平等条约,就能显示出基督教之精神。如果各教会置正义人道于不顾,而屈服于强权,或英国不改骄矜的常态,列国又不肯仗义执言,中国尽管可以受列强的干涉,而民心却非武力可变更,那基督教在中国的前途就可想而知了。由此他提出中国基督教要积极准备两件事:一是改正基督教的观念。过去基督教太过谈上帝的慈爱和大同博爱原则,使人对于家国反而忽视。实际耶稣本是热忱的爱国志士,他的天国训言充满了上帝的公义。所以以后中国宣传基督教,最好是根据耶稣讲天国的教诲,多注重谨严的规律,使国人都知道在根本上力图自强,在各种事业上发达自己的个性,因而中国的国家,内政修明,国基强固,不复受外人欺侮。二是建立中国的基督教会,也就是脱离外国差会控制和自立自养自传的本色教会。

第二节　收回教育权运动的再次兴起及教会教育界的回应

据刘廷芳研究,参加沪案后援的学生大都是基督徒,其中各校的学生代表和执行委员有好多是十分热心的基督徒,还有专门的神学生,另有不少是接受教会奖学金者,他们都是以满腔的爱国热情投入运动。他不能认为教会教育是摧毁国民性,使人不爱国,培养的学生都是洋化或奴化,或成为洋奴等①。

　　刘廷芳的这种说法得到中国基督徒的普遍认同。刘湛恩在《五卅惨案与教会学校》一文中也认为五卅惨案"差不多做了教会学校的试金石了",因为打破了人们对教会学校的看法,他说:"你看教会学校学生,加入此番运动的,何等踊跃?且往往为运动中的领袖。他们是外人的顺民么?他们缺乏爱国心么?恐怕他们的爱国热度,还高出其他学校的学生之上呢?"他还认为这一运动提高了中国教职员在教会学校中的地位,因为外国人对中国教职员的行政能力持怀疑态度。正如卢茨所说,在西方传教士看来,在民族主义高涨时期,由中国人管理学校会因为他们的爱国心而不按基督教教义办学。而且由于他们更容易受到政治压力和学生的影响,难以维持学校纪律和教学水平。② 但事实证明,在那些不听中国教职员意见、一意孤行的外国传教士们所掌管的学校中就发生了极大的学潮,反之则工作进行得很顺利。但他也谈到在这次惨案中传教士中一些人表现不佳,平日口口声声效法耶稣,但却不问正义。他们的态度令信徒大大失望,更为教外人士视教会学校是发展帝国主义、施行文化侵略的器具,提供了口实。③

　　正是由于有这批传教士,也由于校方的钳制,许多教会学校学生的民族感情和爱国热情常常受到压制,从而加深了人们对教会学校的恶感。因此在五卅运动数月后,非基运动又从反对帝国主义再次转向收回教育权运动。

　　1925年7月,非基运动再次将矛头指向教会学校。当时他们在上

---

① 刘廷芳:《基督教与中国国民性》,《生命月刊》,第5卷第9期,1925年6月,第9页。
② 〔美〕卢茨:《中国教会大学史》,第234页。
③ 刘湛恩:《五卅惨案与教会学校》,《教育季刊》,第1卷第3期,1925年10月,第15页。

海召开了全国学联第七次大会,讨论了有关教会学校的问题及对付办法,最后发表了《全国学生总会议决议》。该《决议》中说"基督教是统治阶级压迫被统治阶级的武器",是"帝国主义的鹰犬",在教会学校里"不准学生自由行动,自由思想,强迫学生信教",使"学生不能参加爱国运动",让学生读耶稣的经典,其目的"是毒害中国青年的精神,愚弄中国青年的思想,将中国主人翁的青年造成帝国主义者的鹰犬,以便其尽量剥削中国人民的野心。所以反对基督教的运动,日益扩大。同时收回教育权,取消教会学校的呼声也漫溢全国;许多教会学校学生罢课退学的风潮也连续不断。自从基督教徒的工部局,基督教徒的美国陆战队,和万国商团,基督教徒的英国水兵,连三再四的在上海、汉口、沙面等处屠杀了几十个中国人,又经过基督教牧师某某在基督教的会审公堂,证明英国巡捕向中国手无寸铁的群众开枪是'应该的'之后,不但一般民众明了'基督教是帝国主义侵略的工具',就以资格很老的基督教徒中,也有一部分人看清了'基督教是帝国主义侵略的工具'了。现在全国反基督教的运动,已经形成公然反帝国主义的奋斗。"为此他们规定了运动的几个具体方法。其中有圣诞节前后一星期为反基督教运动周,务使各地反基督教运动,向积极反帝国主义方向前进。"在每个寒暑假期间,各地学联会及学生会,应督促各地学生回到各农村各工业区域中,宣传基督教的罪恶……引导工人农民,一齐起来,加入反对基督教运动的战线。"宣传的方式通过传单、小册子、刊物、各类讲演、化装游行等。为使教会学校20万男女青年得解放,他们提出三点建议:一、呈请教育部制定具体办法,撤废各教会学校或收回自办;二、各省各地学联会应组织收回教育权运动委员会,以促进教育权的收回。在教育权未收回以前,一面劝令全国同学勿入教会学校;已入者,援助他们退出。三、对于基督教会以金钱帮助之学生,自愿一体退出教会学校者,参酌情形,给以经济上的援助,使得转学他校。决议中还要各地学联及学生会参加基督教青年会的各项活动,使之运动改组,并向青年揭破他们的阴谋等等。①

8月,非基同盟号召反对基督教和教会学校。北京的非基同盟分会谴责教会学校压制学生参加五卅运动,号召关闭或占领所有外国人开办的学校。在强烈的收回教育权的呼声中,许多中国信徒给予了热烈的支持。不少教会学校学生全体或部分退学,如上面提到的圣约翰大学几乎全体师生退学,另组光华大学。"福州的英华书院、协和学校、三一学校等,广州的圣心中学、中法学校等、河南开封的圣安得学校、济汴学校、华美女校,以及北京、武昌、南昌、九江等地的教会学校的学生也全体退学或部分退学。"②凡此种种,使1925年秋教会学校人数大减。许多学校被迫停办。

面对这种形势,中国教育界人士对今后教会学校提出了不少改良的意见。例如有人吸收了非基运动的观点,提出教会学校应该向政府注册立案;校长教职员及董事等,多聘中国人;多注重中国文化,不可偏重英文;废除强迫式的宗教教育,如强迫读经、礼拜等等,而注重于基督化的人格教育。③还有些人虽不赞成取消宗教教育,但赞成实行国家主义教育,如程湘帆、林步基④等人。他们也认为基督教教育不能违背爱国精神,教育要保存民族特性及文化特点,课程设置要适合我国国情,学校管理人员要以国人为主,并要向政府立案注册,接受政府的监督,反对教会学校过于轻视国语国学,过于重视外语,外国色彩太浓等;

---

① 张钦士辑:《全国学生总会议决议》,《国内近十年来之宗教思潮》,第397—400页。
② 王忠欣:《中国近代教育与基督教》,湖北教育出版社2000年版,第119页。
③ 刘湛恩:《五卅惨案与教会学校》,《教育季刊》,第1卷第3期,1925年10月,第16—17页。
④ 见《中华基督教教育界宣言》中的有关程湘帆加的按语,《真光》,1925年第24卷第7号及8—10号两期。林步基:《基督教教育与国家主义》,《教育季刊》,第1卷第4期,1925年12月,第16—21页。

教会学校再不进行改革,将会愈来愈不符合时代精神,也会进一步失去人们的同情。还有些人指出外国人在中国借学校传教一定要注意中国人的习惯和心性,尊重中国文化,而西方文化只能以潜移默化的方式灌输给学生,使学生自己比较中西文化的优劣,不可以本国文化自高自大。如外国人不能做到这点,请他们将学校权力交给中国信徒。① 为了中国基督教教育的中国化,中国信徒不断对传教士进行劝说工作,要求他们尽快向政府立案,得到政府的承认,因为只有立案才能得到办学的机会,也只有立案注册,毕业生才能得到社会承认,否则难以找到工作。再者外人来华办学目的,是要为中国谋幸福,绝不能因之借口破坏中国教育的统一,不遵守中国教育部的计划和实行新学制等。至于教会学校必多聘任中国信徒主理校务是因为在中国办学,必得适应中国国情,而外人不了解中国国情,一味用外国人眼光和经验办学,势必造成"洋化"教育,而这是中国人不欢迎的。我们当今需要的是适合本国国情的本色教育。要企求这种教育,便绝不能希冀于外人。②

在非基运动的影响下,北京教育部于1925年11月16日发布了六条《外人捐资设立学校请求认可办法》:一、凡外人捐资设立各等学校遵照教育部所颁布之各等学校法令规程办理者,得依照教育部所颁关于请求认可之各项规则,向教育行政官厅请求认可。二、学校名称,应冠以私立字样。二、学校之校长应为中国人,如校长原系外国人者,必须以中国人充任副校长,即为请求认可时之代表人。四、学校设有董事会者,中国人应占董事名额之过半数。五、学校不得以传布宗教为宗旨。六、学校课程遵照部定标准,不得以宗教科目列入必修科。

---

① 刘淦芝:《现在中国教会学校应有的觉悟》,《生命月刊》,第6卷第1期,1925年10月,第21页。

② 詹渭:《国家主义的教会教育》,《青年进步》,第90册,1926年2月,第32页。

这几条对教会学校无疑是个很大的考验,特别是要任用中国人为校长及不得设置宗教科目这两条,因为在教会学校中直到1925年只有少数的中小学校长有中国人担任,而所有大学校长或副校长无一华人担任。就连华人任董事的也不多。全国基督教大学联合会在五卅运动的推动下,承诺自1925年起应有过半数的中国人,金陵大学到年底时已有8名董事为华人,但总的来说并不尽如人意。对于向政府注册一事虽然华人都有此倾向,但多数传教士仍顾虑重重,强调他们的经费是从差会得来的,因此要听从差会意见。更为难办的是传教士中多数人都不肯放弃宗教教育,不少中国教育界人士对此也不尽赞同。这个问题直到1926年下半年大革命开始后,在形势的逼迫下,才最后得到解决。吴雷川曾在教育部发文后谈到,上述六条中最关键的就是两点,即任用中国校长和取消宗教科目。他个人认为教会学校,外迫于反基督教者的指摘,内迫于学生之要求,自可以顺应时变,依法办理。如今关键不在于外人是否请求立案,而在于立案后中国人如何维持。由此他提出校长人选要尽早注意,因为无论是校长还是副校长,要用中国人必要具有三个条件:一是基督徒;二是现任或曾任本校教职员者;三是品学兼优能办事者。而当今中国信徒中符合这三项条件者在省会和大商埠中也非罕见,但愿意充任者恐怕不多。此外,学校经费是个问题,因为教会学校经费大部分从外国来,他们都坚持圣经课不能废除,一旦废除,教会学校的经费来源可能会成问题。①

尽管如此,一些开明的教会大学,从1925年秋季开始,对宗教课程或宗教教育采取了较为灵活的态度。归纳起来有三类。最开放的学校,如岭南大学、燕京大学、南伟烈大学对宗教活动采取完全放任的态

---

① 吴雷川:《教会学校立案以后》,《生命月刊》,第6卷第2期,1925年11月,第2—3页。

度,即一切宗教活动,包括早晚祈祷、主日学、教堂礼拜、圣经班等都由学生自由参加,校方不加任何干涉。这就完全实现了教育部不设宗教课程的规定。第二类是局部开放,即除去周日圣经课规定学生必须上外,其他宗教活动则自愿参加,并大大削减宗教课程。如福建协和大学就如此,原有四年的宗教必修课,改为两年。齐鲁大学更缩短为一年。第三类是实施二元制。星期日集会分两种:一为基督教礼拜;另一为普通的伦理宣讲。学生可以任选一种,也可两者都参加。据说采取这些方法后,反而取得了良好效果。学生对教师不再持怀疑或对立态度。①

在这一阶段,教会教育界围绕着教会学校是否应从事宗教教育,如何中国化及收回教育权的问题进行了探讨。对教会学校是否应以读经为必修课的争论尤为激烈。徐松石的《教会学校是否应以读经为必修课》②一文对此作了很好的归纳总结。

赞成的理由有六条:一、教育部有法令,不便不守,否则将有停办的危险。二、可以缓和外界的排击。读经是外界对教会学校攻击的主要原因之一,为此教会学校已丧失了许多学生。如果教会学校在这方面作些微小的牺牲,学生必增,受益的还是学校。三、读经有减除的可能理由有三:1.读经是形式,学生读经往往全然不受感动;2.读经往往引起一些学生的讨厌和反抗心理,结果适得其反;3.陶冶学生的灵性不必非以读经为必修课这一个方法。四、可增加学生好感。一旦不用强迫手段,而改为随意,反而能使学生对教师产生好感。五、增加别的重要科目。取消读经课,可加上国教等其他重要科目,一举两得。六、学生出路。万一政府通令不准各地方公共机关聘用教会学校毕业生,那将

---

① 缪秋笙:《宗教教育的几个新实验》,《教育季刊》,第 2 卷第 1 期,1926 年 3 月,第 53—54 页。
② 徐松石:《教会学校是否应以读经为必修课》,《真光》,第 25 卷第 4—6 号,1926 年 7 月,第 49—57 页。

是个大问题。取消读经为必修课,教会学校与世俗学校无异,则使学校有稳固的基础,学生也有出路。

反对的理由有:一、法令与宪法相抵触。基督教学校有其自己的校规,读经是办学者因宗教自由而有的权利。二、读经乃是教会学校的要务。三、读经并非破坏教育制度。学制的目的是要维持通常的学力,与读经无矛盾。四、读经的目的是为学生的利益,学做人的道理。五、以圣经的教导向人传福音,否则,对不住良心。六、教会不能无限制地造就非基同盟。

基督教教育会对这两方面的理由都加以考虑,并作了长时期的讨论,最后决定:"在某一个颇长的年限内,各校自行处理,但尽可能采纳公认的最良方法。"

徐松石认为取消读经必修课的问题是个很复杂的问题,它与反帝和取消不平等条约相连,加之教授圣经有教师自身的问题,使学生反感。他强调读经是为了培养学生的灵育,并非逼学生信教。解决这件事的根本方法是"教会学校成为中国的教会学校,叫他不致再蒙帝国主义走狗的嫌疑",因为人们最根本的是反对基督教是帝国主义走狗,而读经问题只是个表象,并不是根子。

文章最后是基督教教育会颁布的一个具体计划:一、政治上:1. 对1925年11月16日颁布的教育部特别法令能遵守的一律遵守,以表明没有故意违反;2. 在相当时期内,由教会学校总机关,用适当方式向教育部进行解释,并请愿取消不便遵循的法令。二、校政方面:1. 以华人为校长或副校长;2. 使华董事占多数;3. 竭力使华人在教职员会中有多数发言权;4. 若能办到,尽早将学校移交中国基督徒自办;5. 使外界和家长明了学校设有读经必修课,使之知道其要旨;6. 学生来校,先填志愿,表明愿以读经为必修课。三、教授方面:1. 由基督教教育会或由各校教职员,详细商定教授圣经课的最良方法;2. 减少读经必修课授课时间至最合宜的限度;3.教授圣经完全不可存丝毫强逼信仰的性质。

从以上的具体办法看来,基督教教育会在主要方面都接受了教育部的规定,使教会教育向中国化方向靠拢,但在有关圣经课的教授方面仍与教育部有一定的距离,即便如此,他们也强调圣经课必须以学生本人自愿为原则。这中间存在一个无法克服的矛盾,如果学生本人不愿意,是否圣经课就可以不上?如果确是如此,圣经课还能成为必修课吗?实际上这样做的结果最终使宗教课至多只能成为选修课。经过大革命冲击之后,多数教会学校中的宗教课确实形同虚设。

为争取保存宗教科目,有些人提出应改进现有的宗教课程以适合中国学生的需要。如施煜方曾对江阴、南京、芜湖、宁波等十多所教会中学调查,认为宗教课都不令人满意。主要是:1.误解宗教教育目的,不是解决学生人生观的问题,而是使学生知道圣经以通过考试。2.未用有专职训练的教员教授宗教课,使学生无法受益。3.无合适的课本,采用的是过时的不合学生心理的教材。4.教学方法死板,无法引起学生兴趣。由此他提出了相应的改进方法,如明确宗教教育的目的是培养学生人格,设置专职教员教授宗教教育,以保证学生受益,采用适合学生心理和兴趣的教材和活泼生动的教学方法等。①

不少人从宗教科目设置的讨论进而引申至基督教教育目的的讨论。如林步基认为基督教教育有直接和间接的目的。直接的目的是以所教授的学生为对象,间接的目的是以教会、社会及国家为对象。两者均宜注意。总的目的是:1.陶铸人格,包括德智体群四方面,智又包括知情意三部分。基督教教育谋以基督教精神,灌输发展全人之四方面,并智育之三部分。2.传播宗教。3.改良社会,包括战胜愚昧,幸福,发

---

① 施煜方:《改进教会中学宗教教育科的我见》,《神学志》,第12卷第1号,1926年春,第103—107页。

展经济,维持风俗。4. 报效国家,强调基督教教育并非与国家主义相反,实是扶植纯粹的真实的国家主义①。还有些人直接讨论了如何使教会学校中国化的问题,如魏馥兰强调基督教学校应完全由华人管理,照华人的策略进行,而且愈速愈妙。②

有关收回教育权运动的研究文章中,张仕章的《收回教育权运动的研究》③颇为全面深入。他首先从历史谈起,将收回教育权运动分为5个阶段:萌芽时期(从1922年3月蔡元培的《教育独立议》一文发表起至1923年2月余家菊的《教会教育问题》发表时止);预备时期(从1923年2月起至1924年4月广州圣三一学潮发表的宣言及6月在广州成立收回教育权运动止);成立时期(从1924年6月至1925年3月《中华教育界》特刊"收回教育权运动号"止);调和时期(1925年3月至11月教育部公布的《外人捐资设立学校请示认可办法》止);改进时期(1925年11月起)。他接着对这一运动作了心理分析,认为这一运动可分四派:国家主义派、共产主义派、基督主义派、金钱主义派。这几派共同的心理是爱国心和竞争心,还有各自的特殊心理。国家主义派是排外心、妒忌心;共产主义派是报恩心和破坏心;基督主义派是羞耻心和恐怖心;金钱主义派是好名心和谋利心。然后对几种主要观点,如余家菊和陈启天的主张、《中华基督教教育界宣言》、少年中国的李璜、宗教教育家吴哲夫的话及外国名人萧伯纳和韦尔思的意见进行对比讨论。他的结论是:教育不是国家的主权,而是人民的权利;教育是儿童

---

① 林步基:《基督教之教育宗旨》,《圣公会报》,第19卷第10期,1926年5月,第1—6页。
② 魏馥兰:《怎样贯彻基督教大学之中国化》,《教育季刊》,第2卷,第2期,1926年6月,第22页。
③ 张仕章:《收回教育权运动的研究》,《青年进步》,第92册,1926年4月,第1—15页。

的权利、父母的责任和国家的义务;中国对外虽未丧失教育的主权,对内却尚未尽教育的义务;反对外国侵略的教育,但不反对基督主义派的宗教教育;赞成国家主义的教育,但不赞成国家主义派的党化教育;教育在形式和方法上可与宗教分离,但在精神和目的上不可含政治作用或铜钱臭味;本宗教精神,依政治法规办教育事业;教会学校在各种不平等条约上是毫无根据的,但教会学校仍有两种存在可能……最后他提出了改进计划:实行教育经费独立运动;促进教会学校立案;废止选派留学生等。

以上都是五卅事件之后教会学校就教育问题引起的一系列讨论及有关的改革,但真正推动教会注册是在北伐战争时期。

第三节 对非基督教运动的直接回应和反不平等条约

在收回教育权运动的同时,非基运动向纵深发展。1925年7月全国学联第7次大会之后,不少地区的学联根据全国学联的精神号召当地各校成立非基同盟,如上海学联通告各校从速成立非基同盟。其要点为:"1.各校成立非基同盟,再由各同盟联合组织上海非基大同盟,以指导一切非基运动。2.披露基督教黑幕,发行特刊。3.努力向青年群众中谋发展,尤其是乡村与教会学校。4.援助教会学生在校反抗压迫运动。5.主张教会学校学生退学。6.劝阻同学投考教会学校。7.解释反对教会教育,绝不因之反对教会学生。已出有非基督教旬刊,此外各地学联会须于圣诞节号召群众作大规模之非基运动,并出特刊。"[①]在学联的号召下,许多学校纷纷成立非基同盟并发表宣言。这些宣言

[①] 《最近非基督教运动种种活动调查记》,《中华归主》,第58期,1926年1月10日,第7页。

大多是指责基督教是资产阶级和帝国主义的走狗,帮助资本家压迫劳动阶级,欺压乡民。基督教实行文化侵略,教会学校培养洋奴,基督教反科学、禁止爱国等等。例如广州非基同盟发表的《为反基督教告全国同胞》宣传品中提到为什么反基督教:"在20世纪科学昌明的时代,一切宗教都没有存在的可能,基督教是宗教的一派,当然不能视为例外,也在应该消灭之列。这是我们在时间上反对基督教的理由。中国受国际帝国主义的压迫已奄奄待毙了,除了联络全国各阶级去打倒国际帝国主义外,我们实在想不出第二个救命的方法。基督教是国际帝国主义侵略弱小民族的一种工具——杀人不见血的工具——我们要打倒国际帝国主义,非打倒他所利用的工具不可。这是我们在空间上反对基督教的理由。"该文还列举了基督教满口讲自由平等博爱,但五卅枪杀中国人、内地包揽讼诉、袒护地痞,压迫教会学校学生等都是帝国主义和传教士干的,提出"中国的教会及教会学校应积极的起来参加反帝国主义的运动,只有如此,才能使中国的革命民众想念你们与帝国主义的教会不同,不是帝国主义的走狗"。① 不少非基同盟组织学生在1925年圣诞节那天集会,发表反基言论,还印发反基小册子等,如全国学生联合会执行委员会于圣诞节刊行《反基督教》小册子作为赠送全国青年之圣诞礼物,上海非基大同盟则在12月25日那天在全市向市民进行大讲演并散发传单。此外,一些非基督教刊物,如《觉悟》等也都发文反对基督教,如李叔珍的《非宗教》、《我们反对基督教的理由》,萧楚女等的《为什么要反对基督教》,菊茹的《反对教会学校》等。

对待这一次非基运动,一些守旧派或是闭门主义,对反教人士的观点充耳不闻,还有些人则是一味的护教。也有些基督徒,特别是教会学

---

① 转引自稔五:《广州市反基督教运动的近况及批评》,《真光》,第25卷第1号,1926年1月,第60—61页。

校的学生则完全相反,积极投入非基运动反教行列。这一方面与他们在教会学校中爱国热情受到压制,对校方不满有关,另一方面也与这次非基同盟采取的策略有关。实际上我们从全国学联和上海学联所发表的宣言中可以看出,他们强调反对的是教会教育,而不是反对教会学校的学生,因为这些学校的学生是受基督教学校压迫的,因此非基同盟要援助解放他们。

除了上面这几种基督徒外,不少思想开放的基督徒,面对非基运动的种种指责,首先本着极为虚心的态度听取,认为非基运动的反基督教理由有许多是正确的,对教会有很大的帮助。赵紫宸认为,反基督教运动"反唤起了中国基督教会的自觉心。并且中国基督徒中,也有表示一种很深的宗教怀疑的;与他们的自觉心,同时发达的很快"。他还指出,当前中国信徒对守旧的基督教愈来愈不满,已纷纷起来反抗,并且对于强迫的宗教教育也加以攻击。还有些人已公然与基督教脱离关系,或皈依孔教,或皈依佛教。反基督教运动虽然对创造基督教的耶稣的为人和性格都有批评,但其攻击最大方针一是属政治的;一是属智慧的。他们说基督教是外国资本主义和帝国主义的走狗,实际上与中国所受外国的各种侵略是一而二二而一的。他们又说基督教替外国工商业与文化侵略做开路先锋,因为这样的教育,一方面在教会学校内对于学生施行强迫宗教教育,剥夺学生选择宗教信仰的自由权;一方面侵夺中国的教育权,因为他们施行这样举措,是教会可以替中国定教育政策了。还有攻击宗教与科学是矛盾……如今批评已成行动,反基督教的人已把这些思想灌输给基督教学校。一部分的基督徒对基督教的生活方法也表示不满等等。在作了上述分析后,他提出基督教今后需要改进:基督教的宗教生活必有伦理贯穿其中;基督教要注意从内部发育滋长,使之与社会环境和知识界的环境相适应。信仰宗教的人应将他的宗教经验有唯理主义的解释。信徒应使社会基督教化,即创造一个新社会等等。①

徐宝谦认为就大体而言,"此种运动,为有益于基督教的"。② 一是通过此运动引起国人对基督教的重视和研究;二是通过这场运动,可以澄清基督教,使信心动摇的人退出,而已觉悟的基督徒则可以认真对中国是否需要基督教等问题加以认真的思考。

应元道对这个问题说得更清楚。他说:"因为有这样的反教运动,所以教会中有识之士,对此就引起了很深的觉悟了。一方面要设法整理自己的内部,补足自己的缺点,希望减少外来的许多反对;一方面更在积极的一条路上,提倡本色化的教会,排除西洋的色彩,使与中国文化相结合,造成中华民族自己的教会,以适合中国人宗教生活上与思想上的需要,这与基督教的思想运动,有十分密切关系。"③

在如何应对非基运动方面,有些基督徒提出通过自修以止谤,如刘淦芝不仅赞同非基运动中对基督教的许多批评,而且主张"反对派是教会的良友","教会信徒对于反对教会的最好的态度,还是自修为是"。

也有人提出必须对非基运动的言论作一番分析,错就承认错,不错则诚诚实实地去否定。而不能笼统地说"有则改之,无则加勉"。刘廷芳就说:"我主张教会今日的自修工作,第一步便是要把反对者的言论,拿来做镜自照,把他们批评教会的话,逐条地分析一下。"例如,批评教会是"帝国主义走狗","我们便要自问:教会中是否有应受这样的

---

① 赵紫宸:《今日中国的宗教思想和生活》,《青年进步》,第 91 期,1926 年 3 月,第 11—23 页。
② 徐宝谦:《反基督教运动与吾人今后应采之方针》,《生命月刊》,第 6 卷第 5 期,1926 年 2 月,第 1 页。
③ 应元道:《近五年来中国基督教思想之时代背景及其内容之大概》,《文社月刊》,第 1 卷第 9—10 册,1926 年,第 2—3 页。

批评的事实？教会的思想与帝国主义有相合处么？教会的组织与帝国主义有相合处否？教会的态度有实在可使人疑心与帝国主义相吻合否？教会的行为有哪几样是与帝国主义的侵略相同？"等等。经过这样的分析研究,对事实必须根据科学精神竭力取客观态度。对实在的过失,必须大胆承认,不能文过饰非。但也不可有矫情的举动,妄认过错。他认为:"在今日真能助教会自修以止外谤的人,是那些任劳任怨负责任的信徒。对于外间的攻击教会的谤语,无一句不注意。对教会的实情,考察不嫌烦琐,力求详确。得了事实以后,用客观态度去评判。他们的目标是求真理。真理未明,不妄发言论。真理明了,若教会的实情在甲点上与外谤相合,则不避忌讳,诚诚实实地承认……若教会的实情在乙点上与外谤不符,确实受了冤枉,他们也不避辩护的嫌疑,诚诚实实的去否定它。"①为了对非基运动的观点作整体的研究,刘廷芳在另文中对反基督教的理由及各种言论进行了详尽的分析。他认为"有具体的组织,有比较的团结力,有若干实在的工作,这是基督教教会在中国今日不可轻忽的理由,也是反对基督教运动首先攻击教会的自然趋势。"他分析了非基运动对基督教攻击的有:一、反对教会方面;1.攻击西人的要点是:宣教师言行不符,西人借本国势力藐视中国人人格之行为,是帝国主义的前驱,不平等条约的主要人物,是资本家的走狗,西教士是文化侵略者。2.对华信徒的攻击是:不爱国,是西人的走狗,是饭碗信徒,假冒为善。3.攻击在华工作的缺陷,如慈善工作的目的、教会教育工作及对于劳动及经济问题。4.反对教会的以往历史等等。二、反对基督教教义方面:1.教义是迷信。2.是麻醉剂。3.使人增长依赖性。4.提倡和平主义,使中国人任帝国主义宰割。5.重灵轻体,毁灭

---

① 刘廷芳:《基督教在中国今日当如何自修以止谤》,《生命月刊》,第6卷第2期,1925年11月,第5—9页。

人生。6.影响思想自由。7.为科学所不容。8.是无法实践的空论。9.与人类思想和文化无益。三、反教主耶稣基督方面:1.否认耶稣是历史人物。2.反对耶稣基督的品格(这些人很少)。通过这些研究,刘廷芳认为反教者攻击的主要是教会,其中尤其是教会与西人的关系。他认为反对基督教会的那些理由其大半都能随我们国势为转移,如政治走上轨道,收回外人在中国的领事裁判权,修改不平等条约等便会使反教的攻击自消。反教会的理由,一部分能随我们教会自立自养的程度为转移。如信徒能努力去建设本色的教会,使教会不依赖外来金钱度日,自己有真正合适人才,自治教会,反教会的攻击又可减去大部分。反教会的理由,一部分能随信徒自己人格为转移,如信徒能洗净卑鄙依赖行为,作真正爱国的国民,反教会的攻击又能减去一大部分。对反对基督教教义,他认为如果基督徒能真正研究探索我们的教义,用科学的眼光,重去估定它的价值,用经验与环境的实况,去重行发挥它的奥蕴,用中国精神的文化,重去注释它的精义。一方面有志于科学的信徒,努力科学的工作,求它在中国的进步。相信如此作,将来不但能使信徒自己了解科学与教义,并可以发挥教义,使反对者,同受其益。① 从以上刘廷芳对非基运动的研究,我们可以看出,其最终的落脚点是如何改进中国基督教会,也就是如何使教会本色化。实际上其他类似文章最后也往往落实在教会的本色化上。

刘廷芳所提倡的这种对非基运动的研究,并通过研究进行自省的态度得到教会中不少人的赞同。他们通过认真地进行自省,促进了中国基督教会的本色化。招观海就持这种态度。他分析了反基督教言论的立场共有六种:政治的,即国家主义的立场,社会立场(共产党立场),科学立场,教育主权立场,历史立场,国粹立场。对从这些立场对

---

① 刘廷芳:《你们说我是谁》,《生命月刊》,第6卷第3期,1925年12月,第1—14页。

第九章　五卅运动和北伐时期的中国基督教　327

基督教的批评,他都作了相当的辩护,如他认为基督教原是与帝国主义极端背道而驰的,基督教原是社会观念很强的,曾为受压迫者做了许多工作,基督教原是主张服从真理,包括科学真理,对教会学校是进行文化侵略的说法也持异议等等。但他也反省了中国基督教会的许多问题,如政治上,对不平等条约,除少数教士发表意见外,多数仍噤若寒蝉,不敢说个"不"字。在劳资问题上,虽然中国工业尚不发达,无资本可言,但欧美教会多受资本家的"哺育"、"垄断"和"利用",这是事实。对近世的科学精神,教会未曾尽量地容纳,近世的科学方法,教会也未曾尽量地受用。中国的教会学校应尊重国家法令,从速立案。"对于中国外交失败之历史,教会虽不任其咎,但它对于国际、外交政治等的态度,仍是习故蹈常,不求改弦更张,则逃不得一个'帝国主义同恶相济'的罪名"等等。①

徐宝谦也同样提出了要首先分析反对者言论之内容及派别,然后采取应对之态度及方针。按他的分析,反对基督教的论调可分三派:理性派、国家主义派、共产主义派。理性派以人本主义反对神本主义,国家主义派以爱国为前提,共产主义派以经济解释人生等,然后他提出基督教应对的方针共10条,如以耶稣基督崇高人格为榜样培养信徒的灵性生活,采用科学方法,重新发现信仰,参加反对不平等条约和收回教育权运动,谋求中国教会的自立自养自传,使基督教的思想制度组织,与中国固有文化精神不相背驰,要与社会上有悖正义的组织和制度作精神上的斗争等等。②

还有些基督徒,如张亦镜、刘维汉、卢观伟、谭健苏等人,虽然对

---

① 招观海:《反教风潮中教会应有的自省》,《文社月刊》,第1卷第9—10册,1926年9—10月,第33—43页。
② 徐宝谦:《反基督教运动与吾人今后应采之方针》,《生命月刊》,第6卷第5期,1926年2月,第2—6页。

非基运动讲基督教是帝国主义和资本主义的走狗,基督教反科学等等说法持相当反感的态度,但都认为当今教会应该特别注意革新、自立和本色化,如谭健苏提出:"中国教会之资藉外人是渐(暂)时的,不是永久的,我们老早已看见它的不妥,故有教会中华化,及自主、自传、自养、联合种种革新运动。中国基督教学校应由华人主理,我们也老早知道了,故有收回华人自办之种种预备。我们更晓得宗教与政治应分离,外人来华传教不应藉条约的保护,是以有废止传教条约的运动。凡此种种,可惜反基督教的人们,一点也不懂,也不留意,还在那里吱哩咕噜说了许多牛头不对马嘴的话,讨厌!讨厌!真正爱国的青年,应欢喜地与中华基督徒携手,表同情于中国教会及基督教学校种种革新运动,以求中华教会早日变成本色、自立、自传、自养、联合的教会,外人办的基督教学校早日收回华人自办,那就是我们诚心所愿的。"①刘维汉也对非基运动提出的"基督教是帝国主义及资本主义的护符"的说法表示很大的反感,认为这种提法是"淆乱是非,颠倒黑白"。② 但他也指出,在目前的情势下,今日教会有三个问题需要刻不容缓地解决,即实现本色教会,力谋教育改革,发展文字事业。③凡此种种,可以表明基督徒在对非基运动做出回应时的确推动了教会的本色化。

  这里要特别指出这次非基运动直接推动了教会内废除不平等条约运动。正如《中华归主》所言"近数年来,关于西人在中国所享特别权

---

① 谭健苏:《读反基督教半周刊第一第二期》,《真光》,第 25 卷第 7—8 号,1926 年 9 月,第 17 页。
② 刘维汉:《竟还有人说基督教是帝国主义资本主义的护符》,《真光》,第 25 卷第 7—8 号,1926 年 9 月,第 1 页。
③ 刘维汉:《非基督教声中基督教人应当注意的三个问题》,《真光》,第 25 卷第 1 号,1926 年 1 月,第 42—45 页。

利如领事裁判权等,已引起中外瞩目。五卅案起,中国民气激昂。咸以取消不平等条约为当前责任。向之仅抱研究态度者,至此乃渐有急转直下之势"。① 五卅运动极大地激发起中国信徒的爱国心。南京的王治心首先发起了废约运动,组织了中华基督徒废除国际不平等条约促成会,还创办了刊物《废约声》。他的这一行动得到了全国各地基督徒的响应,并组织分会,如南昌、广州、丹阳、滁县、吴兴、衡山等地信徒均发表了宣言。其中尤以广州信徒发表的《中华基督徒废除不平等条约大运动宣言》最为著名。该《宣言》首先声明中华基督教会第一步是与列强不平等条约脱离关系,第二步是联合各界开展废除不平等条约运动。宣言首先简单回顾了基督教来华的历史,签订不平等条约造成对基督教的障碍,由此提出发起废除不平等条约大运动的理由有三:一是基督教会组织本无种族和国家区分,因此教会在任何国家设立只应受该国法律保护,而不应享受优越之权利。教会是属灵的团体,其自身的发展端赖信徒道德之坚立和该地民众的同情。今日中华民族进行解放运动是天经地义之事,提出废约,是世界一切人道主义者所赞成的。本国基督教会是建立在基督教教义之上的团体,对于列强所加于中国之不平等条约实难以容忍。更不能以环境之困难而乞灵于不合理势力之保障,因此条约保障而失去国人最宝贵之同情。从教会本身计应废除不平等条约。二是依基督教主张,国与国间,或民族与民族间应一律平等,不能以大凌小。一国绝不允许他国入侵。列强与中国之不平等条约,实与基督教教义和国际公例完全相悖。自有传教条约,遂使外国传教师在中国以及中国基督徒在中国,可以不受中国法律统治,不特丧失中国之体面,而且发生许多流弊。就国

---

① 《西国宣教会对于传教条约问题之意见》,《中华归主》,第63—64合期,1926年9月10日,第2页。

际法计必须废除不平等条约。三是基督教之生命实完全寄托于其信徒对上帝之信赖,而绝不凭借任何非理的权力。教会今日在世界的地位是靠先烈的殉道,感化同胞,如丧失了这种精神,纵然教会表面得到发展,而宗教生命已丧于无形。如教会须借列强保护始能存在,则教会必建立在浮沙上,而非建于磐石上。故为表彰真理计,必废除不平等条约。最后结语是:"以上举之三端,凡属真心笃信基督爱护真理与忠诚为国之士,当必一致赞同者。一年以来,吾国南北各地,中西信徒,对此问题,已费不少之讲座,吾人认定今日中国唯一重要之工作,实无过于此事。即一方凡中华基督教会应即时声明本国与外国订立关于传教不平等条约脱离关系,而一方更应联合国内各界人士发起为废除不平等条约之运动,同人棉力有限,而爱国家,爱真理,爱基督之热忱则未敢有后于人,援集同志,大声疾呼。所愿我教会兄弟姐妹,一致加入,共同努力于教会前途最大最要之善举,是则我中华基督教之荣光也。"①

与此同时,教会许多报刊都纷纷发表有关文章,如《中华归主》月刊发表了《传教有需条约保障者几何?》,《教友》半月刊出版了《废除国际不平等条约特号》,《废约声》创刊号登载了王治心的《基督徒应首先发起废除国际不平等条约的运动》,《生命报》有洪煨莲的《条约修改与传教保护之问题》。有些报刊,如《兴华报》还登载了《基督教的条约》(全文)和《教会与不平等条约》等。他们在论文中都提出废约一事亟待解决,不可再拖延,如洪煨莲说:"处今日中国乱政之下,不公平之事,冤枉之事多矣。然不可藉口以缓条约之修改……受虐待者,非外国教士。为本国教徒,则人民之于国家,自有其关系于天职,缓则鼓吹更

---

① 《中国教会对于传教条约问题之意见》,《中华归主》,第 63—64 合期,1926 年 9 月 10 日,第 9 页。

改,急则实行革命耳。又何必藉基督之教,脱民国之轭,而得'教民'二字之名,民之不民,教复不教,羞辱之事,莫此为甚。"①

当然对于废约一事,教会中存在不同的看法。有些人主张彻底废除或自动放弃,有些人主张修改或另订互惠条约,当然也有人坚持保留不平等条约。在这个问题上,欧美宣教会本部虽表示应对现有传教条约进行修止,但对如何修止意见不一。而在中国的各宣教团体,对是否应修正传教条约一事意见很不一致。有部分支持修正,但也有不少人反对。反对修正传教条约的理由是:教会是宗教团体,不宜干涉政治;传教条约于传教有利,不可放弃;中国政治尚未修明,取消不免危险;教会对条约意见极不一致,一时无从表决;如修正使别界外人,如商旅等感受不利;就最近经验,放弃传教条约权利,困难甚多;内地民智闭塞,尚有无理仇教者;保罗曾利用罗马民籍,取得保护等等。赞成修正传教条约者的理由是:基督教为灵性宗教,倚仗人为势力保护,违反教旨;传教条约足以引起中国人民之误会和恶感,于今为烈;信教自由已在中国根本法中明文规定,传教条约不必存在;放弃传教条约权利,即可以免除基督徒生活之障碍;谋求本色教会,为今日中国教会当务之急。本色教会与传教条约决不相容;传教条约的权利是死的,人民的好感是活的,欲求教会事业发展,权衡轻重,应知取舍;传教条约成立之际,有宣教师居中活动,系铃解铃责有所归;此时教会对传教条约如默而无言,人将多所误会,无以自解;条约的威信,日渐薄弱,倚为泰山,恐不可靠。②

与西国宣教会不同的是中国教会要求修订或废除传教条约的心态尤为迫切。为此中国基督教协进会于 1925 年 12 月组织部分沪上信徒

---

① 转引自《中国教会对于传教条约问题之意见》,《中华归主》,第 63—64 合期,1926 年 9 月 10 日,第 11 页。

② 同上书,第 2 页。

集会共同讨论如何解决这一问题。与会者提出,中国基督徒应无分于一般中国人;基督教会应与佛教会、孔教会处于同等地位,享有同等权利和义务,并公认原则上应该取消传教条约,提出对信教自由应有法律保障:中华民国宪法内规定信教自由,并请求政府规定传教条例;外人来华传教应受中国法律保护或制裁;政府对宗教团体产业应与其他法团一例保护;凡外人捐资为华人所置之教会产业须由华人过半数之董事会管理之;教会及其附属机关,如学校医院及其他慈善事业等应依法令向政府注册。①

1926年1月穆德在上海召开大会,又有数十名中西教会领袖对这一问题进行了讨论。与会代表一致认为治外法权和传教条约给今日的中国教会带来许多妨碍,应该取消,鼓励教会信徒具有牺牲精神。

此后不久,全国协进会为了解全国教会信徒对此问题的看法拟订了14个问题通函各地教会牧师、传道人及其他机关的职员信徒,要求他们发表自己的看法。这14个问题是:教会对于政治问题应否表示意见,传教与信条受条约保障是否与基督教教义相合? 信教自由明载约法,则条约的保障有无存在之必要? 如无必要,当用何法解除? 将来新订的华洋条约应否再有保障传教条文? 如主张有,是否应采取互惠的原则? 如主张取消,有困难时,应如何应付? 对于教会公产,应否请求政府准许免纳税捐? 教会公产应归中国教会,抑归中国信徒保管,其利弊如何? 教堂学校医院及其他基督教团体应否一律请求政府立案? 最近教育部公布之外人学校立案办法六条与基督教教育前途有无妨碍? 私立学校是否应有传授宗教之自由? 教会学校、医院、青年会及其他慈善机关是否应有非信徒参加董事之列,其利弊如何? 联合各教共同计

---

① 《中国教会对于传教条约问题之意见》,《中华归主》,第63—64合期,1926年9月10日,第8—9页。

划请求政府规定待遇各教持平办法,是否为今日之需要?①

1926年5月,中华全国基督教协进会执行委员会提出于同年10月召开第四届年会。为此,他们就传教条约问题提出了建议案:"全国基督教协进会特登记其所具信念;中国教会及差会应根据中华国民心愿赋予之信教自由权能,宣传福音,并举办基督教种种服务事业,传教条约及治外法权,现认为应一律取消。"②

在讨论过程中一些地方教会和有关教会团体纷纷表示要求废约。如美以美会江西年会宣言、监理会第四十次年会会议议案、华北公理会联合会议案、温州及开封中华基督教会宣言、广西全省宣道会总会执行委办之通告、湖南审计会议之报告等都认为应该废除不平等条约。一些宣言还将废除不平等条约直接与中国教会的自立和本色化相连,如温州中华基督教会成立发表的宣言中称:"中国本色教会融洽中国之文化,适宜中国人之心理,既免民教不和之弊,又避去保护外人之烦,用以挽救中国世道人心,至为相得","同人等同深悲愤,加入爱国运动,实行自立,惟恐欠识之人,勇有余而智不足,惹起外交,贻国家患,为此急图自立。弭祸无形而又养成己立立人之风,以促外人觉悟而壮吾国民气"。③

实际上中国教会中绝大多数信徒都要求废除不平等条约。就全国基督教协进会所提出的14个问题收到回答的信件统计看,就充分表明了这一点。如在回答传教条约是否符合基督教教义这一条看,认为不符合的有181件,而主张不违背教义的只有46件。再如主张传教条约

---

① 《请全国教会多多讨论传教条约问题》,《中华归主》,第58期,1926年1月10日,第2页。

② 《中国教会对于传教条约问题之意见》,《中华归主》,第63—64合期,1926年9月10日,第8页。

③ 同上。

无存在必要,应取消的有 190 件,而主张暂为保留的是 65 件。①

尽管如此,由于为数不少的西差会及西牧师的阻拦,中国信徒的这一要求要得以实现还是要经过种种斗争。如 1926 年广西梧州浸会中的中西人士就为此发生冲突。中国信徒深感不平等条约的危害,便进行公决,要求宣教师赞成自动宣告脱离传教条约,却遭到西教士的拒绝。中国信徒又要求教会由华人主持,经济公开又遭到拒绝,信徒们忍无可忍,便要求西教士离开。结果西人便以关闭梧州教会医院等相要挟,双方僵持,使教会分裂。由此有信徒通过此事认识到:"我们真正要达到废除传教条约的目的,还是要靠我们在实际上的努力。我们如果决心不受传教条约的保障吗?我们中间要没有人请教宣教师道地讼词干预外事,我们总不给宣教师以非理相加的机会……人们要同心协力,一点一点准备实力,创造本色教会。能尝艰苦,能负责任。我们虽然只有茅屋三间,小楼一角,我们在灵性的血里总信念上帝住在我们中间。我们欢迎宣教师的诚意合作,我们却坚拒那利诱威胁的故态。教会之中,是不能失掉国性的……"②这表明一些信徒已充分认识到废除不平等条约与中国教会本色化的密切关系。

第四节 北伐战争和非基督教运动中的中国基督教

1926 年秋季,广州国民政府北上开始了伟大的北伐战争。国民政府的一个重要任务是要完成民族革命,这必然涉及反对帝国主义对中国的侵略,无疑对 1925 年以来由于列强在华所制造的种种血案而激发

---

① 《中国教会对于传教条约问题之意见》,《中华归主》,第 63—64 合期,1926 年 9 月 10 日,第 10 页。
② 表峰:《闻粤西教会中西冲突感言》,《真光》,第 25 卷第 4—6 期,1926 年 7 月,第 65—66 页。

起国人日益高涨的民族主义感情起到了推动的作用。由于非基运动以来,特别是五卅以后国人将基督教视为帝国主义的走狗,北伐军所到之处基督教自然成为冲击对象。正如诚静怡所描写的:"大军所至,军队、党部、政治部占住教会、学校、医院房屋……革命军队走了,革命的党部(非纯粹的国民党)日见扩张,与革命党部有连带关系的工会,农民协会、学生会、妇女会…………应运发生,如雨后春笋",在革命军走后继续占用。① 更有些地痞流氓,利用革命事机,趁火打劫,浑水摸鱼,使大革命期间,教会遭受了不小的损失。不少地方教产被毁,或被没收,"有拆毁教会房屋,抢去器具财物,还有牧师游街,教士坐牢,强迫反教等举动",②个别地方,还有牧师被害,如"湘潭圣公会两教士被捆游街下牢,衡州杳江王牧师被捆游街,迫他反教……岳州贺家畈陈牧竹青被农痞用石头打死"。③ 革命军所经之地遍贴反基督教标语,"或拦门演讲,大肆叫骂,或逢人说项,劝人反教"。④ 当时最流行的标语口号是:"打倒帝国主义的基督教!打倒资本主义的基督教,打倒文化侵略的基督教!打倒帝国主义的走狗!打倒资本家的走狗!打倒西国人的走狗!"⑤由于这些不利于基督教的宣传,教会活动困难,有些地区"民众听其煽惑,几成暴动,乡间教堂,所受迫害,尤觉厉害"。⑥ 不少地方由于教堂被没收或征用,不仅"公开礼拜是不可能的,即任何宗教聚会

---

① 诚静怡:《国民革命与教会关系》,《中华基督教会年鉴》,第10卷,1928年,第2页。
② 汪兆翔:《基督教对于最近时局当有的态度和措施》,《文社月刊》,第2卷,第8期,1927年6月,第3页。
③ 诚静怡:《国民革命与教会关系》,《中华基督教会年鉴》,第10卷,1928年,(一)第7页。
④ 汪兆翔:《基督教对于最近时局当有的态度和措施》,《文社月刊》,第2卷第8期,1927年6月,第3页。
⑤ 同上书,第6页。
⑥ 同上书,第3页。

也是在查禁之列",[1]不少信徒只能在暗中偷偷地过宗教生活。一些地方还不允许教徒加入各种革命团体,如工会、农会、商会,而不加入者在当地往往连柴米油盐都不卖给。[2] 教会在大革命的一年间"有的是产业大受损失,有的是人才在受亏损,有的是事工方面受着种种打击及至于停顿或一蹶不振,受痛苦的时候有久暂,受损失的轻重有异同,"[3]在这场革命中,教会受冲击最大的是湖南,其次是安徽、湖北、江西、福建。受冲击较小的是江浙一带。而黄河以北的教会虽然没直接受北伐军的冲击,但革命潮流对他们的影响也不小。在这次反教事件中最大的是1927年3月震惊中外的"南京事件"。当时一些身着军服的人手持枪械,闯入西人的驻地,包括住宅、使馆及商会,进行抢劫。"稍有不从便遭到殴打,甚至有人因此毙命",金陵大学副校长被一士兵抓住,勒令其交出手表,只因稍示抵抗,便被另一名士兵击毙。还有人开始袭击外国人开的石油公司等。此事因英美军舰的炮击,混乱很快结束。[4] 事件发生后,外国人,包括传教士或撤离中国,或从内地移居沿海大城市。"到1927年7月,在来华的8000余名外国传教士中,仅剩下500人左右继续留在内地"。湖南全省原有西教士近400人,"现在只有三四十左右,散居长沙、湘潭、衡州、岳州等处。教会学校不论大小,都完全停办。"[5]这种反教的局面,直到1927年蒋介石发动了四一二政变,实行清共政策,并改变了反帝的立场后才告结束。

---

[1] 诚静怡:《国民革命与教会关系》,《中华基督教会年鉴》,第10卷,1928年,第7页。
[2] 张君俊:《暴风疾雨以后的湖南教会》,《中华基督教会年鉴》,第10卷,1928年,(二)第3页。
[3] 诚静怡:《国民革命与教会关系》,《中华基督教会年鉴》,第10卷,1928年,第3页。
[4] 转引自杨天宏:《基督教与近代中国》,第393—394页。
[5] 张君俊:《暴风疾雨以后的湖南教会》,《中华基督教会年鉴》,第10卷,1928年,(二)第4页。

第九章　五卅运动和北伐时期的中国基督教　337

尽管北伐使非基运动升温,使基督教在华的传教事业受到猛烈的冲击,从总体上看来,还是有序地进行。据杨天宏的研究,"在北伐推进过程中反教已经成为一种普遍现象,但像义和团团众那样对教会人士实施暴力的事件毕竟又是个别例外。教会财产受损的情况亦轻重不一,未可概论。"而且革命军"所到之处是否反教以及反教的激烈程度,大抵是以教会方面对国民革命的态度为转移的"。①

实际上,教会方面尽管受到种种冲击,但许多信徒还是满腔热情地欢迎国民革命运动。正如诚静怡所言:"国民革命运动,表面上是基督教的'当头棒喝',实际上未始无多基督徒表示相当的同情于国民革命运动的。教会中有若干基督徒思想勇于进取,看着教会暮气沉沉的光景,因着种种刺激,其不满教会现状的感触愈多,其欢迎国民革命的反应亦愈烈"。② 不少基督徒对时局表明了自己支持革命的态度。例如招观海通过对国民党对基督教的政策分析得出:"1. 国民政府始终尊重宗教自由;基督教及其他宗教,都有相当的地位和发展机会。2. 国民政府的中坚人物,对于基督教的态度,很不一致;但尊重别人的信仰,倒是全体一样的。3. 因为基督教与帝国主义,有多少历史上的因缘,所以反对帝国主义者,每每拿政治立场而反对基督教。4. 对于保护教堂,学校,医院等,国民政府始终负责,未尝放弃。5. 因为要谋中国主权的实现,党化教育的普及,国民政府确曾设法限制教会学校。6. 教堂学校医院等,间有迫要关闭或移交政府办理者,都是宵小之徒,乘间捣乱,或当事者双方误会所致,政府不任其咎。"③王治心也撰文表明对国民革命的欢呼。他说:"长久压迫于军阀铁蹄下的民众,今日得着解放了!"又

---

① 杨天宏:《基督教与近代中国》,第389—391页。
② 诚静怡:《国民革命与教会关系》,《中华基督教会年鉴》,第10卷,1928年,第5页。
③ 招观海:《国民政府下之基督教》,《文社月刊》,第2卷第7期,1927年5月,第27页。

说:"民意已经战胜了!军阀已到末日了!革命事业指日可以完成了!"他对北伐过程中基督教所受的种种冲击并没有怨天尤人,而是提出了,在这场革命中"为什么独独予基督教以难堪?基督教不过是各宗教之一,在各种宗教之中,独与基督教为仇,那自然不能没有缘故。"由此他分析了三个原因:1.反教者的利用。他们引导军队驻扎教堂或打教士、贴反基督教的标语等。2.教会的因果。"种什么因,结什么果,那是一定的。基督教追随着兵舰之后,取得传教的权利,同时又藉着不平等条约的保障,得自由往来于内地。在百余年来的外交历史上,以传教所发生之纠纷,丧失的主权,实在不少。外国教士之在内地者,尤多暴戾恣睢……此外有许多不良的中国教徒和教士,包揽词讼,劣迹多端……有此种种恶因,难怪得此恶果。"3.帝国主义的反动。今日的革命是民族自决运动。中华民族历年来饱受帝国主义侵略和压迫实在忍无可忍。压迫愈甚,反抗愈烈,由此对一切与帝国主义有联系的教会也一并打击。教会虽受冤屈,但不当归罪于中华民族,而当归罪于帝国主义。接着他分析了国民政府对基督教的态度,认为他们"绝不以反教运动为然"。"革命军所到之处,对于教会皆甚融洽",而各地的风潮,"并非真正革命军所为,或者是一般假反教运动的某派,实行捣乱政策,嫁祸于革命军……"最后他提到了基督教在这场革命中应有的觉悟。一是忏悔,对已往历史上基督教在华所造成的罪恶,帝国主义侵略政策等等作忏悔。二是同情国民革命,一致反对帝国主义,并努力建设新中国,使之真正达到自由平等博爱之境,因为这符合耶稣精神。三是改造基督教,使之适合中国国情,切断与帝国主义的联系,包括支持收回教育权等。中国的教会必以华人为主干,其一切管理和支配权,必以华人负责。王治心也表示支持革命。他号召基督徒"对于国家,负国民的责任,对于世界,负全民的责任。既负国民的责任,便不能放弃民权革命的义务……尤其是基督所予我们的以自由平等的真理,凭奋斗牺牲的精神,图彻底的解放……"最后他号召基督徒,要以耶稣的精神,"负打倒一切压迫人们的魔鬼,解除人们一切痛苦的责任;不独应当努力于精神生活方面,而从事于精神革命,也是应当努力于社会生活方面,参与政治经济的革命。因此吾敢正告我中华四十万男女信徒同志们,毅然地参加一切革命工作,肃清世界一切罪恶,努力奋斗,以表显基督徒的真精神,以完成上帝'在地若天'的意旨!"①

实际上,北伐革命给教会带来的各种外来压力并非不是好事,它对促进中国教会的革新、自立和本色化起到了很大的推进作用。在1926—1927这一年多时间内全国各地许多教会都纷纷发表各类自立、革新、改组、联合等宣言。仅据1928年《中华基督教会年鉴》所收集的不完全的这类宣言就达25则之多。在这些宣言中都明显看出,这些革新或自立运动与时局有密切的关系。如杭州基督徒独立运动的发起并建立起杭州市中华基督教会便是如此:"杭州教会有若干堂早年已有相当自立程度,信徒间对教会自立自养不乏热忱。近来受时代精神之影响,更思想筹划对于教会改进之运动。适于(民国)十六年二月,国民革命军入浙,外界非教潮流,遂风起云涌,反对攻击,势甚猛烈,因激动基督徒觉悟,企图应付尤非先事团结内力不可,于是有杭州中华基督徒联合会之产生。"②武汉基督徒革新运动的推动力也是国民革命军:"主历1926年之秋,国民革命军会师武汉,急进北伐,挟其雷霆万钧之力,日以反对基督教会为事。所提出之口号,一则曰基督教是帝国主义之工具,再则曰资本主义之走狗,甚则曰文化侵略,麻醉青年,不一其词。以政治上之优势,欲摧残一在中国文化尚无若何根据之基督教会,

---

① 王治心:《我们的革命观》,《文社月刊》,第2卷第7期,1927年5月,第28—36页。
② 叶运降:《杭州基督徒独立运动结果成立杭州市中华基督教会》,《中华基督教会年鉴》,第10卷,1928年,(三)第22页。

是何异摧枯拉朽,故基督教会有岌岌不可终日之势……武汉教会同人处此严重时局之下,遂慨然有革新运动之组合。"①这些宣言都表明基督徒的爱国心、对革命军的支持及与帝国主义划清界限的决心。如《武汉基督徒革新运动宣言》中称:"我们都是中华民国国民一份子。我们因不满意于传统的旧礼教而信奉基督教。但因其来自外国,且在历史上不幸与帝国主义发生了多少关系,所以生出不少误会。如今我们站在青天白日旗下,为自由国民,不再受'勿干政治'之压迫,更觉悟我们本身救国的大任务,特将我们的态度明白表示出来。我们承认由国民党领导之国民革命是救国救民之绝大的善势力,因此一致拥护国民政府,赞助国民革命军,并相信三民主义建国大纲及其对内对外的政纲政策,是解放我民族及拯救我国家之唯一方式。我们更愿参加国民革命运动,努力工作。对外则打倒帝国主义以建设一个在世界上平等独立的国家,对内则打倒恶军阀恶制度,提高农工生活,以改造一个公道进步人人丰衣足食各享幸福的社会,务须达到全世界革命成功,民族平等,人类同胞,联成一体之究竟目的……我们尚有一种认识,即深知帝国主义不特是我民族国家之最大仇敌,抑为基督教之大敌……我们如今一致站起来必定要打倒他们,不独是为民族谋解放,而且是为本教自身谋解放之故。"②一些基督徒在宣言中更是指出:"我们主张和大炮挟送得来的基督教,是不应当参与的。可怜啊!中国基督教的历史,是帝国主义的抢劫史。"③

在大革命的推动下,许多教会团体发表了坚决要求取缔不平等

---

① 黄吉亭、杨铎:《武汉基督徒革新运动之前因后果》,《中华基督教会年鉴》,第10卷,1928年,(三)第25页。
② 同上书,第25—26页。
③ 沈嗣庄拟:《1927年圣诞节中国基督徒对于时局的宣言》,《文社月刊》,第3卷,第1期,1927年11月,第3页。

条约的宣言。1926年10月全国基督教协进会在上海召开会议,一致通过赞成取消一切不平等条约,并发表了宣言。这一行动得到了各地教会的热烈响应。如《武汉基督徒革新运动宣言》中就指出:"我们一致拥护此决议。我们不要基督教建立在炮舰政策之基础上,更不愿以甚么武力为福音之后盾。因为这种侵略政策和武力之本性,就是违反基督教教旨的……如有外国的宣教士爱其本国多于爱基督而不肯赞助我们国民革命运动者,请其赶快回国罢。我们只有努力自立,使中国教会早日脱离外人之支配,更永远与帝国主义斩断一切关系。"①长沙基督徒联合会宣言也称:"我们根本反对一切不平等条约之存在。我们根本反对租界、领事裁判权、海关权、邮政权、盐务权、铁路权、矿务权,内河外舰和其他丧权辱国的权利操在外人手里。我们赞成以人民的武力收回一切权利。"②《成都基督徒革新运动宣言》中则对西教士提出要求:"凡中外间所订一切不平等之条约,西教士应联函请求该国政府,早日废除。在未废约以前,西教士应宣言,不再受该项条约之保障;对于一切非正义之行动西教士尤当主张公道,严重的提出抗议"。③

中华全国基督教协进会于1926年10月在上海召开第四届年会。在大革命形势的压力下,"不平等条约及保护教民条约的问题,实为本届中外人士讨论之中心"。④ 这次讨论时意见很不一致。"多数西人以为现在国内战事未能完全停止以前,条约的保护教堂保护教民的权利,

---

① 黄吉亭、杨铎:《武汉基督徒革新运动之前因后果》,《中华基督教会年鉴》,第10卷,1928年,(三)第26—27页。
② 《长沙基督徒革新运动宣言》,《中华基督教会年鉴》,第10卷,1928年,(三)第42页。
③ 《成都基督徒革新运动宣言》,《中华基督教会年鉴》,第10卷,1928年,(三)第43页。
④ 《协进会第四届年会之要案》,《教育季刊》,第2卷第3期,1926年10月,第94页。

是极有用处的；尤以内地情形不同，用处更大"，①而华信徒则大多数都主张废约。双方争论非常厉害，最终都做了让步，达成了《宣言》，其内容主要如下：

"中华全国基督教协进会系多数教会团体与机关合组而成。虽不能完全负责代替有关系各教会团体与机关正式宣言，然对于各团体所曾经发表之议案与主张，已作一番精密的研究。本届年会谨以协进会全体及各会员个人的名义，慎重表示我们的决信如左：1. 我们主张：基督教在中国的教会与差会，要宣传福音，实行基督化的工作，必须根据中华民国自动大量所给与的宗教自由。中华民国与各国所缔结的条约中，凡有关于教会及差会的特殊权利，应当取消。2. 我们主张：中国与列邦间现行之条约，必须根据自由与平等两大原则，重行修改。3. 凡各国政府已开始修改对华条约者，本会对之表示欣慰，并企望各政府能坚切进行，直至达到完美之结果。4. 我们主张，对于造成现状之历史，既往不咎。但主张自今日始，中西人士必须共同负责迅速挽救现状。并深信：成此挽救之工作，中西双方必须有恒久的忍耐，彻底的谅解，与真切的爱心……"

该《宣言》显然与上述一些中国教会要求废约的宣言有相当的出入，但至少表示要取消教会及差会在华的特权，重新修改违反自由平等的条约。这也是协进会中大多数华信徒所争取得来的成果。

与此同时，在大革命期间教会再次形成了自立和本色化的高潮。革命推动了教会的自立运动。他们深刻地认识到如今教会处于"四面楚歌之中，如燕处危巢，鱼游釜底，岌岌可危……惟有速筹自立以应付之"。② 例如1927年2月革命军至浙江。5月，杭州五个教会就宣布脱

---

① 《协进会第四届年会之要案》，《教育季刊》，第2卷第3期，1926年10月，第99页。
② 孙觉悟：《告华信徒速筹备自立教会》，《圣报》，第16卷第6期，1926年6月，第11页。

离原属差会,于 1927 年 5 月完全合一组成杭州中华基督教教会,提出"五端:1. 脱离西差会,2. 教权自主,3. 行政独立,4. 经济独立,5. 打破宗派"。他们还提出了"对西国友会之态度:1. 维持原有友谊;2. 不妨碍其布道工作,但不得设立教会,施行洗礼,收纳教友,以妨我教会主权;3. 其所设学校医院等,我方概不与闻,悉听政府解决;4. 倘西差会愿意助人助费,惟须归我方支配"。① 湘潭基督徒教会发布了自办运动大会宣言,认为现在中国教会已经到了实现自办的时期,"自办教会的简单意义,就是将中国现存教会的一切权利移交给中国信徒自有,自埋,自享,必如是,方可实现中国教会的理想。我们对于真实的外国宣教士,可以容纳作为我们教会的会员,但须他们要明白宣布放弃一切不平等条约上的权利这条件"。②《上海中华基督徒大会宣言》也主张"吾国信徒对于吾国基督教会极宜谋自立自养自治,收回教务教育医药各事业而负责进行,并请欧美各国之教会,速即派全权代表来华办理各项事业之移交,又商榷此后诸合作事宜"。③ 广东受政潮影响最早、最大,在 1926 年由各宗派联合成立了自立中华基督教广东协会,并发布宣言,其中声称:"凡外国差会现在所辖各项事业,应于最速时间内移交大会接收,以后外国差会停止管理行使其向有支配教会事业之职权;所有人材经济之助力,亦概由大会或大会特设之机关支配之。"④ 桂林也在 1926 年 8 月成立了自立的中华基督教会,其宣言说:"桂林地方瘠苦,

---

① 叶运隆:《杭州基督徒独立运动结果成立杭州市中华基督教教会》,《中华基督教会年鉴》,第 10 卷,1928 年,(三)第 23 页。
② 《湘潭基督徒教会自办运动大会宣言》,《中华基督教会年鉴》,第 10 卷,1928 年,(三)第 63 页。
③ 《上海中华基督徒大会宣言》,《中华基督教会年鉴》,第 10 卷,1928 年,(三)第 57 页。
④ 原载《广东协会月刊》一卷二期一面。转引自赵紫宸:《风潮中奋起的中国教会》,载于《本色之探》,第 316 页。

生计维艰……自立教会都无成立的希望。虽然内受责任心的驱使,外受非难者之刺激,上受圣父,圣子,圣灵的责备和感动,遂顾前不顾后,向真正自立的途径直跑。"①

教会的革新自立运动不仅是在黄河以南革命军所到之处,就是在黄河以北,革命军没有直接到达的地区,例如兰州中华基督教会也于1926年底发布自立宣言,宣布成立"纯粹由华人组织的中华基督教会,与西国宣教师完全脱离关系,务期自立自传自养",并且表示:"本会同人知非自立,不足以光大主教,知非自治,不足以坚其信心。"②"有的教会眼光远大,知道革命潮流澎湃,不可掩遏,势所必至,相差不过时间问题,所以对于自身,早日力图改革,步步准备,以防不虞。如哈尔滨新立的中华基督教会,奉天的关东大会,华北的公理会,京津的中华基督教会等等,它们的教政,已经早日由华信徒执管,或已逐渐交华信徒主管,它们的学校已经立案;它们的经济已经公开,他们并不以以前的受条约保护为荣,反引为戚。他们知道今后中国教会的生长发达,当与中国国民性相和谐。"③对这段时期的自立运动,赵紫宸曾这样评价:"中国信徒谋求教会自立,虽所走的路径不同,所持的理由不同,或因内部有中西的纠纷,或因环境有龃龉的困难,然其所要达到的目标则大略相同。北至兰州,南至广州,东至温州,西至贵州,教会的情形,境遇,宗派,组织,差殊极远,而所成立的自立教会,没有一个是以公会定名的,也没有一个不是以'中华基督教会'定名的。'中华基督教会'之上,冠以地名以为分别,颇可以见教会心理的一致。凡有教会之地,无不感受人才经

---

① 原载《改进》第1卷第12号。转引自赵紫宸:《风潮中奋起的中国教会》,载于《本色之探》,第316页。
② 转引自赵紫宸:《风潮中奋起的中国教会》,载于《本色之探》,第317页。
③ 诚静怡:《国民革命与教会关系》,《中华基督教会年鉴》,第10卷,1928年,第4—5页。

济两相匮乏的痛苦,然而痛苦自痛苦,进行自进行,独立奋斗,直叫人欢喜无量,踊跃三百。"①

当时发表了不少鼓吹自立的文章,尤其是《圣报》、《文社月刊》等。一些文章对当时差会工作某些不图自立的教牧人员提出了批评,如孙觉悟的《告华信徒速筹备自立教会》中谈到:教会兴废,教友有责,唯自立教会任大责重。我国教牧二千余名,但像俞宗周、诚敬一等人如麟角凤羽。大多皆寄人篱下,不肯牺牲差会稳固饭碗,纵差会西牧专横武断也廿心受之,无怪非教有所借口,教会所以摧残,人格所以堕落。"故徐谦不受差会洗礼,冯玉祥信教不信西人。张纯一主佛化基督教,所由来也。今之教阀辈,犹提倡本色教会,高唱入云,自以为顺潮流之趋势。今未实现者,非不易实现,实因难能自立,为差会金钱所束缚,无米难炊,焉有实现之日。中庸云:知耻近乎勇。我国牧者,苟能牺牲差会个人之权利,纵经济困难,何妨效保罗之织帐篷为业,自食其力,未尝不可传道。较昔之受差会薪金,人呼之为吃教、为洋奴、为侦探,其冤不雪而自白。"②王雨亭在《勉华信徒努力自立》中提到中国教会不自立的种种弊端。③ 不少文章都谈必须自立的原因,如《全国教会必须自立的原因和自立的方法》。④ 这些文章中都谈到无论是从当前的形势看,还是从教会自身的发展看,中国教会只有走自立之路才有希望。

还有不少文章谈到介绍或探讨如何能达到自立的具体可行的做法。例如朱敬一在《乡村教会自养之商榷》中提出几点讨论:一、教会

---

① 赵紫宸:《风潮中奋起的中国教会》,载于《本色之探》,第317页。
② 孙觉悟:《告华信徒速筹备自立教会》,《圣报》,第16卷第6期,1926年6月,第11页。
③ 王雨亭:《勉华信徒努力自立》,《圣报》,第16卷第7期,1926年7月,第9页。
④ 《全国教会必须自立的原因和自立的方法》,《圣报》,第16卷第9期,1926年9月,第3—4页。

责任之误解:以往西教士和华牧师缺少促成教会自立的计划,所以教友责任心非常薄弱,不肯把钱贡献上帝和补助牧师,因此欲谋乡村教会自养自立必须从观念上先打破,养成其责任心。二、乡村教会亟待培养义务人才。乡村教友人数少,要自养必须减少正式传道人,培养不受薪的义务人才。如温州有一位牧师,办理了47个教堂,全通过他花费多年栽培教友工夫,有四五十个不受薪的人才,使教会达到了自养自立的目的了。三、向教外人募捐:教会本身所需要的日常开支及教堂建筑应由本教会人士负责,但教会所办的各项服务事业,如学校医院等则可以接受社会的捐赠。四、为达到自养目的,乡村教会可以向佛教学习,置些不动产。五、乡村农民生活困苦,要达到自养有难度,可以先设法改善他们的生活。方法有:1.改良原有农产方面:协助农民选择种子、查验土壤、教授其驱除害虫之方法,帮助他们得到新式农具。2.介绍新农产品或副业,使之增加收入。3.搞乡村经济合作,如创办低利农本借贷银行及农产品购销合作社。4.改善乡村教育,使农民受到基本教育等等。①

还有些从调查某地教会自立状况入手,目的是能对其他地区教会的自立起推动和借鉴作用。如许声炎的《闽南教会历来自养力与教会现状》②及《萧张伦敦自立会消息》③等都对这些地区的自立和自养状况作了调查和分析。华北伦敦会萧张教会分区为达到自立提出几点步骤:一、提高信徒觉悟,使他们认识到自立的紧要,也是自身的责任;二、协力合作,联合团体进行会务;三、组织区会,提倡分区自立,因为初次自立范围太大不易整齐,见效也慢;自立范围太小则财力不足,人才短少,进行不易;四、由各区会组织妥后再组织带会(由各区会选派代表

---

① 朱敬一:《乡村教会自养之商榷》,第2卷第4册,1927年2月,第73—77页。
② 许声炎:《闽南教会历来自养力与教会现状》,《文社月刊》,第2卷第5册,1927年3月,第92—98页。
③ 《萧张伦敦自立会消息》,《文社月刊》,第2卷第10册,1927年8月,第86—89页。

组成),办理更大的事,等等。

要自立就有一个从外国人手中接收的问题。一些文章探讨了接收教权的办法,如沈嗣庄的《接收教权办法》①一文。他首先谈了接收的原因,概括如下:中国基督教是中国人的教会,因此不仅是文化方面应该中国化,而且在行政和财产方面也应完全由中国人掌管。教会图自立乃是基督徒的天职。当今时局的逼迫,不得不在最短的时间内想出一个在行政和财产方面的接收办法。事实上,一些地方,如广东协会,教会移交中国人办成绩很好。如今中国人在教会的各项工作中,如布道、教育、医药等方面都做了不少贡献,因此接收不仅急需,而且合法。中国基督徒中有才干者不乏其人,况领袖就是要从经验和蹶跌中产生出来。由于中国目前兵灾连年,中国教会经济上困难不少,因此所谓接收,并不拒绝外国朋友的友谊捐助。以往历史上,中国教会因外国人主政,中外思想的隔阂,在教会内已发生了许多不满意的事。而教外人士也因外人主政而视基督教为帝国主义的走狗等,这些都表明教权交给中国人对基督教会有利。接着他谈了接收的办法,可分三步走:移交、接收、保管。由各公会西教士,无条件地将行政和财权交给中国信徒。西教士仍可在华传教,其经费仍由各布道会承担,但其行动要听公会中央委员会调派。中国教会仍接受布道会相当的资助,其管理和使用由各公会中央委员会负责。中央委员会会员中外各半。执行委员会中国人需占三分之二,而且担任主要负责人,外国人只能任副职。各公会必须冠以"中华基督教……公会"字样,而不得再以"大美国监理公会"或"大英国浸礼会"等字样。由各公会中央委员会,以中华基督教会某公会名义向政府注册立案,取得法人地位。以前不管是用中国人,还是

---

① 沈嗣庄:《接收教权办法》,《文社月刊》,第 2 卷第 7 册,1927 年 5 月,第 100—103 页。

外国人或某国某公会名义所立的契约一律作废,重新用中华基督教某公会名义登记。地方性之不动产,由该地选出理产部,由某地中华基督教某公会名义,向地方官署登记……此文还规定了许多其他细则。沈嗣庄提出的许多建议很多都被各公会所采纳。这不仅体现在1927年10月中华基督教会总会的组成,而且也表现在大革命冲击后,各公会确实不再冠以"大美国……会"或"大英国……会",而一律称为"中华基督教……会"。

许多教会在要求自立的同时十分注意教会的本色化问题。董健吾在《本色教会之新发展》中对这段时期本色化运动的新发展作了概括:许多差会已经觉悟到:一、要逐渐放弃不平等条约上保护传教的权利;二、要逐渐减少在华布道的经费,使中国教会能自己具有适应环境的能力。而中国教会正在逐渐探索如何建立本色教会。其中有仪式上的变迁,采用中国敬神拜佛的仪式来敬拜上帝,如艾香德在南京景风山创办的基督教丛林,参用佛教的仪式;还有些认为西洋的教堂建筑不合中国环境,于是采用寺殿建筑,如南京下关圣公堂;还有采用国画形式来绘制基督故事,如南京多加美术会就用此种形式出版了不少作品。此外基督教的文字宣传注重本色化宣传。这些变迁都有助于造就本色教会。① 以上的一些做法实际上有些从1922年就开始了。北伐以来又促进了一些新的本色教会团契的产生,特别是王治心等于1927年2月组织的中华基督徒新团契。其前身是内地会。五卅期间,由于当时的英教士惠斯尼对惨案作伪证,引起了中国信徒的愤怒,由此于7月与内地会决裂,另立中华基督教会。该教会虽然自立,但在礼仪等方面仍保持西洋色彩。此后王治心等爱国信徒努力探索如何建立真

---

① 董健吾:《本色教会之新进展》,《中华基督教会年鉴》,第10卷,1928年,(一)第9—10页。

正本色教会。在大革命运动的推动下,该教会拒绝了内地会在经济上的引诱,决心走中国本色教会之路,经过重新整顿,吸收了原属不同教派的人士参加,于1927年2月更名为上海基督徒新团契。他们首先从改革诗歌着手,教会中一律采用中国的词和曲,一年之内已集有50多首中国化的诗歌。接着他们又着手改革礼拜堂内的设备和仪文。堂内不设坐位,圣坛上改用中国人所习惯的神位,并采用古铜炉烧沉香,圣坛前放蒲团,来者要在此跪拜祈祷。不仅如此,他们还实行了体制改革,不设牧师和长老,而是实行执行委员会议为最高权力机关。下设灵修股、经济股、教育股、服务股、交际股、文牍股等。由各股主任组成执行委员会。他们还组织了共鸣音乐社,礼拜时演奏国乐等各项活动。①

  大革命还促进了中国教会的合一运动。经历了大革命考验的中国基督徒深刻认识到差会纷争给中国教会带来的危害。在危难的局势下,中国基督徒必须团结起来,摆脱差会的控制,走自立之路。许多地区的中国基督徒都建立起不分教派的合一组织,如杭州中华基督徒联合会、开封中华基督徒会、衡阳中华基督教联合会、云南中华基督徒联合会等。

  据诚静怡的研究,当时中国教会"联合之方法甚多,联合之心理不二:有主张统一同宗教会为一大团体者,如中华圣公会,长老会总会,中华信义会等是。有主张统一同城同市之不同宗教会为一人团体者,如广东闽南中华基督教会等是。有主张教会完全由中国人主持,而不加宗派之差别者,如华北中华基督教会是。有主张教会不求统一而在公共问题为一致活动者,如中华全国基督教协进会及各省区城市之基督

---

① 李逢谦:《上海基督徒新团契说略》,《中华基督教会年鉴》,第10卷,1928年,(二)第37—38页。

教协进会(或称联合会)是。有主张教会专门事业为不分省界会别之合作者,如中华基督教教育会,博医会,卫生会,主日学会等是。以上种种主张,各有其用,惟表示教会人士之决心联合则一"。①

所有这些联合中,最大的联合则是于1927年10月在上海正式成立的中华基督教会总会。该会"代表12个大会,51个区会,529个教堂,2091个布道所,按立牧师333人,传道士2405人,受餐信徒120175人,约占全国信徒的1/3,占地20行省,融化16个宗派:自立教会、美丹瑞会、基督同寅会、美国公理会、伦敦会、纽丝仑长老公会、美国北长老会、美道会、英长老会、荷兰归正会、美国南长老会、德国归正会、苏格兰福音会、爱尔兰长老会、苏格兰长老会、英浸礼会"。② 诚静怡任会长,许声炎任副会长,文书为张坊和邹秉彝。他们都是华人。只有总干事推举了西人高伯兰,高伯兰曾恳辞,认为应由华人担任为宜,但最终大会仍推举他任此职,又举范定九为协理。从中华基督教会总会领袖人物的组成看,显然华人占绝对优势,只吸收了个别西人参加,这表明了人员配备上的本色化。

该总会的前身是于1922年全国大会后成立的中华基督教会临时总会。1925年在南京成立了中华基督教会临时总会事务所。又经过了两年的筹备工作,终于建立了正式总会。据大会精神,中华基督教会的定义是:"由中国信徒根据正宗的信仰,自动而组成的教会,不倡宗派,不分国界,惟求适合中国的国情,应付中国的需要。"③并认为:"中华基督教会总会,因感觉在中国教会的西洋色彩过于浓厚,所以毅然决然的提倡本色化,以期与我国固有的文化适合融会。又深悟宗派的束

---

① 诚静怡:《本色教会之商榷》,《文社月刊》,第1卷第1册,1925年10月,第6页。
② 高伯兰:《中华基督教总会概述》,《中华基督教会年鉴》,第10卷,1928年,(三)第1页。
③ 同上书,第2页。

缚,使本为一体的同道分门别户,所以勇敢的实行合一运动。宗派的界限不打破则永无本色化的希望,精神和组织的合一不推行,则宗派之见终难消弭。所以从组织方面而言,中华基督教会的一个大旨趣,就是在中国实现一个纯全中国本色化和合而为一的教会。必要如是,教会才可安稳的建立于磐石!"①这段话充分表明中国教会合一运动与本色化的关系。事实上,中华基督教会的建立本身可以视为中国教会实现了本色教会的第一步。

这个教会实际上并没能实现自养,但在当时,它对在不久的将来实现完全自养充满了信心,它说:"教会当前一个最大的问题,就是自养。凡是一个团体其经济不能独立,终难实现它的自动和理想生活。中华基督教会要想名实相符,第一当谋自己经济的充裕,至少也要办到不长久仰赖西差会的供给,据已经自养教会的经验,要成功这件事,并不十分为难,只要信徒彻底地了解自身的责任和知道管理的方法,早晚定能得到经济的自给。中华基督教有一件可庆幸的事,就是闽南大会共有46个自立的教会,广东大会共有36个自立的教会。他们的精神能力足可以激发那些不自立的教会。"②这一点实际上一直到1949年解放时也未能真正做到,当然这里面有各种复杂的原因。

除上述各种运动外,大革命时期收回教育权的呼声比以往任何时候都更高涨。许多教会发表的自立或革新宣言中都提及此事,如《武汉基督徒革新运动宣言》中指出:"关于收回教育权一项,我们一致赞成,并努力促进其完成。我们要使教会学校都归中国教会自办,受中国政府之监督,及其一切设施都依着中国的教育训令及学制而

---

① 高伯兰:《中华基督教总会概述》,《中华基督教会年鉴》,第10卷,1928年,(三)第7页。

② 同上书,第4页。

办去。"①

教会学校在大革命期间受的冲击非常大。不仅非教会人士都坚决要求收回教育权,而且不少地区的教会学校被军队占领,特别是湖南、湖北两省,使教会学校学生无法正常上课。南京事件后,教会学校的西教士都纷纷离职回国或逃至通商口岸,使教会学校的师资力量锐减,不少教会学校只得停办或濒临停办的困难境地。1926年11月国民政府的教育行政委员会又发布了《私立学校规程》②,强调私立学校须受教育行政机关的监督和指导;私立学校停办,需经校董会呈请主管教育行政机关核准,其财产物业,须由政府派员会同清理;私立学校不得以外国人为校长,特殊情况可另聘为顾问;私立学校不得以宗教科目为必修科,亦不得在课内作宗教宣传,如有宗教仪式不得强迫学生参加;私立学校办理不善,政府可随时解散等等。此外外国人不得任校董,特殊情况可酌量充任,但在董事会不得占多数。湖北政务委员会则更是于1926年10月发布了《取缔私立学校暂行条例》③。这种形势,不仅迫使许多中国教育界人士更加觉悟,就连西教士中不少人也意识到在华的基督教教育必须改革,否则绝无出路。前面提到教会学校中原有不少人,特别是西教士对是否应向政府注册,教会学校是否应该移交中国人来办,以及对教育部规定的"学校不得以传布宗教为宗旨"和"不得以宗教科目列入必修科"等,均持异议或反对的态度,但在经历了这场革命后,他们中的多数都被迫改变了态度。中国教育界人士更是坚定地主张教会学校一律注册,并完全接受教育部的意见,本着宗教自由的

---

① 黄吉亭、杨铎:《武汉基督徒革新运动之前因后果》,《中华基督教会年鉴》,第10卷,1928年,(三)第27页。
② 《私立学校规程》,见张钦士辑《国内近十年来之宗教思潮》,第372—373页。
③ 《取缔私立学校暂行条例》,见张钦士辑《国内近十年来之宗教思潮》,第373—376页。

原则,教会学校不得强迫学生上宗教课,或从事宗教崇拜活动,宗教科目只能列为选修科或随意科,礼拜也完全根据学生自愿为原则。不仅如此,根据教育部的规定,许多教会学校的董事部"皆力谋改组,而校内的重要职员,也决定改请本国人了"。① 在教会大学中,"金陵大学和沪江学院(1931年改为沪江大学)是第一批进行注册的学校,并于1929年完成注册手续。到1931年,燕京、金陵女大、东吴、福建协和及岭南也都注册了。除了圣约翰不愿意注册外,其余的教会大学都在同政府协商,但都没有完全具备政府规定的条件"。② 大革命后不久,岭南、沪江等大学则较早选了中国人为校长,并组织了本国的校董会。沪江等校继岭南、燕京等校后于1927年春改宗教课为选课。全国教会小学的校长几乎全是中国人,中学校长也纷纷改由中国人担任。不少差会也同意将权力移交给中国人。当然其中也存在着不少问题。正如程湘帆所言:"移交不难,难在移交方法,进行手续,及移交后的责任。"③不少人谈到了正打算移交或移交后教会学校发生的种种困难。有行政管理上的困难,也有财务上的困难,还有人事上的困难等等④,真正感受到了中国人肩上的责任。

特别值得一提的是,在时势的逼迫下,一些中国教会领袖对今后基督教学校是否要将宗教教育立为必修课的问题展开了热烈的讨论,不少人抛弃了原有的认识,赞同在教会学校内不将宗教课列为必修课及强迫学生进行礼拜仪式等活动。赵紫宸谈到,因时势趋向,政治的变

---

① 缪秋笙:《民国十六年的基督教教育》,《中华基督教教育季刊》,第3卷,第4期,1927年12月,第2页。
② 〔美〕卢茨:《中国教会大学史》,第243页。
③ 程湘帆:《收回差会之教育事业》,《中华基督教教育季刊》,第2卷第3期,1926年10月,第4页。
④ 见钟鲁齐:《改进教会学校之原因经过及现在应注意之要点》;何礼道:《学校行政上之几种新困难》,《中华基督教教育季刊》,第3卷第4期,1927年12月。

化,深深地觉悟到旧时基督教学校内灌输宗教教育的方法与原则的不当,应毅然决然地弃置。他认为"宗教只能作选修课,不可以作必修课",并主张要采用新方法,在课堂上传授有关的宗教知识,如教宗教比较学、各宗教的历史等,教员要深知功课,引导学生提问、讨论等,不得排斥他教,要尊重学问,"教室非传教之地,乃讲学之所",教师不要"作牧师说教似的论调与腔势"。基督教学校应当注意的是生活方面的宗教教育,这是种情感教育,由学生自动,教师给予指导或帮助等①,由此否定了传统意义上的宗教教育。吴雷川认为,"宗教教育这名词,严格的说,实在是不能成立的。因为宗教既是根于人类的天性,如何要用着人为的教育?"他认为教会设立学校,是要以耶稣的精神去帮助青年学子完成人格。如果将此视为宗教教育,那也绝不能通过礼拜、读经、讲道等方法,而是要求教职员在其职务上实行出来,做得最好,使人无可指摘,并与青年学子联络友谊,讨论人格修养,指导他们才是。②缪秋笙也认为一个学校是否基督化不全在于使宗教课成为必修课或从事礼拜等这类直接的教授,"而在间接的感化力之强弱。所谓间接的感化力者,要算学校的校风与教职员的平日生活最为紧要"。③ 还有人对宗教科目和礼拜仪式改为选修提出了具体的办法,如樊正康就此题所写的文章,认为宗教科目实际上可以用陶冶品格有关的科目代替,使一些不愿读经和做礼拜的学生也同样能得到伦理上的教导。④ 正是通

---

① 赵紫宸:《我对于今后基督教学校内宗教教育的管见》,《中华基督教教育季刊》,第 3 卷第 2 期,1927 年 6 月,第 11—18 页。
② 吴雷川:《我的宗教教育谈》,《中华基督教教育季刊》,第 3 卷第 2 期,1927 年 6 月,第 19—21 页。
③ 缪秋笙:《对宗教教育的我见》,《中华基督教教育季刊》,第 3 卷第 2 期,1927 年 6 月,第 25 页。
④ 樊正康:《宗教科目和礼拜仪式改为选修的办法》,《中华基督教教育季刊》,第 3 卷第 2 期,1927 年 6 月,第 31—35 页。

过这些讨论,使教会学校对宗教教育的认识取得了一致,能较为顺利地接受政府教育部的通令。

这里特别要提及《1927年圣诞节中国基督徒对于时局的宣言》对各种问题做的总结性的表态。它代表了中国基督教会中一些思想开放的基督徒对时局总的态度。宣言称:"我们主张基督徒不但可能干政,而且是应当干政的。""我们主张现在的世界,不是国家主义的世界,而是国际主义的世界……我们反对五卅惨案;可是同时我们也不许中国人杀中国人,如段祺瑞之杀学生。""我们主张帝国主义是应当打倒的……历年来压在我们身上的一切不平等条约,我们认为非取消不可。""我们主张和大炮挟送得来的基督教,是不应当参与的……我们除了忏悔之外,应该将功补过,走上一条新的路,再不要在'大英国''大美国'圣教会鼻息下讨生活。""我们主张本色的基督教,是才有信奉的价值……本色的基督教,不单是造几所庙宇式的礼拜堂,印几张穿宽袍大袖的画片;其意在本着我们和耶稣朝夕相见的经验,出于仪式也好,出于建筑也好,出于信条也好,出于神学也好。以前的基督教是洋教……是外国先生说的……是奴隶式的信,是靠不住的。人们现在应当起来,重新估定它的价值,对于耶稣,得到一种体认……本色基督教不是破坏传统的基督教,我们对于传统,应当给与相当的敬意。不过单单传统,而不把它消化,作为你自己的生命,这对于任何宗教,不足为真的信徒。还有,我们中国的文化,老实说有许多地方,不是外国人所能企及的。是与东方的耶稣精神很相符的,我们有保存和光大的责任,尽可能把它们和基督教有机体地融通起来,以达到中国化的基督教,和基督化的中国的地步。""我们主张现在各教会,应当快快打算接收教会行政权,和财政权的办法。""我们主张教会学校应当依法向政府注册。""我们主张教会应当竭力脱离一切不平等条约的保护"。"我们主张以后西国宣教师,有在中国继续工作的需要;不过必须改变他们工作的地位和工作的类别。""我们主张教会学校的宗教教育,应当列为选科,一切宗教生活,如礼拜等,听凭自由,不可有丝毫的勉强。""我们主张资本主义是应当打倒的,因为他是万恶之源。""我们主张私产制度是应当改良的。"此外还主张改良工人和农民的生活等等。①

以上各种讨论和宣言,表明中国基督徒通过五卅和北伐,其思想觉悟和民族意识都大为提高。也正因如此,他们在教会中的责任感增强,并逐渐成为中国教会真正的主人,与此同时,西教士在中国教会的地位则大为降低。据乐灵生的统计,自1922年基督教大会时与会者中国代表开始超过西教士,而到1926年举行中华基督教协进会年会时,出席的代表中,居然四分之三是中国人。1922年全国基督教大会时递交大会的议案都是用英文,然后译成中文,而到1926年各种议案都是先是中文,然后译成英文,西教士成为附属中国教会之下的了。教会中的经济管理权也都逐渐移交给中国教会,即使西方来的捐款,移交中国管理的也不在少数。与此同时,西教士在华的事业重点也起了变化,过去是在宣教事业上着力,而如今,这一事业主要是由中国传道人担任了,西教士的主要工作已侧重在教育和教务管理方面②。从这些变化中可以看出本色化运动对中国教会的影响。

第五节 五卅、北伐时期教会对与本色化有关理论所作的探讨

1925年五卅运动至1927年年底或1928年年初,是中国基督教会

---

① 沈嗣庄拟:《1927年圣诞节中国基督徒对于时局的宣言》,《文社月刊》,第3卷第1册,1927年11月,第1—18页。

② 乐灵生:《二十年来西教士在思想与事业之变迁》,《青年进步》,第100册,1927年2月,第107页。

对本色化进行探讨最热烈的时期。张西平、卓新平编的《本色之探》①所收集的有关基督教(新教)一些人在20世纪发表的探讨有关本色化的较有代表性的文章共40篇(不包括天主教学者的文章),其中五卅后至1927年底这两年半中便有22篇,如果将1928年作为北伐的尾声算上则有25篇之多,都超过了一半。这从一个侧面显明了五卅及北伐期间确实是中国教会讨论本色化最集中的时期。另外,我们还可以发现,这22篇文章中有7篇是摘自《文社月刊》,可见《文社月刊》在推动本色化讨论中起到很大的作用。

应元道认为,近五年来与基督教思想有关系的重要组织或运动共四种。前三种分别是:1922年及1924年产生的非宗教运动和非基运动;1922年5月在上海召开的基督教全国大会;1924年与1925年间最盛行的国家主义运动。而第四种即是"1925年开始组织的基督教文社"。② 从中我们可以看出基督教文社的重要性。而《文社月刊》正是基督教文社的重要刊物。它在这段期间发表了一批理论水平很高的有关本色化的文章,因此在探讨这些文章之前我们先对基督教文社及《文社月刊》的产生作一介绍。

在1922年基督教全国大会本色化的推动下,中华基督教协进会深感基督教文字事业本色化的重要性。经数次研讨,于1923年12月成立了一个文字机关,即中华基督教文字事业促进社,由赵紫宸任社长,诚静怡、刘廷芳、余日章、邝富灼、陶知行等人任执行部委员,胡贻毂、范子美、简又文、陆志韦、李荣芳、洪煨莲、聂绍君等人为审查部委员,并委任沈嗣庄为副执行干事,共同推行本色化文字工作,着手筹建出版《文社月刊》。由于各种原因,其中最重要的是资金问题,《文社月刊》迟迟

---

① 张西平、卓新平编:《本色之探》,中国广播电视出版社1999年版。
② 应元道:《近五年来中国基督教思想之时代背景及其内容之大概》,《文社月刊》,第1卷第9—10期,1926年9月,第9页。

未能创刊。文字事业促进社的成员只能利用其他刊物,特别是《生命月刊》等发表一些文章来推动本色化,但终因没有专门刊物,在推进基督教文字本色化方面总受到不少限制。在第二次非基运动的冲击下,中国基督徒再次深感本色化的重要,1925年3月,社长赵紫宸及副执行干事沈嗣庄为《文社月刊》的创办加紧工作,并在东吴大学设立了出版该刊物的临时机构。赵、沈两人还于4月北上,物色著作人才,并与一些教会、教会大学和机构谋求合作,确定出版《文社月刊》,征求社员和召开有关全国大会。五卅惨案给教会带来极大的冲击。在高涨的民族主义影响下,教会真正严肃地反省与差会的关系,要求自立和革新的呼声高涨,另一方面更注重教会在神学和礼仪上的消除西洋色彩,与中国文化相结合。在民族主义运动的推动下,文字促进社于7月召开第一次执行委员会,决定将原来"基督教文字事业促进社"改名为"中华基督教文社"(简称"文社"),又修订了规章,规定:"本社以提倡能促进中国本色基督教运动之图文著作,并引起此类文字阅读之兴趣为宗旨。"①按沈嗣庄的解释,认为这是"正大而重要"的问题,"尤当现在国民革命历程中,教会自养自传自理之时,更觉十分重要。我们认定基督教思想苟不能与本地文化打成一片,虽云自养自传自理,仍属无裨。然则何谓文化? 即长时间的经验与宗教思想训练的结晶。故使基督教而不与中国的宗教经验与宗教思想相融通,便不能有成功的希望"。② 文社为此拟订了工作计划,包括推动本色化之行动和出版相关书籍两方面。前者(行动)包括"培养人才、征文、讲习、作家之退修会与讨论会、讲习会、举办巡回文库"。后者(出版)包括"发行日报、月报、小册、单

---

① 沈嗣庄:《中华基督教文社报告》,《文社月刊》,第3卷第4期,1928年2月,第101—102页。

② 同上书,第102页。

张、各种神学与教会方面之翻译品、书籍等"。① 对参加文社的社员分为两类:正式社员要具有中华民国国籍,同情文社宗旨,并要符合三项要求中的一项,即或能从事著述,或能热心提倡基督教文字之阅读,或能在经济上赞助者。另一类名誉社员则是对文社宗旨确表同情及曾给予文社协助之外国人士。文社办事处于1925年7月根据大会决定从苏州迁至上海。《文社月刊》1925年10月正式创刊。该刊物主要负责人初为沈嗣庄一人,不久增聘王治心任编辑事务,1927年秋又增添张仕章为编辑干事。该刊物从创刊至1928年6月停刊,所经历的正是五卅之后及北伐时期,即中国民族主义最高涨的时期,在这形势的逼迫下,发行了大量有关本色教会的文章。参加文社的社员大多数是思想开放的自由派人士,他们不仅提倡本色教会,而且对国民革命持积极支持态度。除了发行月刊外,文社还出版了约10多种书,有赵紫宸的《基督教哲学》、《耶稣的人生哲学》,王治心的《中国历史的上帝观》,朱敬一的《中国乡村教会之建设》,以及简又文和谢颂羔翻译的多本著作,包括《革命的基督教》、《伦理的基督教观》、《近代科学家之宗教观》等等。大革命失败之后,文社便开始受到教会内保守派的攻击,认为他们"思想过激"。由于资助文社出版工作的主要是美国的一些教会,在保守派的攻击下,这些教会对文社不再支持,使文社的出版工作大受影响。《文社月刊》不得不于1928年6月停刊。文社的其他出版工作也无法进行。在这种有名无实的情况下,基督教文社最终于1930年正式宣布解散。尽管如此,文社及其月刊在中国教会本色化中所起的作用是无法抹杀的,尤其是对本色化理论方面的探讨。

当然,在五卅和北伐期间,对基督教本色化做出文字贡献的不止文社一家,如《生命月刊》、《真光》、《青年进步》、《教育季刊》、《神学志》、

---

① 王成勉:《文社的盛衰》,宇宙光出版社1993年版,第41页。

《兴华报》、《协进周刊》、《铎声》、《尽言》、《圣公会报》、《圣报》以及自1926年4月起由《生命月刊》和《真理周刊》合并而成的《真理与生命》半月刊等等多种教会刊物,都有不少文章涉及中国基督教本色化。这些文章总的来说可分为如下几类:

一是有关探讨爱国与救国、民族主义等问题。针对五卅以后的形势,如何救国成为一些基督徒所热烈讨论的问题。吴雷川对当时的学生中谈及的救国方法作了总结,即读书救国说、人格救国说(这是基督教中人所首先提倡的)、人才救国说、奋斗救国说。他认为"只要真心救国,尽可不拘用何方法,凭着各人的良心,按照各人性情与才能之所近,努力去做就是了"①,但他强调"有志的救国青年,无论主张为读书救国,人格救国,乃至奋斗牺牲以救国,都姑且不要批评孟子所说的'独善其身',却都要切记而且实行'穷不失义',才真是救国的种子"。② 也有人主张"学生居求学时期,能弃绝无谓牺牲,讲求一己之训练,即为爱国"。③ 或提出"真正的救国是从改造我们自己下手,个人好了,社会好了,国家也就好了……努力于个人运动,而救我们垂亡的中华民国"。另有个别人提出"工赈运动为今日中国的惟一救法",号召"全国慈善团体,尤其是基督教青年会募集赈款,在最穷苦的地方设立工赈所,收容饥民……"认为"工赈可以将饥民合成一群,而教养之,使他们免饥寒,改恶习,信基督,为永远之好公民"。④

一些人从反击非教人士指摘基督教不爱国,从基督教教义上论证

---

① 吴雷川:《与现代青年商量救国的问题》,《真理与生命》,第1卷第11期,1926年11月15日,第313页。

② 同上书,第314页。

③ 阎敦建:《爱国与求学》,《圣公会报》,第19卷第8期,1926年4月,第27页。

④ 浦化人:《工赈运动为今日中国的惟一救法》,《圣公会报》,第18卷第11期,1925年6月,第2—5页。

基督教与爱国的关系,如简又文的《救国的基督教》,陈文藻的《爱国的基督耶稣》。简又文从《圣经》中所言,耶稣来是"叫人得生命,并且得的更丰盛"谈起,认为他不仅是给个人生命,而且更重要的是给团体生命,而民族就是团体生命。他说:"无论一般盛倡大同主义,主张打破国家观念及民族界限者,怎样鼓吹和怎样努力,恐怕民族的生命终有独立存在的地位。所以者何?因为民族的生命是人生自然的结合,且有数千年的历史,实为人类社会之一种基要的团体,其势力之巩固不拔不亚于家庭。"正是这种"团体生命之真实的存在,甚至比个人生命尤为重要。此义既明,则耶稣及基督教拯救生命和发展生命之大宗旨,自当并施于团体的生命矣"。由此便能得出"基督教救国论"。[①] 他认为"耶稣是真爱国者,以耶稣为非爱国的人——无论信教与否,并不认识真的耶稣。再者基督教会无论在哪里发达,都与爱国有关;基督教徒在各国也曾做下许多惊天动地的救国兴国事业,这都是斑斑可查考的史事。自沪案发生以来,吾国基督徒也极力参加爱国运动,各教会学校学生尤为奋勇热心,甚至以身殉国者亦有之,如岭南大学死了教授一,学生一,皆是基督徒也。基督徒是否帝国主义的走狗,任凭事实答复吧!"[②]陈文藻更是从《圣经》中找了大量根据表明基督才是一个真诚的爱国者。认为依基督的标准:"基督徒当爱自己的同胞,对本国的最高目标,必奋志努力。真正的基督徒对于爱国二字,决不务空谈,而从事于实际助人的工作,竭尽心力,以效忠国家。""爱国的基督徒要跟着基督的途径行去,必须忍受他所曾受的结果。今日的爱国志士,为国投军,他们忍受一切的苦痛,断头残肢,皆非所计","真正的基督徒,决不

---

① 简又文:《救国的基督教》,《真光》,第 24 卷第 11—12 号,1925 年 11—12 月,第 27—28 页。

② 同上书,第 31 页。

当仇恨异族,时怀报复"等①。一些人由此论证了基督教的国家观念,认为"耶稣基督鉴于罗马帝国之侵略,为着他的祖国犹太,太息,痛恨,流泪,恸哭,实不止一次。他的'竭智尽忠',更不在一时感情冲动的爱国表示,而在其一生苦心孤诣的救国经营"。"虽然,基督爱国之感情,无论如何热烈,但从未曾把国家一个组织——或民族的团结——当作一件绝对的东西看待。"所以,他承认个人主义和世界主义都有存在的地位。② 还有人论证了基督的世界主义实际上与孙中山提倡的民族主义是十分接近的。世界主义是目的,而民族主义是手段。③ 王治心在《孙文主义与耶稣主义》中将耶稣主义与孙文主义(三民主义)逐一进行了比较,最终得出,三民主义是孙文主义的中心,立足于自由平等博爱,而自由平等博爱的最初倡导者,要算是耶稣,所以孙文主义就是耶稣主义,都是用这种精神去达到救国救世的目的。④

不少信徒还就爱国问题和基督教与国家主义为题进行了热烈的争论,如陆博爱⑤、同热与张亦镜为此发生的笔战。陆博爱、同热等提出爱国须爱敌,不能报复、排外,爱国不能尽责外国罪恶,还要除清本国的罪恶等。张亦镜对此说法逐一进行了反驳,例如他说,"基督徒本应持无抵抗主义,然此只宜施于未经信仰基督的恶人。既已信仰基督,且有多人在中国传基督福音的国家,他在中国把我们中国人乱杀,这是大大的有害于基督教、基督名和我们做基督徒的……我们要洗去此羞辱,回

---

① 陈文藻:《爱国的基督耶稣》,《真光》,第 24 卷第 11—12 号,1925 年 11—12 月,第 1—17 页。
② 招观海:《基督底国家观念》,《青年进步》,第 87 期,1925 年 11 月,第 31—36 页。
③ 招观海:《圣诞故事中的民族主义》,《文社月刊》,第 2 卷第 3 册,1927 年 1 月,第 25—33 页。
④ 王治心:《孙文主义与耶稣主义》,《文社月刊》,第 2 卷第 3 册,1927 年 1 月,第 1—24 页。
⑤ 陆博爱:《与亦镜先生谈谈爱国》,《真光》,第 25 卷第 9—10 号,1926 年 10 月,第 31—42 页。

复基督教的荣誉的缘故,即刻去当兵,向这么多人在中国传基督福音的祖国之敌杀我们中国者,拼个你死我活,也是基督的忠仆所应该的",由此批驳了同热指他为"报复的爱国"等言。其他各条的批驳也相当激烈,表明了张亦镜的爱国之心。①

上海基督教文字界组织了景社,参加者有沈嗣庄、张仕章、王治心、应元道、米星如、聂绍经、李一朱等人。他们常以"基督教与国家主义"为总议题,展开了热烈的讨论,由此提高了对何为国家、何为国家主义、国家主义与民族主义和帝国主义有什么异同等进行理论上的探讨,由此提高认识。如通过讨论,他们认为国家主义提出的"内除国贼外抗强权"中国贼所包含的有军阀官僚土匪买办流氓及为富不仁的资本家等,强权则主要指帝国主义等。国家主义非民族主义、亦非帝国主义。一个国家可包含几种民族,因此国家主义不等于民族主义。但一国内有主领民族,该民族衰颓则国家便败亡,故民族与国家相互间有密切关系;国家主义也非帝国主义,因为帝国主义是只图己国利益,而侵略别国。而国家主义则以团结实力而保持己国为正轨,但它可以在爱护己国的同时,尊重人国。这与帝国主义不同。帝国主义可以视为国家主义的变种;国家主义是世界主义的阶梯,但一些强国人鼓吹世界主义是惟恐弱国人爱国心萌发,平时侈言世界主义亲善等,而一旦利害冲突,便立即恢复其残忍之庐山真面貌。耶稣基督是真正的世界主义者,并且也是位爱国主义者。今日教会人士对国家主义态度极不一致,有支持、有反对、有热忱、有冷淡,但作为教徒也是国家国民,教义不可违,国民人格尤不可失,况国家主义如正面解释,与基督教并无矛盾。因此提出中华基督徒对国家主义应采取正当主张:爱我中华,救我中华,天经

---

① 同热:《基督徒爱国问题》(包括张亦镜的按语),《真光》,第26卷第1号,1927年1月,第6—16页。

地义,惟力是视;爱护真理、正义、人道等;"内除国贼,外抗强权"也是中华基督徒应尽的义务;要积极建设之工作,实心实力,坚忍奋斗;"对世界大同,天国极轨,仍勉图进益。遥望京华,认为有达到可能之一日"。①

在五卅至北伐时期,不少基督教刊物组织有关时局问题的讨论,其目的是使中国基督教会能适应这大变动的时代。如《文社月刊》以"基督教对于最近时局当有的态度和措施",《真光》以"基督教道如何适应今日中国之需求",《生命与真理》半月刊就"基督教在中国前途"问题组织了征文,并就此进行了讨论。在这些讨论中,本色化自然是个最重要的议题。一些人还提出了许多促进教会本色化的具体措施。

如陈筠的《基督教对于最近时局当有的态度和措施》②写于1927年3月,正是革命军北伐至江浙一带时。他认为中国时局的变化正说明中国民族的觉悟。"中国现在时局的变化,乃是中国民族性应付时局的一种工作。"他分析了当时中国最紧张的时局是四个方面:国民与军阀宣战;列强对华的政策;民众浩大的运动;基督教在华的地位。基督教对于这种时局的关系就是:"极力解放中国被压迫的民族,提高中国在国际上的地位,并且极力将基督教的主义,宣传于中国,使与中国文化融合,能够完成中国人的人生观,去实现一个新中国和一个新基督教出来。"由此他提出基督徒应加入国民革命的行列中,反对帝国主义,参加和支持取消不平等条约运动,赞成和促进收回教育权运动,支持民众的各种争取自由解放和平等的运动。对非基运动当不与之争

———————

① 青峰:《记景社讨论"基督教与国家主义"》,《真光》,第25卷第9—10号,1926年10月,第30页。
② 陈筠:《基督教对于最近时局当有的态度和措施》,《文社月刊》,第3卷第3期,1928年1月,第1—38页。

执,极力发挥基督教文化与中国固有文化同化,并要关心政治,协力作救国救民的事工,由此他提出全国基督教协进会应发一宣言,其内容包括:基督教对于今日中国的使命;主张绝对的信教自由;组织中华本色基督教;废除不平等条约;拥护民众幸福,努力于生活的改造;建设一个基督化在世界上平等独立的国家;达到全世界革命成功、民族平等之目的;中华归主运动;基督教救国运动;联合世界基督教通力合作以促进天国之实现。文章还提出要取消护教条约、治外法权,并提出取消西方国家主义之基督教的措施,包括:基督教各机关不可树立外国国旗;基督教各机关不可冠以外国之名;基督教须极力避免国际交涉的教案;基督教当不分宗派与地盘主义;基督教产业,当在中国法律保护之下。对如何建立本色教会也提出了措施,包括:一、本色教会是中国化的,也就是"把基督教精神,竭力打入中国文化的中心,使基督教与中国文化,双方同化,一方面则为中国化,一方面则为化中国。以致中国文化因此而光明拓大,基督教也因此而昌炽繁盛。那种含有中国人精神的基督教,照中国式表出来,这就是中国化的基督教了。"[①]二、本色教会是民族性的,先决条件是有本色领袖和独立经济。此外中国教会要实行民治主义,也就是以教友为教会之本,其措施有:教友大会运动,迫使教阀自动退位;牧师传道教友在基督内不分阶级;各教会年会时,当有全权之教友代表出席同议教政;教友有监督及废除劣牧师传道之权;教会对于会务和外交之进行须请学生同负责任;教友须负财政及宣传福音之责任。他还对中国教会合一提出了措施:"(1)各差会西教士当破除宗派成见,赞助中华基督

[①] 陈筠:《基督教对于最近时局当有的态度和措施》,《文社月刊》,第3卷第3期,1928年1月,第26页。

教的合一;(2)中国信徒,须联合运动取消宗派,组成一个中华基督教;(3)一切组织行政,当开全国基督徒大会协定之。"①至于基督教信条合一措施则可采用 1922 年全国中华基督教会临时总会规定的信条,即信仰基督耶稣为赎罪之救主,为主宰,为教会的基础,以基督之国普建于世为目的;接纳《新旧约圣经》为上帝之言,由灵感而成为吾人信仰及本分无上之准则;承认《使徒信经》能表达正宗教会共信之要道。或采用吴季穆的《基督教改进大纲》第二条论信条所言:"我信宇宙惟一神,人类皆同胞。我信基督彼此相爱,彼此服事之旨,我信圣灵引人进入一切真理,我信世界合一。"文字宣传的措施有:基督教文字,当竭力鼓吹自理自养自传,造成本色教会;基督教是东亚的产物,其神秘性,必由东亚人解释,故中国人对基督教的解释和宣传,须有点贡献;基督教的新文章、书籍,当具有适应时局和改造社会,促进新中国实现的势力,使中国民众能接受基督教;基督教的文字须中国化,以基督教旧的典籍和中华民族遗下的文化,并现代的新文化,合冶为一炉,以产生有生命有动力的文字。还要开设基督教图书馆,组织文字研究社,训练文字事业人才,基督教著作家要努力合作,要有充分的经济力等等。最后对农村布道提出了几点措施:建筑农村化的教堂;注重农民学识化并办农业式的小学校;农村归主运动并改良其生活;设立农业试验场、农产物展览部;组织农村银行;设立农村图书馆并出版农业杂志;多请农业专家讲演,提倡新式农业耕作;增加农村医疗事业设备;使农村信徒加入农民协会,增进农村自治能力。② 此文真可谓洋洋洒洒,面面俱到,特别是对基督教各方面如何进行本色化的措施提得都很具体。

---

① 陈筠:《基督教对于最近时局当有的态度和措施》,《文社月刊》,第 3 卷第 3 期,1928 年 1 月,第 31—32 页。

② 同上书,第 26—38 页。

汪兆翔的《基督教对于最近时局当有的态度和措施》①一文首先分析了当前反基督教的时局及其原因,认为"反对基督教及其事业的理由,虽有历史上,政治上,许多关系,但是,最重要的一点,便是基督教是帝国主义侵略政策的先锋了。他们现在完全拿'民族主义'、'国家思想'为出发点,很含有几分真理,所以到处能唤起民众注意和获得国人同情了"。然后他阐述了基督教本身的主张,认为是与资本主义、帝国主义风马牛不相及,基督教富有革命精神,只是教会中分子复杂,进行不力,致使人们对现今教会产生怀疑。他认为基督教现在对三民主义、平民主义、国家主义、社会主义、劳工运动、妇女运动当表示态度,上述大多数运动都符合基督教原则,理应积极支持,包括真正的国家主义,和经改造不过分激烈的社会主义。现在正是基督教用武之时,万不能再抱模棱两可的态度。基督教要适合环境、合时代的进化,对于各种革新运动应表示明白的支持。基督教现在应采取的措施:教会方面要在最短的时期中收回传教主权,促成中华自立本色教会;学校方面要改变现有学制,速向政府立案;文字方面要取缔陈腐作品,适应现代潮流;条约方面要自动放弃保护,促成废约运动;政治方面要参与一切政事,实现救国主义。做到这几点,明日的基督教便不会再使人误会了,并大有造于吾国了。

徐松石的《基督教如何适应今日中国之需求》②一文中说,有人认为基督教与中国的新需求不合,但他却认为基督教实有适应今日中国之需求的能力。他从今日中国所需要的民主精神、国家和国际主义及物质进步上,分析了基督教都能满足这些需要。例如就民主精神而言,

---

① 汪兆翔:《基督教对于最近时局当有的态度和措施》,《文社月刊》,第2卷第8期,1927年6月,第1—34页。
② 徐松石:《基督教如何适应今日中国之需求》,《真光》,第26卷第2期,1927年2月,第1—23页。

基督教是平民的宗教,主张真正的平等、自由和博爱,并提倡服务精神,注重公民教育和道德,以及它的民治精神都是今日中国所需要的。中国所需求的国际主义和国家主义也可从基督教中得到支持,因为基督教是世界宗教,提倡爱国心,素有国际主义精神。而中国今日所需求的物质进步,基督教的入世性、奋斗和进取精神,反对贪婪的道德规范,提倡职业互助及对科学的推崇都对中国极有利。

林汉达的《基督教如何适应今日中国之需求》[1]则将重点放在如何适应上,提出了要适合国性、统一、自立、适应时势,不染政治色彩和注重文字事业。这些方面实际上都与中国教会本色化直接相关。例如他在谈到适合国性时,就提倡采用本国诗歌、为中国人容易接受的祈祷仪式,采用中国的节日等。认为"我们的基督教不再像从前摘一朵西洋花,插在中国的花瓶里,乃是将花根种在中国的土地里。于是这花受了中国的土气,得了中国的滋养,中国的培植,而发芽,而长叶,而开花。那时的花,才可算是中国的了"。[2] 他认为中国教会一定要团结统一,他说:"今日中国教会的工作何其广大,何其重要,这种广大重要的工作,非有强有力,富于团结的教会,必难成功。"[3]他还强调中国教会要适应今日中国的需求非谋自立不可。对中国教会适应时势方面,他谈到教会要与新思潮、科学相适应,并要为社会服务,如提倡近代工业、努力帮助解决劳工问题,教会教育要取消治外法权,向政府登记等,并提出取消不平等条约。在注重文字事业方面,他提出教会应该组织大范围的文字机关,像商务印书馆和中华书局;培植可造就的人才,各教会大学多注重国文等;为教会中服务的学者和教牧

---

[1] 林汉达:《基督教如何适应今日中国之需求》,《真光》,第 26 卷第 3 期,1927 年 3 月,第 1—21 页。
[2] 同上书,第 10 页。
[3] 同上书,第 12 页。

人员设立国文函授社;设立专门研究院,研究中国国学和基督教文化等,为中国基督化,基督教中国化做工作;创办全国文化集中的大藏书楼等等。

萧炳实的《基督教如何适应今日中国之需求》①也提到要消除宗派,宗派纯属西洋色彩,与我国文化格格不入。在论述教会本色化中谈到基督教要抛弃西洋色彩,否则与东方文化不合,将被人讥为"认贼作父"及"削足适履"。再者"中国数千年文化,养精用宏,非其他文化所可望其项背",如将基督教精神灌注于中国文化中则对于中国及基督教两者都将大为有利等等。

《真理与生命》在组织"基督教在中国的前途"征文时就拟了六个问题:"1. 基督教根本教义是什么? 2. 我们对于现代青年的使命是什么? 3. 我们一切的努力,其最终目的何在? 4. 基督教果能与我国国民性国情相调和么? 5. 我们当前的难题为何,应有何道解决? 6. 我们应采取何种新方针,当怎样动员?"②这六个问题中,前三个问题是与本色化间接有关,而后三个是直接有关。徐宝谦在论及这一问题时认为基督教的根本信仰实际上难以存在,因为基督教是随时代进化而变化的,因此要规定其根本的教义既不可能,又无必要。而规定根本信仰的结果,无论是"效法基督",还是"昭事上帝"或"服务人群",都是殊途同归。近代基督教接受了科学与民主思想,使神道的宗教与人道的宗教实异名而同质。现代青年的使命就是本着耶稣的精神,即清洁、诚实、勇猛、慈悲、牺牲、服务的精神。这种精神其实是普天下都有的精神。这个世界要完全无缺,须靠各个分子各尽其力。在论述基督教是否能

---

① 萧炳实:《基督教如何适应今日中国之需求》,《真光》,第26卷第4期,1927年4月,第1—21页。
② 徐宝谦:《基督教在中国的前途》,《真理与生命》,第1卷12期,1926年11月30日,第333页。

与中国国民性和国情调和方面,他持肯定态度,认为基督教"本有那种普遍、大同、博爱的信仰,与吾国固有文化博大精深的特点,正是东西媲美,至其进取牺牲的精神,却正是我民族所缺少。因此用基督教的进取精神,来补我民族的不足,用我国文化中中和包容的特点,来冲淡基督教中的排斥性,就是我所谓积极调和;是种调和,非不可能之事。"他指出当今中国基督教面临各种难题,如怎样应付反基督教运动,取消不平等条约,收回教育主权,与中国文化相适应,中国教会如何实现自主,而又与世界各国教会不生隔膜,如何使基督教成为社会进步的原动力等等。而有关中国基督教的前途的最重要问题是现代青年对基督教事业缺少兴趣。补救的办法当从引起青年信徒的责任心入手,用积极的精神,投身于基督教运动。教会固然有缺点,作为教会的一分子,应负起改革的责任。这样才能使基督教在中国有前途。[1]

  吴雷川则认为中国基督教的前途是操在现在及未来之中华国民信仰基督者之手。信仰基督教不是要明白如何为神,而是要学习如何为人,效法耶稣基督的服务人群的行为就是服膺他的教义。如果基督教在中国诚能切实宣传这种单纯而普遍的教义,那就能罗致人才,也决不会被人再视为迷信了。为此基督徒首先要将耶稣的教义在自己身上实现出来,再影响现代青年,使他们也能遵循耶稣的教义,在社会的各种事业上活动。在行为上以耶稣真正的门徒为榜样,不受恶社会的诱惑,并能改造社会。他认为基督教完全能与中国国情和国性相调和,"中国的国性,从物质上说,是广土众民,从精神上说,也是高明博厚,譬如基督教是珠宝,中国尽有识得珠宝的人,基督教是嘉禾,中国正是天府奥区,人人可以自由播种"。至于国情,现正处于改革之时,中国固有的文化,如学术、政治、礼俗、宗教等正在不断变化,这与基督教是无形

---

[1] 徐宝谦:《基督教在中国的前途》,《真理与生命》,第1卷第12期,1926年11月30日,第333—338页。

的调和。对中国教会目前存在的问题,他认为主要有四条:一是非教运动;二是因非教运动而使信徒信心减退;三是最近知识界人多不愿加入教会;四是西差会守旧不化,而中国自立教会又感人才与经济困难。但只要自己实行基督教之根本教义,以自己的人格去导化青年,不以个人得救为目的,而以社会为目的,深信基督教最适宜中国。他提出中国基督教不以教会的人数增加作为衡量基督教的进步的尺度,最重要的是各人内心的发动,真信基督教能救中国,那么基督教在中国就有前途。①

赵紫宸对这个问题的看法颇有深度。他认为基督教的根本教义无非是耶稣基督所表示显现的天父上帝,人类兄弟以及由信得救,由悔成圣,由服务牺牲而实现天国等观念。一句话基督教就是基督。基督就是人格的精神。讲救国、讲主义时总纲就是要表彰耶稣基督。基督教是宗教,其最终目的是宗教的目的,也就是完全实现基督。基督教不要适应任何一国的国性,乃要任何一国的思想家与信徒解释其教理使基督能变作其国的国性。"今之谈本色基督教者,就是要将中国文化中固有的基督在于耶稣基督,成为光明圣洁,以全耶稣应化的旨意。"基督教本身就是人类上进的原动力,可以适合任何国性。"所不适者非基督教,乃是基督教的秕糠糟粕,如舶来的仪节与遗传,乃基督教的附赘悬疣,如陈旧的神学与宗派,得其精华则适,弃其咀余则亦适。适与不适,在于中国的宗教思想家及信众自择而定,不在于基督教的内句何如。布料无不适,裁剪而缝纫,成衣而后合否乃见。基督教在中国的前途如何,端赖裁剪而缝纫之者如何办法耳。"中国人求佛教于印度,高僧辈出。宋人倡理气之说……文天祥慷慨就义,有正气歌之作,大有宗

---

① 吴雷川:《我对于'基督教在华之前途'的意见》,《真理与生命》,第1卷第12期,1926年11月30日,第347—349页。

教精神。说中国人没有宗教性,合理吗?"古时人崇拜天神、地示、人鬼,已经觉悟到人与物合一的意思。'圣其合德贤其秀','存我顺事没我宁'等观念是中国人特别有理的宗教。若因基督教而更致力乎基督,中国人岂不能因此而有宗教上的独到与成就么?"①他还对中国教会一些改革提出了具体的意见,如牧师的问题、教会人才的培养问题、如何使礼拜仪式更适合中国人,中国农村如何基督化,中国教会的合一问题等都有思考。②

不少文章直接讨论中国教会本色化问题。有些人较注重本色教会与本色基督教的概念,如米星如提出:"本色教会和本色基督教,虽使有极密切的关系,但实在各有其范围,纠混不得的。所谓'教会',乃是一个团体,一样组织,一种制度,其所包含的必要原料是建筑(教堂),教友,牧师,礼仪(敬拜或聚会),经济,事工……以及其他种种。'基督教'乃是一种宗教,其中有教义(耶稣的教训),信仰,神学,生命,感力,正似一种学说,一种主义","但现在因提倡'本色'的热烈,便不妨随意的高唱,本色基督教也好,本色的教会也好。其实是应须有分别的:若说本色的基督教,则须将基督教的教义,信仰,神学,生命,感力,一一成为本色化,使成适合于本色胃口的需要和应用。这是文化上的思想与经验问题。若说本色的教会,则须将教会的建筑,教友,牧师,礼仪,经济,事工,一一的成为本色化,使成完全本色的机关。这是文化上的组织和制度问题。""我们可以这样主张,基督教本色化了,本色的教会自可立刻实现。因为教会原是受了基督教的感动力的宗教组合,因此组合而发生种种的规则和制度;故建立本色教会的先决问题,不在于教会

---

① 赵紫宸:《基督教在中国的前途》,《真理与生命》,第 1 卷第 12 期,1926 年 11 月 30 日,第 340—341 页。

② 同上书,第 338—345 页。

的本色化,却是需有本色的基督教"。① 他强调:"抄总一句话,先须使基督教在中国完全摆脱了西方的物质化、功利化、威权化,而成为东方的超物质的、礼让的、杀身而成仁的、和平的本色宗教,而后中国的本色教会不待提倡自会实现的"。② 这里他不仅将本色基督教与本色教会的区分作了明确的阐述,而且对两者间的关系都作了很清楚的说明。尽管如此,在本色化运动中不少文章并没有像他那么作明确的区分。

一些人较注重从中国教会历史的发展上看教会的本色化。如诚静怡将中国基督教史分为五个阶段:第一阶段,宣教事业偏重个人得救之道,讲求修养品格,趋重出世。第二阶段,渐注社会上人生问题,认为永生不只属来世,亦属今世,以故对社会之罪恶、教育、工业、慈善等活动及与人生有关的种种问题均加注意。第三阶段,因中国初无自己的教会,在灵性、思想、经济等各方面均仰仗西教会。而现时中国教会领袖渐露头角,对中国教会依赖他人备感精神痛苦,以故自立声浪弥漫全国。虽期间有各种困难,包括中西误会有伤感情等,但自立图存之意,决不能畏难苟安。第四个时期,因西教会给中国带来西方色彩,特别是宗派界线,西教会在华设立的各种传教团体不下百三四十种之多,且意见小多水火,使教会分裂,由此教会中西领袖改弦更张,大唱联合。第五阶段是养成本色教会,或称"入中国国籍"之教会。基督教虽在华百年,但在中国人眼中依然为洋教,而佛教等本也属洋教,则无人呼为洋教,可见基督教西洋色彩太浓。使基督教在中国与人心格格不入。今日中国基督徒不仅要求经济自立,也要求思想自由,切盼基督教入中国国籍,勿常此甘居洋教,自误误人,此本色教会之呼声,所以一倡而百和。然后他谈到提倡本色教会的意义有二:一是如何使基督教在东方

---

① 米星如:《第一期本刊出版以后》,《文社月刊》,第 1 卷,第 2 册,1925 年,第 59—60 页。
② 同上书,第 62 页。

适合东方人的需要,融合东方之习俗环境历史及数千年结晶之文化;二是应使中国信徒负起教会一切事务之责,不再使教会成为完全由西人负责的"偏枯教会",即使吸取西洋文化之优点时也系出自自动采纳,渐次化为本色。他认为本色教会问题,实验较研究更为紧要。此种实验要靠日积月累,方能逐渐成功。①

诚静怡在《中国基督教的性质和状态》一文中也谈到教会本色化问题,认为中国所以能存留数千年,与其精神文化的优点有重大关系,"我们如能善加利用,则基督教思想里面自能增益不少新元素;同时对于基督教本有的特性,也不致有丝毫的损失"。"基督教的本源是东方的,但是当他输入中国时,已带了二千年来西方人经验的痕迹,以致东方人不易辨别他的东方宗教的性质。虽然基督的重要教训,和基督教的中心人物,对于东方人的心理都很相投,但是基督教仍不免为一般人视为'洋教'。此其一部分的原因,在于有组织的基督教中,确带有不少的外国色彩,中国基督徒,对此点已经觉悟,并欲努力促成中国基督教的本色化。因此,发展本色教会的问题,便成为现时教会中最紧要的问题了。但要解决这个问题,必须要:1. 中国基督徒全部担任自助,自治和自传的责任;2. 要使中国教会多与中国的思想和环境相接触,藉以表显教会的新生命。总而言之,现在的教会若不成为一个民有、民治和民享的教会,那么这种教会就不免要带着'洋机关'的痕迹。"②

还有人注重从中国人的宗教经验上寻找本色教会之路,如刘廷芳

---

① 诚静怡:《本色教会之商榷》,《文社月刊》,第 1 卷第 1 册,1925 年 10 月,第 4—13 页。
② 诚静怡:《中国基督教的性质和状态》,《文社月刊》,第 2 卷第 7 册,1927 年 5 月,第 59 页。

在《本色教会研究中华民族宗教经验的一个草案》①中肯定了中国基督徒近年来的觉悟,认识到基督教与我们中国民生与国势有密切的关系,教会的责任须有中华国民自己去担负,信徒自己去操持;基督教必须在实际上脱去洋教色彩,但并不排斥西洋民族的文化,也不妄自尊大中华文化,而是对现行西来的基督教教义和典章,不满意的则取批评和怀疑态度。对西方教会宗教遗传与经验,用中国方式去表达。为此他结合中国文化的特点和宗教经验提出了七方面值得探讨和注意的问题:实用和玄想(因为中国人注重实用,而少玄想,由此中国有宗教信仰而无系统教义)、道德与宗教(中国人将两者往往混为一谈,而实际上宗教与道德并不完全一致)、今世与来世(中国人重今世,但是否就不重视来世?)、神与人(中国人,包括中国基督徒的神观与西方很不相同,人神关系也与西方不同)、自然与信仰(中国人重自然,对宗教的理想结构上必有其特殊的贡献)、宽容与决信(中国各教相安无事是否是宽容的表示,还是对于任何宗教都无坚定信念,择合用的用之)、形式与方法(宗教靠仪礼维持,极重要,但中国人对宗教仪式较为随便,而古代礼节却很繁重,这对中国国民性到底有多大影响)。刘廷芳认为以上七方面是中国民族宗教经验的首要问题,"能从这几条路上努力作基本研究,所得的成功,与基督教中国本色的改造,必有很重要的贡献。教会中一切许多困难的总是将要迎刃而解了。"

有些人主要从创造本色教会的目的上讨论本色化,如刘树德。他先从什么是本色教会的研究着手,认为本色教会就是"按中国的国族、民性、文化、习惯,纯粹变成一个中国化的教会"。对为什么要有本色的教会,他提出了三点理由:一是时机成熟。形势发展,特别是欧战以

---

① 刘廷芳:《本色教会研究中华民族宗教经验的一个草案》,《真理与生命》,第1卷第7册,1926年8月4日,第185—193页。

来,教会大遭批评,经济大受影响,使西人目光放大,华人也受刺激,故提倡本色教会。二是外界的刺激,尤其是非基运动。三是本色教会易收普及的果效,也就是去除宗派,只有一个中华基督教会,既可以去除洋教洋奴的绰号,又有利于福音的传播。他也提出创造本色教会的方法:搜罗适合本色教会的人才,注重文字布道、经济必须独立,组织一个本色教会的总机关。

有些人先从消除西洋色彩谈到本色化,如周风谈到本色教会目的有二:消极方面是铲除教会中的西洋色彩,以免外界的疑忌;积极方面是改良教会的内容,使适合中国的民族精神及文化。他认为有了目的就要有建设本色教会的方法,而要谈方法必先解决三个问题:"一、怎样的教会,方是纯粹而不带西洋色彩的教会?二、现在教会里那几种是西洋色彩,应该急速铲除?三、现在教会的内容要怎样修改,方能使民众接受?"对第一个问题他认为根据《圣经》教导,纯粹的教会应该做到以下六个方面:神人相和的,有能力无权威(这能力就是基督由保惠师所赐的信望爱。教会的进步,完全由这能力所促动,并不持任何权威为后盾),在组织上是合一的,在政治上是大同的,在社会上是博爱平等的,在经济上是财产神有的(教会的财产与国家的财产当互相独立。教会的财产不能归给任何国家,它是大同的,合而为一的,同属于一位神所有)。那些不合纯粹教会标准的,就是西洋色彩,教会应该急速铲除:一、国家主义色彩。具体而言,1.教会机关,除了所在国以外,不应该有别的国家名义,如"大美国某公会某堂",或"大英国某公会某学校"等。2.教会机关,除了所在国以外,不当用别国的国旗。3.中国教会应该宣布不承受领事裁判权。4.中国教会的财产,不应该分国家的界限。以上这四方面都是教会濡染国家主义最明显的地方。由此本色教会要负责清除这几个方面。二、教会分立门户不合基督教教义。中国基督教会要打破这点,实现合一。对于如何修改使教会能为中国民众接受的问题,他提出了三点原则:一是不可迁就,如基督教独尊一神,不能迷信中国其他鬼神,不可实行一夫多妻制或买卖奴婢等。二是可以代替的风俗,如中国孝敬祖宗与孝敬父母是一样的,因此信徒在清明节以扫墓之礼代替祭奠仪式,在冬至节也可举行追思祖宗的善训等,中秋节也可以参加拜月祈团圆等。通过这些方法,使信徒与人民心理和兴趣格外接近,有利于福音的传播。三是可容纳的习俗则容纳之,如中国人结婚反对穿白色的衣服,而丧礼也不着黑色的衣服,基督徒在这方面就应该入乡随俗,否则易激起民愤。他认为,现今中国教会要改革的是音乐和美术必须中国化。①

有些人认为要创办本色教会还是要从改造现有的教会做起,也就是从内容上一步一步逐渐改良,以期与中国文化调和融合,这可作为创办本色教会的起点,由此提出了一些具体的改良措施,如林利根提出八条:尊重华牧的主权;打破教宗的钳制;不受条约的优待;除去财产的私有;重视根本的孝道;保守旧有的礼节;不用洋调的诗歌;纯用中式的建筑等。②

还有人强调通过基督徒的伦理道德而达到基督教本色化,如谢扶雅。③ 他认为一个地区如要采纳他种文化必经过五个时期,即研究时期,甄别时期,试验时期,吸收时期,最后才达到同化时期,基督教也同样。中国教会则并没有经过前两个阶段,却要从第三个阶段直跃第四、五阶段,"焉得不颠踬乎?"这可以从所谓中华自立教会,"亦非不实繁有徒,人才经济,咸能优裕自给",但国家主义兴则教会依然被视为洋教及西方侵略工具。他认为处于这种状况的教会,愈求与中国昵,中国

---

① 周风:《本色教会的讨论》,《青年进步》,第 87 册,1925 年 11 月,第 41—58 页。
② 林利根:《本色教会的讨论》,《神学志》,第 12 卷第 4 号,1926 年冬,第 93—96 页。
③ 谢扶雅:《本色教会问题与基督教在中国的前途》,《文社月刊》,第 1 卷第 4 册,1926 年 1 月,第 27—31 页。

则愈与教会疏。基督教在中国的前途,不在于争得教会基产之自管,也不在于教会事业的自理,或典章仪式制度之改变,而最重要的是要对使我国基督教通人(对基督教有相当研究者,能甄别现代基督教的精华与糟粕),速能躬践力行,以成"君子的基督徒",即"自明耶稣及基督教之优素,而拳拳服膺,玩索辨味,修省存养,盎乎容貌,发绪言动,征诸行事,使人不期敬而敬之,不期爱而自爱之"。这些君子基督徒,"相砥砺,相协赞,而后渐能造成一种良善的基督教风气。风气既布,信条自出,信条既具,团体自现",组织、典礼乃至建筑、经济自然而有之,教会之本色化也自然生成。实际上,他通过分析中国的民族性及中国文化,即中国是五千年的德化民族,"肇基自个人,推广至世界,先之以诚意正心,终乃治国而平天下",而得出基督教要在中国立足必须从德化入手,这才有前途。他说,宗教本是本渊于个人,而功用普及于天下,"不幸受近代国家思想之驱使与利用,且恶化而沾帝国主义臭味……基督教汨没于西方帝国主义盔甲之下久矣。吾人方将披出而爬梳之,洗濯而整理之,以实现其庐山真面,而深植诸中华民族之土壤中,并以原料之德化主义灌溉乎其上,庶期开放馥勃之奇花,而蕴结甘茂之果实。"

有些人着重对教会文字或著作本色化作了探讨,如王治心①、程湘帆②、赵紫宸③等。王治心首先研究了本色的定义。他认为本色的含义并不是排外,也不是复古和饰新。"所谓本色教会者,即富有中国文化的质素,而适合于中国民族精神和心理的教会也。'本色 Indige-

---

① 王治心:《本色教会与本色著作》,《文社月刊》,第 1 卷第 6 册,1926 年 5 月,第 1—9 页。
② 程湘帆:《我对于基督教文字事业之意见》,《教育季刊》,第 2 卷第 1 期,1926 年 3 月,第 40—45 页。
③ 赵紫宸:《基督教文字宣传问题》,《教育季刊》,第 2 卷第 1 期,1926 年 3 月,第 46—48 页。

nous'一名词,原含本地产生的意义,基督教既是由西方输来的东西,如何能变为中国本地的土产? 我尝以落花生为喻,今日我们所吃落花生,本为东洋种,当时称曰东洋果;时未20年,已无有称之为东洋果者矣。故基督教必植种于中国文化之内,使附带而来的西洋色彩,受自然的淘汰,而由中国文化田中吸收了新养料,所结成的新基督教,这就是本地产生的意义,亦即所谓本色化。"①根据这一定义,而谋达到其目的,则有各种途径,其中最近50年来基督教在著作上所有的成绩对中国政治、学术、思想都有较大的影响。至少有三点:一是科学的介绍。在科举时代,基督教著作家,译述了许多格致、天算、地理等书,对废科举、兴学校都起了很大作用。二是思想的解放。清朝文字狱严重,基督教借外人势力宣传自由平等言论,在全国深有影响。三是文学的改革。胡适是创白话文,由贵族文学改平民文学的革命旗手,而在他之前,基督教著作已为先导,如新旧两约的译著,可谓白话文学之先锋。而今日所急需的不是介绍,而是创造,即本色的著作。这一任务非中国人不能胜任。这些作品必须具备三个条件:一是由中国思想中融化而产生的;二是由中国文化田中萌芽长成的;三是受过中国伦理化的洗礼的。因此非一般人能胜任,必须对国学有一番研究。接着他提出了如何培养本色著作人才:第一,必须改善教会学校的国学训练。首先要纠正人们误将国学当国文,以为培养学生能写文章的错误观点;必须注意国文的教材,必须拿出中国学术思想的精华,作一有系统的介绍,使学生能窥见中国学术的门径,引起其兴趣。教会学校必须使国学列为各种功课之首。第二,必须有相当的指导。对于国学有特别兴趣的要由国学专家指导读应读的书。第三,特设研究院以资深造。

---

① 王治心:《本色教会与本色著作》,《文社月刊》,第1卷第6册,1926年5月,第3页。

程湘帆认为基督教在中国较前发达,但国人对它的态度却一年不如一年,究其原因虽与国家主义有关,但就教会而言,则与未曾解决本色教会问题有关。若要基督教根据我们民族的特性,造福于我们的国家,消除现在的困难和误会,非确定中国的教会根基不可。而要立这根基的惟一方法是促进文字事业。他指出佛教所以在中国扎根与佛教文字铿锵,引人入胜有关。人们在欣赏佛经文字时,遂进而窥其教谛。而基督教由于不重文字事业,故对内,不足以使信徒觉悟他们与教会的关系,努力去建设本国教会的根基;对外,不足以使一般国人明了教会之宗旨,解释不幸的误会。因此稍有关系教会风波发生,不但教外人起而反对,教内人也发生疑惧。由此他提出促进基督教文字事业的办法与程序,包括加强中小学国文及本国史地课教学,特别对本国文史地教员的培训,对国学教授要与其他教授同等待遇。大学国学部,一要训练中学国文教员,一要培养文学著作人才等等。

赵紫宸提出基督教当有两种文字以应付今日的需要。一是对付农工及普通男女青年的;另一是对付国内知识阶级的。而教会每每不注意第二种,因此当务之急"端在于圣教高深理想的发挥"。应有护教文、神学、伦理、人生哲学等书,还应有灵修的津筏。此类书,必要有文藻,有美情,有艺术的价值,能为中国学者发挥精神生活宗教经验的结果,绝不能由西宣教师传述而成书。创造的文章固然重要,翻译之书,尤不可少。而要得好的文字,当以训练人才为要义,大学或留学者,都须有生活上,经验上的实习,并熟悉国情,深爱同胞,能发挥同胞的心意,而引导之。另外教会要爱护培养中青年有用的文才。对四散的文人,教会能在一年中召开若干次聚会,使之互相讨论切磋。基督教当有一个全国机关,辅助作家,使其有余力著书。教会应重视图书馆建设等等。

还有人强调本色教会就是本地的自立自理的教会,如张亦镜,他在

《与唯情先生论本色教会》①和《本色教会之我见》②中对教堂礼拜采用中国摆设或采有佛教仪式等均持异议,认为这种办法在风俗习惯上倒是本色了,但失掉了基督教的本色。因此他主张"本色必定要完全根据《圣经》,不参以任何国风俗习惯上的色彩;又只是本地人自己组织,经济,会政,宣传,完全是本地人担负,不丝毫受外人辅助;教堂中所用的书本,如圣经赞歌之类,它里头的字句,不问文言白话,都甚合于中国文的组织法,无不通及外行的话语,叫懂文学的人看见肉麻;这就已经是说得顶响的本色教会了。不然徒于合中国风俗习惯上求本色,和于外国人主持的教会求实现本色,都不是求本色教会的道路啊"。③ 又说:"本色教会一要名实相符,二要不与《圣经》所规定的抵触,这名实相符不一定要像上面所说的严格的本色(即采用中国的风俗习惯),但求它完全是中国人自办就对了。"④他十分赞同刘廷芳和赵紫宸对本色教会的定义,即刘所说的"中国的基督教会是中华国民的教会——他的计划当本诸中华民族的精神,当合中华民族的心理",和赵所说的"本色教会乃是中华人民信仰了基督,从他们特有的国民族性里,将融化在他们精神里,心血里,灵性诚意里的信仰发表出而组成的教会","本地教会在经济方面完全由中国人抱注,在管理方面完全由中国人操持,在组织方面完全要适应中国人的禀赋,在神学方面,完全要任中国思想自由的膏腴润泽,若不能把这几件事办到,本色教会就不是完

---

① 张亦镜:《与唯情先生论本色教会》,《真光》,第25卷第7—8号,1926年,第7—8月,第53—58页。

② 悟生:《本色教会之我见》,《真光》,第24卷第8—10号,1925年8—10月,第89—97页。

③ 张亦镜:《与唯情先生论本色教会》,《真光》,第25卷第7—8号,1926年,第7—8月,第54页。

④ 同上书,第57页。

备的了"。① 他以广东浸会的兴华教会和东石教会等为例,认为他们在经济、会政、宣传完全是本地人担负,丝毫不受外人辅助等那种自尊和牺牲精神则是完全符合刘、赵两人对本色教会的定义,就是本色教会。他还详细介绍了广东浸会一些乡村如何筹建自立自理教会的做法,例如信徒们自发地在本乡传教,吸引了一定数量的人参加教会后,便与他们商讨开办新福音堂事宜,如开办费用多少?常年活动的经费需要多少?信徒自己能负担多少?不足之处用什么办法弥补?等等经过热烈讨论和周密研究后,使所有问题都得到解决,然后才真正着手建堂。自立教会还每年召开一次由全体信徒参加的年会,选举董事、司库、书记(收发教会信函),"公举主日学总理,打理主日学所有事宜","捐签教会全年的经常费,为'传道者'、'牧者'、'管理会堂者'之薪金,及其他一切杂费"。② 总之真正使信徒担负起教会的经济和组织管理责任。教会的礼拜极少请西人来讲道,而主要靠神道学院毕业或未入过神学院的本地信徒讲解,因为他们较之西人更了解信徒的需求等等。他还提到早期浸会的陈梦南先生如何本着爱国自立精神创建了最早的自立教会。该文中所谈的这些经验对其他教会都很有借鉴作用。

有些人虽不认为自立教会完全等同于本色教会,但确实认为教会自立是本色的关键。如招观海的《中国本色基督教会与教会自立》一文中认为:"中国本色教会的中坚,尤在教会之自立。教会得到自立之时,所有的种种本色问题都迎刃而解了。"接着他解释了自立的标准:"大约不外自理、自养、自传、自修、自觉五件"。③ 高维廉在《谈谈教会

---

① 悟生:《本色教会之我见》,《真光》,第 24 卷第 8—10 号,1925 年 8—10 月,第 91 页。
② 同上书,第 92 页。
③ 招观海:《中国本色基督教会与教会自立》,《真光》,第 25 卷第 2 号,1926 年 3 月,第 29—32 页。

的自立问题》①中特别指出自传的重要性,认为传教的目的虽相同,但对象不同就必须用不同的方法。对中国人传教就要用适合中国人的方法。再者欧美各国的宣传都是带着国家种族的遗传及观念的,中国自不例外,仅从近来中华自立教会深得人心就可看出。他对一些人以"基督教是世界大同的宗教,不可限于国界"为名而反对教会本色化的人进行了批评。

在论及有关教会自立问题的文章中,贾玉铭的《中国教会之自立问题》②阐述得较全面系统。全文分四部分:一、自立的原因:1.是中华教友对自立教会非但表同情,而且觉得时机已成熟。2.是教外人士之心理,将基督教视为洋教,教会如果自立,则就无此名称。3.是西国母会之殷望。西教士也赞成中华基督教会自立。二、自立的方法:1.是提倡,主要有四,即宣讲、促进、指导、感发;2.是筹备,包括人才、经济、精神、灵性方面;3.是试行,包括个人自立、部分自立、一堂一区的自立,创办国内布道会的自立;4.是联合。三、自立的要素:1.是自养:牧师要对自养之前途捐输的本分等向信徒讲明,并实行什一捐输,即将收入的十分之一捐给教会,还要设立自立基金,同时注意穷苦百姓的生计,提倡各堂协力资助等。2.是自治:要发扬教友的责任心,栽培高等教会领袖,增进教友之道心程度。3.是自传。四、自立教会之目的:1.是组织一个自养自治自传的中华基督教会;2.是基督教中华,即使中国几百几千万人同归基督;3.是中华归基督,中国成为基督教国。最后,他还附了如何通过教会办实业达到教会自立的一些办法。虽然他提出的自立的最终目的,即中国成为基督教国家,是不可能的,但他提出实现教会自立的方法对中国教会不无贡献。

---

① 高维廉:《谈谈教会的自立问题》,《文社月刊》,第 1 卷第 5 册,1926 年 2 月。
② 贾玉铭:《中国教会之自立问题》,原载《教牧学》,下册,转引自《本色之探》,第 348—361 页。

本色化的另一个重要问题是教会如何与中国文化、中国传统伦理道德相结合、相调和。这一阶段，有关文章相当多。如赵紫宸的《基督教与中国文化》①、王治心的《中国文化与基督教融化可能中的一点》②、余仁风的《中国人的道观与基督徒的道观》③、吴雷川的《圣诞节的联想——耶稣与孔子》④和《基督教祈祷的意义与中国先哲修养的方法》⑤、范皕海的《中国古代圣贤的内修工夫与上帝之关系》⑥和《中国伦理的文化与基督教》⑦、张亦镜的《耶儒辨》⑧等等。

赵紫宸的《基督教与中国文化》，是从中国文化的大层面中考察与基督教的结合之点。他首先提到本色教会运动使中国信徒意识到"基督教虽层层包藏于西方教会的仪式、教义、组织、建筑之中而几乎不见其真面目，却有一个永不磨灭的宗教本真"。"基督教干脆承认中国文化虽于科学方面无所贡献，却有精神生活方面的遗传与指点。从这两种知见，中国基督徒仍觉悟基督教本真与中国文化的精神遗传有融会贯通打成一片的必要。"中国文化的精神遗传可以将表显宗教的方式

---

① 赵紫宸:《基督教与中国文化》，原载《真理与生命》，第2卷第9—10期，1927年，第247—260页。转引自《本色之探》，第1—17页。
② 王治心:《中国文化与基督教融化可能中的一点》，原载王治心编《中国文化与基督教》，1927年。转引自《本色之探》，第55—61页。
③ 余仁风:《中国人的道观与基督徒的道观》，《青年进步》，第96册，1926年10月，第20—30页。
④ 吴雷川:《圣诞节的联想——耶稣与孔子》，《圣公会报》，第18卷第23期，第2—8页。
⑤ 吴雷川:《基督教祈祷的意义与中国先哲修养的方法》，原载《真理与生命》，第2卷第6期，1927年，第145—150页。转引自《本色之探》第450—458页。
⑥ 范皕海:《中国古代圣贤的内修工夫与上帝之关系》，原载《青年进步》，第87册，1925年10月，第37—40页。转引自《本色之探》，第422—427页。
⑦ 范皕海:《中国伦理的文化与基督教》，原载《青年进步》，第84册，1925年，第1—10页。转引自《本色之探》，第428—439页。
⑧ 张亦镜:《耶儒辨》，原载《真光丛刊》，1928年第2部，第25—35页。转引自《本色之探》，第176—184页。

贡献于基督教,基督教诚能脱去西方的重重茧缚,穿上中国的阐发,便能为国人所接纳。但至今中国信徒并没有找到真正的基督教与中国文化的结合点。他认为基督教是宗教,因为是宗教,所以要用伦理、美艺、哲学,及实际的服务作其表显精神与意义的方式。而基督教在解释方面最重伦理的方式,在奥妙方面最重灵修的幽潜。基督教外重道德的行为,内重潜养的幽独(神秘),正足对于中国有伟大的贡献。他认为一个真正的本色教会不能是洋人穿上儒冠道袍,宗教是内发的,不是外铄的,中国基督教也不是一朝一夕能产生的。接着他用较大的篇幅从中国文化的四种倾向,看与基督教的关系:一、中国人民活泼的生活态度,对自然的特殊态度,在中国的思想史上,自然与人的两个观念非常融和,人与万物同为一道的行为。知识的进步要有两个途径,一是由外而量(形于外者为外量),即是科学以及基于科学的哲学,一个是由内而德(诚于内者为内德)。足成具体的直接的主观知识,即人生,以及根基于人生的哲学。两个途径往往相交错,相辅导。我国的思想偏于人生方面,故有的方法,直验直觉,常近于宗教的方法。基督教要与中国文化发生关系,在此知识方法一端大有相似之点。至于我国思想偏于法自然,法自然即是无我,为人的最高点。基督教与此不同。这种思想是否能使中国固有文化发生变化,全在于中国基督徒的知识与经验能不能达至高深悠远的程度。二、中国文化有伦理的倾向。做人的基本道理是孝忠恕仁等。基督教进入中国文化环境对于这样的伦理应当发生什么关系,做出什么贡献。耶稣所深入的经验是自觉为上帝之子,所重要的教训是上帝是人的父亲,最伟大的行为是爱人而牺牲,死在十字架上。这个生命与中国的孝理孝教,颇相一致。从今以后若基督教对于中国文化要有贡献,基督徒必须一方面推广孝义,使人仰见天父上帝,在深邃的宗教经验中奠定巩固的伦理基础,一方面解放个人使得为上帝的子女,既脱出旧制度的束缚而伸展个性,复保持民族性的精神,而同时恢宏新社会中平等的弟兄主义。此点要看基督徒的了解力鉴赏想像力深不深。三、中国文化有艺术方面的倾向。中国的美术从中国人对于自然的经验里发出来,最能表发心灵中所觉之意味。中国的诗书、建筑特别注重传神,特别富有与宗教相类的意义。假如基督教要在中国人心血里流通,她必要在美艺上有贡献。四、中国文化中有中国人的神秘经验的倾向。中国人有最务实的功利派,也有最不务实的反功利派。虽然后者是少数,但不可轻看。将来在中国,基督教若能根深蒂固,在神秘的宗教经验有深邃的得获,即少数人亦足以像一粒芥子,一勺酵头。神秘经验起于少数个人幽独旷遐的自觉,似乎与人事无关,然而"潜虽伏矣,亦孔之昭",其影响于社会国家也。基督教在中国人心中实在已有精神上的根基,且看中国基督徒能深入与否,能表显与否。最后的结论是:"基督教与中国文化接触周旋之点,岂仅以上四端,本篇仅择大端而言之。至其与吾国的风尚习俗如何发生关系,实为肤浅的问题。目前正在改变之中,我们应当尽力作切实的服务,生正确的了解,暂用现在的种种组织仪式以保持简单的信仰,以待几世几年,将能积渐的浑厚的贡献……"[1]

  王治心则是从中国文化讲调和的层面上考虑与基督教结合。他在《中国文化与基督教融化可能中的一点》中认为:"基督教是世界文化的统一;从地理上看,他却是站在东方文化与西方文化的中心;从思想上看,他与东方思想很接近,因为他也是东方的产物;而他已经发生效力在西洋文化中,我们很希望他能同样的与东方文化相融合。"[2]由此他提出要介绍基督教于中国,要从中国文化方面努力,即提出两方面相

---

[1] 赵紫宸:《基督教与中国文化》,原载《真理与生命》,第2卷第9—10期,1927年,第247—260页。转引自《本色之探》,第1—17页。
[2] 王治心:《中国文化与基督教融化可能中的一点》,原载王治心编《中国文化与基督教》。转引自《本色之探》,第56页。

同的,可以融化的一点,即调和。他从三方面谈调和:一、生活上的调和。中国在对待精神生活与物质生活方面以孔子为代表都主张两者调和。孔子以外,如老子虽倡反朴无为,然不离小国寡民的政治;墨子虽倡尊天明鬼,然不抛弃苦心救世。这都与基督教所揭橥的灵肉合一,略相符合。耶稣很注意精神的修养,却亦注意肉体的安乐。即不离开世界,又不属世界,这是基督的真精神。精神生活较之物质生活更为重要,因为物质生活须有精神去统制,这也是中国文化与基督教讲调和的意义中所含有的质素。二、道德上的调和。孔子讲中庸,仁与义相调和。基督教也是讲调和,一方面讲爱——仁,一方面讲"真理"——义。这在耶稣身上把两者调和起来。三、精神上的调和。世人中有保守的,也有向前的,孔子则是一方面主张安贫乐道,另一方面则周游列国,皆是从消极中求积极。耶稣也类似,一方面教导信徒不属这世界,另一方面又不叫他们离开这个世界,也是从消极中求积极。由此他认为孔子的"知其不可而为",与耶稣的:"愿成全上帝旨意"有同样的精神,同样的奋斗,而且是种调和精神。

还有人专从伦理方面看中国文化与基督教的异同。如余仁风的《中国人的道观与基督徒的道观》[①]一文从中国儒释道三教和基督教的各种道观进行了具体的比较探讨,看其异同。他从以下几方面分析:一是道的源流,他认为基督教和佛教的"道"本源于印度教,支流及于印度各宗教及希腊哲学家。儒道的本源是从黄帝开端,后流传于老庄等。二是伦理上的道观也不相同。儒教的伦理之道出于人的天性,即"为人之道",与宗教无关。释教的伦理之道则全是对于个人的修养。基督教伦理上的道就是基督自身。他的完全人格。三是比较了学理上的

---

① 余仁风:《中国人的道观与基督徒的道观》,《青年进步》,第96册,1926年10月,第20—30页。转引自《本色之探》,第496—509页。

道观。儒家的道是表明宇宙自然的原理。释道是一件自由自在的东西,有二意,即理性和语言,有哲学和神学研究的性质,哲学上是希腊思想,神学上是希伯来思想。四是宗教上的道观,中国的道是以"空"、"无"为最高原理。基督教则是"太初有道,道就是上帝"。具体而言孔子主张的是"天道",认为天有意志,天道是一种自然运行,进化不息,神道莫测,随处皆是;天道为万物之源。但也有"人道"的观念。一阴一阳之道为天道,率性之道谓人道。老子的道是超五官经验而神秘难宣的,是宇宙元祖,道为宇宙维护者,是他的宇宙观,无宗教性质。中国古代所说之道含有宗教性质的是墨子,他的天是有人格的,与基督教相似。基督教的道则是万物之因,有人的表象,有意志,无时空,广大无边,道是客观的、有人格、有意志的神。释教的道是宇宙中的理,先有天而后有道。通过这些比较,他认为中国三教的道观都没有说得像基督教那样透切,更不是具体的有宗教性。五是中国人和基督徒对于道的态度和真诠。认为中国人对于道观的态度分为两派,一是受印度学说,佛教影响,经典上不提道,而是寻找"真如",对人生观很消极,对社会、国家都不顾。二是受黄老学说的影响,有的对人生观抱放任主义,有的则很专断。基督教则对内修己,对外博爱服务,人生观积极乐观。其结论是中国的三教中各有其"道",但尽非抚慰心灵的宗教上的根本之道。所以需要基督教的道。尽管作者本人比较的目的是为了抬高基督教,但同时也承认中国人的道观中有与基督教相近的方面。

　　吴雷川和范皕诲与余仁风不同的方面是更侧重中国伦理的优点,并强调其与基督教的结合。如吴雷川的《基督教祈祷的意义与中国先哲修养的方法》和范皕诲的《中国古代圣贤的内修工夫与上帝之关系》、《中国伦理的文化与基督教》,他们都明显地对中国先哲的修养和伦理持十分肯定的态度。吴雷川在《基督教祈祷的意义与中国先哲修养的方法》中说:"要想和一般基督徒,研究《圣经》中所记关于祈祷的文句,劝他们不可以辞害意,往往难索解人……要救济这种缺欠,最好是凡为基督徒的,都略略研究中国先哲所传的修养方法,盼望明白了修养方法之后,对于祈祷的意义,也就能融会贯通。"他认为"中国先哲所传的修养方法,说得最精密的,莫过于儒家和道家",①由此他引证了数十例与耶稣祈祷经文作比较,认为耶稣的祈祷完全符合中国先哲所主张的存养和省察的修养工夫。"所以祈祷是养成人格唯一的需要品,是凡为基督徒所不可忽略的。从今以后,对于《圣经》中所载有关祈祷的事或言,仔细体会,常常与中国先哲的修养论参互考证,使基督教的祈祷不再为人所轻看,或者也是使中国基督教发展的一种助力。"②从这段话中明显可以看出,他认为儒家文化不仅对基督教构不成威胁,反而能成为助力。

范皕海在《中国古代圣贤的内修工夫与上帝之关系》一文中认为中国古代圣贤内修与上帝观念有密切关系。而中国知有上帝远在五千年前。历代以来,中国的上帝观念递有进步。大约可分为三派,第一派是礼制的上帝观,是祸福论的,属于神道设教的,迷信的,也是最粗浅的。第二派是伦理的上帝观,重实用行习,是道德实践的,在于天助自助,为责任论的。第三派是心性的上帝观,属于明心见性的,哲学的,自然论的。它们都与古代圣贤的内修工夫有密切的关系。他认为孔、曾、思、孟及后来的程、朱、陆、王,都是三派兼收并蓄,这是吾国人的大度包容。由于有了第二派,将第一、三派的流弊补救过来,所以古代圣贤的内修工夫,不是物质的功利主义,不是虚空的幻想主义,而是伦理的实行主义。他们入手的方法是知和行,并合知行两方面,建立完全人格。

在《中国伦理的文化与基督教》一文中,范皕海对他所认为中国最优等的文化——忠恕孝道加以详细的阐述和发挥,认为这是全部的中

---

① 吴雷川:《基督教祈祷的意义与中国先哲修养的方法》,原载《真理与生命》,第2卷第6期,1927年。转引自《本色之探》,第453—454页。
② 同上书,第458页。

国伦理学说,也是中国文化的根本原则。它们与基督教最根本的是原理——上帝为天父,人类皆兄弟,服务牺牲建立爱的天国于地上——毫无冲突的地方。不但没有冲突,而且能给以相当的说明。他说:"基督教最大的两诫,一是爱上帝,即天父;一是爱乡邻,像自己。但是怎样爱上帝? 真正的爱乡邻,便是真正的爱上帝……由此我们可以知道基督教并不离开人事去另求上帝,和儒家以存心养性为事天一样。至于基督的乡邻,是眼前最近的人,儒家把他一一指点出来,就是父子兄弟君臣夫妇以及朋友。基督教所说像爱自己,儒家把他解说出来,一是己所欲,施于人;一是己所不欲,勿施于人……所以基督教的儒化,儒教的基督化啊,我们确实见得他们俩的根本互同。信基督教的人,看轻儒教,或者儒教里的人拒绝基督教,未免都是偏见和盲目呢。"[1]这些都深切地表明作者本人对中国文化及伦理的深爱。

吴雷川还通过将耶稣和孔子进行比较找出耶儒的共同点。如他在《圣诞节的联想——耶稣与孔子》一文中主张对耶稣和孔子两位大人物的历史,用客观的态度,进行排列比较。他认为比较可从三方面进行:一是他们的哲学思想及其修己治人的主张;二是他们一生的行履及其人格之表现;三是别人传说他们的灵异及门徒对他们的信仰程度。本文则是从第三方面入手对他们两人进行比较。从灵异方面比较后,他认为中国古书上记载孔子的事确有与《福音书》记载耶稣的事大略相同,所不同的是基督教对于《福音书》中所载耶稣灵异的传说认为是金科玉律,而中国学者对古书关于孔子的传说则持审慎择别的态度。在对门徒的信仰方面(从生前从游的状况、死后追慕情况和最后的论赞三方面)比较后,他认为耶孔两教则显有不同。耶稣门徒在耶稣死

---

[1] 范丽海:《中国伦理的文化与基督教》,原载《青年进步》,第84册,1925年。转引自《本色之探》,第436—437页。

前对天国并未能了解,直至他去世后,又传说其复活,才受了灵感,回忆生前师训有所证悟,然他们对耶稣的崇拜,似乎始终属于神秘的。孔子门徒则信仰孔子始终如一,并崇拜孔子为人,是最大的不同之点。从这一比较中,我们似乎感到吴雷川更推崇中国人对孔子的态度。

还有人侧重从神学上对儒教与耶教进行对比,如张亦镜的《耶儒辨》①。他认为耶儒之大别是一神一人的关系。也就是耶教信神,而儒教信一人。孔子与耶稣的关系好比月亮和太阳的关系,孔子是月亮,其发出的光是反射了太阳的光,而耶稣则是太阳,是自身发光。虽然通过这一比较张亦镜对基督教大加赞扬,但由于耶稣与孔子是日月的关系,因此他的结论是:人宜信耶稣,但也说明信耶并非叛孔。

在本色教会的讨论中,一些人对教会礼仪的中国化也很重视。为此有文章专就中国的古礼进行了探讨,如范皕海的《中国祭祀祖宗的我见》②中对中国古代为什么有祭祀风俗,这种风俗对后世的利弊,及当今对它是否应当保留或改良等进行了阐述。他还在《耶稣圣诞与中国古礼之联想》③一文中将基督教的圣诞节与中国的古礼作比较,其目的也是为将来为中国本色教会是否应与这些古礼结合进行探讨。王治心在《本色教会的婚丧礼刍议》④中也对中国的婚丧礼的来龙去脉,利弊得失进行了一番探讨,认为"中国的旧礼,既嫌繁琐失实,而教会携来的西洋方法,又失之简陋忽略,欲保存中国旧的真精神,而删除其繁

---

① 张亦镜:《耶儒辨》,原载《真光丛刊》,1928 年第 2 部,第 25—35 页。转引自《本色之探》,第 176—184 页。
② 范皕海:《中国祭祀祖宗的我见》,原载《青年进步》,第 109 册,1928 年 1 月,第 15—20 页。转引自《本色之探》,第 416—421 页。
③ 范皕海:《耶稣圣诞与中国古礼之联想》,原载《青年进步》,第 98 册,1926 年 12 月,第 19—25 页。转引自《本色之探》,第 440—449 页。
④ 王治心:《本色教会的婚丧礼刍议》,《文社月刊》,第 1 卷第 6 册,1926 年 5 月,第 69—84 页。

琐,使既不背乎民族精神,又不背乎基督教要道,这是本色教会不能不注意的问题。原来礼节是依时代而变化的,但也不能抹杀固有的民族特性,必须折衷至当,规定一种办法。"①他还在《本色教会应创何种节期适合中国固有的风俗》②中对中国《周礼仪书》上的一些节日,如元旦、上元节、中和节、清明节、天中节、七夕节、中元节、中秋节、重阳节、冬至节逐一作了些考证,认为"我们为欲使基督教与中国社会融合的缘故,不能不规定一种教会的节期,适合中国固有的风俗。"由此提出十种节日,请教会讨论:年节(元旦)、灯节(元宵节)、扫墓节(清明节)、洁净节(端午节)、追远节(中元节)、孝亲节(中秋节)、感恩节(年终时举行),此外还有复活节、国庆节、圣诞节。王治心还曾提出一个《本色教会组织法草案》,提倡礼拜堂的布置中国化,并用焚香点烛等方法进行礼拜。③ 在《本色的圣诞庆祝》④中对圣诞节中礼堂的布置、庆祝的次序、诗歌祷文及经文都有很好的建议。

结合本色教会的讨论,有人还就基督徒本色家庭问题进行探讨,如王治心的《中华基督徒之本色家庭生活》。⑤ 他认为基督徒的家庭必须基督化。但如何在基督化的同时不失去中国化,也就是利用中国家庭固有的美德,改良其弱点,以达目的。他首先分析了中国家庭的特点:家族制度;五伦为家庭伦理之总纲;中国家庭有勤劳互助的习惯;普通

---

① 王治心:《本色教会的婚丧礼刍议》,《文社月刊》,第 1 卷第 6 册,1926 年 5 月,第 69—70 页。
② 王治心:《本色教会应创何种节期适合中国固有的风俗》,《文社月刊》,第 1 卷第 7 册,1926 年 6 月,第 21—36 页。
③ 王治心:《本色教会礼拜仪式的商榷》,《文社月刊》,第 3 卷第 7 册,1928 年,第 10 页。
④ 王治心:《本色的圣诞庆祝》,《文社月刊》,第 2 卷第 1 册,1926 年 11 月,第 79—84 页。
⑤ 王治心:《中华基督徒之本色家庭生活》,《文社月刊》,第 1 卷第 7 册,1926 年 6 月,第 65—70 页。

家庭没有固定的宗教；几无家庭教育。由此他总结了十条缺点，如人口众多、父权过重、重男轻女、不知教育和卫生等等。为此他提出了中国基督徒家庭要吸取中国家庭中的美德，去除缺点，并归纳了几种办法：当利用固有的尊天思想，提倡宗教信仰，使子女得一种重视礼拜日的暗示；宜保存敬祖思想，设立一种纪念礼节，并加以关乎基督教道的演说；宜注重孝道，以符合中国古圣贤教孝之义；当养成卫生习惯，衣服求简朴整洁，有宽恕体恤之心，大度包容之量；要注重家庭教育，以身作则，当有基督牺牲博爱平等思想等五方面。

杨程在《中国基督教》中将整个本色教会的讨论归纳为四派："一、有许多人提倡中华基督教或本色教会，好像仅知注意形式方面，譬如对于布置教堂，主张悬挂中国书画；对于礼拜仪式，提倡模仿佛教，焚香点烛；对于丧葬礼节，鼓吹顺从普通俗尚，恢复祭礼，木主等等。这不过将现有的基督教加上一种形式罢了。二、有许多人提倡中华基督教或本色教会，比较前派要进一步；他们不惟注意形式方面，而且关心精神方面。例如中国文化很重五伦，而五伦中尤其特重父子一伦；因此，他们便说祭祖确能慎终追远，大家庭实为孝敬的表示，基督教无论如何，都应一概采纳了。这是主张把中国文化和思想加入基督教本身之中。三、有许多人提倡中华基督教或本色教会，志在涤去基督教中的西方性质。他们以为基督教本为东方宗教，也是合乎东方民情习惯的；但因它久流落于西方，已经沾染了西方性质不少，才与东方文明发生隔膜。为今之计，惟有刷净教会中的西方性质，而后才能看到基督教的本来面目。比方国家主义，功利主义，以及国教异派的争执，无一不是西方后添的原素，无一不是应当铲除的。这便是主张恢复原始的基督教。四、有许多人提倡中华基督教或本色教会，有消极积极两方面的见解；在消极方面，主张排斥现时教会中的西洋色彩；在积极方面，提倡尽量地容纳中国文化和思想。

这便是主张原始基督教要受中国文化的洗礼。"①他本人提出中国基督教不仅要吸收中国文化,还要吸收西方文化的精华,也就是将来中国的基督教就应该包括:原始基督教、西方文化和中国文化(国民性、思想、其余的一切文化)。他认为西方文化对于基督教至少有两种贡献,即世界主义与国家主义之调和,社会福音与个人福音之调和。他还对原始基督教做了一番分析,认为也不都是好的。因此他主张改造基督教,既非排斥西方,亦非讲求复古;似可不必执著于西方东方之分,原始与非原始之别,亦无须从事本色与非本色之争;惟有就现时基督教中择其最善最美的,与中国最优等的文化融合为一,使其变成一个中国的基督教。② 他的这种总结虽然并不全面,但也可以反映本色化讨论中的一个大致面貌。

总之,中国基督教历史上五卅和北伐大革命时期是教会对本色教会的讨论最为热烈的时期。1929 年以后,这种理论上的探讨并非没有,但从数量上看要少得多。但这并不表明中国基督教此后不再走本色化之路。实际上此后随着 30 年代民族危机的加深,中国基督徒不仅没有中止在理论上继续对基督教与中华民族和中国文化关系进行深入探讨,而且更以实际行动投入抗日救亡以及与民众的结合中去。

---

① 杨程:《中国的基督教》,《文社月刊》,第 1 卷第 7 册,1926 年 6 月,第 7—8 页。
② 同上书,第 3—20 页。

第十章　20世纪30年代的中国基督教

第一节　五年运动

1927年4月12日蒋介石发动反革命政变,屠杀了大批共产党人。从此国民党对内镇压民族革命,对外则投靠以美国为首的帝国主义势力。同年7月,国民政府发布了一系列禁令,不准干扰教会,对以往侵占的教会财产要求一律归还。非基运动因此而沉寂下去。但北伐之后,国内并不平静,政治动荡,"军事起伏,民众疮痍满目,人心每况愈下"①。基督教虽然不再受到冲击,可教会整个状况也很不佳。按诚静怡的说法,教会也因"国是的纷扰,环境的恶劣,精神上已蒙了很大的打击"。②

据诚静怡对当时教会状况的分析,认为经过这些年的非基运动,教会中"有不少的基督徒,因为受了人家的责备和批评,更使他们心里坚固起来;第一他们肯省察自己的过错和缺欠,在上帝面前谦谦卑卑的痛心悔改;第二有不少的教会把从前办理不好的地方,改正过来,使教会的工作,更合乎中国所需要的;第三因为受了外人这样的逼迫,有许多基督徒深觉得基督教最要紧的地方,不在乎规矩礼节,也不在乎理论学

---

① 诚静怡:《向未走过的路》,《中华归主》,第102—103期,1930年1—2月,第3页。
② 同上。

说,乃在乎基督耶稣。教会的规矩可以改变,基督耶稣却是常存;教会的机关和工作不免有许多的缺欠,基督耶稣却是世人最高的榜样。所以现在有不少基督徒因为遭遇这些困难,又重新考察耶稣,要更明白的认识他"。① 但"这几年的风波,也有许多的人信心不免摇动。前途觉得黑暗,平日所坚持保守的似乎都站立不住。心中不免难过,精神为之不安。"② 实际上非基运动给中国教会确实带来了正负两方面的影响。正面的影响是经过两次非基运动,特别是五卅和北伐时期,中国信徒的民族意识大增。尤其是北伐时期因形势所迫,大部分西方传教士离职他迁。由此中国教会领袖成为教会的真正领导,而西教士则在中国教会内成为附属地位。这也体现在其后的各类教会大会中。但非基运动,尤其是北伐时期,一些地方教会工作无法开展,完全处于停顿状态,不少基督徒产生消极情绪。

针对这种状况,1929年春,华东、华南、华西、华北及辽宁中华基督教五个分区会议及中华基督教总会在杭州召开全国大会。与会者都觉得"今日中国教会所处的景况和所受的折磨,都是很厉害的;因此许多的人未免灰心,提不起精神来,若是这样作下去与以后的教会是很不利的,所以大家都很盼望得到一个法子,可以使这冷淡的人心火热起来;停止的工作,复兴起来"③。按诚静怡的说法就是,教会"如果再不作亡羊补牢之计划,则前途更不堪设想"。④ 由此痛定思痛,"一方面益觉基督福音之纯真至善,一方面亦感觉到今日中国信徒之质量,必须再求深造,数量必须再求扩充,然后方能希望在疑谤丛集的环境中,肩荷宣传

---

① 诚静怡:《五年运动的浅近说明》,《中华归主》,第102—103期,1930年1—2月,第23页。
② 同上书,第24页。
③ 同上书,第23页。
④ 诚静怡:《向未走过的路》,《中华归主》,第102—103期,1930年1—2月,第3页。

福音的重任"①。经过会议代表的反复讨论和商议,提出"五年奋进布道运动"办法,简称"五年运动",或"五运"。这一运动特别强调要从提高信徒的灵性做起,口号是"求主奋兴你的教会先奋兴我"。具体的目标:"甲、为培养信徒对于基督有更深之认识,加密之团契,以大无畏精神,贯彻基督于吾人之整个人生。乙、实行此种扩大布道运动,希望于最近五年内,使现有信徒人数至少增加一倍。"②按诚静怡的说法就是"两个目标,极其明显:一是对内谋灵性的奋兴,一是对外作布道的进展,这两件事是互相表里,相辅相行,不能说孰轻孰重,孰缓孰急,要求教会发展必须兼施并顾"。③ 这一运动正式起动时间为1930年1月1日。

有人把这一运动概括为中国基督徒的自传运动,认为这是救主给中国基督徒的重大使命,给那些对教会不冷不热、无关痛痒的教友当头棒喝,叫他们速起自传福音,担起救人救国救教会的使命,并认为中国教会不能自立自养的原因,就是不知道自传。如果教会内人人能自传,怎么就不能自立自养呢?教会只有"自传方能自立自养,自传就是自立自养"。④

该运动提出的工作大纲共六项:改进宗教教育;提倡基督化家庭;推行识字运动;扩展布道事业,注重受托主义和青年事业。根据中国基督教执行委员会于1929年10月综合各方的意见对这六方面进行归纳,具体为:1.宗教教育之改进:在主日礼拜,主日学校,教会学校,及信徒家庭中实施宗教教育,而以基督之言行为中心之研究。2.教友识字

---

① 孙恩三:《教会事业之进展》,《中华基督教会年鉴》,第11卷(上),1929—1930年,(肆)第1页。
② 鲍引登:《五年运动》,《中华基督教会年鉴》,第12卷,1933年,第17页。
③ 诚静怡:《向未走过的路》,《中华归主》,第102—103期,1930年1—2月,第3页。
④ 祖起舞:《基督徒五年倍进运动》,《真光》,第29卷第4号,1930年4月,第22—26页。

之提倡:推行民众教育,使教内全体信徒均能识字,而能读经,以求灵性之进展。3. 全家归主之促成:以信徒家庭为教会之单位,注重家庭宗教生活之培养(如家庭礼拜之增设等)及日常生活之改善(如组织家庭问题研究社等)。4. 青年事业之注意:使教会与青年愈形接近,不但青年问题得有相当之解决,并能予以充分服务社会之机会,而获丰满之基督化生活。5. 受托主义之实施:训练信徒实行受托主义(如捐款,捐工等),个人的光阴,才力及经济等,既为上帝所委托,除为个人生活外,不但当尽其所有多谋教会之自立,自养,自治,自传,更应以全心全力,贡献社会,使人与人之关系,纯能成为基督化。6. 布道工作之推行:注意祈祷与退修,以焕发灵力,并训练信徒,以言行及文字等,实行个人证道为入手,然后再相机进行组织扩大之宣传。诚静怡的解释是:1. 宗教教育:是指两层意思,一是宗教,一是教育。要使教会内的青年子弟既能在宗教上受相当的训练,又当合于教育方法,使青年人所得的教训能实实在在地化合在他们的心里。之所以提出这种教育主要是因为中国教会在这方面有很大的缺陷。(实际上也与教育部的规定,教会学校不得将宗教课列入必修课有关。)2. 基督化家庭:中国是一个极重视家庭的国家,可以说国家就是建立在家庭之上的。正因如此,教会深切地感受到对家庭进行传教活动的重要性。3. 识字运动:中国是文明古国,但文盲占了一大半,许多基督徒不能念《圣经》。由此教会提倡识字运动,希望通过五年时间至少使教会内不识字的人能读书识字。4. 布道:号召普通信徒和义务布道人员担当起责任,各人向自己亲友谈道或向人群宣讲福音。5. 受托主义:所谓受托主义是受上帝之托,当好上帝的好管家,具体而言就是管好中国教会的钱财和产业,把它们用于可以荣耀上帝和有益于人的善举上,使中国的教会尽快达到自立自养的地步。6. 青年事业:国家、社会和教会的明天是青年人的。因此教会对青年人负有很大的责任,如何训练、善用和保存他们是今日教会的重大问题。①

从以上六方面看,教会考虑到了中国社会和中国文化的特点。它不仅要求中国信徒能自传,而且也要求教会达到自治和自养的目的。

为推进五年运动,中华基督教会总会组成了五运委员会,设委员五人。还针对以上六方面的工作,组织了六种专门委员会以联络各地教会各项委员会及工作人员。

为配合这一运动,教会不少刊物,如《中华归主》、《真理与生命》、《真光》等发表了一系列的文章从各方面论述五运。诚静怡的《向未来走过的路》提纲挈领地将五运的产生及目标等作了阐述。此外他还写了《五年运动的浅近说明》,对五运作了较为详细全面的解释。不少文章侧重在理论或感想方面对五运作阐述,如赵紫宸的《五年运动者应有的觉悟》、陈晋贤的《今日我国基督徒对于五年运动应有的觉悟》、唐马太的《在五运声中应有的觉悟》、吴雷川的《对于提倡中国基督教五年运动的我见》、吴耀宗的《对于五年运动的感想与希望》、陈仰程的《训政时期中基督教的五年运动》、孙恩三的《五年运动的心理建设》等。还有不少文章是结合五运进行的实际工作提出看法与建议,如单伦理的《五运进程中的基督教宣传问题》、万福林的《实行五运》、周端甫的《五年运动中基督徒应有的实际工作》等。

不少文章密切结合中国当时的社会现实,提出了中国基督教会应该如何进行变革,实际上是中国教会如何与社会相结合的本色化讨论的继续。例如赵紫宸的《五年运动中应有的觉悟》②首先分析了基督教当时所处的中国的环境。他认为如果从消极眼光看,会以为中国的人

---

① 诚静怡:《五年运动的浅近说明》,《中华归主》,第102—103期,1930年1—2月,第31—32页。
② 赵紫宸:《五年运动中应有的觉悟》,《真理与生命》,第4卷第14期,1930年3月,第1—11页。

心,堕落已极了。但如果持平看,其实中国人心的堕落并不像表面所显示的那么坏。他深信在我国人的心底里有一个历古以来,坚不可拔的善良。但在国运开展的过程里有几种势力,基督教不应当不认识,不应当不与交接的:一是中国人的伦理观念。中国社会正处于过渡时期,旧道德已腐烂了,新道德还不稳定。尽管如此,但新道德已活泼地出现了。基督教对新道德应有什么切实的贡献?二是中国的思想家与学生都尊重科学,基督教如不注重科学就不能打入今日有识者的中心。三是今日中国人对于教育的大觉悟。四是基督教不能不首肯中国政治的发展。根据这一分析,他认为如今基督教必须受许多限制,也许这是国家所应当规定的。基督教受此限制不当焦急,而应当快乐。"若基督教不能自创新方法,自定新趋向,而扩充其生命,传播其福音,则我们中国人何乐而必信基督教?"他还说:"中国穷,教会当然穷,中国愚,教会当然愚,而在此穷迫愚鲁的时代,中国的教会不能不自立,而抱持,而发展其超出穷与愚的精神"。由此他十分赞同五年运动。他特别强调五年运动的目标虽提出信徒"倍增",但不等于往教会里随意拉些无识之徒,那样就会影响教会的信仰和道德。因此他提出如果"倍增"而不"倍深",则"倍增"就是罪恶。深而不增,有益无害;增而不深,有害无益。为此他提出五年运动的目标是为天下、为中国造就有耶稣身量心量的人才,为宇宙加增许多耶稣,为人群加增许多基督,由此而建设天国在人间。他还提出五年运动要加强各公会的合作精神,不能因为神学观点不同,或宗派不同而影响大局。对宗教教育,他认为不能仅靠自发的灵修,还应有国内的宗教教育家针对不同的人群设计不同的教育方案。如今教会中小学校原有的宗教教育都要搬到教堂内举行(因根据教育部规定,教会学校不得进行宗教教育),这是给基督教的良机,使教会成为宗教教育的中心,这就要求教会与教会学校加强合作联系。此外教会如何加强与青年会和青年学生的联系都是值得研究的问题等等。

吴雷川的《对于提倡中国基督教五年运动的我见》一文也是重点谈基督教如何适应中国社会的需要。他首先提出两点看法：一是以往宗教都凭借某种势力得以发展。中国历史上儒释道的发展均依靠君权，基督教则靠不平等条约。以前信教者都是为利益而入教，而真正为教义而入教的则占少数。当今君主政体被取消，儒教的权威也大半被打倒。基督教也处于类似状况，不平等条约要取消了，为利益而入教者就会失望，基督教将会受到与佛道等相同的磨炼。基督教将如何造成一种势力？二是基督教最高的原理是世界大同，但在国际轸域未泯时，基督教就不能不以爱护国家，引起人们的信念。当年耶稣也是这样做的。西教士在华传教时则犯了三种错误：蔑弃中国的礼俗；不知尊重中国政府；妄言政教分离，令中国基督徒不闻国事，结果使中国基督教蒙受了数次灾难与失败。他认为这两点与基督教在华的前途很有关系。今后基督教一要从事文字布道，这是针对知识阶层的；二要注意农村布道，这是针对下层民众的。而后者尤其要注重民众教育和乡村自治。基督教会能在这两方面发挥很好的作用。他谈到中国人十分之八九不识字，仅靠少数人在定县试办平民教育远不能满足需要，而如今中国传教士有上万人，每个人每年如能教授200人识字，那20年下来就是四千万。通过这一工作，即使国民不信基督教，至少对基督教也会有很好的印象。对乡村自治，他提出基督教可在训练传道人的道学院中加入党义和地方自治的课目，使之具有地方自治的知识，可以襄助地方自治。这种做法是基督教应付环境的需要。教会还可以拣选一些青年基督徒知识分子送入各省所办地方自治学院学习，为培养地方自治人才出力。一些具有牺牲精神而又愿意"到民间去"的基督徒还可以移居边地，在那里设立天然的基督教会。他认为"基督教如果真正要救中国，真正能救中国，必须注意到中国将来必成为一个新国家，一定要有新事业，所以基督教必须在新的事业上有分。从现在看来，中国新的事业而又为基督教可参加的,没有比民众教育和乡村自治两样更为重要的了,照此方向去进行,方是基督教中国化,也是使中国基督教化。像从前那样教会自恃过高,不与各界人联合,以致养成一般基督徒远离社会国家和现象,决不能适宜于新中国,这是可以断言的"。①

对五年运动的一些具体办法有人提出:生活宗教化、宗教生活化、家庭教会化、教会家庭化、信徒教牧化、教牧信徒化。② 有人提出对内要组织查经班,设立祈祷团,实行耶稣彼此相爱的新命令,教友与教牧合作,刷新教友个人的行为等。对外开布道大会,举行各类布道,赠送书报,为人代祷等。③ 有人提出口头宣传、文字宣传、办杂志、印单张和小册子,办壁画等等。④ 还有人对教会如何通过五运的受托主义而实现教会自养的经验进行了详细介绍。如魏希本的《五年运动之受托主义——'有组织的募捐法'教会自养之一法》对教友的募捐方法从筹备手续,包括选择募捐人员、访问的人家、募捐员的训练,决定募捐的日期,募捐的参考材料,到开始募捐的具体注意事项都有很详细的描述。对其他教会不无借鉴作用。⑤ 另有不少文章谈到农村布道和办识字班的经验等等。

对这一运动,教会内从一开始就存在不同意见,有人认为五年运动提出的要加深信徒的灵性生活是与五旬节精神相背的,因为所谓得新生主要是向他人传福音,而不是本身作灵性的操练。否则就太以自我

---

① 吴雷川:《对于提倡中国基督教五年运动的我见》,《真理与生命》,第4卷第14期,1930年3月,第11—16页。
② 万福林:《实行五运》,《真光》,第29卷第2号,1930年2月,第29—39页。
③ 赖逸休:《五年运动如何促进》,《真光》,第30卷第2号,1931年2月,第17—21页。
④ 单伦理:《五运进程中的基督教宣传问题》,《真光》,第31卷第2号,1932年2月,第13—20页。
⑤ 魏希本:《五年运动之受托主义》,《中华归主》,第151期,1934年12月1日,第13—14页。

为中心了。还有人认为如今教徒人数已太多了,对现有的教友教会都无暇顾及,更何况再增加人数呢。还有人认为五运是一种宣传炒作,教会无须通过这种不自然的刺激运作,只要用旧方法按部就班地去做就行。因此这些人对五年运动并不热心。各地信徒对这一运动的态度也不一样,一般而言,五年运动较受乡村教会和小城镇教会的欢迎,对这些地区影响也较大,因为这一运动特别增加了对农村教会的关注,包括农村家庭、农村事业、识字运动和农村牧师的培养等。与此相反,许多大城市的信徒对此运动则不很关心,该运动对大城市的影响也要小得多。

教会内对这一运动的评价很不一致。持肯定态度者较多,但也有许多持完全否定的态度。1934年全国基督教协进会曾对此项运动的效果进行了调查,共得答复600份,概括起来,肯定的有12个方面:消除教会由反基运动所引起的畏缩心理;勉励教会态度更加积极;教会觉悟到有肃清教徒会籍之必要;使教会布道热情高涨;大量增加了教会必须的刊物;养成教友大公精神,明了对社会和国家所负的责任;使教会明白对家庭实施基督教教育的重要性;增进教会的合一思想;协进教会利用识字班读经;使教会对于农村建设事业备感兴趣;使教会对受托主义有更深刻的认识;团结宗教教育工作人员,能一致计划新事工等。除了这些方面外,在这段期间教会受洗信徒人数也增加。"在五年运动末年中,成人受中国各教会之洗礼者,在四万三千人以上,且会友人数较之前次所查之数目增二万四千人。较之1928年,增六万六千人。"① 有些地区信徒对这一运动也持肯定态度,如上海牧师魏希本。他在谈到受托主义对教会的影响时就对五运持肯定态度。他本人自1928年

---

① 鲍引登:《两年来之中华全国基督教协进会》,《中华基督教会年鉴》,第13卷,1934—1936年,第151页。

起任上海诸圣堂牧师,那时全年信徒捐款不到600元,后在受托主义的鼓励下,教会采取了一系列的措施,提高信徒对教会的责任感,自1931年起信徒捐款增至1900元,到1933年便实现了自养。① 当然也有人对这场运动持全然否定的态度。如信徒鲍于庠说:"'五年运动'是昙花一现的过去,现在是要鸣金收军了。"这五年内教友也不见其增一倍,灵性程度的提高也不敢说,并得出结论:"'五年运动'没有达到它所预计的目的,可说是失败了。"②他认为之所以失败是因为教会领袖仅在办公室里发空论,一些乡村教会的领袖一切为了钱,忘了耶稣;许多信徒对教会不负责任,反成了绊脚石。

  对五年运动的成效到底有多大,也许可从诚静怡于1935年写的《中华基督教会的检讨》一文中看出。他认为最近二三年来总会的事工遭遇到非常的困难,一是因国难严重(日本对华的侵略加紧),时局不靖,国土变色,本会在东三省有广大工区的关东大会已无形分裂,不通音讯,同道多人,身陷缠绕;二是经济不景气之打击。裁员减薪,使本会在苦难中讨生活。属下的几个地区的大会,也都十分困难,有的处于日本人统治下,有的遭灾。这些当然也使五年运动大受影响。但也有些地区颇有起色,如汕头的伯特利青年团,陕西的三原福音村使不少人皈依了基督。四川协会也因信徒增加,由此建立了11个区会。山东有四个区会制订了15年自养的计划等。③ 从中我们可以得出一个大概:从总体而言,这一运动收效不大,一方面与部分教牧人员和信徒对此运

---

  ① 魏希本:《五年运动之受托主义》,《中华归主》,第151期,1934年12月1日,第13页。

  ② 鲍于庠:《从'五年运动'联想到中国教会的发展》,《中华归主》,第154期,1935年3月1日,第17页。

  ③ 诚静怡:《中华基督教会的检讨》,《中华基督教会年鉴》,第13卷,1934—1936年,第13—14页。

动不热心,特别是一些思想保守的信徒更是如此。另一方面,自1931年"九一八"事变后,虽然教会强调五年运动就是救国运动,但在人们心目中这一运动毕竟与救国运动不一样,因此便减少了对这一运动的关注。与此同时,30年代国民政府腐败之极,对百姓巧立名目,多方盘剥,加之灾害不断,农村崩溃,全国经济衰败,人民生活在水深火热之中,无力顾及教会。而英美等国此时也发生经济危机,差会大量削减了对中国教会的资助。凡此种种,使教会无力承担更多的工作。因此五年运动颇有些虎头蛇尾的意味。尽管如此,就个别地区而言,特别是在某些农村地区,这一运动还是取得了一定的成效。这要归功于当时一些爱国的教内外有识之士发起了"到农村去"、"到民间去"的运动,教会从中吸取了他们的一些经验,将五年运动融入其中,取得了一定的收效。

第二节 "到民间去"、"到乡村去"

五四运动以后,一些先进的中国知识分子便注意与工农民众的结合。孙中山先生的三民主义中的民生主义也是提倡与民众结合。1921年中国共产党成立后,更是积极地开展这方面的工作,特别是在青年学生中。五卅之后全国学联在开展非基运动的同时,号召青年学生到工农中去宣传反对帝国主义和作为帝国主义走狗的基督教教会。大革命失败后,以毛泽东为首的一批共产党人便开始认识到,中国革命不能首先从夺取大城市开始,而是要走农村包围城市之路,由此进一步加强了对农民和农村问题的关注。与此同时,在代表大地主、买办资产阶级利益的蒋宋孔陈四大家族的统治下,农民受尽土豪劣绅等各种利益集团和个人的压榨欺负,加之天灾人祸,使30年代农业经济崩溃。而中国人口多数是农民,农村的破产就会导致整个中国崩溃。九一八事变后中国民族危机的加深,使一批爱国知识分子,包括基督徒知识分子深感再不注意农村问题,中国就有亡国的危险,要救中国必须从农村做起,因为"中国素来是以农立国的,中国的文化是农业国的文化。我们若要造成一个新中国,当非由农村做起不可",①由此提出"到民间去"、"到乡村去"的口号,其中不少人因此而在农村扎根,有些还做出了相当的成绩,如梁漱溟在山东邹平办的乡村建设研究院等。在这一潮流中,一些中国基督徒也深感自己应负起责任。正如张亦镜指出的那样:"农村破产已影响到全国普遍的崩溃状况,想要挽救中国的危亡,不得不先要从人口占十分之八九的农村着手;所以无论政府,团体及私人,对于复兴农村的问题,无不注意及规划进行的。我们基督教是组成现社会元子之一,自然也不能放弃责任,不顾到这样严重的问题了。"②

与此同时,中国基督教会对乡村工作的重视也受到了国际基督教会的影响。1928年国际宣教协会在耶路撒冷举行大会,特别重视农村工作。在该次会议影响下,国际基督教会有关团体,如由七个公会联合组成的北美平信徒调查团于1932年对印度、日本和中国进行调查。其中在中国就曾涉足广东、江苏、福建、浙江、山东、河北等省,还视察了若干乡村地区,历时70天,最后写出了《宣教事业平议》一书,对中国基督教乡村事业提出了不少建设性的意见。一些农村工作专家,如鲍德斐和柯力博士也对中国农村地区十分关心,鲍德斐还在昌黎等地设立了试验站。在他们的刺激下,中国基督教会对农村工作更加重视。

实际上,教会早在1922年全国基督教大会之后便开始注意乡村工作。这与该大会提倡教会本色化有关。当时教会看到中国有农民三万

---

① 赵紫宸:《基督徒对于国内的农村事业最低限度的认识与行为》,《真理与生命》,第8卷第6期,1934年11月,第275页。
② 阿谦:《到农村去》,《真光》,第33卷第5号,1934年5月,第1页。

万人口,占全民的四分之三,所以"大多数的国民与真中国还在乡下,而不在大城"①,教会要本色化必须注重乡村事业和农村教会,这是一股根深蒂固的力量。正因如此,基督教全国协进会于1923年成立了乡村教会与农民生活常备委员会,并派遣干事到各省如广东、四川、湖北、江西、浙江、山东、直隶等地基层农村巡视,以改进乡村教会的状况。但由于没有真正深入农村对农村问题进行研究,所谓改进农村教会工作往往成了一句空话。在非基运动和大革命运动的影响下,一些教会青年较为关注与工农的结合。1927年基督教青年会在上海、北京、山西汾州、广州、吉林等处举行的学生夏令营活动中都共同以"到民间去"为题,表明学生们"不甚注意自身的利害关系,其抽象的理想,而以实地为人服务为唯一要图",并"放弃旧时之贵族式方法,而以甘心艰苦生涯,努力下层工作为指归","关心政治与社会问题,愿顺应时代潮流,而作进一步之贡献"。②但这主要表明了一些青年人的愿望。中国基督徒知识分子真正"到民间去"是在五年运动,特别是乡村运动的推动下于30年代开始的。一些设有农学院的教会大学先后开辟了乡村实验区,如燕京大学在清河、齐鲁大学在龙山、金陵大学在乌江、协和大学在牛田、金陵神学院在淳化镇等,一些知识分子基督徒才真正深入农村,对农村问题进行研究。男女青年会也有他们的乡村服务工作。

一些基督徒知识分子,如晏阳初、许仕廉、陶行知等都积极支持教会开展乡村工作事业。他们本人也身体力行,取得了相当的成果,如陶行知在晓庄办的师范学校,就是面向农村,为农村培养教师人才。晏阳初在定县的平民教育试验点在全国颇为知名。由于晏先生的这一工作

---

① 全绍武:《甚么是中华全国基督教协进会》,《中华基督教会年鉴》,第7卷,1924年,第65页。
② 吴任夫:《一年内全国青年会状况》,《中华基督教会年鉴》,第10卷,1928年,(肆)第27页。

开始于教会,与基督教关系十分密切,因此有必要对它进行一些介绍。

晏阳初的农村计划是从平民教育入手。最初开始于城市,而后向农村推广。早在20年代之前,晏阳初当时在美国留学,其间受基督教青年会派遣,前往法国,在旅法华工中工作了二三年。他深感工人最需要的是教育,由此他与当时青年会其他成员,如傅若愚等人为劳工开办了夜校并组织讲座等活动。1920年回国后,他在上海的基督教青年协会主持平民教育科的职务,开始与傅若愚着手为平民编辑初级识字课本——《平民千字课》。接着他们先后在长沙、烟台、嘉兴和杭州四地作试点,由当地的青年会发起,联络各界人士共同办平民教育,也就是扫盲班。在各方大力支持下,取得了不小的成绩。如长沙于1922年春共招收学生1400多人,其中最小的年龄是11岁,最老的是42岁,经过四个月的学习,将千字课学完,考试成绩合格者有967人。烟台招收学生1800人,四月后成绩合格者达1250人。嘉兴招收学生300人,合格者200人。杭州招收学生2000人,合格者有1434人。这一运动很快得到国内教育界的重视,一些重要的教育家,如陶行知、胡适、朱经农、许仕廉等人均前往参观,对此都有高度评价,并认为应在全国专办一个独立的机构从事这一工作。1923年教育改进社在北京举行会议,一致通过成立中华平民教育促进会(简称平教会)总会,并推举晏阳初任总干事,此后全国各县纷纷成立分会。由于青年会是最早的发起人,晏阳初又任平教会总干事,因此平教会与基督教会的关系极为密切。青年会在其中一直起了很重要的作用。在平教会和青年会的努力下,一些大中城市,如南京、上海、汉口、南昌、安庆、苏州、宁波、济南、天津、广州、成都、吉林、哈尔滨都在平民中大规模地推进识字运动。不久晏阳初又将平教会逐渐向农村、军队、蒙藏等少数民族地区和海外华人拓展。其中取得成绩最大的是在通州、保定、京兆、定县等农村地区。这里特别要对定县平教会作一介绍,因为该地不久便成为晏阳初的重点试验区。他不仅将平教会总部由北平迁至该地,而且还从对农民进行扫盲工作开始,配合了一系列其他工作,构成对该地区整个农村建设的一整套计划。定县工作得到了全国有识之士的支持,成为30年代全国乡村建设的典型之一。

晏阳初等人于1924年开始到定县提倡平民教育。1926年便选定该县的翟城村为平民教育实验区。1930年则将此实验推广至全县。通过对农村的了解,晏阳初说:"中国社会有四种大的基本问题,或可以说是四种重病!就是愚,贫,弱,私。要根本治疗这四种病,须要有四大教育,就是:文艺教育,生计教育,卫生教育,和公民教育。要施行这教育,须用三大方式:家庭,学校,和社会。"[1]从这种认识出发,他制订了一整套工作系统表,先从四个基本问题(愚、穷、弱、私)入手进行对农村社会调查,然后着手对如何进行文艺、生计、卫生、公民教育进行研究,接着开展各种教育的实验和演示,如文艺教育包含平民文学和艺术教育两项;生计教育包括农业合作和农村工作;卫生教育就包括对疾病的预防和治疗等等。这类教育分三种形式进行,即社会式、学校式和家庭式。由此构成了一整套农村建设计划。根据这一计划,定县集中了一批人才,并每年从国外获得了不少资助,直到1937年抗战爆发而完全停顿。从1926至1936年这十年间,定县的平教工作确实取得了一定的成绩。不仅扫盲率是全国1900多个县中首屈一指的,而且在生计方面和卫生保健方面取得了相当的成功。

定县的农村工作得到教会的支持。1930年全国基督教乡村建设会议在定县召开,并将定县确立为研究基地。与会者全面学习定县开展的各种类型的平民教育,包括识字运动,社会调查方法,对晏阳初提

---

[1] 转引自毕范宇:《乡村建设运动与宗教教育之关系》,《金陵神学志》,第16卷第9—10期,1934年12月,第1页。

出的以平教方法攻愚、穷、弱、私四点都极为赞同。许多人主张各地教会应举办各种训练会或暑期学校训练专门人才从事文艺、生计、卫生、公民这四项工作,并提出多种具体办法。各代表返回所在地后都特别召开会议,提倡识字运动,有些教会还为此而筹集巨款。1933年全国基督教乡村建设会议再次在定县召开,并对教会这数年间所办平民学校和教友识字班受过识字教育之人数作了统计,其人数"已近数十万矣"。① 会议认为教会最为迫切的是要准备识字后的读物,特别是宗教读物,以进行宗教教育。但对于何为宗教教育有不同的理解。不少人提议:"全国乡村教育应利用平民教育最好的方法和教材,对于教友及非教友施行识字教育,并以此为宗教教育的基础,不必以宗教教材为识字的工具。识字教育的目的,乃是使受过教者的同时并重基督徒的品格与公民的品格。换句话说,就是要使受过教者做个基督化的公民"。② 也就是说宗教教育并不是一般意义上的宣教,拉人入教,而着重在于人格教育。当时这种思想在许多教会自由派人士中是相当普遍的,也符合晏阳初等人开展平教的初衷。

  晏阳初在这次会议上作了重要讲演。他认为,要了解平民生活就必须到民间去。这件事做起来并不容易。他说:"我们有志从事农村建设工作的人,必先自己农民化,然后才能化农民。"到农村工作的人要有丰富的学识,有创造力,有牺牲精神,并要富有同情心。平民教育是百年树人的事业,不能抱着急功近利的"油条心理"(指像炸油条那样快),而应持"磨杵成针"的坚忍精神。乡村工作者要注意自省、自觉、自强。改造社会必先改造人心,要从事这项工作必须要有宗教精神。他批评中国基督徒大半不能跟着时代前进,对社会国家的变迁抱

---

① 《识字运动之调查与建议》,《中华基督教会年鉴》,第12卷,1933年,第211页。
② 同上书,第214页。

着不闻不问的态度,这造成社会上一般人对基督徒反感。如果要转变社会上人对基督教的看法,就要用实际行动。"我国农村凋零衰敝,现在已到了山穷水尽的地步了,正是急待我们去挽救。……我们教会中的同工们,为什么还不赶快深入农村服务呢?"他还强调教会进行农村工作不能仅将重点放在布道上,而应注意农村实际。他说:"我希望诸位教会同工们,今后能努力农村建设工作;但我更希望他们不可仅偏重于讲道,应该多注重社会实际生活状况,本着基督博爱的精神和科学的改良方法,改造农村。"他还对教会如何服务于农村提出两点要求:一是除四大教育(即文艺、生计、卫生、公民教育)外,还可进行宗教教育,不妨以宗教教育代替公民教育;二是教会对农村工作,研究实验和训练推广应该同时注意。对于研究工作,必须集中人才,研究出能改造整个农民生活的计划,待实验成效后,即训练人才,加以推广。"每个教会牧师,不但成为一个好传道者,也能成为一个具有改造农村社会能力的中心人物。进行乡村服务工作的教会,或是同时进行研究和推广的工作,或是进行其中的一种,都无不可。"他还指出,中国幅员广大,不能事事都依靠政府,教会应在农村建设上作政府的前驱。当今国难当头,日本军队长驱直入,面对这种状况,国人要自省找出我国自身症结所在。他呼吁教会进行改造人心的工作,不能看见无数农民遭受种种压迫而无动于衷,要站在穷苦人一边,尽力帮助他们。他批评今日教会中的领袖们,"似乎大半都变成了贵族阶级,真叫人失望"。他说:"我深望诸君能以基督的心为心,效法他的榜样,为农民谋生计卫生教育和政治各方面的改良,作农村民众的救星。"最后他对中国基督教会的领袖提出了警告:"今后仍然故步自封,不想进取,则基督教在中国的生命,将不旋踵而归于消灭。这并不是基督教本身的过错,乃是我们教会领袖和一般信徒的过错,因为我们不能将基督教的真精神,在生活行为上充分地表现出来。"他号召每个基督徒要做一个活耶稣,一言一行要本着耶稣的精神。对于农村建设工作必须本着牺牲宗派的成见,循着统一的计划和目标进行,才能使所撒的种子,有发芽滋长的希望。①

虽然晏阳初对农村建设工作是持一种改良的态度,与共产党人彻底革命的态度不相同,但从他的这一讲演中充分表明了他对农民的爱心及其为这一事业的牺牲精神。他还认定中国基督教会的前途在于教会能否走与工农劳苦民众结合之路,尤其是农村教会更应做好农村服务工作。这实际上是为中国教会本色化指出了一条非常切实可行的道路。毕范宇也认为"基督教如不能救平民,即不能救中国……若要救农民,农村,必须负起十字架——那和平的十字架,牺牲的十字架,爱的十字架! 今日的时代,给教会一个最大的机会,教会若错过这机会,真是万分可惜。但教会若要走这条路,一定要付出相当的代价——思想的代价,冒险的代价,和生命的代价"②。

基督教的农村运动虽然在全国范围内并不理想,但在某些地区还是做出了一定的成绩。一般而言,这一运动以华北最为活跃,华东次之,华南和华西又次之。下面试以华北为例对一些为农村服务的教会机构作些简单介绍。华北基督教于1932年由公理会、长老会、美以美会、伦敦会等组成了联合的农村事业促进会,还在鲁、晋、豫各省建立支会。其中以冀会最活跃,经常召开各种研究会,出版与农村事业有关的刊物和小丛书。1931年由公理会成立了潞河乡村服务部,冬季为农村办学或办巡回学校,另组织农业展览及养鸡事业,还与燕京大学经济系合作,组织家禽鸡蛋合作社。保定樊家庄同仁中学校长也为该村农民进行教育、卫生、生计等工作;为引起在校学生对农村事业的兴趣,还在

---

① 《晏阳初博士演讲录》,《金陵神学志》,第15卷第5期,1933年5月,第8—14页。
② 毕范宇:《乡村建设运动与宗教教育之关系》,《金陵神学志》,第16卷第9—10期,1934年12月,第7页。

学校开设了园艺家畜、工艺等课程。滦东三县教会妇女义务对该地区的农村妇女进行识字和宗教教育,培养教会内妇女工作人员。昌平有北平汇文神学院设立乡村工作实验区,从事宗教教育、布道、平教、合作社、种痘等多项工作。燕京大学社会学系在清河建立农村服务试验区作为学生实习基地,在该地从事以合作社为中心,辅以卫生、教育、工艺(毛织)等工作。龙山试验区是由齐鲁大学主办,初创于1927年,1932年组织乡村服务社,从事农业经济、教育、家事、卫生等工作。福山农村女青年会注重向该地妇女进行识字、卫生、育儿、手工、崇拜等方面的活动。山西的铭贤学校,设有农科和工科,曾对山西全省土壤情况进行调查,还对1100多户农家进行试验,如作物、牧畜、园艺、小麦育种等工作;其工科还为农村提供有关技术设备,如木工、金工、锻铁、翻砂等,又有毛织部、机械部出品,如中耕机、点种机、开沟机等。另有新德农业试验场,为向农民传授花草、园艺、种菜、作物等技术。怀庆恩赐医院还召募四乡的"蒙古大夫",加以培训。[1] 1934年8月华北基督教农村事业促进会文字部张雪岩等人在山东济南创办了出家社,出版《田家半月刊》,"材料能适应一般农村社会的需求,销路日见推广,各方颇多好评";[2]后因抗战,该社几经迁移,1946年以后,迁到北京。类似的基督教农村建设运动计划和实验区在华东、华南、华西也都有。所有这些实验区中,最重要的是江西黎川实验区。因为以上提及的晏阳初在定县开展的平教实验区,虽与基督教关系甚为密切,但毕竟不是基督教会的农村实验区,而是吸收了社会各方面有关人士参与的。而黎川实验区则完全是由基督教会组织进行的。因此是真正含义上的基督教农

---

[1] 徐宝谦:《基督教农村运动》,《中华基督教会年鉴》,第13卷,1934—1936年,第92—94页。

[2] (中华基督教会)《总会第四届总议会议录》,1937年,第44页。

村实验区。

黎川位于江西省的一个县内。基督教会之所以选择该地为实验区,与该地曾为共产党的根据地有关。1933年部分外国传教士在牯岭开会,讨论"基督教如何始能如共产主义有号召当代青年的力量",当时宋美龄列席旁听,对此问题极感兴趣。由此提出将江西十个原被共产党占领,后被国民党"收复"的县作为教会实验地。其目的颇有与共产党争夺民心之意。后经基督教协进会与宋美龄和江西省政府几度协商,把新近被国民党"收复"的赣闽交界的黎川县作为实验基地,并组织江西基督教农村服务联合会主持工作,实验期为五年。当时教会从长考虑,决定不借助政治力量的帮助,而完全靠信徒个人捐款,宋美龄及各地基督徒均以私人名义捐助。实验区第一任总干事由闽北中华基督教会的外国牧师牧波恩担任,以后由徐宝谦等人接替。

这个实验区在当时颇受教会的重视,目的是借此为中国基督教运动开辟一条新路,培养基督徒青年的牺牲和服务精神。为此在全国各地,特别是从教会大中学校毕业生中招募人才。1934年实验区正式开始工作。定县平教会派专人前来协助。首先选定该县的第四区的文林郎为实验中心,其附近的几个村子为初期实验范围。工作分教育、保健、宗教、妇女、农业、工业、新运等数种。具体而言:1.设立教师培训班,或为儿童、成人,包括妇女开办识字班。成人教育又分为固定与流动两种。2.开辟农林试验场,或直接向农民推广试种各种水蜜桃、葡萄、蔬菜、花卉,种植各种松树、桐树、油茶、乌桕等数万株;帮助农民试验稻种、棉花等大田作物;开展各类畜牧试验,帮助农民养猪、牛、鸡、鸭等;还为妇女开办家事训练班。3.保健工作,为农民种痘、接生等;大力开展卫生宣传,每月进行大扫除,设立菜场、垃圾站、改良厕所、组织灭苍蝇等。4.开办合作事业,组织信用社,为农民贷款等。5.开展禁烟禁赌等工作。6.举办建设人员(行政人员)、农业推广人员及卫生稽查员等培训班。7. 为农民放映电影、演剧。8. 每周进行宗教演讲一次。①

　　这些工作主要是为农民办实事,宗教活动则被放在很次要的地位。按曾任该实验区总干事的徐宝谦的话说:"传统的基督教以为基督徒的唯一任务在宣传福音,使人们悔改入教。吾人对于是种狭窄的看法,也未能完全同意。吾人以为福音固应宣传,然宣传的方法,初不限于口舌与文字。宣传的目的,也决不限于使人悔改入教。吾人以为最紧要的,就是在日常的生活及行为里,表示基督的精神。所谓'叫别人看见你们的好行为,以荣耀归于你们在天上的父'。总之,吾人最后的目标,是农村生活整个的提高与改造。所谓整个,是包括质与量两者而言。量的提高与改造,是科学的任务,质的提高及改造,是宗教的任务。"②既然基督教传教工作主要在基督徒的行为,而不是叫人皈依,这就使实验区的主要精力放在切实为农民办实事方面了。初时该实验区并不想借助当地政府的力量,但在实施过程中,因遇到各种困难,不得不改变初衷,与政府密切联系,并从中得到他们的帮助。

　　尽管实验区取得了一些成绩,但最终并没有成功,1937年抗战全面爆发后,1939年便完全中止。实际上,即使不是抗战,该实验区也难以取得真正的成功。其原因是多方面的,如去黎川的工作人员之间由于教派、背景、志趣、目的等等各不相同,经常互相闹意见;许多人见异思迁,往往不能长期工作,因此人员不能固定;高学历的农业技术人员或医务人员不愿去该地工作;由于该地区太贫穷,人力财力太缺乏,由此要想为当地人培养一批教师或行政管理人员都极困难等等。但最根本的原因还是这一实验区只进行对农村的改良工作,而没有触动农村

---

　　① 详见徐宝谦:《黎川实验区报告》,《真理与生命》,第11卷第4期,1937年6月,第223—231页。

　　② 徐宝谦:《黎川实验区的理论与实际》,《中国基督教会年鉴》,第13卷,1934—1936年,第101页。

最根本的问题,即土地制度的改革,因此失败是必然的。实际上,徐宝谦早就对农村建设能否取得成功表示过怀疑。他说:"自然,识字教育种种,都是有价值的工作。不过,农村建设,是否因提倡这些工作,就能达到目的,似乎没有人敢对于这个问题下一个断语。据我个人的见解,这种做法,是未必成功的。最大的理由,就是:农村建设,必须以农民为主体。如果我们替农民做,无论成绩怎样好,还是不能生根,更谈不上开花结实。"①

实际上,就整体而言,教会在农村建设方面的贡献并不大,也只是在某些地区或一方面有点成绩。其根本原因当然是受当时政治制度的限制。另一方面教会对农村事业缺乏一个统一的领导机构,没有整体规划,试验太零散,因此形不成大气候。1936 年教会曾设法对全国乡村教会工作作一整体规划。金陵神学院的乡村教育科成立推广部,特请美国乡村教会推广专家费尔顿博士来华协助研究全国乡村教会工作推广计划,并约集了全国各神学院代表,共同拟定全国乡村教会工作推广方案,将全国分为九个推广区,每区均由神学院或教会机关负责联络各教会团体,组织乡村教会工作推广委员会,并聘请有关人士专任推广干事,在各区的乡村教会进行推广工作。但工作尚未打开局面,抗战便全面爆发,工作被迫停顿。②

虽然实验区并没有达到教会预期的目的,但通过这一运动,促进了教会与中国社会的结合,也可以说,促使教会沿着本色化前进。其中最重要的是使部分基督徒知识分子走上了与工农结合之路。正如徐宝谦所言:"我总觉得农村建设运动,不是一个单纯的技术问题,就中精神

---

① 徐宝谦:《黎川服务日记》,《真理与生命》,第 9 卷第 5—6 期,1935 年,第 10—11 期,第 289 页。

② 余牧人:《中国乡村教会事工的回顾与前瞻》,《金陵神学志》,第 23 卷第 4 期,1948 年 7 月,第 50—51 页。

的因素,似乎比技术更重要。我国自从孟子主张劳心者治人,劳力者治于人,两千几百年以来,将社会上的人分成截然两半。不论下层社会怎样过他们的牛马生活,上层社会尽可舞文弄墨,刮地皮,祸国殃民,而不责备。可怜一部二十四史,实际上不过如此。岳武穆说:'文官不爱钱,武官不怕死',千古传为美谈。其实这是做官者的责任,有什么可夸的呢?而我国历史上,廉洁的官吏,死难的将帅,居然如此之少,原故是因为上下两层社会,太隔绝了,太痛痒不相关了,因此演成了这样麻木不仁的状态。这种麻木不仁的情状,一日不改变,中国社会一日没有希望。所以我常说,知识阶级肯实行到民间去,是一种精神上的胜利。"[①]而在深入到民间和基层农村之后,部分基督徒知识分子又进一步提高了认识,徐宝谦说:"在此两年中,同工们对于自身及农村工作的认识,比较以前透彻多了。"[②]包括认识到:一是农村建设运动不仅为救亡图存,亦是基督教当前的出路。基督教如欲对中国作重大贡献,必须深入占人口最大多数的农村社会,必须创立基督化的农村社会。所谓基督化当然不是专指有组织的基督教而言,而是从揭高人的道德品质和思想觉悟而言。二是认识到农村建设固然需要宗教精神,然而同时也应有科学技术与方法,加以教育步骤及政治力量,才能完成。三是认识到基督教农村试验团体,最重要的是内部团契的建立,参加者必须具有下列条件:真正基督教的牺牲和服务精神,不计名利;有强健的体魄;有农村建设的眼光和合作精神;有专门的训练;能持之以恒。四是认识到农村建设要与大规模的政治改革,特别是土地制度的改革相结合。徐宝谦说:"同人深觉:农村建设,必须与大规模的政治改

---

① 徐宝谦:《黎川服务日记》,《真理与生命》,第9卷第5—6期,1935年;第10—11期,第288页。
② 徐宝谦:《黎川实验区的理论与实际》,《中国基督教会年鉴》,第13卷,1934—1936年,第102页。

革双管齐下,始能真正彻底。如土地制度的改革,实为农村建设的先决条件。"[1]以上四点认识实际上都与中国基督教今后应该如何走本色之路有关。在与农民结合的过程中,他们还提出了政治改革和土地改革的要求,认为这是实现农村建设的先决条件。这一点与共产党人的认识极为相似。这表明正是通过"到农村去"、"到民间去"的运动,使中国部分基督徒知识分子自身也得到了改造,思想认识有了极大的提高。因此不管基督教农村建设工作本身实际结果如何,重要的是这一运动对部分中国基督徒知识分子的思想影响,对中国基督教的本色化有着重要意义。如果中国多数基督徒知识分子真能深入民间去,走与工农相结合之路,中国基督教也许早就摘掉"洋教"的帽子了。

其次,教会通过这一运动,在一定程度上推动了乡村教会建设。30年代初中国农村经济崩溃,农民极其贫困,一些农村教会根本无力实施自养。与此同时,世界经济也处于衰退时期,各差会减少对华的资助,教会内不少受薪的教牧人员被裁减,许多乡村福音堂也因此不能维持而停闭。面对这种严峻形势,教会内一些有识之士对如何建设新乡村教会进行了一系列理论和实践的探讨,从而在某种程度上推动了乡村教会的建设。这表现在如下两方面:

一是对于乡村需要什么样的传道人员和如何培养问题进行了不少的讨论并提出了一些实际的训练办法,在一定程度上改善了乡村教牧人员的质量。毕范宇提出,这些乡村教会新领袖应该"比旧日的领袖,需要传道的热情及忠于耶稣基督的心","对农民必须有真诚的牺牲的爱心;同时更要了解农民的生活。所以最好的乡村教会领袖,大半要从乡村中培养出来的";他们"最好应受过中等教育","应该研究关于乡

---

[1] 徐宝谦:《黎川实验区的理论与实际》,《中国基督教会年鉴》,第13卷,1934—1936年,第102页。

村的各种课程,如乡村社会学,乡村经济学,乡村组织及乡村教育等。一方面可以由此知道乡村所有的问题,一方面又可以知道如何应付这些问题"。他们还"应该学习农业园艺和森林常识……得到一些农事经验,藉此能有多与农人接近的机会,由此多明了农人的需要,及如何与各农业推广机关合作的方法","应该学习如何调查乡村社会的方法,及如何绘制乡村社会图的方法"。"应该知道乡村服务的最好方法。如对乡村平民教育,卫生,合作社等服务事工,皆须具有相当的经验"。"应该研究乡村教会的使命及其事工,以及东西各国优良的乡村教会的成绩与计划",包括对农民的布道,乡村化的宗教教育,乡村教会如何达到自养自立的地步等等。应对基督教的内容,如《圣经》和教会史等进行研究,并能结合乡村特点进行。毕范宇还特别提出神学院应该面向农村,培养乡村教会的领袖。如要多带学生去乡村实习,观察良好的乡村教会服务状况,神学院教育应与乡村教会训练领袖的教育密切结合。教会还应多筹办短期学校训练班等等。①

吴雷川也对中国基督教会应如何培养农村服务人才提出了一些具体办法。他认为大学的神学院内可以特开两年学制的农村服务专修科,学习有关基督教课程、应用知识(如政治通论、经济通论、社会学、乡村自治等)、应用技能(农业种植,畜牧业,手工,化学制造等)。学生可选家境贫困的乡村教友子女无力升大学者,其在校的生活应由教会津贴,神学院对此项学生应免收学费,毕业后仍回当地为乡村教会服务。②

虽然像毕范宇提出的对农村教会教牧人员的要求与现实情况有相

---

① 毕范宇:《乡村传道者的训练》,《金陵神学志》,第14卷第7—8期,1932年10月,第3—8页。
② 吴雷川:《再论中国基督教会当注意预备农村服务的人才》,《真理与生命》,第8卷第6期,1934年11月,第316—320页。

当的差距,但毕竟为中国农村教会提出了一个努力方向。一些神学院做出了积极响应,从课程的设置到人员的培训,都朝着为培养乡村领袖的目标而努力。不少神学院学生参加了教会农村试验点的活动。还有些神学院学生毕业后扎根农村,为农村教会服务。一些人在乡村运动影响下,颇有服务和牺牲精神,加之所受教育水平相对较高,不仅在宗教方面较之过去老的教牧人员对基督教的教义神学的理解更深刻,而且在推广农业新技术方面也能起到一定的作用,由此更能取得当地农民的信任,从而也推动了教会在农村的发展。

二是关于如何才能达到中国乡村教会自养办法的讨论和实践,促使教会的自养和本色化。许多人根据晏阳初通过平民教育达到乡村建设的思路来设想和开展中国乡村教会自养之路。如张心田提出中国乡村教会出路在于:"从发展乡村信徒整个的生活中去谋求中国乡村教会的自养。具体的说,就是我们所传的福音要和他们的实际生活发生关系。不单是使信徒们得到丰富的灵性生活,同时也要使他们物质的生活渐渐丰富起来。在中国乡村信徒灵性和物质的生活整个发展的时候,中国新乡村教会的基础就建立了。"由此他提出新乡村教会的内容包括:1.根据宗教的信仰与精神;2.应用新农业的技术(包括农业的改良,如优良品种的实验与推广、栽种果树蔬菜、提倡良种畜牧和防治病虫害等,还有农业经济的流通,包括农作物抵押贷款、非常贷款信用保险金、组织合作社等);3.引用教育的方法(包括主日学的改良、灵修会或短期培训班、卫生教育、副业的提倡与训练、友谊精神及团体生活的养成等)。也就是说乡村教会的功能不仅只限于灵性方面的,它还应行使经济和教育的功能。教会通过推广农业新技术,如良种和提倡副业,并切实在经济上帮助农民,使教友富起来。教友也有余钱奉献教会,教会也就能自养了。他以江宁铜井教会的畜产献金法为例,显示了教会参与经济对教友和教会带来的利益。如教会出资购买小牛给教友养,长大后可以耕作,等生出小牛时再归还教会。生了三胎后的老母牛,则必须将它卖了,再到教会领小牛饲养。同样教友还可以从教会中借得买猪、鸡等本钱,等有了收益再还教会。通过这种办法使教友生计有着落,教友对教会的奉献积极性也高了。此外铜井教会还有一套适合农民的奉献办法:教友无须给教会捐现金,可以捐实物。教会专门选出可靠的人组成委员会,负责将实物出售,以维持教会的自养。①

在努力采用平民教育法布道的一些地区,乡村教会由此而兴旺起来的也为数不少。如田立功牧师在安各庄任职时,就先从调查入手,了解当时的民情,并挨户到教友家作家访。并为村里协办男女学校,动员教友子女上学。他本人在农闲时组织不识字的教友们学千字课本,等他们毕业后,又办了十多所平民学校,由第一届毕业生再担任各校的平民学校义务教员,教村民们识字。他还动员学校学生在假期担任平民学校义务教员。由此使该地区平民教育滚雪球似的愈来愈兴旺,成为河北民众教育的模范区。在办平民教育的同时,田牧师提高了教友对教会的责任心,不仅发展不少信徒,教会的奉献也大增,由此安各庄教会实现了自养。② 还有一些大搞平民教育的地区,教会也很兴旺,以致一些乡村牧师深有感触地说:"凡认真努力倡办平民教育的,教友莫不大增,教会也莫不跟着兴旺起来。"③许多乡村牧师在这一运动中创办各种类型的平民教育,如夜校、义务学校、露天学校、主日学、妇女学校等等。通过办教育,接近了农民,取得了农民的信任,由此基督教会在

---

① 张心田:《中国新乡村教会的理论与实际》,《金陵神学志》,第 19 卷第 5 期,1938 年 12 月,第 24—38 页。
② 田立功:《乡村教会经验谈》,《金陵神学志》,第 14 卷第 7—8 期,1932 年 10 月,第 57—59 页。
③ 余牧人:《我所参观的几个华北乡村教会》,《金陵神学志》,第 14 卷第 7—8 期,1932 年 10 月,第 75 页。

农村也得到了发展。通过教育,农民具备了一定的农业常识和技术,有利于改善他们的生计,及达到乡村教会自养的目的,而且通过教育还帮助他们破除了一些迷信、恶习和陋习,提高了农民的公益心,并由此使农村信徒的质量也得到了提高。一些乡村牧师深有体会地说,如果乡村教会都开展平民教育,"那末不特新农村发展,计日可待,即教会自养,也易如反掌了。所以提倡乡村教育,不特是'救济农民','振兴农业'的一个主要方法,并且是促成本色教会的根本问题"。①

总之,"到乡村去"、"到民间去"运动,总体而言,对全国范围内的教会影响不大,但对一些地区乡村教会和基督徒知识分子个人而言,确实产生了不小的影响,在一定程度上推动了中国教会与中国社会结合,对教会的本色化有一定的作用。

第三节　抗日救亡运动

从1931年到1945年长达十五六年的时间内是20世纪中华民族危机最深重的时期。九一八事变后,日本侵略者侵占了中国东北大片领土。1932年1月28日日军又对上海发起了攻击,十九路军奋起抵抗,全国人民深受鼓舞。淞沪战后,日军又步步紧逼,向热河、华北一些地区发起攻击。1937年"七七卢沟桥"事变后,日本人向中国大举进攻,抗日战争全面爆发。从1937年到1945年日本投降,这八年间,是中国人民灾难最为深重的时期。日本侵略者占领了大半个中国,烧杀奸掠,无恶不作。中国基督徒也与全国人民一样遭受着巨大痛苦和牺牲。教堂被炸,学校和医院或遭抢劫或被占领,教牧人员和信徒有被捕

---

① 汪兆翔:《乡村教会经验谈》,《金陵神学志》,第14卷第7—8期,1932年10月,第65页。

的,有遇害的,有流离失所、家破人亡的。这些血的教训,使基督徒对日本帝国主义的本质看得愈来愈清楚。如果说在九一八事变发生后一些人还认为通过日本国内的反战力量和国际力量有可能阻止战争的爆发,从而对非武力抵抗抱有幻想,而到七七事变后则彻底打破了这种幻想,由此完全改变了态度。主战派在教会中占绝对优势。不少基督徒积极投身于抗击日本侵略者的全民运动中,有些人献出了自己的生命,他们的爱国行动改变了人们对基督教的看法。基督徒在这民族危难之时也与全国人民的心更贴近了。

九一八事变后,基督徒也像全国人民一样,对日本侵略者的强盗行径极为愤怒,各公会、教会学校、基督徒个人不约而同地发布了大量的各类文章,包括宣言、通电、国难祷文、论文等,一致谴责日本,对祖国和东三省同胞遭受的不幸深感痛苦,并组织各种救亡团体。但他们在如何对付侵略者的问题上则有不同看法。

1932年4月,陈晋贤曾根据全国各地的35种教会刊物(共74份,论文176篇)对九一八以后全国基督徒对国难的态度作了分析,认为"可分三种:第一,抵抗派,而抵抗派又可分为两派:一即武力主义派,一即非武力主义派;第二,为不抵抗派;第三,为稳健派"。[①] 这三派各自的依据不同。

武力抵抗派的主张是:日本的暴行是人类罪恶的表现,我们当以武力铲除这种罪恶;日本的暴行,破坏了世界和平,为维护世界和平,不得不武力抵抗;武力抵抗不是主张暴力,乃是消灭暴力;武力抵抗乃出于自卫,而不是侵害他人,自卫是上帝赐予人类的特性;而且上帝只帮助那些能够自助的民族,天父只保卫那些能够自卫的国家;武力抵抗旨在

[①] 陈晋贤:《基督徒对于国难态度的分析》,《金陵神学志》,第14卷第5期,1932年5月,第8页。

使人类彼此的接触基于正义人道上；从基督教整个的教义来看，并非绝对的非武力抵抗主义；基督的不抵抗主义对个人而言是可以的，但对国家而言，从受托之责任上说，就必须抵抗；日本侵略我们的领土，杀戮我们的人民，这是我们无法忍受的事，故必须抵抗；武力抵抗是迫不得已、刻不容缓的方法，就像老虎要吃人，人就必须合力将它打倒。

非武力抵抗派的原则是唯爱，抵抗的方法是不合作运动。其主张是：耶稣绝对主张非武力主义，他充满了爱的精神，我们既承认是他的门徒，而去作反对他精神的事，是极矛盾的，如果主张武力，最好不要做基督徒；主张武力而以耶稣的教训为根据乃大错，误解了耶稣的话；耶稣爱仇敌，是广义的，是要天下的人都当彼此相爱，这样天下就太平了；我们的目的在求和平和正义的实现，我们采取的方法应与目的一致，所以武力的方法，决不是达到和平目的的方法；我们相信战争永不能止息战争，我们既恨战争，惟有用和平的方法来消弭战争；战争包含仇恨心理，无论谁胜，都种下了仇恨的祸根；战争所造成的惨祸极大，所以反对战争；武力是造成今日世界局面的一个重要原因，所以要反对武力；人格有无限的价值，战争是摧残人格的利器；惟有爱才是保障人格、发展人格的最善方法；惟有爱才能消灭阶级斗争、国际间的不平，实现世界和平；爱是永不失败，爱能得最后的胜利。

不抵抗派的主张是：中日纠纷听候上帝的裁判，所谓"伸冤在我，我必报应"，让恶人得着他们自然的结果吧！不必直接与日本为难，不妨尽力将日本在中国的暴行对外宣传，或诉之于国联等，对世界基督徒宣传，请求他们本着公义来解决中日纠纷；当在上帝面前恳切祈祷忏悔，以求得吾国转危为安。

此外还有稳健派。他们既不赞成武力抵抗的方法，虽对非武力抵抗的方法表同情，但也认为并非救国之根本方法，也不赞成绝对的不抵抗主义，认为太不负责。他们主张一面要努力参加不合作运动以期促醒日本；同时更当在上帝面前为日本、为中国、为世界的基督徒痛切忏悔我们的罪恶，更应从此加紧我们基督徒救人的工作。其具体主张是：中日问题乃长期的问题，所以须有长期奋斗的精神；对于中国问题，基督徒固要有热烈的爱国心肠，更要有冷静的头脑，来彻底研究这问题的真相，并建议成立国情研究班；日本此番暴行，其罪固在日本，然亦中国政府与人民的腐败有以致之，所以救国的工作，还在整顿内部，以谋自强；救国尤须救人，中国的问题，不是事的问题，乃是人的问题；救国的工作，必须有道德上的根据，基督徒与非基督徒均须有修养人格的工夫；人格救国，不尚空谈，乃重实际；基督徒要做这种救国建设的工夫，必须有刻苦奋斗的精神，须能背负十字架；基督徒要救国须从下层工夫做起。①

另据张祖翼在九一八发生后三个月对中国基督徒的分析，"除了静默派以外，要算非武力抵抗派的人数为最多，而他们的势力也最大。讲到他们所积极提倡的有组织运动就是大规模的对日不合作运动与中日问题研究会"。② 这种思想的代表，当时有吴耀宗和徐宝谦等唯爱社社员。随着日本侵略者步步紧逼，吴耀宗在以后改变了思想，徐宝谦则始终坚持其唯爱主义思想，相信世界最终能通过爱的力量战胜非正义。他认为，基督教的精神是唯爱，而战争的途径与基督教的这一精神根本相背，因为战争只能使仇恨和报复心理深刻化。他承认主战者的立言有见地，但认为究竟并非根本解决之法，由此提出要"根据基督教的教义，找出一种足以代替战争而能根本地解决国际纠纷的方案，是中国基督徒当前唯一的任务"。③ 他还说，对于民族利益和阶级利益，基督徒

---

① 陈晋贤：《基督徒对于国难态度的分析》，《金陵神学志》，第 14 卷第 5 期，1932 年 5 月，第 7—15 页。
② 张祖翼：《基督徒对于东省事件态度的剖解》，《女青年月刊》，第 11 卷第 1 期，1932 年 1 月，第 11 页。
③ 徐宝谦：《基督教对于中国应有的使命》，转引自《本色之探》，第 174 页。

都能相当的承认,因为耶稣就曾为耶路撒冷痛哭,是一位爱民族者,又是一位无产阶级的良友。但耶稣以上帝为天父,视人类为兄弟,因此不能视一民族和一阶级为最终的目标,并信仰爱心和信仰具有无上的力量,自然也不赞成唯物史观和武力革命的主张。他的这一观点可以代表非武力抵抗派的看法。

随着日本帝国主义不断侵吞我国的大片领土以及对我国人民的残暴行径,许多基督徒觉醒过来,不少唯爱社的成员也改变了非武力抵抗的思想,其中包括吴耀宗、吴雷川等人。特别是七七事变后,大部分基督徒深刻感受到想借助国际力量制止日帝侵略只能是画饼充饥,因此都由原来的非武力抵抗的观点改变为积极支持武力抗战。以吴耀宗为例,可从一个侧面了解到中国基督徒的转变过程。

唯爱社最早由英国人霍德进等人于1914年第一次世界大战时发起,以反对战争,实施基督的博爱精神为宗旨,认为耶稣的宗教是爱,无条件的爱,耶稣不会使用武力对付敌人,而是用爱去感化他们,因此凡入社者均拒绝参战,为此一些社员受到政府的监禁。1919年欧战停止时,唯爱社已成为一个国际性的组织,并在荷兰召开了第一次国际大会。嗣后每隔一年便举行一次会议。一次大战后,霍德进来华,唯爱社的宗旨也传入我国,被一些思想开放的信徒所接受,在霍德进的鼓励下,他们共同发起了中国的唯爱社,其中包括吴耀宗、吴雷川、徐宝谦等人。1921年吴耀宗担任了中国唯爱社主席。1931年他接办了《唯爱》杂志。九一八事变后,《唯爱》杂志就中国对日本是采用武力还是非武力抵抗进行了大辩论。不少基督徒反对吴耀宗的非武力抵抗的论点,认为国难当前,面对如此残暴的日本帝国主义,惟有拿起武器进行反抗。但吴耀宗则认为采用非武力抵抗,如采用不合作运动、与日绝交及断绝一切关系(除两国人民谋根本解决问题的应有关系外)等精神手段来反对日军侵略则理为高超。实际上他本身也很矛盾。他曾谈到一二八上海遭受日军侵略,听说十九路军奋勇抵抗时,他是"极度高兴的。四个月来胸中的愤懑,至此才得到一点消解"。"每看到中国军队的捷报,和日军的败绩,就兴奋起来,甚至起居也失了常度。"他还对张学良的不抵抗主义深感痛心,认为这种不抵抗是懦弱,是自私。他引用了甘地的话来说明他对九一八事件的看法:"如果我们所能选择的,不是懦弱,就是武力,那么,我们应当选择武力。我宁愿冒险用武力一千次,不愿使我种族失却丈夫之气。但我相信,非武力比武力高超至于无限;饶恕比惩罚更为豪侠。"①随着日军的步步进逼,到1933年他对自己原来的信念已经有所动摇。他说:"我国现在的决心抵抗,似乎已经到了俗语所说的'赶狗入穷巷',不得不反噬的地步。如果大家再取消极不抵抗的态度,那不是丧心病狂,便是国民人格的总崩溃。我们认为理想是理想,事实是事实,两者不能混为一谈。从现在的局势而论,从一般人的立场而论,除了抵抗,似乎没有别的办法:这是事实。不管抵抗的物质结果如何,只要我们能够坚持到底,最后的胜利必定属于我们。因为暴日的强横无理,目空一切,久已使我们忍无可忍;现在的抵抗,正是我们人格重生的表示。并且我们相信,我国现在的抵抗才是真正的'死里求生'……"②也就是说,他已意识到唯爱主义只是一种理想,尚不适用于当时中国的实际情况。到1935年《唯爱》不再就武力抵抗还是非武力抵抗进行讨论了,而是专注重于社会改造工作,这表明吴耀宗已进一步改变其立场。到1937年,他便辞去了唯爱社主席之职。1938年,他深刻认识到"唯爱与革命是不能分开的","唯其爱,所以对于一切压迫人的制度和剥削人的阶级都要反对",③更加积极地投

---

① 吴耀宗:《上海事件与唯爱的主张》,《唯爱》,第4期,1932年2月15日,第2—3页。
② 吴耀宗:《鼙鼓声中的唯爱》,《唯爱》,第7—8期,1933年3月15日,第2页。
③ 转引自姚民权、罗伟虹:《中国基督教简史》,宗教文化出版社2000年版,第237页。

身于抗日救亡运动中。与此同时,唯爱社其他成员在日帝的强暴面前,也改变了立场,如吴雷川就谈到他的思想转变过程。他说:"我在十余年前,就加入中国唯爱社为社员。起先我极端承认基督教是爱的宗教,做基督徒的,只要持守着喜爱和平,反对战争的态度,又随时随地做些有益于人的事,就可以无愧为唯爱主义者,所以对于唯爱的意义,从没有发生过甚么疑问。后来因为感受时事的刺激,又对于基督教义详细地研究,觉得唯爱的目标固然没有问题,而达到这目标的途径,和所要采用的手段,则大有讨论之余地。"①

许多基督徒正是在日寇对中国人民所犯下的种种惨无人道的残暴行径的事实面前,通过亲身参加抗日救亡运动,在与广大民众和爱国官兵和其他人士的接触过程中,逐渐改变了非武力抵抗的思想,融入抗日战争的洪流中。

抗战期间,基督教会做了大量的工作。总括起来有如下几个方面:

一、救济难民。1932年一二八淞沪战起的翌日,上海的基督教青年会便"设法召集沪上各教会团体,组织'基督教战地难民救济会',一面联络各民众团体,赴战地救护未脱险之同胞,一面复救济已脱险而无家可归之难民,并由上海青年会将会所之一大部分改作临时收容所,藉以收容多数难民"。② 与此同时,上海教会组织了"基督教非常时期服务委员会",呼吁全市教堂腾出空屋,共设立了10个难民收容所,帮助那些在虹口和闸北两区被日帝炸毁房屋的难民渡过难关。其他地区也有教会从事赈济工作的,如广东曲江等地。抗战全面爆发以后,一些未占领区,或沦陷区中的教会往往成为难民收容所。如上海、南京、武汉及其他大城市的教会,在该地成为前线的后方时,都成为难民收容所。

---

① 吴雷川:《'唯爱'与'学运'》,《唯爱》,第17期,1935年3月20日,第35页。
② 梁小初:《国难中之青年会》,《中国基督教会年鉴》,第12卷,1933年,第175页。

太平洋战争爆发前,在沦陷区内,教会也往往利用其特殊的地位成立安全区,成为民众的避难所,挽救了许多人的生命。1937年八一三淞沪抗战爆发后,基督教联合会设有收容所17所,除供相当膳食外,还从事布道工作,给难民以精神安慰。他们对病号,给以特别照顾,不仅离室居住,还有特别的调养,并曾一度收容难民达3600余人。如有家可归者,救济委员会还给以一定的川资帮助他们返回故里。这些款项全部由广大信徒慷慨解囊、积极捐献而来。一些后方的教会,如湘西桃源中华基督教会,还设立了难民服务处,为他们开办了难民工厂和难民学校等。

二、军人服务。抗战时期,教会,特别是青年会还设立了军人服务处,开展对军人,包括盟军的各种服务工作。中华基督教会全国总会的西总干事高伯兰牧师经多方努力,组织了负伤将士服务协会,专门从事将负伤的将士送至后方医院的工作。不少地方教会人士派人去伤兵医院为伤兵做力所能及的各种琐事,从缝洗衣服,到代写家信,或组织他们娱乐,或向他们宣教,给予他们各种精神上的安慰等。教会还成立了"伤兵之友"或"新兵之友",与政府和社会各服务机关合作,设法为伤兵和新兵增加营养。英国公谊会还专门组织汽车救护队,在我国各战场从事抢救负伤将士的工作。1939年上海青年会发动捐寒衣及捐款活动,由宋庆龄所发起的"保卫中国大同盟"转交八路军和新四军。入冬后,各地女信徒还踊跃缝制棉背心和鞋袜,送往前线。

三、基督徒的各种救国运动。九一八以后,不少基督徒成立了各类救国会,如唯爱社吴耀宗等于1934年发起成立了救国团体,"旨在唤起民众,继续奋斗,以期收复失地,解放民族"。所做的工作是:"1. 提倡救国储金抵制日货及其他实现目标所必需的工作;2. 研究国内外形势及与中国民族革命有关系的问题并作具体清楚的主张以培养意识造成舆论;3.参加其他宗旨相同的团体工作以收联络互助之效"。①

1936年5月中华基督教会组织了中国基督徒公民委员会,并请各地教会也组建同种组织,以互相通气。该组织宗旨是:"欲唤醒各地基督徒的爱国思想,集中大众公民力量,根据基督教原则,实行救国工作。"七七事变后,该委员会于7月22日召集紧急会议,通函全国教会即日进行如下工作:"甲、联合当地同道,为国祷告;乙、组织救护队,并为积极之训练;丙、努力募捐,以备救济之需;丁、将进行工作,随时报告本委员会,俾得转函各地教会,以联声气,而增力量。"它还预备刊印小册,说明基督徒在此非常时期各种应对之事,如防空知识,祈祷题目,普通工作等,发送全国,并将华北日军的侵略行径,函告世界基督教协进会和日本基督教协进会,以明事实真相,要求各国教会主持正义。北平基督教联合会组织战区服务救济委员会,进行救济和募捐工作,并由中国基督徒公民委员会通函全国教会采取一致步骤,积极支援前方将士②。与此同时,中华基督教会于1937年发起"分文救济运动",由专人负责促进救济工作。

1938年,冯玉祥等在武汉发起组织基督徒救国总会,并在各地设立分会。武汉沦陷后,该会迁至重庆,从事全国基督徒献金救国运动。这些运动得到了教内外许多人士的支持。不少女信徒用自己的金银首饰购买救国公债。广东圣公会的主教莫寿增将两广信徒为其荣升主教而献给他的金十字架捐了出来。

此外,教会还组织各类义演、抗战演讲、教唱抗日救亡歌曲等活动,向民众进行宣传。一些地方的青年会抗战时特别活跃,常常成为宣传

---

① 吴耀宗:《我们怎样组织?附组织救国团体简章》,《唯爱》,第13期,1934年3月15日,第8—10页。

② 《中国基督徒公民委员会》,《中华归主》,第178期,1937年8月1日,第5页。

抗日救国的中心,如上海青年会兴办民众歌咏会,每晚教唱《义勇军进行曲》、《毕业歌》、《开路先锋》等革命歌曲。1936年青年会冲破了种种阻碍,在南市区公共体育场举办万人歌咏大会,会上群情激昂,高唱爱国救亡歌曲,连国民党派来监督的警察也情不自禁地随着高唱起来,充分体现了中华民族抗击侵略者的决心和爱国之心。汉口的女青年会在1938年也邀请了许多进步人士,包括邓颖超、郭沫若、李德全等人作抗日讲演。当时进步妇女领袖组织的"战时儿童保育会"就设在汉口女青年会。

四、国外宣传与联络工作。九一八事变后,中国教会利用各种机会,不断向国际社会揭露日帝在华犯下的种种暴行,以取得国际社会的同情与支持。这种事例不胜枚举。如九一八事变之后,金陵神学院、监理会便向美国教会呼吁制止日本侵略。1937年抗战全面爆发后,中国基督教协进会、男女青年会都联名致电国联,要求国际社会制裁日本。在华的圣公会主教致电英国坎特伯雷大主教,表达了中国人民抗日的决心。一些爱国基督徒还在国外发表演说,如青年会学生干事刘良模在美国各地宣传抗日。不仅如此,中国基督教会还与日本基督教会取得联系,争取日本基督徒反对其本国统治者的侵略行径。这些活动在国际社会取得了很好的反响,美国和英国等教会不仅在道义上谴责日本,表示对中国人民的同情与支持,而且在物质和人员上都给中国人民一定的支持。

五、边疆服务工作。抗战开展不久,中华基督教会全国总会便因政府的约请和协商,在成都建立了边疆服务部。1939年和1940年分别在川西之理番和西康之西昌各地设立服务区,从事教育、医药、宣教和其他服务性工作。在那里开办了医院和小学,还为边民办夜校识字班。医务人员经常下乡村巡回医疗,并联络当地的教会开展布道工作。该服务部还组织学生边疆服务团,利用寒暑假去为边民服务。这一工作是教会在抗战期间最有创造性的工作,收到了很好的社会效果,对教会和国家都极有利。

不少爱国信徒,包括支持中国抗日的西方传教士,在抗战期间,特别是在太平洋战争爆发之后被捕,如赵紫宸、司徒雷登等人。有些人为国捐躯,其中最有名的是沪江大学校长刘湛恩,他因拒绝充任日本帝国主义的伪教育部部长一职于1938年被敌伪特务杀害。

基督徒的种种爱国行为赢得了中国人民的好感,不少人改变了对基督教的看法,愿意与基督徒接近。陈文渊认为,"今日过激派与共产派的学生们不但对于教士和教会表示友好,且邀请基督徒前往参观他们工作的中心区,甚至可以把上帝的福音传播给他们。这是多么大的一种挑战!"[1]吴耀宗也说:"基督徒青年在这伟大的时代中,并不甘落人后。学生的救亡运动,有许多基督徒同学热烈地参加。从前一般人以为基督徒是没有国家观念的,这次抗战不但证明了基督徒一样的爱国,一样的主持正义,并且他们在救难民,服务伤兵等种种工作上,做得特别多,也做得特别好。尤其是一般西籍传教士在战地和后方的慈善工作,和在国际间暴露敌人恶行,替中国宣传,给予国人以极良好的印象。在这许多工作中,基督徒青年,都占着重要的位置。也因为有了这许多实际的表现,所以一般人以前对基督教的误解与歧视,现在都涣然冰释,对基督教另眼相看。"[2]这些都表明,通过抗战,基督徒与中国人民的心更贴近了,基督教在与中国社会的结合方面,或者说在本色化方面又向前迈进了一步。正因如此,据全国基督教协进会于1946年挑抽地区调查,"抗战期间,慕教友约增百分之三十"。[3]

---

[1] 陈文渊:《中国学生与基督教》,《中华归主》,第194期,1939年3月15日,第4页。
[2] 吴耀宗:《基督徒青年的使命》,《真理与生命》,第12卷第3期,1939年5月15日,第136—137页。
[3] 郑新民:《教会奋进运动的另一条路线》,《天风》,第5卷第15期,1948年4月17日,第7页。

第四节　这一时期有关本色化的理论探讨

北伐以后,非基运动消沉,中国基督教会对本色化的理论探讨的热情不如20年代前期那么高涨,但从没有间断过。30—40年代,由于形势的改变,民族危机的加深,基督徒发表了一大批有关国难与基督教或基督徒方面的文章,充分地表现了信徒的爱国之心。还有一些文章探讨中国文化与基督教的理论及对中国基督教进行反思。不少文章有见地,有深度。

九一八事变爆发前,民族矛盾尚不尖锐,一些基督徒较注重从伦理方面论基督教与中国的关系。如吴雷川的《中国旧道德价值的重估与基督教》[1]、《从儒家思想论基督教》[2]等。刘廷芳在《基督教在中国到底是传什么》[3]一文中分析了以往基督教百余年来在华传教所存在的问题:富于实行的表示,却缺乏精密的说理;在劝人为善方面虽做出一定成效,但多半是消极、局部的,缺乏有系统的说理;其最大的困难一方面是反中国社会制度中心的伦理观念,一方面是没有给信徒及社会一种明了的新伦理观念;基督教对中国社会的根本问题缺乏研究,如人与人、国与国、种族与种族的关系都无研究。综结起来,就是说,基督教在中国今日刻不容缓的工作便是对于中国人今日日常生活上所需要的伦理问题有一个彻底的研究。基督教并没有对中国基督徒人生伦理问题有过多大的帮助。许多基督徒日常生活的修养主要是中国社会普遍共有的传统的儒家的伦理观。中国基督教应研究出一部适合中国人需要的基督教伦理。

九一八事变和七七事变后,大量的文章论述国难与基督教。这些

---

[1]　《野声》,第2期,1928年10月,第6—11页。
[2]　《真理与生命》,第4卷第18期,1930年5月,第3—9页。
[3]　转引自《本色之探》,第118—123页。

文章中,在七七事变之前,许多人主要要求中国检讨自己,如刘廷芳说:"教会的第一个使命是坚固国人的信仰",即坚信宇宙间有公理;"教会第二个使命是痛责中国的罪恶。我们若信宇宙之间有一位神,倘若这神是公道的、正直的,他决不会对于日本的强横,没有最后的制裁。但是倘若这神正是公正无私的,他对于中国今日国中之罪恶,也不能不秉公惩戒。国必自侮,然后人侮之。我国当局,其中贤者忠者仁者智者恩怨不是无人,然而腐败者,黑暗者,误国害民者、自私自利者,只知有家不知有国者,贪婪淫欲者,残害同胞者,间接直接卖国者,其数岂不是可以车载斗量? ……倘若国内的罪恶不除,国民不能痛改前非,如此腐败的机体,即使没有外祸,也终有自溃的一天!""我们要得救,必须老老实实的自认过错。我们不是待错了日本人,日本欺凌我们,完全是他们的强权无理。我们却是待错了自己的国家。我们如今不是举国一致的,自己擦清了眼睛,看见自己的罪恶,举国一致上下齐心的忏悔,决志痛改前非,求新的生活,洁净的生活,中国的前途,是永无希望的。"[1]

  赵紫宸也与刘廷芳的看法类似,认为当今国难一是日本军阀的野心,一是中国民族的衰弱,而导致衰弱的主要原因是自私,补救的办法是培养人心破除自私,建立公德,使国人彼此团结。今日中国如国内能团结则存,不能团结则亡。由此他提出要彻底改良家庭,用耶稣的精神实施民众的宗教教育,激发青年,为他们开救国的出路,如开边,去做农村改造、教育改造等,还要本耶稣的教训去在民众中创造救国的心理。他还提出在国难之际,必须维持政府,督促政府不卖国,不丧权,而人民方面要作政府的后盾,可作些小结合,去实地发展社会,改造社会等。[2]

---

[1] 刘廷芳:《国难中教会的使命》,《真理与生命》,第6卷第12期,1931年12月,第1—7页。
[2] 赵紫宸:《宗教教育者应如何应付国难》,《真理与生命》,第6卷第8期,1932年6月,第1—6页。

"设使中国有足数的人肯负十字架,肯被钉死,中国就有希望"。"中国的希望在中国的四万万数千万的民众","中国的希望是在于中国的青年","国人的痛苦是中国的希望",因为痛苦,就有危险中的希望,就怕麻木不仁,那就真的无可救拔了。此外中国的希望还在于各界少数有觉悟的分子。"我们的希望在于人……不在于大人先生们……我们的希望是在于有志之士在各地方各界中作小团结小建设的工作。"①

不少人提出应付国难的办法,吴雷川认为基督教应该唤起民众,其一是用语言文字宣传,使民众明晓是非的标准。不但根据基督教教义,指示民众应当怎样做人,更要采集各种常识,施以普通的公民的教育,使他们对于现行政治制度的美恶,略有辨别的知见。其二是发起各项事业,使民众在实际上得着利害的比较。现今因为全然不顾念民众,所以凡关心唤起民众的人们要借着实事,如识字运动,卫生运动,又有改善工人待遇,改良家庭状况以及一切所想望的公益事业。②

七七事变后,许多文章论述基督徒如何应付非常时期。有的提出基督徒在这战乱时期要不放弃信仰,不轻生、不怕死。③ 有的提出这一时期基督徒要保持独立精神、吃苦精神、进取精神、信仰精神、救世精神。④ 还有的提出要深藏生命、坚定信仰,生活要机智。⑤ 另有人提出要适应坏境,死守善道,"坚定信仰,至死不变,是我们守道的态度";"我

---

① 赵紫宸:《我们的十字架就是我们的希望》,《真理与生命》,第6卷第5期,1932年3月,第5页。
② 吴雷川:《基督教应注意唤起民众》,《真理与生命》,第6卷第6期,1932年4月,第1—8页。
③ 编者:《基督徒在战乱中须注意应付患难的能力》,《真光》,第36卷第12号,1937年12月,第1—2页。
④ 编者:《中国基督徒在这非常时期中应注重的几种精神》,《真光》,第37卷第8号,1938年8月,第4—6页。
⑤ 张庭瑞:《基督徒如何应付非常时期的患难》,《真光》,第38卷第9号,1939年9月,第7—9页。

们的环境愈特殊,我们的信仰愈要坚定,而守道护教的热忱愈要殷勤"。①

　　这段时期,较为重要的是有关如何理解基督教爱仇敌及基督徒是否能参战问题的讨论。七七事变使不少基督徒改变了原来主张的非武力抵抗的态度,由此在对爱仇敌的理解上也有了新看法。有人提出要分清楚私人的仇敌与人类的蟊贼。私人的仇敌应用爱心待他,而人类的蟊贼则是魔鬼,不能姑息。爱仇敌不是怕仇敌,也不是屈服于恶势力。爱敌不是纵敌。仇敌且须爱,那亲属和善良的人更须爱。牺牲是舍己救人,不是舍人救己。牺牲是有限度的,也是有时间的。在感化敌人和造福人类不可兼得的情况下,那就只有牺牲敌人而求造福人群。② 也有人认为耶稣出世是与犹太民族的复兴有关,他认为有保留民族的必要,但不是因为某民族优越于他民族,而是因其对整个世界有贡献。对"国仇",耶稣是反对的,今日中国的反侵略,抗战,为民族而奋斗,都是在人权本分内的事,是完全正当合理的。③ 对于基督徒当兵的问题,也有新的认识。有文章认为:若是良心不许可当兵,则当随从良心的自由;非到万不得已,不可采用武力;要和平必须维持公义,能维持公义,才有真正的和平;基督教仍然承认现在国家的行政的权力是上帝所给予的,包括军队、警察。耶稣和使徒们都没有禁止信徒当兵的明训。基督徒当运用智能以护善制恶。④ 还有的提出苦难对人生的意义,能使人得道明理,使人得训练,并认为这是人应得的惩罚。⑤ 对于日本侵略

---

　　① 万福林:《特殊环境中基督徒应有的态度》,《真光》,第 38 卷第 10 号,1939 年 10 月,第 4—6 页。
　　② 编者:《国难期基督徒急于求解的两个问题》,《真光》,第 37 卷第 10 号,1938 年 10 月,第 1—2 页。
　　③ 招观海:《耶稣眼中的民族复兴》,《中华归主》,第 184 页,1938 年 3 月 1 日,第 2 页。
　　④ 编者:《国难期基督徒急于求解的两个问题》,《真光》,第 37 卷第 10 号,1938 年 10 月,第 2—4 页。
　　⑤ 曹新民:《苦难与人生》,《真光》,第 37 卷第 5 号,1938 年 5 月,第 1—3 页。

者入侵是不是中国人应受的惩罚,一些人很反对,认为这种说法就成了"上帝现在正假侵略者之手来惩戒我们。如此讲来,难道不是侵略者便是上帝使用的工具吗?……但此次中国之被侵略,则情真理确,是侵略者受魔鬼指使的行动,绝对的不是受上帝指使的行动。反之,这些行动,简直是反上帝的行动。恐怕就是侵略者本国的基督徒及有爱心和公义的人都不能加以同情的。对于这点,我们又要认得非常清楚。不如是呢,恐不只犯了汉奸之嫌,更中了魔鬼的计"。① 一些基督徒更是从爱国的立场提出国难中信徒的经济责任,认为基督徒应对国家有加倍的责任,在国难之际要尽力攒钱、省钱,以便为难民和前线尽力地捐钱。②

不少基督徒发表了大量的爱国文章,主张坚决抗日。吴雷川和谢扶雅则提出了革命的基督教的观念。

吴雷川的《基督教与中国文化》一书,写于国难当头的1936年。作为爱国人士,吴雷川不能不受时局的影响,正如他自序所言:"当我写这本书的时候,正值华北风云变幻,平津各学校学生罢课游行,影响到全国各地。因着时局的严重使多少青年愤慨不安,荒废学业,我的精神上感受不可言说的痛苦。有时掷笔徘徊,属稿屡屡停顿,但同时对于青年的期望却更为热烈。"③正因如此,他在写此文时特别强调宗教,即基督教,与社会和政治的关系。他说,"宗教是人类进化的一种动力","宗教既是社会进化的动力,它本身也必与时代一同进化"。④"宗教的功用在于领导个人以改造社会。以基督教而论……近代人多讲社会

---

① 招观海:《耶稣眼中的民族复兴》,《中华归主》,第184页,1938年3月1日,第2页。
② 罗文清:《国难中的信徒经济责任》,《真光》,第37卷第9号,1938年9月,第6—9页。
③ 吴雷川:《基督教与中国文化》,青年协会书局1937年版,《自序》第3—4页。
④ 同上书,第3页。

改造,因此基督教又被称为社会福音……信仰宗教,先要借镜于真理,发现自我;更进一步,就要忘却自我,专一服从真理,为真理奋斗以改造社会,这就是宗教的功用"。又说:"宗教既以改造社会为究竟底目的;因此信仰宗教的人必要直接或间接参加政治上的活动。因为人本是政治的动物,人要改造社会,岂能与政治无关?"① 正是从这点出发,他把耶稣完全理解成一个社会改造者。他列举了《福音书》中有关内容,以证明此点,并认为"耶稣即自认负有改造社会底使命,所以他教训门徒,也是要他们以改造社会为一生工作底目标。他所教训的几句话,可以认为是改造社会的信条,也可以认为是改造个人思想底方案"。② 他还认为,耶稣当初的计划是为了当犹太人的王。因为耶稣以为"必是先将国内种种腐败的现象全部扫除,按照真理重新厘定制度,解除人民的痛苦,使他们得到真正的幸福,才是建立了新的国家。新的国家巩固了,那时强邻自要刮目相看,外侮可不抗而自绝"。③ 但因当时时势所限,人们不接受他的计划,使他无法取得政权,并按真理来改造国内的一切制度,建立新天国,于是只有牺牲自己,与恶势力斗争,使真理的种子传播于人间。吴雷川认为耶稣所宣传的天国就是他理想中的新社会,其主要条件是物质的平均分配,并以平等、自由、博爱为极则,人类也不会再自相残杀。而"耶稣训言中所指示的真理,大部分可以与中国先哲的遗言相印证……我们研究耶稣的训言,愈足使我们深信真道之合一"。④ 总之,在吴雷川的笔下,耶稣的教导及作为都似乎很能与中国当时的国情和中国古代圣贤的教导相合。在论及基督教与中国的关系方面,他简单地回顾了中国基督教的历史,认为基督教之所以在中

---

① 吴雷川:《基督教与中国文化》,第6—7页。
② 同上书,第65页。
③ 同上书,第86页。
④ 同上书,第96页。

国尚无稳固的基础,主要有三个原因:一是宣传宗教而夹带着国际间的势力,由此而抹杀了宗教本身的真义。基督教凭借帝国主义的势力强迫中国签订不平等条约,用政治势力保护传教,开千年未有之创举。由此造成中国人民的反抗,也形成了中国基督教根基不固的主要原因;二是教会固执成见,宗派分歧,反将本身最大的目的置诸不顾;三是中国教徒分子不纯,不能有真正的团契,因而就没有全国联合自立的准备。他又列举了非基运动中反基督教的各种理由,包括反一般宗教的,反基督教的,反教会的,反牧师的,反教会学校的,反教义的,反耶稣。他认为:"20年来的反基运动,将基督教会所有的缺欠暴露无遗,使教会中人不能不感受这莫大的刺激。因此,全国教会所有普通的事功虽然受了相当的顿挫,但它们却能一齐顺应着潮流,自谋改进。并且有些早已觉悟的基督徒,更抱着积极的精神,要负起中国基督教的责任,这也可说是反对者所促成的"。[1] 吴雷川十分赞成非基运动后,以吴耀宗为代表的中国基督教会中先进分子提出的社会福音思想。在对中国文化未来的展望中,他也赞同一些人的看法,认为中国未来的本位文化的建设必要经过革命,并必属于社会主义的,也就是关心民生的,教育也要是社会主义的教育。他还提出当今中国,要有所作为,"则绝不能不采用集团主义的精神",因为当今中国封建的侠义之风已崩溃,"民族工业又因帝国主义者之束缚而不能自由发展,于是在此社会凌乱,毫无定型之时,西洋个人主义之输入,适成为一部分官僚政客与高等华人之自私自利的护身符,民族前途亦可悲矣"。[2] 中国未来的文化要包括精神与物质的问题以及个人与社会的问题。两者进行合理的调和。最后他在"基督教更新与中国民族复兴"一节中,认为基督教与唯物论是有关

---

[1] 吴雷川:《基督教与中国文化》,第144页。
[2] 同上书,第254页。

系的,基督教从社会改造的方面来讲,完全是唯物的,而从个人修养的工夫方面看,又可说是倾向于唯心的。基督教以自由、平等、博爱三者为人类社会最高的境界,这自然是人人所想望的。但耶稣要人服从真理,而真理必因时代的需要而变动不居,决不可以执著。如果集体主义或独裁政治是合乎时代性的真理,我们的自由平等等观念就当为真理而暂时放弃,这也是基督教的精神。他还认为,基督教有所谓无抵抗主义,每为指摘基督教的人所借口。"其实这种无抵抗主义,只是个人与个人间在某种情况之下所应用的事理,本不为国家民族说法的。基督教恩怨以全人类得救为博爱底目的,但社会进化有一定的程序,不能躐等而几。在这国家民族的界限还没有消灭的世界,尤其是中国正在要求国家独立,民族解放的阶段,惟有提倡耶稣在当时爱国家民族的精神,使人知所效法。"①他还认为,基督教惟一的目的是改造社会,而改造社会也就是寻常所说的革命。基督教是革命的宗教。它与在中国民族复兴的前途发生密切的关系,有它特殊的效用。"当此国难严重的期间,基督教应该'当仁不让',为国家,为民族,准备着自己所当负的责任。"②

吴雷川另一本重要的著作是《墨翟与耶稣》③,该书的写作开始于1937年,结束于1940年。它将耶稣和墨翟作了比较,认为两者的主张有许多相同之处,对当今的中国十分有益。由此鼓励青年要向这两人学习:"墨翟与耶稣二人之所主张,确能应付中国当前的需要……在此国家多难之秋,青年志士必当以墨耶二人之言行为法,努力预备自己,使已身能成德达目,为国效用"。可见其研究耶稣与墨翟的用心是为

---

① 吴雷川:《基督教与中国文化》,第290页。
② 同上书,第292—293页。
③ 吴雷川:《墨翟与耶稣》,青年协会书局1940年版。

中国当前的社会服务。

谢扶雅有许多观点与吴雷川类似。他认为耶稣的使命是在"拯人于死亡,援人于陷溺,出人于水火,解救人于束缚、压迫痛苦,而厝之衽席,饱之以神粮,使得健康发育,自由舒展,而共跻于圆满幸福之疆"。[①]基督教负有基督这一使命。但这一使命随地域时代的不同而不相同,因此基督教对于今天的中国负有新的使命。今日中国外受列强帝国主义的牵制,内受封建帝国与资产阶级联合政治的统治,在政治、经济、文化上都处于"一息奄奄"的状态,"我们不能不怀疑这一老大民族竟还可能有生存底希冀吗?""基督教对今日的中国,有何种庄严的使命啊?"[②]他认为"基督教是革命性的——至少耶稣本身是象征一团革命的烈火"。"二千年来基督教被误解为是和平的福音,真是失之毫厘,谬以千里","耶稣为谋实现天国的途径,与其为'和平',毋宁谓为'奋斗'"。[③] 由于二千年来人们对耶稣的误解,导致人们认为基督教是民众的麻醉剂和鸦片。关于基督教与民族革命,他认为中国已必须起革命之路,包括民族革命、社会革命和精神革命。在政治上,受压迫者必须联合起来,轰轰烈烈地推进反帝反封建残余的革命,争取民族自主的光荣。而基督教本是"叫被掳的得释放,叫那受压迫的得自由",正应当深入民间与民众为友,唤起民众的民族自觉。他批判了某些基督徒将中国民族的病根视为穷、愚、弱、私、乱五大魔鬼的说法,认为这五大弱点恰恰是封建社会和半殖民地统治下必然的结果。由此他提出基督教在促成民族革命运动中,要帮助中国民众,促醒其民族觉悟,培养其民族性,而又要防止陷入法西斯主义或军国主义。基督教在做这工作

[①] 谢扶雅:《基督教对于今日中国底使命》。转引自邵玉铭编:《20世纪中国基督教问题》,第639页。

[②] 同上书,第647页。

[③] 同上书,第650页。

之时,绝不会,也不应该改成一个政党。在进行民族革命的同时,中国还必须进行社会革命,从经济制度上实行革命,也就是使中国的经济在国际上不受资本帝国主义的侵略和控制,中国的劳苦大众不受地主豪绅、封建军阀和资产帝国主义直接或间接的剥夺。而基督教原本就是反对社会不公的宗教:"传福音给贫穷的人,叫被掳的得释放,瞎眼的得看见,受压制的得自由。"但对于如何建立新社会,他不主张用阶级斗争的办法,而是认为通过社会革命即可。他说:"基督教毋需挑拨阶级恶感,却对于现行的经济制度必须毫无顾忌地把它根本摧毁,而新建一个公道的经济制度来,正义和自由兼备的社会秩序来。这就是我们所谓社会革命。"①他还提出一套基督教促进中国社会运动的做法,如运用它手下和各种机关,包括学校、文字机构批判和揭露现社会制度的罪恶,研究新社会制度的原则等等,还可以利用国内外的舆论、教育、法律、政治大力宣传;并效法耶稣亲近平民,基督徒应"踏上草鞋,扛起锄头,混入于劳苦同胞的队伍,大家手携手地高歌'我们要生存'的进行曲"。②中国还要进行精神革命,从狭义而言,即文化革命。"中国文化的出路,不是什么全盘西化,更不是什么复古,也不是十教授们所高调的中国本位文化建设。中国文化还得痛痛快快地革一回命才对"。③他认为,基督教在今日中国文化的一个伟大使命就是:"耶稣人格在中国的重生"。"基督教有雄厚之组织,握优利之工具,宜能为中国养成基督化人格,以振起中国垂绝之国魂"。④

吴、谢的观点,尤其是吴雷川的革命观点,在当时的基督教界是少

---

① 谢扶雅:《基督教对于今日中国底使命》。转引自邵玉铭编:《20世纪中国基督教问题》,第654页。
② 同上书,第655页。
③ 同上书,第656页。
④ 同上书,第658页。

数。就连赵紫宸等人也不很赞同吴雷川的观点。① 但吴、谢两人都在一定程度上表现出对社会主义的同情以及把耶稣视为改革社会和经济制度的政治家,与他们切望中国文化和基督教能对中国的政治经济制度的改造作出贡献,都表明了他们强烈的爱国情怀。

30 年代涉及基督教与中国文化和社会的文章,除上述吴、谢两人外,较为重要的还有赵紫宸的《中国民族与基督教》②。他在此文中首先探讨了中国的民族性,认为以中国的国民性论,近百年来,虽然历经剧变,依然有极巩固的特点:中国人是唯实的,属世的,执中的,注心于人文而不关怀神秘生活的。中国人大多数本心志不高,都是"人法地,地法天,天法道,道法自然"的自然主义者。中国人是人文主义者,其宗教是孝教,这种宗教是有名无实。在这国难重重、洪水横流、兵匪祸结、朝不保暮的时代,中国人急需宗教,但是否能接受基督教,对基督教发生新兴趣,则是一个疑问。新文化运动,使基督教在中国知识阶层中寿终正寝。当今知识阶层会不会对基督教再发生兴趣。他分析了三种情况,一是尽管中国急需宗教,但永远得不着宗教;二是选择回复孔教或复兴佛教;三是再来试一试基督教。他认为选择孔教是不可能的。但选择佛教则有可能。如佛教能兴,第二个大宗教基督教也会兴。因为中国对于宗教一般都是有需要,而无兴趣,宗教性素来薄弱,因此佛教与基督教有着同样的困难。如果中国人果能信佛教,那他们也一定也会去追寻基督教,因为人们如对宗教有浓厚兴趣,就不会持排斥他教的态度。佛教从根本上也是与中国文化相违背的,但为什么能普传中国,原因有六:一、佛教的引线是佛教与道教的同点,借魏晋大乱乘隙而

---

① 见赵紫宸:《耶稣为基督——评吴雷川先生之"基督教与中国文化"》,《真理与生命》,第 10 卷第 7 期,1936 年 12 月,第 412—428 页。
② 赵紫宸:《中国民族与基督教》,《真理与生命》,第 9 卷第 5—6 期,1935 年 10—11 月,第 268—286 页。

入,引起了知识阶级的注意。二、佛教入中国正是中国人民急需宗教之时。它以玄深的义理吸引士大夫的需要,又以经像雕镌、因果报应、法器道场吸引普通百姓;三、佛教兴盛并非自然而然的,在中国历史上也是几经沉浮,但因中国人需要,加之佛教中有杰出的圣徒,伟大的学者,恢弘其教;四、佛教兴盛,因有绝顶苦行的中国人杰出阐求而宣传。而当时儒道中无大材,国是纷乱,旧时礼制受冲击,人厌故喜新等原因,使佛教得了时机。中国人要宗教,总需中国人自己去求。求有三端,求诸行、求诸文、求诸源。佛教在这三方面均有伟大成就。五、佛教经典,译经起初由月支等外国人做,后来中国人自己传译,产生了像玄奘、义净等大译家,还有许多指不胜屈的许多译者;六、佛教的流传还靠艺术。而中国人托命的文化就是艺术,佛教在此正合中国文化。与佛教的成功相比,基督教有所不同。中国人不曾去求基督教,因中国人不曾感觉去求的需要,该教是由西人用武力强加在他们身上的。这种仗外国势力的播散之法,使中国信徒不免仗外国势力以自卫,以欺人,使基督教与中国民族扞格不入。基督教本身又与中国文化相龃龉。如中国文化祀祖、重男轻女、男子娶妾、不善组织等都与基督教不同。但随着中国变化,这些已不复成为问题。"如基督教能有科学的态度,宗教的精神,信仰的能力,以作学问而奠定其善知识,以作生活,而表彰其好行为,将新生命,新精血,注射于我衰弱的民族之心灵之内,则其为教也,又岂非今日中国所切求者？中国的伦理由家族而推演,以为社会的伦理,基督教的伦理,亦复如是。中国的灵魂须得一个救法,基督教岂不可以即为这样的一个救法？"①赵紫宸认为基督教处于现代的中国,与佛教流行的时代大不相同,佛教是乘时势,而基督教则须在千难万难中

---

① 赵紫宸:《中国民族与基督教》,《真理与生命》,第9卷第5—6期,1935年10—11月,第281页。

创造其时机:其一,佛教进中国,儒与道,皆为中国重要的势力,有宗教与宗教的斗竞,正因如此,内力充足的佛教遂可以自发,引起社会的注意。今天则不同,基督教处于一个无宗教与滥宗教之间;果可列于何等? 其二今天的时代是科学的时代,如只说宗教与科学并不矛盾,无人信从,而基督教除却神迹奇事,所余本质者为何物,乃能取信于识者? 其三、基督教来自西方,如今在西方已被人批评,在这对宗教批评猛进之时,基督教还能证见其真际么? 其四、西洋的社会制度皆在崩坏之顷,各国对基督教或采取敌对态度,或不再依赖,基督教在今日世界固能独存而散布么? 他又从宗教内力上将基督教与佛教作了对比,认为从人才上说,基督教至今不曾训练出高人。组织上则仍是西方色彩,还是靠洋人洋钱支持。基督教的工作也只是做了切实服务的事情,并没有使基督教变为中国的灵魂。他认为,从今以后,基督教在中国只能为一小部分人的宗教。"我们当努力奋进,使这一小部分的人,成功精锐的斗力,刺入社会人心。圣人一,众人万,以一当万,人生得以系命。这就是基督教的贡献。"最后他认为基督教在中国的命运决定于如下三点:一是今后基督教须有中国人生哲学。中国的事,在士大夫手中。基督教必须获得士大夫的注意。二是宗教是行。中国的基督教若要发展,必须要信众的行为,比平常人更高超清洁,史加勇猛隽永。三是基督教要在中国发扬光大,须有待于西方的基督教的转向与上前,即基督教能登上科学的阶梯,为人类创造新文化。

赵紫宸的这篇文章,从中国文化谈起,进而论及与佛教的关系,又从佛教如何与中国文化相融合,再论及基督教,又通过对中国基督教的分析得出它只能是中国少数人的宗教的结论,这是十分有见地的预见。事实证明,基督教直到今天在中国仍是少数人的宗教。这是中国文化所决定的。他对中国基督教要在中国得到发展提出须注意的三点也是十分精当的,对今天也仍十分适用。

40年代上半叶,特别是1943年以后,日本帝国主义灭亡的命运已日益明显。1943年1月英美宣布废除不平等条约,给予中国独立自由的地位。形势的变化,使中国基督徒开始考虑战后的基督教与中国的前途,包括战后的基督教该做什么等问题,并对此进行了讨论。

张群认为:"从今年元月不平等条约的废除,基督教在中国遂转入一新的时期,基督教将以其无武装,无政治色彩之真面目与中国相见,回复到道光以前之正常状态,教会及教士从此纯为传教而传教,教徒从此纯为追求真理与永生而信仰,国际政治势力不再掩盖着基督教会,基督教教义遂得以发射其固有之光芒,为一般信仰者精神之所归属,即于教义尚未发生信仰者,亦得以对纯宗教的态度视基督,不生疑惧,不生误解,同时中国的文化与中国的政治,都已具有新的精神,对于基督教完全了解、完全融合,从唐以来,中国对于基督教政治的及社会的阻力,亦不复存在,这是基督教在中国历史新阶段的开始。"①

吴耀宗则对新形势下的基督教提出了更高的希望。他认为造成世界大战的根本原因是现行的资本主义社会制度造成的,因此重要的是要建立一个更平等和更自由的新社会。基督教对这新社会应作出贡献。他十分赞同1937年许多基督教有识之士在牛津世界基督教大会和1938年马都拉斯世界基督教大会中对于现社会违反基督教精神的地方应根据基督教教义所提出的改造社会的主张。他说:"现在的社会制度既然需要我们去彻底改造,而基督教的教义又逼着我们去负起这种改造的使命,那么,我们每个基督徒的责任是什么呢?"他提出三条:一、基督徒对于现社会许多经济政治的问题应当有一个更深刻的认识。基督教与整个人生息息相关,个人得救与社会得救分不开,因此要

---

① 张群:《不平等条约废除后之基督教》,《基督教丛刊》,第4期,1943年11月,第2页。

对一切社会问题加以深刻研究和关切。二、不但要教育自己,还要将天国怎样建设在人间的道理,传播给别人。三、不但要对自己和别人作思想教育和宣传工作,还要随时随地地参加和赞助一切可以促进新社会建设的工作。① 他还在《中国需要什么样的胜利》一文中指出,中国需要真正的民主。如今不平等条约是废除了,我们更希望在战争结束后西方的民主国家能够以真正平等精神对待中国,不要干涉中国内战。中国还需要有一个公开诚恳的国际外交政策等等。在1945年2月《天风》创刊号中,吴耀宗又以《中国的前途》②为题表示对中国的前途充满信心,并对当前的危局提出了一般国民应负的重要任务:一是民意的团结,具体表现,要示言论自由,人权保障,国共两党精诚密切的合作,将国家利益放在第一位等等。二要建立信仰,人类要有平等、自由、美好的社会。三是转变风气,始终保持爱国牺牲的精神。他说:"也许这是中华民族的一个苦难的时候,也许中华民族必须经过一次烈火的洗礼,才能烧净现在的渣滓,获得它的新生。但我们坚决地相信,中国的前途是光明的,正如世界的前途是光明的。"他还谈到,"本刊是一个基督教的刊物,基督教对社会生活的基本主张,是自由,平等,博爱。这个主张的基础就是上帝为父,人类是弟兄的信仰。现代民主主义,大部分是从这种信仰产生出来的。把这一个富有革命性的信仰,应用在中国现在的问题上,使它能够变成一个转移危局,救赎人生的方法,这就是本刊的使命。"③

1943年7月,中华全国基督教协进会举行了扩大会议,并就"基督教与中国之命运"为题发表了会议宣言。它提到抗战中教会遭受的苦

---

① 吴耀宗:《基督教与新社会》,《基督教丛刊》,第1期,1943年2月,第4—6页。
② 吴耀宗:《中国的前途》,《天风》创刊号,1945年2月,第1—4页。
③ 同上书,第1—4页。

难,认为造成国际紊乱的是社会制度,提出基督教要站在一个超然的立场上去观察现在世界的秩序和社会制度中的一切现象与演变,拿耶稣的教训,去批判鉴别得失是非。现在基督教最大的危险是失掉了这种先知先觉的功能,而同流合污,在中国这种危险尤其显著。今天基督教已不为国人所反对,反而表示相当的同情,在此时,基督教更得注意。基督教对中国现状应当本其悲天悯人、疾恶扬善的精神,毫无畏惧地尽其批评指导、赞助建议的责任,使战后的中国得以走上真正民主的康庄大道。在这抗战时期,教会尤其要加倍努力进行正在从事的社会服务工作。最近我国不平等条约已废除,外国宣教师的地位和西方差会与我国教会关系随之将发生若干变化。中国教会在工作人才经济各方面,尤当本立脚点早已确立的自立自养自传的精神,负起责任,创造一个以中国基督徒为本位的本色教会。"我们相信,在基督教的道理里,还有许多没有被西方教会发掘出来的宝藏,我们相信东方的基督徒,尤其是中国的基督徒对于这个宝藏的发掘,负着一种特殊的使命。我们更相信一个自立自养自传的中国教会,对于这个宝藏的发掘将有更大的可能。"最后,它强调:"基督教的教义,和最优良的中国文化传统与最进步的思想,不但没有基本冲突的地方,并且有相得益彰之美。中国文化的中心思想,是人道的尊重,是生活的欣赏,是气节的砥砺,是世界的大同,这些文化的成分,和基督教的博爱平等自由的精神,正相吻合。"①与此同时,《基督教丛刊》还组织了一组文章进行讨论。如宋诚之和沈佩兰均在同期刊物中撰文发表了各自的看法。②

不少基督徒还就"中国教会该做什么"的问题进行了探讨。有些人提出当前的教会,应救助孤儿寡母,还应设立精神疗养院,帮助在战

---

① 《基督教与中国之命运》,《基督教丛刊》,第3期,1943年8月,第1—2页。
② 分见《基督教丛刊》,第3期,1943年8月,第3—5页和第6—9页。

时精神上受创伤者,并大规模地开展宣传福音的工作,使基督教的和平博爱精神能为全国广大群众所接受①。有些则主要考虑战后的教会该做什么。有人提出:1. 教会经济要独立化,不能再靠外国差会资助。可以通过教会置产业、从事生产、募集资金、提倡什一税等多种方法达到这一目的。2. 教会思想要本位化,要使基督教与中国固有的文化发生当然的作用,对本国生活发生应有的影响。3. 教会事工集体化。以往教会化整为零的做法给教会带来了很大的困难,不仅使信徒的生活不能严格的基督化,而且使基督教的主张不容易在社会的实际问题上发生效力,也使教会自身生命难以维持。因此使不同宗派的教会因事工而联合,就能有好的效果。4. 教会组织要时代化,中国基督徒不过50万,仅占全国人口的千分之一,如仍采取中世纪的分散的形式,必然被淘汰,抗战时天主教发挥的效用较大与他们的统一有关,基督教会在这方面要注意建设,与现代大工业生产和战后的政治倾向相适应,以发挥更大的作用。5. 教会教训灵性化。教会在抗战时主要从事服务工作,对本身的灵修有所忽视。而战后,许多人因战争造成的各种创伤,会对精神安慰的需求迫切,这都要求教会在这方面加强工作。② 中国教会领袖们也对中国教会战后的工作各自作了阐述。有人对立即着手的工作提出了看法,如进行新的调查和新的调整,派遣国外访问团、促进国人对基督教的认识,加强布道人员运动等。③ 余牧人提出:1. 教会的组织制度,今后虽不必完全的中国化,但也不能再继续西洋化,必须使它日见"基督化"。2. 教会的布道、医药、教育三大事工,今后虽仍须分

---

① 济泽:《中国教会目前应做什么工作》,《基督教丛刊》,第9期,1945年2月,第13页。
② 张伯怀:《时代转变中的另教会》,《基督教丛刊》,第2期,1943年7月,第1—7页。
③ 郭中一:《战后中国教会当火速进行的要务》,《基督教丛刊》,第6期,1944年5月,第65—66页。

工,但须加强其合作的关系。3.选召青年信徒,立志献身主工。① 教会领袖们还就战后基督教农村文字事业的发展,战后基督教应从事基督化社区建设实验、注重妇孺工作,教会应注意本身、社会和国际三方面的工作,战后基督教应当改进的工作,及战后中国教会应注重劳工福利事业等方面都分别发表了观点。②

除了上述问题外,教会于40年代中期还围绕着基督教与中国文化问题展开了讨论,起因是1944年宋诚之的《基督教与中国文化》一文中不仅论证了"耶稣之教,讲孝弟,重人伦,而实行推恩博爱,与孔子、孟子之道不相违背",③还论证了由孝弟而形成的祀祖敬孝与拜偶像完全不同。他说:"由上论观之,祀祖与拜偶像之区别,不待智者而后知也。基督教禁人拜偶像假神,统一人生,乃其大功,大有供献于我国,而教会禁人祀祖,灭人根本,乃其大罪,大有害于我国。当此民族复兴,从新建国之际,愿吾人深长思之,而知所取舍焉。"又说:"耶稣降世救人,凡一国圣贤先哲遗训嘉言,莫不怀宝其言曰,'我来非以破坏,乃以成全'。不幸耶教自西来华,正值列强侵略我国战败之时,西传教士,既挟其上国文明,而蔑视我国之一切风俗习惯,其所与游处者,又为我未经薰陶之粗浅人民,遂益庞然自大,尊己卑人,误认吾国祀祖敬孝为拜偶像,使凡参加教会之人,必须停止纪念。夫祀祖乃人生根本,孝弟乃我国立国立人之大道,万不可废者。我国有志之士,因此不肯参加,而耶教亦因此也不能大行于中土,余心常疑之,深悲耶稣之大道不行,而更悲我国不得其益也。"④为此,他还对基督徒祀祖提出了具体建议。

---

① 余牧人:《战后中国教会应该做的工作》,《基督教丛刊》,第6期,1944年5月,第66—67页。
② 《战后中国教会应做什么工作》,《基督教丛刊》,第6期,1944年5月,第67—76页。
③ 宋诚之:《基督教与中国文化》,《基督教丛刊》,第8期,1944年11月,第1页。
④ 同上书,第13—14页。

此文一出立刻引起了教会内对"孝亲"、"敬祖"问题的激烈争论。郭中一、辛斤、张仕章、张亦镜等人针对此文发表了各自的见解。例如郭中一认为宋诚之对《圣经》理解有误,而对中国文化和思想的理解是近视和偏见。中国数千年来并非以孝治天下。齐家治国是要从正心诚意,修身做起。孝德只是品德的一方面。孔孟根本的道德观念,论仁比论孝的地方多。他还批驳了宋文中将祀祖典礼提到保证中国不亡国的高度等等,对他提出的11条建议也持不同意见。① 辛斤、张仕章、张亦镜也都对宋诚之的文章进行了尖锐的批判,认为他想要维持的是封建礼教,不仅与中国当今的社会不合,也有许多是对《圣经》原意的曲解。② 这一辩论再次引起中国基督徒对中国固有文化,及中国基督教该如何正确地与中国文化相结合这一问题的关注。

40年代上半叶设法使基督教与社会相适应的较重要的文章有吴耀宗的《没有人看见过上帝》。此文从广义上看,也可以列入本色化文章,因为文中提出的上帝观是与科学、唯物主义、中国文化等相适应的产物。正如吴耀宗在后记中谈到,此文虽是1943年写的,但萌生写作的念头则已有许多年了,也就是在国内发生剧烈的反宗教运动时。他说,那时反教的立场,"有的根据科学的思想,有的根据唯物论,有的是根据西洋哲学或中国文化。这些反对宗教的理论逼着我,使我对我自己的宗教信仰,不得不加以一番严格的检讨。同时我工作的对象,又是一般被新思潮所激荡的深思好学的青年。我每逢对他们讨论宗教的时候,他们都提出许多问题来,尤其普遍的是对上帝存在的问题。我为这

---

① 郭中一:《关于基督教与中国文化之商讨》,《基督教丛刊》,第10期,1945年5月,第71—79页。
② 见辛斤:《读宋会督关于'孝亲''敬祖'两论文后的感想》;张仕章:《一个耶稣主义者的孝道观》;张亦镜:《驳宋史香'耶稣教不禁人祭先说'》,《基督教丛刊》,第9期,1945年2月,第61—70页。

个问题,曾用过一番思想,也在若干方面,作过一点研究,然而我没有得到一个满意的答案。大概是在1934年的春天,我对我所苦思着的题目,忽然得到一点光明,这光明不但使我对上帝的问题得到一个满意的解决,也使我对一般的宗教问题,得到一个新的启示"。此文正是在这启示的基础上写成。他认为一个受过现代思想洗礼的人,应该摒除非理性、非科学的上帝观,"把上帝信仰里面那些建立在真理和事实上的成份吸收出来,提炼出来,将那些想入非非,玄而又玄,完全往幻想中产生出来的成份摒除掉,扬弃掉,这应当是今天基督教运动的一个急务。不是这样,我们就不能使一般人对耶稣本身,和基督教的教义,有一个深刻的,正确的认识,使基督教的真理,在今日痛苦残酷的世界中,成为一个解放人类,推动历史的力量"。① 对于什么是上帝,他从人的感情上、哲学上和文化上进行了探讨,最后的结论是:"上帝不是别的,正是弥漫着宇宙、贯彻着宇宙、为人所不可须臾离的那些'道',那些定律,那些真理……这就是我们所说的科学的上帝观。"②在论及上帝的信仰与唯物论时,他论证了上帝的信仰有与唯物论一致的地方,也有不同的地方。他说:"上帝的信仰和唯物论没有冲突,因为同唯物论一样,它认为宇宙的万物是客观的存在着的,是可知的,是可以用科学的方法去体验的。但上帝的信仰不是唯物论,因为它在唯物的宇宙观上,加上了一点东西——把贯彻着宇宙万物的客观真理一元化,情感化,人格化,称之曰上帝,把上帝当作一个指导和支持生活的力量。但上帝的信仰,照我们上面所说的,却又不是唯心论,或是一半唯心的二元论。"③"上帝的信仰和唯物论没有冲突,正如它和天演论没有冲突一样,因为天演

---

① 吴耀宗:《没有人看见过上帝》,《基督教丛刊》,第4期,1943年11月,第8页。
② 同上书,第16—17页。
③ 同上书,第20页。

论和唯物论都可以当作是上帝在自然界用以表现它自己作为底方法。因此,一个信仰上帝的人,同时可以相信唯物论。但另一方面,现在流行着的唯物论是反宗教的,是和上帝的信仰不相容的。然而我们相信:如果照我们以上所解释的,一个相信唯物论者应当也可以接受。再进一步说,上帝的信仰,可以把唯物论包括在内,因为后者只有横的看法,而前者则兼有纵的看法。根据同样的理由,唯物论就不能把上帝的信仰包括在内,我们说过,上帝的信仰,在若干流行的形式里面,有它的危险,然而这些危险并不是不能避免的。这是我们现在所能下的结论。至于将来呢? 时代是要演进的。假如辩证法的法则是对的话,我们又安知上帝的信仰和唯物论,这两个似乎矛盾的思想系统,将来不会有一个新的综合呢?"①他认为耶稣的上帝观就是"上帝就是爱",爱贯穿于整个宇宙,"当一个电子,一个棹子,一个机体,一个社会存在的时候,就是这互助合作的原则存在的时候。这个原则从有感情的人类观点看来,不管它是运行在有生或无生的物质上,都可以说是'爱',因为这个原则是贯彻着宇宙万物的,是宇宙万物所赖以存在的,所以基督教说:'上帝是爱'"。但宇宙万物间也有毁灭和死亡,有许多与"爱"相反的现象,而实际上死灭的时候,新的东西就往往从而产生,"我们甚至可以说,没有死就没有生,死只是生的过程,所以一切死的现象,从广义上说,都可以说是为着生。因为生就是互助合作,就是爱,所以基督教说:'上帝就是爱'"。② 基督教中的祈祷是和谐,是光明,并不只是主观的心理作用。祈祷也不只是为个人,也有社会性的,一些先知或为真理而奋斗的忠勇之士,祈祷是他们力量的源泉。他阐述了上帝信仰对生活的意义,包括使人对人生抱着出世而又入世的态度,与人为善,有爱心,

---

① 吴耀宗:《没有人看见过上帝》,《基督教丛刊》,第 4 期,1943 年 11 月,第 22—23 页。
② 同上书,第 29 页。

追求真理,使人勇敢,使人谦卑等。他还阐述了什么是真理,认为凡与客观事实相符的就是真理,而认识真理既有主观方面,也有客观方面。对真理的体验既有理智方面,也有感情方面。正因如此,科学家与宗教家可以异途同归。①

我们从这篇文章中可以充分感受到吴耀宗为了使基督教信仰与科学、唯物论不矛盾,在思想上有许多创新,并对神学作了许多调整。他把这些新思想的出现比喻为"哥伦布发现新大陆"。这些观点在一些保守派看来似乎有脱离正统之嫌,但正是这些思想,为他在解放后带领中国基督徒较快地适应新社会的需要奠定了基础,因此从这个含义上讲,这是一篇成功的中国基督教本色神学著作。该文中的不少思想也为解放后一些教会领袖们所接受和发扬。

---

① 吴耀宗:《没有人看见过上帝》,《基督教丛刊》,第 4 期,1943 年 11 月,第 42 页。

第十一章　中华人民共和国成立前夕的中国基督教

第一节　三年奋进运动与乡村教会事工

　　1945年8月日本无条件投降,中国人民终于从日本帝国主义的铁蹄下挣脱出来。抗战结束后,中华全国基督教协进会对777个城市与乡村进行调查。"大体说来,乡村教会领袖人才因战事影响而损失者,不会少过战前总数的三分之一",许多乡村教会的信徒也因战事而分散,尤其是华北,日本人对乡村实行三光政策,将居民逐离家园,不少教会都停顿了。太平洋战争开始后,国外差会的津贴断绝,牧师只能设法自养。尽管如此,抗战期间信徒的数目反而增加了。① 这一方面是因为教会在救济难民、救助伤员,宣传抗日等方面做了大量的工作,许多中国人改变了对教会的看法,另一方面也与在这困苦的年代,人们更需要精神寄托有关。

　　但在胜利后不久,中国人民再度饱受痛苦。国民党政府置人民生死于不顾,一面大肆搜刮压榨已经因抗战而山穷水尽的百姓以中饱私囊,另一方面则挑起内战。动荡的局势,飞涨的物价,残酷的压榨,再次将人民推入火坑。这种状况,不仅使许多普通百姓看不到前途,不少基

---

① 毕范宇:《乡村教会的展望》,《天风》,第137号,1948年9月11日,第1—2页。

督徒非常悲观,就连教会上层人士,如中华全国基督教协进会总干事陈文渊都深感茫然。他说:"鉴于八年有余的抗战的教训,国际的地位提高了,敌人也终降服了;可是,每问起自己,'胜利了没有?'我想很多的人必定和我一样的茫然!"①

战后的教会在某种程度上较之抗战时问题更多。教会中原受过神学训练的有相当经验的牧师、传道因各种原因已离开教会从事其他工作,而一些能力低下的原本在教会内混饭吃的人,则利用教职人员奇缺,又占了教会的位置。另一方面,太平洋战争后撤退的西方传教士,如今也大批返回。到1947年年底,已有3500名外国传教士来华,其中60%是美国人。在他们撤退期间,"中国教会从西教士手中交到中国人手中,五年以来,许多地方,表显了中国教会的特色",如今他们回来了,是否又要将权利交还给外国传教士,成了不少中国教会领袖担心的问题。② 实际上这种担心很快变成了现实。中国教会不管从人力和财力上又恢复到以前对差会的依赖。教会内腐败现象也较抗战时期严重,而且无法吸引优秀青年加入。因此教会受到各方面的批评。方贶予曾将这些批评加以概括,他说:"综合各方批评,今日中国教会之缺点,约可胪列如次:1.对于现实社会罪恶太屈服,不能左右人心,不能左右政局,不能挽回社会风气。2.不能领导国家民族的前途和命运,不能帮助国家建立新道德新文化的基础。3.多数教友'洁身自好','独善其身',不问国事,不知民间疾苦,不能实行耶稣基督的教训,'能说不能行'。4.教会中人或信仰不坚,常有投机,变节,腐化等事实,致有人乘隙利用基督教,出卖基督教。5.对于青年失去号召作用,对于时代失去挑战作用,尤其对于热心国事的青年不能发挥积极有力的指导。

---

① 陈文渊:《三年奋进运动与新中国》,《天风》,第56期,1947年1月18日,第1页。
② 张心田:《中国教会当前的问题》,《基督教丛刊》,第13期,1946年3月,第44页。

6. 多数教友宗教生活松懈,灵性生活空虚,甚或不礼拜,不读经,不祈祷,不灵修等。7. 大部分牧师(尤以乡间为然)墨守成规,不读书,不进步,无胆识,无灵力。8. 有一部分教友只知个人得救,不管民生疾苦,不顾社会沦亡。总之,今日中国教会是患了'贫血症',往者已矣,目前又无杰出的人才和领袖,又乏新进的有学识的热心青年教友,无怪基督教阵容散漫,难有活泼魄力和生气。"① 正是在这种情况下,教会提出了"三年奋进运动",试图通过这一运动振兴教会,并发展一批信徒。

三年奋进运动是中华全国基督教协进会于1946年12月召开的年会中提出的。大会号召与会代表克服悲观情绪,带领全国信徒用三年时间达到以下目标:"1. 增加信徒人数;2. 加强教会的力量,使教会富有生命和能力;3. 再度促使教会合一和合作;4. 提高社区和国民的精神生活。"② 具体计划,分三年完成:"第一年,始于三十六年(即1947年)的一月,要以奋进自己为目标,每个信徒自身开始迈进新生的路程。"也就是搞好自身建设,经过忏悔,除旧布新的决心,坚强不拔的信仰,奋发有为的意志,言行一致,不怕艰难,不稍馁志,勇敢地前进,直至把生命奉献给这崇高的理想。"第二年,始于三十七年(即1948年)的一月,要以奋进中国为目标,领导全国人民作精神奋兴。"也就是向着"中华归主"的目标前进。通过信徒的献身,充实教会的事工,加强教会的力量,发展教会的工区,到全国协进会举行第13届年会时,工作有一轮廓。"第三年,始于三十八年(即1949年)的一月,要配合世界基督教运动而奋进"。也就是配合那时将在我国召开的世界基督教大会,为完成世界大同的理想而奋发图强。③ 会议决议中声称:"教会不属于任

---

① 方贶予:《基督教的复兴和前进运动》,《恩友》,复刊第2期,1947年4月,第3页。
② 转引自顾卫民:《基督教与近代中国》,第533页。
③ 陈文渊:《三年奋进运动与新中国》,《天风》,第56期,1947年1月18日,第2页。

何党派。但是作为基督教的教徒,我们既不能对威胁国家基础的危险视若无睹,又不能对违反上帝圣旨和耶稣基督道德标准和政治罪恶,抑制自己道义上的评判。我们要联合起来反对一切腐败,反对一切形式的人类束缚,不平等,不公正,不人道,以及反对一切违法和无神的行为……教会不能不发出要求全中国悔改的呼声。"①

三年奋进运动所采用的方法,类似五年运动。概括起来,"可以分为对内对外两大纲:对内为奋兴与充实信徒灵性,加强教会组织与活动,其方法有整理名册,重新登记;开办查经班研究圣经要道;举行祈祷会,培养虔诚;召开奋兴会,培灵会,振作苏醒灵性力量;注意儿童宗教教育;组训青年,实施基督化家庭计划;讲授受托主义,促进自养自理……对外则为见证,开办布道聚会,利用文字图画,广播,音影,甚或电传术(即电视),解明福音真道,引人归向基督。"②

在这一运动中,一些思想开放的教牧人员力图打破传统的传教方法。如陈泽民对医院中推行奋兴布道运动提出了自己的看法,认为传统的做法,即传道人利用病人困卧病床之际,向人布道的方法,并不是惟一的方法,也不是一种好方法。"'奋兴运动的中心是布道',但是所谓布道应该是广义的布道,不是传统的狭义的讲道。耶稣在世所做一切的事,都可以给我们做布道的榜样,给与干渴的人一杯凉水,鼓励伤心失望者,消除人心中的寂寞、忧虑、惧怕,用同情的态度谛听病者的倾诉,安慰未亡人的悲恸,使人有勇气面对残废的余生,接受痛苦,迎接残废,使沮丧的分散的心神在坚固的信仰中统一起来,解除内心的冲突,调协人生的矛盾,使破碎的心再得完全,这是比口头的布道更是有意义

---

① 顾长声:《传教士与近代中国》,第416页。
② 郑新民:《教会奋进运动的另一条路线》,《天风》总117号,1948年4月17日,第4页。

更有效力的,是病痛呻吟中的病人所切需的,也是医院中传道者所极须注意力行的。"①也就是说,传教要通过传道人身体力行、为人服务、办实事,从而去感化人,而不是空洞的说教。

教会内像陈泽民那样主张的也有不少人。一些人提出传道人应该到最艰苦的环境中去,与民众打成一片,如郑新民认为教会奋进运动要另辟新路,即:"1.奔赴一条贫苦的道路;2.一切事工应当马上改变作风;3.赶救性命要与救灵并重;4.采取天上的样式建设地上的天国;5.采取实干的精神与方法"。② 具体地说,教会"务须将那在城市的百分之八十以上的活动扭移百分之六十去广漠的乡村",并在未来的50至100年作为宣教乡村的实验。因为当今乡村是最落后,最需要帮助的。③ 与郑新民有同样思想并身体力行的是一批进行乡村工作的基督徒知识分子。

抗战后,一些在抗战前就热心于乡村教会建设的基督徒知识分子便想恢复原来的实验区工作。《田家半月刊》复刊号社论中谈到:"由八年抗战的痛苦经验中,我们了解中国问题的根本所在,是一个农村大众文化水准提高的问题。新中国的国力潜在于这三万万多人口中,倘若能将他们的知识水准普遍提高,能分辨善恶,明辨是非,并能提高科学生产技能,提高生活水准,过合理的科学生活,农业工业化的口号自然逐步实现,把中国变成真正现代的科学强国。这是时代和国情给基督教的挑战。"④

---

① 陈泽民:《怎样在医院中推行基督教奋进运动》,《天风》,第72期,1947年5月,第8页。
② 郑新民:《教会奋进运动的另一条路线》,《天风》总117号,1948年4月17日,第4—5页。
③ 同上书,第7页。
④ 张雪岩:《基督教的新使命》,《田家半月刊》,复刊号,第13卷第1—4期合刊,1946年9月15日,第1页。

在三年奋兴运动推动下,教会又开始推行乡村实验区计划。1947年春,基督教协进会约请美国教会农业专家芮思娄博士来华推进乡村教会及基督教乡村服务工作。娄氏曾是前金陵大学农学院院长,在华工作了20余年。他对华东、华北、华南各区进行考察后,对中国教会乡村工作提出了建议。如选定某一区域,集中人力物力,设立乡村教会实验区;乡村教会实验区要有十年计划;华北基督教农村事业促进会和以南京区域为中心的苏皖区基督教乡村服务协会即可开始这一实验工作,如人才、经济、政治环境许可,还可以在其他地区推广;实验区要配合基督化家庭的程序,为乡村的家庭服务,协助他们,并为乡村教会的受薪或不受薪的工作人员或义工,以及有志于入大学或神学院深造的人进行各种培训工作;华北基督教农村事业促进会为河北实验区所定的计划,包括聘请专人负责家庭、农业、家庭工艺、卫生、宗教教育等各方面工作,可作为各地的模式……在他的建议下,全国基督教协进会专门设立了乡村工作干事和合作推广事业的干事,与某一乡村实验区建立联系。如在一些差会和神学院的共同参与下,华北的一些乡村教会又开始搞起了实验区并在河北农村实验区开展工作。其他地区如华南、华东、华西等地也设有乡村工作部门与一些差会、教会大学或神学院取得联系着手进行这一工作。

1947年国共谈判最终彻底破裂,内战爆发,基督教的乡村工作也因此而大受影响,无法普遍开展。尽管如此,教会再度对农村教会工作的重视,并注意使乡村教会与中国固有的伦理文化,甚至宗族制度相结合,使乡村教会布道与崇拜仪式适合乡村人的需要等方面都有某些思考,这些对中国教会的本色化多少有些借鉴作用。如余牧人就提出,今后各公会的宣教政策要改变重城市轻乡村的办法,无论在宣教的人力或财力上,都应该将大部分用于乡村。如为乡村办诊疗所和培养新农民的初级或高级的农民学校,为边疆和特别不发达的偏僻地区办小学、成人识字班或读书会等。各神学院和圣道学校也要注意培养训练乡村合用的教牧人才。教会还应该为乡村出一些适合乡村用的简单的文字和布道材料等。对基督教如何与中国固有的伦理文化与宗族制度中的优点结合,例如对纪念祖先这一风俗,余牧人提出基督教在农村中应对此采取宽大的态度和提出一些建设性的改进办法,否则,就难以争取群众。他认为崇拜祖先的观念和仪式中的迷信成分应该去除,如烧化纸钱等,但这种慎终追远的美德和纪念祖先、使人不忘本源的好风俗却不应该去除。基督教可以通过纪念祖先使人更加认识创造众族之祖的天父,从而承认人类皆同胞。实际上基督教还可以使每个祠堂成为崇拜创造众族的天父的圣所。此外还要创造一些适合乡村人民需要的布道和崇拜仪式。这些做法不仅能使乡人不再视基督教为"洋教",而且能更多地引领乡民加入基督教。对如何使乡村教会达到自治自养自传自立的问题,他认为可采用19世纪下半叶倪维斯在山东莱阳和高丽教会使用的办法(详见本书第2章)等等。① 还有人结合中国乡村特点,提出乡村教会四中心:一是创造一个家庭化的教会小细胞,可在家庭内或公共建筑中聚会;二是由几个细胞联合成一个基督教社会服务中心,以适合本地的需要;三是基督教大学,此为基督教思想与计划的中心;四是基督徒的朝圣中心,如教堂、教会墓地,基督教的图书馆与招待所等,这些基督教神社在盛大节日时可吸引农民与学者参加等等。②

还有一些人对乡村教会的自养问题作了探讨和实验,如张心田提出了乡村教会的自立自养根本在于"多引人归主",教会要下苦功夫培植信徒,使他们有热心,再由热心发出爱心,爱上帝,爱人,爱教会,才能

---

① 余牧人:《中国乡村教会事工的回顾与前瞻》,《金陵神学志》,第23卷,第4期,1948年7月,第52—54页。
② 毕范宇:《乡村教会的展望》,《天风》,第137号,1948年9月11日,第3页。

使信徒肯捐款。他还提出了乡村教会自给的几种方法：一是捐献农产品，包括秋收后的部分收成，或鸡或蛋等。二是办教会农场，乡村教会如有一个3—6亩地的小型农场，可由教牧人员种些需用的蔬菜，也可由信徒捐工耕种，卖得的钱作为教会经费开支。三是捐献圣田，即鼓励信徒将其田地中的一块奉献给教会作圣田，将圣田中的出产全部给教会。四是捐"喂小鸡小羊"，即将信徒家中所喂的小鸡小羊或小猪等，指定其中几只，等喂养大了，捐给教会。①

这里特别要提一下"圣田运动"。该运动是在1937年抗战前教会提出的，目的是促成中国教会的自立自养，但因抗战而没能实施。抗战结束后，又因内战等，农村不安，圣田运动也难以推进。尽管如此，这一运动在个别地区还是有所开展，如华北卫理公会在冀东所提倡的牧区圣田社组织，其宗旨是"以联合本会忠诚教友，出地出钱出物出力，各尽所能捐献教会，藉资提倡公有农田合作经营，奠定教会经济自给基础，而实现振兴教会事业为宗旨"。他们将社员分为三种：1. 赞助社员：凡本会忠诚教友，不便直接参加圣田耕作，而其捐献土地种子肥料农具或捐献款项，在一定价值或数额以上者，为赞助社员；2. 工作社员：凡本会忠诚教友，每年直接参加圣田工作在一定时日以上者，为工作社员；3. 少年社员：凡本会各级学校学生，同情本社宗旨者，皆为少年社员。② 通过土地公有共同耕作，由此集中了人力物力，提高了工作效率，又将收获所得，按各家生活所需合理分配后，余下的交给教会圣田委员会公管，再按照合作社的办法，提出其中的若干维持教会，若干作公益金，若干作公积金，若干作酬劳合作社服务人员，若干作农

---

① 张心田：《乡村教会的自立自养问题》，《协进月刊》，第6卷第8期，1947年11月16日，第4—6页。
② 《华北卫理公会——牧区圣田社暂行简章》，《田家》，第14卷第8期，1947年11月15日，第8页。

业经费等。① 这一做法的根据是万物均由上帝创造,土地也是其创造的一部分,所以一切土地应成圣而归于上帝。这一运动在一定程度上使冀东地区的农村信徒生活有所改善,教会也有了自养的保证。但就总体而言,这种方法因战乱在教会中没有得到推广。

1948年9月,负责乡村教会工作的传教士毕范宇对当时乡村教会的现状有如下的描述:"在国民政府之下的基督教会,现在有宗教集会、崇拜、传教与服务的自由,其困难在于物价飞涨,政治不宁,以致社会工作与宗教工作无法展开。如果农村教会能够有领袖人才,有热心的教友与坚强的事工计划,则乡村教会可能进入迅速生长的时期,而深深影响中国的乡村社会与文化。它能有助于乡村建设运动,使有热忱的领袖,给国家供献了良好的公民,并且建树一个高尚信仰,团结坚强的精神,以代替一般业已衰落的风俗习尚。在华北共产党之下的基督教会,则在受着极度的试炼。在战时,基督教虽受正统马克思共产党员的指摘,却并未激烈予以反对。共产党的领袖们曾宣称,他们欢迎基督教医生及社会工作人员,并应许有宗教自由。可是在过去的一年中,国共冲突,其紧张情况愈趋激烈,基督教会就更受悲惨的逼迫与杀害。共产党的深入各地的确是一个挑战,它将促使国民政府的改善,也鼓励前进的自由分子作更巨大更联合的努力,也给基督教会至终有一个更伟大的福音与宣教的机会。"②从这段话中可以看出像毕范宇这样的传教士在从事教会乡村建设工作,其立场是站在国民党政府一边的,即便如此,基督教乡村教会运动在国管区也没有多少进展。

尽管基督教乡村建设运动并不成功,但三年奋进运动还是发展了不少信徒,到1949年中国基督徒人数已由1936年的53.6万人发展到

---

① 张雪岩:《圣田运动与教会自养》,《田家》,第14卷第8期,1947年11月15日,第1页。

② 毕范宇:《乡村教会的展望》,《天风》,第137号,1948年9月11日,第2页。

83.5万人。其中有一部分是在抗战期间发展的,一部分是抗战后发展的。可见即使是在抗战结束后,对老百姓来说,局势的动荡也不比抗战时好多少,人们有朝不保夕之感,心灵上更需要宗教。而在这一时期,最有活力的宗教就是基督教。此外,此时的基督教传教方式也较为多样,更注意采用贴近中国人思想和习俗的方式,也更注意向占有全国人口绝大多数的农村地区传教,也就是说,教会在传教方式和方向上更注意与中国社会现实相结合。正因如此,它吸引了更多的中国人参加。在这个含义上,也可以说是教会本色化的结果。

第二节 基督教学生运动

抗战后至新中国成立前夕,基督教学生运动十分活跃。中国的基督教学生运动最早发源于1885年的福州英华书院与北通州的潞河中学,初以勉励学生归向基督为宗旨。到民国时,国家地位日危,在新文化运动的影响下,基督徒学生的爱国情怀倍增。1922年在北平召开的第十一届世界基督教学生同盟大会的影响下,中国学生决定促成全国基督教学生运动。随后男女青年会成立了全国学生事业委员会。在非基运动和大革命潮流的影响下,1927年由男女青年会和学生立志布道团联合筹建了中国基督教学生运动筹备委员会,提出的目标是:"本耶稣的精神,创造青年团契,建立健全人格,谋民众生活的解放与发展。"[①]并于1928年创办了《微音月刊》。1933年代表13个区联的150名代表在上海沪江大学召开学运团契大会,发起组织了中国基督徒学生全国临时总会。由于正值国难当头,团契大会讨论的是乡村改造、提倡国货(抵制日货)以及和平运动。不久总会又号召大家参加救亡运

---

① 《中国基督教学生运动简史》,《消息》,1947年12月,第5页。

动。第四届总会的宣言书中还提出:"我们不但同情于全国学生的救亡运动,并且愿意积极的继续参加。我们更愿牺牲一切,从事于解放民族的反帝抗日的斗争!为实现上述的主张起见,我们要发起及参加救国组织,实行唤起民众的工作,提倡不合作运动,实施战时服务训练,实施非常时期生活训练。"①抗战期间,学生工作转为"学生救济和偏僻大学区工作的创立"。② 1939年8月,8个学联的30名代表在昆明举行各地学生代表大会,议决成立"全国基督教学联协会",并主张:团结抗日、民主、提高人民经济生活、联合国际力量反对法西斯、改造个人生活;推出四大运动:基督教认识运动;时代认识运动,国际友谊运动,立志献身运动。后来战事愈来愈紧张,交通困难,无法召开大会。但各地基督教学生深入国立大学中建立基督教青年会或团契,并配合男女青年会主办的国立大学学生公社向广大的同学作宣传和服务工作。许多基督徒学生积极为伤员和边疆服务,有些人还因此而牺牲了生命。

抗战胜利后,蒋介石政权置百姓于不顾,挑起内战,青年学生开始进行反内战反饥饿运动。这一运动受到政府压制和镇压之后,又激起了更多学生参加,由此在全国形成了更大规模的学生运动。但也有一小部分学生,由于受政府压制,感到思想、行动均无自由,便消沉下去,钻进书本中以逃避现实。基督徒学生也分成两部分,不少思想进步的基督徒的学生继续参加学生运动,而另一部分学生则"超然"于政治以外,只求个人灵性得救。当时在各校的基督教学生团契中有两类不同的组织。一个称中国基督教学生运动(简称基督教学运),即继承了上述历史上基督教学生运动关心国家命运,关心社会的传统,并注意团结

---

① 吴耀宗:《中国基督教学生运动的回顾与前瞻》,《天风》,第109期,1948年2月21日,第5页。

② 同上。

广大非基督徒学生共同开展各类活动。这些学运的领导人是以自由派神学为基础的。另一类则称"全国各大学基督徒学生联合会"(简称基督徒学联),是一个基要派保守组织,他们提出四条"共同信仰"作为其标准:1.信圣父、圣子、圣灵为三位一体之真神;2.信全部《圣经》是神所默示的;3.信主耶稣由圣灵藉童贞女道成肉身,曾钉死十字架,替人赎罪,复活升天,必二次再来,审判世界;4.信惟一的救法,是以信心接受主耶稣基督,从圣灵重生,得为神的儿女。对以上四条"信守不渝"的基督徒,学联才认为是属灵的朋友,也才能和他们携手合作。① 他们向各大学中一批思想苦闷、精神空虚、需要精神寄托的学生积极开展布道工作,发展信徒,分裂基督教学生运动。

当时代表进步思想的各基督教学生运动所属的学生团契,在各校的活动也很不平衡。以北京为例,燕京大学有20多个基督教团契十分活跃,"北大(文理法学院)清华两个团契的活动,复员后有一段时候非常动荡,最近(1947年年底)才渐渐稳定,有生气。唐山交大的藜莪团契还保有多年的历史,团契的活动和领袖人才都很不错。交大北平铁道营理学院的藜莪团契就显得松懈,人和事工都需要多多充实。朝阳学院团契逐渐有起色,中国大学则环境较差,主观力量也最弱。辅仁大学环境虽然不利,但同学们的要求,使得团契能在月前组成,并且很快就分成两个,很有欣欣向荣的气概。可是整个看来,大学团契的软弱、不稳、发展不平衡,是无可讳言的"。② 这种状况与当时不少思想积极的基督徒参加了一般学生运动,从而使基督教学生运动反而失去了昔日的活力有关,也与当时整个基督教会多数上层人士担心支持学生运

---

① 江文汉:《基督教学运与基督徒学联》,《天风》,第105期,1948年1月17日,第5页。

② 赵复三:《从北平看全国基督教学运》,《消息》,第15期,1947年12月,第2页。

动会有"卷入政治漩涡",从而采取超然于政治之外的态度有关。

尽管如此,基督教学生运动在一些学校中仍相当活跃。不少思想先进的基督徒立场鲜明地支持学生运动,并对教会上层的暧昧态度提出批评。如张雪岩就严正指出:"今天全国澎湃的学潮,看似严重,其实非常单纯,主要是为了'反内战''反饥饿'。这两个要求,是全国人民在生活要求上最起码的权利。自相残杀的内战,是促成物价高涨、经济崩溃、民不聊生的基本因素,人民为了求生存求安定,反内战反饥饿,岂不千该万该,纯洁敏感的青年学生,为了不愿见国家灭亡民族毁坏,起而为此呼唤,有何不可,有何不当。基督教是反战争救穷困的宗教,对这个救社会救国家救世界的使命,倒默默无声,让青年学生为此受苦受难,不知所信所使的和平福音和牺牲博爱的教义,究竟是什么意思。全国教会及全体同道向上帝静心低头虔虚默祷吧!中国闹到今天这般国将不国的严重境地,都是我们这班单把十字架来挂在嘴上,不敢把十字架背在为真理效忠、为正义尽孝的行为上的怯懦圆滑的伪信徒所纵容制造出来的。"[①]

一些曾任或现任基督教学生运动的领袖也就基督教学生运动及在学潮中应取的态度为题进行了讨论。许多人热情地支持学生运动。如谢扶雅说:"中国基督教学运的使命是在使中国人民真配做中华民国的主人,是在开发他们的无限力量,使能完成建设新中国的巨大工程,而贡献于世界的新秩序,所以我们工作对象是人民,不是政府。我们的路线是向着基地,而不是向着天堂。到今天,中国的时局更加危险,学潮澎湃全国,如火如荼,超党派的基督教学运,虽无心于'主义','派别',然对于各地学联所决议共同行动的罢课,游行,请愿等等,仍不得

[①] 张雪岩:《基督教为何默默无声!》,《田家》,第13卷第21期,1947年6月1日,第1页。

不参加。因为这些不得已的表示,不是捣乱,乃是代老百姓呼号。基督教学运既素以老百姓之心为心,则自不能不将老百姓身受的压迫,郁积的愤慨,顺势抒发出来。至于目下漩涡的背幕,阴谋诡诈,特务纷乘,纯洁的青年学子每被迷蒙利用,白白地遭受牺牲。对这,基督徒学生倒不必怕。我们只问是非,不问颜色,只问这事应该不应该,不问这事的后台与系统。恐慑于红白帽子飞来,而多所顾忌,殊非大无畏精神的基督徒所宜出此。"又说:"基督教学运所更关切的,乃是世界的根本改造,是人民革命运动,这个使命和工作,是持久的,是辽远的。它倒不斤斤于一地之得失,一时之成败。"不仅如此,他还为基督教学运指出了与农民结合的方向:"中国现阶段的基督教学运,又必然地要行列于农民阵线,因为中国人民有百分之八十以上是农民大众,他们应该都是中华'民'国的主人,而不幸被压迫得最厉害,受痛苦最重最深的就是他们。本着耶稣'使被掳者得释放,使疾苦者得昭苏'的召命,中国学运必将投入这个浩淼的苦海,从水深火热中携负他们出来。这当然是一件比罢课游行更艰巨的事业。学运的灵修,将是这个,学运的服役,将是这个。十字架在这个地方,上帝也在这个地方。这本是中国基督教学生运动素所采取的基本态度。"①

陈仁炳有许多看法与谢扶雅类同。他说:"当年产生中国基督教学运的一些客观事实,今日只有比当年更迫切更严重。我们这个半封建半殖民地的国家,似乎在日益走向毁灭。今日我们需要社会的变革,比任何一时都更紧迫。甚至教会内部说,今日比过去任何时候都更需要一个指向民主的启蒙运动……在某几点上,中国基督教学生运动,是应该而且必须和广大的中国学生运动乃至整个的民主运动合流的。"

---

① 谢扶雅:《基督教学生运动在学潮中应取的态度》,《天风》,第 75 期,1947 年 6 月 7 日,第 3 页。

又说:"每一个社会运动的真正基础,是广大的人民,我们的流泪流汗受苦受难的同胞;一切社会运动的力量源头出于他们,归宿指向他们。凡与人民的利益幸福合为一体的运动是一个活的运动,发展的运动;反之,凡以贼害他们为目的的力量终必毁灭,这条铁律我们不可忘记。中国基督教学运应该而且只能生根在广大的中国人民身上。"①

吴耀宗也指出基督徒学生不应该怕"卷入政治漩涡"而不敢为真理作见证。他号召他们在这个变革的时代里要听从耶稣"你们要认识真理"的教导,发扬先知"为真理作见证"的精神,付出应有的代价,为国家的和平民主、团结统一而努力奋斗。他说:"关于基督教学生运动的使命,我们与其说是要创造一套特殊的事工毋宁说是要以基督教的精神,去参加一般的事工……别人谈民主,我们也谈民主,但我们的民主,应当有一个更深更广的涵意;我们不只要经济和政治的民主,我们更要每一个人成为上帝的儿女,得到充分发展的机会。我们不能离开世界,我们应当进入世界,在那里,我们应当作面酵,作光,作盐。这才是耶稣教训的真谛;这才是中国基督教学生运动的大道。"②在他看来,基督教学生运动应该比一般的学生运动有更高的境界,应该成为其他学生的榜样。

进步的基督徒不仅支持基督教学生运动投入反内战反饥饿的学潮中,还支持他们投入反美扶日的斗争,如向曙就针对白约翰和司徒雷登指摘基督教学生反美扶日的运动是"反美的宣传运动","中国学生忘恩负义,美国人办的学校不该反美"等等言论加以批驳,严正地指出,中国学生并不是在进行"反美宣传运动","乃是'反对美国政府扶植日

---

① 陈仁炳:《中国基督教学生运动的路径》,《天风》,第 106 号,1948 年 1 月 24 日,第 3 页。
② 吴耀宗:《中国基督教学生运动的回顾与前瞻》,《天风》,第 109 号,1948 年 2 月 21 日,第 6 页。

本,抢救民族危机'的一个'宣传运动'。宣传的对象当然不是'反美',乃是'反对美国政府的政策'和'抢救我们民族的危机'"。他用无可辩驳的事实证明美国政府是如何扶植日本,指出中国人民无论是从自身的民族利益,还是从保卫世界和平的角度都必须反对美国政府的这一做法。① 在对1946年12月24日圣诞节时两名美国兵强奸了中国女大学生沈某而引起各地学生示威抗议一事,进步基督徒也持积极支持态度,如张雪岩就怒斥教会当局对此事保持沉默的做法。他说"女子的贞操圣洁,两教(天主教和基督教)都重视,这是破坏真理自由公义仁爱教义的严重罪行,怎么两教都默默无声! 难道承认这兽性的暴行是庆祝圣诞应干的事! 自从这件事发生之后,各地青年学生游行抗议的热烈情绪,充分表露了中国人民的正义感是高昂丰满的,中国人的道德观念是十分高尚的,由此可知中国人绝对不可辱。"②基督教所传授的就是公义仁爱之道,仗义执言的勇气,一个真正的基督徒就应该为真理作见证。他的这一行为充分表明了一个中国基督徒的民族气节。

正是因为有一批思想先进的领袖,基督教学生运动尽管内部存在种种问题,但在反内战、反饥饿、反白色恐怖、争取一个和平民主的新社会方面都与共产党接近,因此被国民党视为共产党的外围。对这种看法,基督教学生领袖们给予了驳斥,如1948年5月的《恩友》社论说:"假使要追索为什么政府要怀疑基督教团契,亦并非毫无原由:诚然,在政治腐败,经济日趋崩溃,弃人民生死于不顾的制度下,基督教团契曾屡次吼出'反内战''反饥饿'的呼声;在恐怖的大逮捕、大屠杀的学运中,基督教团契也曾严重地抗议着这种摧残人权的举动,这些都是事

---

① 向曙:《读'基督教学生运动'后》,《天风》,第132期,1948年7月,第5—7页。
② 张雪岩:《由美兵暴行说到宗教信仰》,《田家半月刊》,第13卷第12期,1947年1月15日,第1页。

实,我们不用隐瞒,同时也不应该隐瞒;因为这是我们的信仰;我们的信仰批示我们'你们应当相爱,彼此饶恕'——博爱的信条,所以我们就应当反对战争,因为战争是残酷的,是仇恨。我们的信仰又告诉我们:'凡世人都是上帝的儿女,每人都有着神圣的人权'——自由、平等的信条,所以没有理由为了少数人的利益享受,而驱使大多数人于死亡,假使基督徒遇到此种不合理的现象而不顾,他就不配称为一个基督徒,可是这和'共产党外围'又有什么关系呢?"①当然该文也提到基督教与共产主义有许多不同的地方,如共产主义者基于唯物论所采取的任何暴力等手段,是基督徒要反对的。由此提出"我们的道路就是在这夹缝中",也就是走第三条路线。这篇社论也许正反映了当时多数参加基督教学生运动的基督徒们的真实思想,既反对国民党,也不完全赞成共产党,但从总体而言,参加学运的基督徒至少在反内战和反饥饿这点上与共产党结成了统一战线。正因如此,1949年解放后,中国基督教内首先觉悟的是支持学运的这批基督徒。

第三节 时局转变中的中国基督徒

抗战结束后,蒋介石便欲将共产党置于死地,根本无意组建共产党提出的联合政府的建议。1946年马歇尔出面进行调停失败。在马歇尔的建议下,美国总统杜鲁门任命司徒雷登为美国驻中国大使。1947年初,国共两党谈判最终破裂,国民党挑起内战。为配合军事上的反共,国民党又令京沪渝各地中共办事处于3月5日前必须撤退。为防范"不稳定分子"的活动,它实行连坐制度,加紧对进步人士的迫害和对共产党员的逮捕和杀害,对国管区中进步人士实行高压和白色恐怖

---

① 《基督徒青年往哪里去?》,《恩友》,新3期,1948年5月,第2页。

统治。蒋介石的种种背信弃义的做法,迫使中国共产党领导中国人民开始进行全面的军事反击。到1948年8月,解放军已占据了中国大部分土地,国民党政权败局大体已定。1949年4月,人民解放军突破长江天险,国民党的失败已成定局。

在这变化的局势中,许多中国基督徒显然对国民党的腐败及民不聊生的状况十分不满,这可以从一些基督徒对时局发表的宣言中可以看出。如1946年8月,梁小初、吴高梓、崔宪详等12名中国教会领袖发表的宣言中说:"人们无论本着基督博爱主义或人道主义都不得不呼吁和平,因为经过八年抗战,和现在的遍地灾荒,中国的局面已到了山穷水尽,民不聊生的地步,不堪再有战争。"又说:"我们对于目前的政治,要求彻底的改革,现在官场中的贪污腐败,松懈无力,已成不可讳言的事实;尤其是在胜利后的收复区,已经使喁喁望治的民心,因失望而悲观,转积极为消极。当前生活指数的飞涨,交通工具的梗阻,官僚资本的垄断,工业商务的不振,将使全国的经济民生濒于绝境,为正本清源计,应当立即停止内战,恢复交通,整编军队,召开国民大会,制定宪法,实行民选,改组政府。"① 燕京大学校友、时任平津渝蓉京沪各地基督徒团契主持人的何文仁、何国梁、林永俣等16人也发表了类似的联合宣言。这两则宣言在当时社会上产生了一定的影响。

但当时许多信徒由于听信了各种谣言及西方传教士对共产主义的贬斥,对共产党也不信任,认为共产党是无神论,基督徒在共产党统治下,将没有宗教信仰自由,由此不少人在司徒雷登、毕范宇等人的影响下寻求第三条路线。

司徒雷登在1946年任美国驻中国大使后不久便于7月13日接见

---

① 《中国基督徒对时局发表宣言》,《协进月刊》,第5卷第6期,1946年9月16日,第5—6页。

全国基督教协进会的正副会长,以后又多次在不同场合发表讲话,希望中国教会领袖走民主个人主义之路,将欧美的"民主制度"与基督教精神相结合。

在中国教会工作多年的传教士毕范宇撰文对第三条路线作了更明确的说明:"如果我们是聪明的话,我们却不能单纯地把共产主义当成一个敌人或是一个对手来看待,我们应当把它看成一个有力的挑战,需要全世界的自由人民和基督教徒向之提出勇敢的回答。"①在对共产主义作了许多分析和批判后又说:"在这样一个强有力的共产主义的挑战面前,我们的答复是什么呢?我们必须使我们自己的民主更加真实,更有生气,给全世界做个好榜样。""共产主义的思想和热情只有以更高的思想和更大的热情来答复。白鲁纳说过:'共产主义革命的背后是一种伟大的伦理的驱动力。'基督教的答复也就必须是两方面的:物质方面与精神方面。民以食为天,所以基督教会,也必须忠守耶稣以及保罗、雅各诸先知传统,无论在政府、社会或是经济关系各方面都传扬并实践公正和公义。光是传面包的福音并喂不饱肚子。我们必须以基督教的革新来对付共产革命,必须以基督教的共同来对付马克思的共产。我们究竟必须比他们多做些什么呢?基督徒必须深入世界民间,帮助他们提高他们的物质生活及精神生活水准,帮助他们反抗压迫他们的势力,实行基督教的弟兄之爱,为一个基督教的社会主义而努力。"②这篇文章的基调是如何对付共产主义,但它也不得不承认共产主义的生命力,并从共产主义者所主张的经济平等原则中吸取了某些思想和做法,也就是说他主张基督教走基督教社会主义这第三条道路。

---

① 毕范宇:《共产主义对于民主及基督教的挑战》,《天风》,第 139 号,1948 年 9 月 25 日,第 1 页。

② 同上书,第 7 页。

一些中国信徒也提出基督徒走第三条路线的设想,如王维明认为基督徒走不左不右的第三条路线最为有利:"一、它是一种宗教,不是一种主义,不致引起'主义病'的人的恐惧畏避;二、它是一个纯信仰集团,不是一个党派,不致引起'党派病'的害怕和疑惑;三、基督徒大体都有着高尚的人格——如诚实、虚心、好义、刚毅、勇敢,这是成功一件事业的因素;四、当前中国人正需要宗教的慰藉,他们对基督教并不像以往那样误解和歧视。有这四点,中国基督徒就足够资格来作内战两造中间的第三者的领导者。在共同努力下,打开僵局,创辟新路,制止战争,争取和平。"①赵紫宸也曾提倡中国基督徒走基督教的路。他认为世界上尚没有完全民主的国家,政治经济两方面的民主都未达到完善的地步,如美国在经济上分配不公,有种族歧视,而苏联的经济民主也还是个理想。他认为真正要革命而能达成民主者惟有基督教运动。其理由是:基督教是形成社会主义的先声;近代神学注重社会,许多纯正社会思想家是基督徒;教会站在人民的立场,为人民申冤……②

虽然教会中许多人主张走第三条路线,但也有少数思想先进的基督徒对这条路线提出了批评,如萧贤说,当社会的政治经济失调,人们为了活下去而奋起走"穷则变"的道路时,教会是发挥光和盐的作用呢,还是维护现状呢?他认为,走第一条路是与统治者对立,不可避免地要受统治者的迫害。走第二条路是与新兴力量为敌。当新兴力量取得政权时,则不可避免地被加以反动的罪名。至于第三条道路,稳妥则稳妥矣,惜此路不通。凡对史实和当今世界稍予留心者,均知事实上办不到。他引用基督徒潘光旦的话说:"基督教在西方讲了两千年的爱、

---

① 王维明:《基督徒与第三条路》,《天风》,第93号,1947年10月25日,第3页。
② 赵紫宸:《民主潮流与基督教运动》,《恩友》,复刊第7期,1947年12月,第3—4页。

服务与对同侪的道德的责任感,究属有得几许成效,我们不知道;但近百年来,它对于政治与经济方面种种强凌弱、众暴寡、富抑贫、大压小的事实,未尝有一筹之展,我们是知道的。"①如果今天教会不针对中国社会的病对症下药,那明天就很难保证教会还会像今天那样仍原封不动。② 也就是说教会如不能适应时势,将面临灭亡的危险,这是对教会提出的严重的警告。

还有些人批评教会维护资本主义制度的种种做法。如张雪岩认为,教会站在资本主义立场上,因此对维护世界和平起不到积极作用。"就拿社会制度来讲,一个生产消费绝对不公平、权利义务绝不对称的社会,一定会贫富悬绝,阶级不等,因而起不平,生麻烦,社会秩序一乱,自然和平休矣。坦白的讲,今日的基督教就建立在这种不平上,给不平的资本主义制度做了奴隶,因而对自由平等'天下为公'之民主要求,如资本主义都一样,反而有些忸怩羞涩了。"他认为,超脱充满着经济和阶级不平的资本主义的社会制度,借以稳定社会关系,奠定世界和平,基督教才达到了大彻大悟的境界。③

郑建业则要求教会站在代表新生力量的这一边。"今天教会的危机,不是怕要被'摧逼',而是怕要被'淘汰'。今天教会是站在'酵'的一面被'面'所摧逼着呢?还是站在'面'的一面被一个更新生的'酵'所威胁着呢?这才是教会真正重大的危机的所在。"又说:"赵博士(赵紫宸)指出,现在有许多人因为真切地'爱'教会,就真切地'批评'教会,这实在是贤明的指出。江博士(江文汉)说明,现在并不是什么'基督教和非基督'在斗争着,而是'新的和旧的','前进的和倒退的','新

---

① 萧贤:《关于教会的命运》,《天风》,第 117 号,1948 年 4 月 17 日,第 2 页。
② 同上书,第 1—3 页。
③ 张雪岩:《和平福音的前瞻》,《天风》,第 101 期,1947 年 12 月,第 5 页。

生的和腐朽的'在斗争,而基督教则当然应该总是站在新生的一面,这也确实是贤明的说明。"①

陈仁炳也持相同的看法。他指出:"中国教会已经到了该彻底检查自己的立场、政策和基础的时候了。我们是建筑在一堆流沙上面,还是建立在永恒的磐石上面?流沙随时代转变而崩溃,惟独磐石所代表的永恒价值是巩固的。一部分人为何放着若大的传家宝,基督的释放人解放人的福音,让它发霉,而去趋附那可以朽坏的?惟有真理和光明及一切代表光明的将永远巍然烁然存在。历史的渣滓将被时代逐渐滤去,那捧着渣滓当作活命精良的聪明还不该及早想一想自己的未来命运?是时候了,我们要彻底分清那一些东西是沉淀,是渣滓,是糟粕,那一些是教会和信徒立命的根基!"他还对利用基督教义,替自由资本主义制度的辩护的人提出批评,认为这是"有意或无意的为维持现实不惜歪曲教义,领人走绝路"。②这说明教会当时已有一小批人认识到教会应该站在代表新生的力量的共产党一边了。

在这些基督教进步人士中,吴耀宗最为突出。他不仅对维护资本主义制度的基督教会提出了尖锐的批评,而且对共产主义满怀热情地倍加称赞。他撰文认为,二次世界大战以前,共产主义的力量在中国与日俱增,而在战后,则更有一日千里之势。究其原因主要有两个:"第一是国际间的不平等;第二是社会间的不平等。所谓国际间的不平等,就是控制着殖民地和落后国家的帝国主义。所谓社会间的不平等,就是在资本主义和前资本主义国家的现行社会制度中的剥削。"而对于一群处于贫穷和饥饿境地的人,对于一个国家受着一个非常腐败和压迫的政府统治而无法生活下去的人们,共产主义的号召,就是自由、平

---

① 郑建业:《基督教的新危机》,《天风》,第 90 期,1947 年 10 月,第 14 页。
② 陈仁炳:《中国教会之命运》,《天风》,第 111 号,1948 年 3 月 6 日,第 3 页。

等,充裕的经济,没有阶级的社会是相当有吸引力的。他还谈到,在基督教看来,共产主义有缺陷,主要是它的唯物论辩证法,忽略了人本身的价值,有时将它作为达到某种社会目的的手段,由此引起了共产主义制度内许多人的不满。但他认为如看得深一点,"我们就会发现造成这件不幸的情况的不是共产主义,而是我们基督徒",因为"第一,我们没有把共产主义看作一个挑战,相反地,我们却把它看作我们的敌人。我们忘记了共产主义的种子,是在人类不满足的状况中生长出来的。在现世界里,构成这个不满足的状况的主要因素,就是国际间的不平等,和社会间的不平等",而基督教则在过去一百多年中是与这两种罪恶分不开的,至少对它们要负部分责任,使现代青年对基督教失去兴趣。第二是"我们忘记了有'历史的报复'那样东西的存在"。也就是为昨天所犯的集体罪恶付出代价。我们今天所遇见的种种残暴,正是昨天的罪恶所结的果子。"我们对别人的过失,义形于色,这是不可厚非的,但我们忘记了在义形于色的心情中,加上忏悔和谦卑的成分。相反地,我们对自己是自以为是,而对别人,则不肯宽容。"以上种种事实,都造成惧怕别人和自以为是的心理。最明显的就是基督教同道跟随着目前的反苏潮流,失掉其立足之地。由此他提出当今基督徒的任务只有一个:"我们必须对付现在摧残着人类的两大罪恶:国际间的不平等,和社会间的不平等。并且我们必须努力用我们所认为是基督教的方法去对付它们。换句话说,我们在应付这些问题的时候,必须比共产党们做得更好。如果我们做了这样积极的工作,我们在现社会里所宝贵的价值,一定不会受到共产主义的威胁,相反地,如果我们不做这样的工作,无论我们对共产主义怎样反对,我们只是徒劳无功,世界还是会日渐趋向共产主义,而把我们遗弃在路旁。"[1]

---

[1] 吴耀宗:《从基督教的观点看现实》,《天风》,第98期,1947年11月29日,第7页。

吴耀宗在对共产主义赞扬的同时,对唯物论也采取一种积极欢迎态度,设法将基督教与唯物论找到结合点。实际上,这个工作从在他写《没有人看见过上帝》时已开始。1947年6月他又写了《一个基督徒的自白——基督教与唯物论》,进一步阐明了唯物论和基督教之间并无矛盾、完全可以结合的观点。他谈到他在信教的30年中经历了两次巨大的变化,第一次是从怀疑宗教到信仰宗教,是耶稣的"登山宝训"使他真正认识了基督教,从而完全接受了基督教。第二次是因为唯物论对宗教的批判,特别是认为"宗教是人民的鸦片"的说法使他对基督教发生怀疑。经过他本人对"唯物论、社会科学和以它们为出发点的许多关于社会,国际,经济,政治的问题"的研究以及他长期以来对于基督教若干基本的信仰,尤其是关于上帝和祈祷问题曾作过一番长期深刻的思索与探讨,和不留余地的批判,他终于发现"基督教和唯物论,并不冲突,不只不冲突,并且可以有互相补充之处"。关于上帝的存在问题,他认为:"上帝是一个名词,一个概念,但它却代表了人们在宇宙间所接触到的,体验到的许多现象,事实,和藉着这些现象与事实而表现出来的,同时也是支配着,贯彻着这些现象与事实的,许多客观的力量与真理。"宇宙间的万事万物都是相互关联的,而宇宙则是一个。有人将它称为"自然",也有人将它称为"天",或"道"。宗教家将宇宙情感化、人格化,将它称为"神"或"上帝"。因为人是情感的动物,有情感的需要。正确的信仰和迷信的分别,就在于信仰的人,怎样应用宗教里这个情感的因素。迷信的人,将主观的愿望投射到客观的现实里去,可以幻想出一个天堂和来世的安乐,这样的信仰确实是"人民的鸦片"。一个正确的信仰,则恰恰相反。它所信仰的上帝是客观的真理,是人生的主宰。"真正信仰上帝的人,应当永远虚心地追求真理,服从真理,为真理而生,为真理而死。"耶稣就有这样为真理牺牲的大无畏精神。"凡是从历史,从自然,从社会的法则,发现这个真理,找到这个力量的,不管他们是否信仰上帝,本质上,他们已经是具有宗教信仰的人。"上帝并不是超自然的,而是人对自然的一种了解,正如我们说人有一个心,心并不是超自然的一样。正是从这种上帝观出发,吴耀宗认为宗教与唯物论没有任何冲突。他又分析了为什么人们会认为宗教与唯物论是格格不入的原因,主要是唯物论是纯理智的,而上帝的信仰则带着浓厚的情感成分。所以宗教容易想入非非,玄之又玄。上帝的信仰是把双刃的剑,能救人,也能害人。它可以成为人生的动力,征服一切痛苦,也可以使人用情感去抹杀理智。这也是造成人们总是把宗教与唯心论相提并论的原因。但唯心并不是基督教不可少的成分。他认为,唯物论与基督教还可以互补,因为基督教强调绝对,而唯物论强调相对,各有利弊,因此可以相互取长补短。文章最后说:"我厌恶一般基督徒无知地,肤浅地,去排斥唯物论。我也惋惜着若干唯物论者同样无知地,肤浅地否定一切宗教。在唯物论的书里,我们看见许多否定宗教的'公式'理论,而作者也许连《圣经》也没有读过,更不必说对宗教徒的思想与经验,有过什么深刻的研究。时候到了,这种非科学的态度,应当扬弃;我们对于宗教的意义与真理,应当有一个更唯实,更确切的了解与阐明。"①

吴耀宗这篇文章中许多观点早在1941年首版的《没有人看见过上帝》一书中已有所阐述。该书出版后引起教内不少人的兴趣和讨论。到1946年12月已发行到第四版。按谢扶雅的说法:"在这个穷荒年头,中国人可怜的购买力,尤其是对于宗教性的书籍——而能见三载之中,销行四版,亦足以约量表现这书的声价了。"②吴耀宗在第四版中写

---

① 吴耀宗:《一个基督徒的自白——基督教与唯物论》,《消息》,第15期,1947年12月25日,第9—12页。
② 谢扶雅:《〈没有人看见过上帝〉书后》,《基督教丛刊》,第18期,1947年夏,第66页。

了篇序文,针对读者提出的几个重要问题作了简单的答复。序文中看出读者最关心的是两个问题,一是认为他太过注重理智,以为理智的方法,不能把一个活的上帝表彰出来;二是有读者认为《上帝信仰与唯物论》这一章没有必要,至多列入附录即可。但谢扶雅却对这一章"十分赞佩",并认为是"本书全部的菁华"。不管人们对该章是持否定还是肯定态度,说明基督教与唯物论这一问题在当时基督教会内已引起相当的重视。《基督教与唯物论》发表之后,《天风》上也有读者对此做出评论。如李全对吴耀宗将基督教与唯物论相调和的观点并不赞成,认为从本体论上两者是无法调和的,但是这并不是说唯物论者们在许多问题上就绝不能与相信上帝的基督徒合作了。见解不同的人可以一同合力打倒法西斯,那唯物论者和基督徒在社会革命统一战线上也可以在一定条件下合作。①

这些讨论虽然在教会内只是一小部分人参加,但也说明基督教会内存在一批追求真理的知识分子。他们对唯物论与基督教的关系,也就是基督教与共产主义能否合作的问题,进行了探讨。这些讨论客观上为解放后基督教会如何与共产党的新中国相适应作了思想准备。在这一含义上可以视为是中国教会本色化讨论的内容之一。正是基督教会中存在这一小部分像吴耀宗那样的思想先进的分子,解放后,在他们的带领下,中国基督教会才能较为迅速地发生转变,很快适应了新社会。在这方面它们较中国天主教会的前进步伐就快了一些。

1948年年初在西方传教士控制下的基督教开始作撤退计划时,全国基督教协进会发布了《中华全国基督教协进会致全国信徒书》,一方面要信徒们增强信心,做好经受试炼的痛苦和殉道的准备,另一方面又

---

① 李全:《基督教与唯物论——另外一个基督徒的意见》,《天风》,第106期,1948年1月24日,第8页。

说:"我们对于任何促进政治与经济平等的努力,都应赞扬。我们更要在自身的行为上来谋求这种目标的实现。基督对于贫苦,忧伤,被轻视,被压迫的人,是何等关心和爱护。我们应当在主面前切实检讨自己……"①1948年11月1—9日,全国基督教协进会在上海举行第13届年会,为撤退作了全面的准备。西方传教士到1951年春全部从大陆撤离,客观上为解放后中国教会走上自治、自养、自传的三自道路扫清了障碍。

第四节 有关本色化的理论文章

从抗战胜利至新中国成立前夕的这三四年间,中国教会很少提及"本色教会"这一词。有人认为社会的变迁就是革命,中国文化也时时在变迁,因此"中国本色教会"的提倡亦等于背着时代潮流开倒车。②尽管如此,这一阶段提倡中国教会的自立的文章和论及基督教与中国文化的文章仍不间断。其中有些还相当有深度。

1946年赵紫宸发表的《从中国文化说到基督教》③可以说是这时期最重要的涉及本色化题材的文章。该文认为中国之所以没有亡国,端赖中国的文化。亡天下就是亡文化,文化不亡,中国总是有希望。近三十年来,由于文化有致人死命的力量与因素,为了在中国推行科学商业文化,中国的士大夫们便提出要打倒中国旧文化,提倡全盘西化的新文化。抗战胜利后,又提出建设中国文化的要求。不管哪种情况,其

---

① 《中华全国基督教协进会致全国信徒书》,《天风》,第110号,1948年2月底,第14页。
② 张绪生:《从社会变迁的观点看中华基督教的前途》,《恩友》,第1卷,第5—6期,1946年5月,第86页。
③ 赵紫宸:《从中国文化说到基督教》,上海广学会,1946年。

中包含着两大错误：一是急于成功，一是消灭信仰。急于成功便毁坏了成功；消灭信仰，人们便失去了立命的根基。中国所要求的是一个新文化的开展，一个新矛盾的统一，要存其旧文化的优长，得彼新生命的活力，不是偏此偏彼，不合于中国特性的，与中国历史完全断绝的制度。中国文化现正处于剧变之中，基督教是否能启发人们的信仰，为中国文化注射新血液？虽然中国文化中没有超历史的基督和从世界外来的上帝，因为中国人只知道尔与我及这现象的世界，中国人不容易信基督，但这不是问题的关键，因为佛教也与中国文化背道而驰，中国人却排万难而求之。阻碍基督教的不是中国文化，而是罪恶，是士大夫的骄慢自足，是民众的愚鲁无知。阻碍基督教的是一些不三不四的改头换面的所谓基督教。罪恶是基督教最大的仇敌：第一是基督教信徒的无信仰，第二是中国今日大家的无信仰！但只要基督教给人以大能，一定可以击破。击破之道在于宣说；宣说之法在于人，在于以身作则，有圣徒，有先知。中国文化最重模范，有君子为风，小人为草，草在风中必偃的教训。基督教要会栽培信众，使他们有热烈的信仰和高超的人格，将他们送入中国社会进于政治教育工商农艺各界，使其光必照耀……然后再发之于言宣，著之乎文章。言宣是讲道，这是基督教先知的声音，讲道不是空洞的嚼文字，而言必有质，质是学问，是品格。中国今日基督教无所谓文章，不足以打入中国文化。与佛经道藏相比，基督教最为穷匮，所以传道之具不备。基督教要急起直追。佛教打入中国文化，因为有佛弟子当中的龙象，有高僧高尼，有苦行的头陀，虔诚的居士，又因为有无数的佛书，不尽的文章。基督教若要打入中国文化，成全中国文化，亦不能不走这条似乎无声无嗅而却有能有力的路子。基督教是实行的宗教，不但作慈善事业，而且推翻迷信，改良社会，从抵制鸦片赌博奸淫纳妾，到发展教育医药卫生等都赢得社会人士的信任；所作所为虽非彻底的社会改革，但也下了不少社会革命的种子。基督教的社会服务对中国文化有过相当的刺激。基督教如要影响中国的文化,自当用更进一步的方法,使其基督化,深入家庭、农村、工厂、监狱、商店等地作救度化导的服务。基督教一面要忍受各种排挤与歧视,一面用不贪污不欺压的关心,抓住时机,参加中国的文化运动,在中国民众生活上用力量。基督教若要与中国文化相融洽,还必须在教养栽培士大夫这件事上做一番重新整理和积极的工作。当今的士大夫与过去的不同,对于中国文化的态度分歧得很,有的要重新估订旧文化的价值,有的则要整个放弃旧文化,使中国全盘西化。中国文化在剧变中流荡奔溃似乎是不容易幸免的。基督教在此刻注射新元素于中国文化中,正是良机。他还提出,基督教在中国,自然要与中国文化作丽泽交流的理解,第一要创造宗教的术语,而借重中国的言辞;第二要对向中国哲理伦理作一个去取对照的整理;第三要批评中国一阴一阳一治一乱的历史而挥写一个基督教的历史哲学。在文字上要取雅达的成词,拨开儒家道家佛家的典籍,而吸取其精英。在哲理上要在天人一贯宇宙自然的道统上加上超世入世,超自然超历史的理论。在伦理上,要执著天下为公四海兄弟,定名分,行孝道的三纲五常,而加入人神的关系,上帝的命令,耶稣的新诫,以建立一个有宗教基础的伦理学。在历史上要指出自然主义不能保存价值,成全意义,而陈述一个以超历史成全历史意义的历史哲学。他指出,这是一个浩繁的工程,然而基督教若要成为中国的宗教,若要与中国文化发生联系,这些工程都是必需的大事。他认为中国教会软弱的一个因由是因为中国信徒毫无神学。基督教生活的不振,果然由于信仰不坚定,但至少在一部分人身上,则是由于没有明确的理解,强健的神学。

他在1948年5月写的《漫谈神学》[①]一文中对中国教会至今没有

[①] 赵紫宸:《漫谈神学》,《真理与生命》,第14卷,第3期,1949年10月,第1—10页。

自发的神学谈了四个原因:第一,中国人抱惟实主义,对于神学,满不在乎。第二,20世纪才有一两个人想到神学问题,但因为一要了解中国文化,二要明白科学的性质与原理,三要知道《圣经》考据,教会历史、西方神学的派别与演变等,四要将这些学问与神学作相当的联系,由此担子太重。第三,中国信徒中有学问的人信仰浅薄,修养亏缺。第四,西教士在中国实施宣教工作,方法错误,没有在中国人中培养神学人才。神学的事工是为基督教作解释,教义同,解释及其方式可以异。中国教会须使中国人了解基督教,所以必须有中国的神学。中国的神学家要吸收中国的文化,运用中国的观点,来讲基督教的要理,必须要有一番功夫。中国神学界若不力自振作,急图深邃广远的贡献,将来的教会必要受重大的亏损。"我们稍识时势,宜乎采掇学术上已有的成绩,兼包并蓄,再由中国文化与历史之中掇其菁英,冒险试作,萃集大成。"神学家不应该只是在唯理性唯独构的世界中,在可能的范围中,要与人民大众发生直接的交触。中国教会要有自发的神学,可以有两种方法,一是听其自然,这种方法不知要等多少年;另一种是整备的方法,做起来也很难,因为至今教会都无培养神学家的计划。他建议,教会完全可以先从设有奖学之资开始,一是使神学本身学术化,一方面要注重实际,为教会造就牧师干事,另一方面通过讲座,延名师,包括请外国名师来加深学术。二是在学生中物色人才,一得上才,便给他们提供一切机会,包括财力和时间,让他安心从事十年二十年的研究。他认为一个宗教必须要有自己的神学家,就像一个人不能没有对于生活的见解,否则就不成其为人一样。一个国家,一个民族也都是如此,都要有哲学或主义作背景。教会没有神学,即等于没有教会。没有强有力的理论,人们就没有强有力的成功。我们中国人对于这一点似乎不太了然,自己不反省,读书人天天作道家的生活,任其自然,而不知道是受了逍遥齐物的潜移。中国的教会要救人出罪恶,也要救人从这种模糊随意的生活状态里出来。自身即使不要神学,应付中国人的需要,也需要神学理论。他说:"今日中国文化根本崩溃了。中国的人生观,宇宙观完全要下台,另一种思想要取而代之。种种哲理不足以使中国起死回生,于是唯物论可以在中国发达兴旺。基督教面临这种情况,应觉悟到自身的责任,应当在实际上与民众打成一片,在理论上作一正面的阵容,与中国旧有的文化作对垒而施以挑战,藉以补充其不足,又与最有势力的唯物论相竞,而当仁不让,以求为中国造一个新文化强健的基础。然则神学不重且要么?作基督徒的知道了这些事,能不晓晓,能不舌敝唇焦地呼喊么?"

以上的书和文章,都表明赵紫宸对中国文化与基督教的结合作了许多深入的考虑,对中国教会本色化的理论构建有着重要意义。

谢扶雅在《个我道德、家庭道德与神国道德——新中国伦理建设刍议》一文中分析了构成基督教的两个要素——希腊与希伯来文化与中国文化的异同。认为中国过去的家庭伦理,今日已时过境迁,但"人情"的原则还在人性之中,不容剿绝。今日救偏补弊的方法,端在引进人权和人值(人的价值),以扩充我国固有的道德。而人权(不自由,毋宁死)是希腊系统的嘉果,人值则在希伯来信仰"上帝造人像他自己"中得到充分体现。整个新中国的伦理及新文化,就是以中国文化中的人情,注入两希的人权与人值的新血液而创建起来。① 这篇文章可以视为探讨基督教与中国文化的一种结合方式。

他的另一篇文章《孔道对于基督教底贡献》②中首先分析了基督教对孙中山和康有为等人的影响,认为他们都是以儒者而受基督教思想

---

① 谢扶雅:《个我道德、家庭道德与神国道德——新中国伦理建设刍议》,《天风》,第63期,1947年3月,第6页。
② 谢扶雅:《孔道对于基督教的贡献》,《基督教丛刊》,第22期,1948年6月,第81—88页。

的莫大助力,对中国革新"诚非浅鲜"。接着,他提到基督教要发展自身,必须每到一地,便与那里的民族接触,尽量发现其优长和特点,并一并吸收过来,以滋其生命。基督教最初与希腊文明融合,而今天要进入东方则要与东方文化相融合。而基督教传入中国已 300 多年,在仪式上组织上诚然费了不少气力,但在思想上却并未能做到彼此切磋。所以今日及时追求基督教可以向中国固有文明吸取何种要素,中国根本思想可以对基督教尽些什么贡献,实是当前的一重要课题。他认为中国正统思想是儒家,而孔道在今日究竟有什么可贡献给基督教,而使它扩充丰富的内容,重演世界精神文明的主角,这是关心世界文化前途的人所急欲研究的问题。他认为如果基督教对占全世界人类四分之一的"儒者",没有一个适宜的安排和妥洽,那基督教在世界的地位,将大为减退。然后他分析了什么是孔道,主要包括五伦和孔子"仁"的学说及其产生的背景。并对孔子的"述而不作"的史学方法作了分析和评论,他认为孔道中有三点能效献于基督教,即交互性(人性)、中庸和包容精神。而在这几个方面正是基督教的弱点。他说,交互性就是表示人们之间要互依,交相合作。人性就是男女两性,非交互和谐不足以尽此人性。基督教一切从神性出发,而神是信仰上的一个设定。然孔道的人性,直接自明,昭然事实。中庸之道并非是调停的妥协,而是因时、因地、因人、因情境而动变适应,是在刻刻革新创进之中。基督教是绝对一神教,不允许拜任何别的神,孔道较之基督教有充溢宽大的容忍精神。孔子不预定任何大目的,只是"善其事""利其器",时时改变方法和方针,刻刻适应新环境。它不讲打倒某个,而某个自倒,不讲推翻某制度,而某制度自坍。而基督教似甚激进而常招反动,孔道却因宽大包容而稳扎稳打,扩展以竟全功。基督教的核心是"爱",而孔道是"仁",与它殊不相同。基督教在与欧洲文化接触中,从爱的原理中,迸发了自由平等两个火花,但也使个人主义和集体主义还魂。"今后基督教如能采取中国文化中的交互性,与自由性、平等性合成鼎足的三角,则对于现代民主思潮,可平添一支生力军,不但可挽救过度的自由与偏激的平等,而且可以万物并育,道行并行的宽容态度,使世界各民族,各就其特殊环境,各选其特殊法制,不悖不害,共处一堂。求'大同'于'小异',展开天国于演进的历程,这不是基督教在现阶段应有的使命吗?"①

谢扶雅的这两篇文章从不同的两个角度寻找基督教与儒家互补会通之点,设法使基督教与中国文化在思想上能融合,为从思想上解决中国基督教会本色化作了进一步的探索。

在此期间,王治心等人也对基督教与中国文化结合的问题作了探讨。王治心的《释迦与耶稣的生平》②一文通过对释迦与耶稣两个完全生活在不同背景下的两位教主的对比,发现他们有许多共同之处。他这篇文章给人的启示是,既然佛教能成为中国宗教,而基督教为什么不能呢?

此外,刘德如的《如何使中国思想基督化》③中也从神学教义、哲学、伦理道德三方面将基督教与孔子思想等中国文化进行了比较,认为这几方面基督教都较之孔门思想与中国传统进一步。如基督教学者能整理故籍,融会贯通,加以基督教精神的消化,使中国伦理学术经籍思想成为基督化,那国人接纳福音的可能性亦可日趋平易。

总之,从上面的文章看,中国教会领导人始终没有停止对基督教本色化的讨论。他们对这个问题的思考日益深入,特别是赵紫宸及谢扶雅等人。这些探讨为解放后的三自运动奠定了神学基础。

---

① 谢扶雅:《孔道对于基督教的贡献》,《基督教丛刊》,第22期,1948年6月,第88页。
② 王治心:《释迦与耶稣的生平》(上、下),《金陵神学志》,第23卷第4期及第24卷第1期,1948年7月,10月。
③ 刘德如:《如何使中国思想基督化》,《天风》,第85期,1947年8月30日,第1—3页。

第十二章 中华人民共和国成立后的中国基督教革新

2000年9月22日,中国基督教会三自爱国运动委员会第六届、中国基督教协会第四届全体委员会第三次会议一致通过《爱国爱教,同心迈向新世纪——中国基督教三自爱国运动五十年的总结》,将三自爱国运动分为三个阶段:"1950—1966年是第一阶段,主要任务是反帝爱国,摆脱外国差会控制,收回教会主权,中国基督徒自办教会,实现自治、自养、自传。1966—1978年因受'文化大革命'的冲击,基督教事工被迫停顿。1979—1998年是第二阶段,主要任务是坚持'三自'方向,从自办教会到办好教会,即治好、养好、传好。1998年年底,济南会议决定'加强神学思想建设',是第三阶段的起始。这是三个既有区别,又互相贯连的阶段,每一阶段既有其主要任务,又是前一阶段的继续、深化和充实。"①本章对解放后中国基督教会的阐述也基本上根据这个三阶段划分。由于第一阶段的重点是50年代,故第一部分只着重对这一时期加以介绍。

第一节 20世纪50年代中国基督教会适应新中国的努力

1949年以后,中国社会发生了举世瞩目的变化,一切机构和人,不

---

① 《爱国爱教,同心迈向新世纪——中国基督教三自爱国运动五十年的总结》,《天风》,2000年10月,第10页。

管其主观上是否愿意,都必须顺应这种形势的变化。作为"洋教"的基督教更是如此。

中国基督教会虽然在1949年前不断地进行着本色化的努力,提倡教会自立,但成效不大。中国教会在解放前除了极少数自立教会外,绝大多数仍靠外国差会资助。自立、自传、自养对中国教会来说似乎只是个长远的目标。基督教在一般中国人的心目中始终是个"洋教"。解放前以及解放初,基督教教会中许多人对共产党和新中国抱有抵触情绪。而解放后共产党政权第一件事就是要结束半殖民地半封建的社会,当然不会允许一个与帝国主义有着千丝万缕联系的基督教会存在。因此,首先切断与帝国主义的联系,实现"三自"也就成为中国基督教会顺应社会的最重要的举措了。这一点吴耀宗的认识是较早的,他在1950年就说:"基督教同帝国主义的关系问题,是目前基督教对外关系的最主要的问题,也是基督教在解放后所以遭遇困难的最重要的因素","基督教是洋教,是帝国主义的工具;基督教是迷信的,反科学的,是人民的鸦片。这是一般人,尤其是受过唯物主义教育的人,对于基督教的看法。"①中国基督教如何能在这种条件下求生存,惟一的道路是走"三自"之路。这一历史的重担落到了以吴耀宗为首的一批思想进步的中国教会领袖身上。

基督教会内一些先进分子在解放初也与全国人民一起为新中国的成立欢呼。我们可以从1949年的《天风》、《田家》、《消息》、《恩友》等一批教会杂志的文章中明显地感受到这一点。例如《天风》杂志在1949年发表的社论就有:《争取服务人民的时机——中国教会当前的首要任务》、《我们当前一个学习的课题——如何认识新民主革命》、《支持世界和平的力量》、《人民政治协商会议的展望》、《拥护毛泽东生

---

① 吴耀宗:《展开基督教革新运动的旗帜》,《天风》,1951年1月30日。

产建设的号召——促进基督徒生产运动》《解放前后的观感——'天风'是走人民的道路》《向共产主义学习以行动去实践理论》《新社会与基督教》《欢迎中华人民共和国诞生》《上新民主生活的第一课——与友谈认识新民主社会问题》《展开学习人民大宪章——向中国人民教会当局建议之一》《中国人民向联合国声明——论周外长照会联合国的正确性》《大西南解放的意义》《圣诞与解放革命》《两巨人携起手来——论毛主席访问莫斯科》等，再如《田家》发表的《基督教与新中国》《人民政府优良作风的表现》等，《恩友》杂志发表的《迎接新中国的诞生》，《消息》杂志发表的《迎接解放》《当前基督教学运的历史任务——庆祝中华人民共和国的诞生》等等。所有这些文章都表明了对新政权的欢迎和对人民政府的各项政策的支持。从中可以看出思想先进的中国基督徒在政治上与新社会适应并不存在多大问题。事实上新政权不仅得到像吴耀宗、张雪岩这些在解放前就对唯物论辩证法思想持调和态度的人，也得到了基督教会内温和自由派如赵紫宸等人的支持。因为他们对腐败的国民党政权完全失望，转而对共产党的新政权抱着强烈的希望。

　　但新中国成立之初就多数基督徒而言，对共产党则还存在着不少的疑虑，特别是保守的基要派基督徒。他们只关心个人的灵魂得救，不关心社会。由于共产党是无神论，不少人听信了反共谣言，把共产党视为洪水猛兽。基要派之所以在普通信徒中有市场与三四十年代中国国难当头、民不聊生有关。处于绝望中的一批中国信徒对自由派的社会福音兴趣不大，而此时正好从海外传入了鼓吹个人得救、逃避现实、急切盼望基督复临的基要主义，迎合了这批中国信徒灵性上的需要。基要派自封为"属灵派"，惟有他们能得救，而其他人，包括一切不信教及教会内的自由派都被视为"不信派"，要下地狱。这些人给1949年后的中国教会带来了新的问题。

第十二章 中华人民共和国成立后的中国基督教革新

新中国成立之初,百废待兴。在革命中,不少地区,尤其是一些乡村,对基督教采取较为过激的做法,有些教堂被迫关闭,传道人不得不脱离教会,使一些基督徒产生悲观失望的情绪,也使一些基要派顽固分子增加了对共产党政权的隔阂感。针对这种情况,思想进步的基督徒深感基督教会要度过这一革命难关,必须实行改革。《田家》在1949年12月发表了《基督教如何打破难关》一文说:"基督教如果真正是一种科学的信仰,那么目前对付困难的惟一任务,就是先要用分析的态度研究明白究竟当前教会遭受的难处,是外来的,还是由自身招引的。要真虚心的话,恐怕会发现今日之祸,多半是自己招来的。"它列举了以下几点:一、自相分争。今天各教会还受西洋舶来的会派及教条等束缚,不能集中人力财力,在合一原则下推动各种合乎人民大众利益的宗教事业。如今应该根据共产党的民族大团结的友爱精神的启示和鼓励,一致加入中华基督教会这合一运动的大组织,这是打破难关的第一着。二、自称为义。一些基督徒,特别是传道人将自己看成"属灵",而把不信教的及与自己观点不同的同道都视为魔鬼,这些人不敢谈科学,反对进步,反对革命,结果不但令人看为迷信,而且视为反动。基督教要打破这一难关,非要一致展开学习的风气,研究政协的三大文件,尤其是《共同纲领》及毛泽东的《论联合政府》、《新民主主义论》、《论人民民主专政》等。三、"少抱怨多做工。从宗教的意义上讲,教会遭难受困,正是一种很好的磨炼,真金是不怕火炼的。所以基督教不应因为自身遇到困难受了打击,就怨天尤人,而当深自醒惕,从造福人民的工作行为上表现出基督教的真义来。最重要的工作有提倡劳动生产,文化教育,救济事业以及国际和平等,这是基督教打破难关最具体最有效的办法。"① 事实上中国基督教会正是通过这些办法积极带领教会适应

---

① 言论:《基督教如何打破难关》,《田家》,第16卷第9期,1949年12月1日,第2页。

新社会,并逐渐取得社会认同的。

教会先进分子之所以能带领信徒逐渐改变对共产党的看法并能较快地适应新社会,与当时的共产党人廉洁奉公、为人民服务的精神有直接关系。正如丁光训所说:"我们同革命者有了直接的接触,革命者和国民党政权的大员大不相同,和外国传教士和中国教会领袖对他们所作的描绘也大不相同。他们并不是洪水猛兽……为了同胞的解放,不少革命者牺牲了他们的一切,乃至生命。'为人民服务'不仅是一句口号,而且是他们之中很多人的生活目的。他们实践了古代圣贤'严于责己'和'先天下之忧而忧,后天下之乐而乐'的格言。"①共产党员的这种以身作则的作风使基督徒看到了中国的希望。

基督徒能较快地适应新社会也与政府对宗教采取了一系列的正确方针政策分不开。这些政策扭转了某些地区对宗教采取的过激行为,使信徒们看到"虽然他们(共产党人)对宗教没有好感,但并不企图逼迫宗教或消灭宗教"。② 与此同时,政府又引导基督徒认识以往与帝国主义的联系,由此一方面逐渐消除基督徒对共产主义的恐惧,另一方面促进了基督徒从思想上和组织上割断与帝国主义的联系,走自立、自养、自传的三自之路,并积极投身于新民主主义和社会主义的建设中来。

对基督教界影响较大的是1949年9月召开了政治协商会议,政府邀请了基督教会五位代表,吴耀宗、赵紫宸、邓裕志、刘良模、张雪岩等人参加。这次会议通过了《共同纲领》,明确规定公民有信仰宗教的自由,给宗教界以极大的鼓舞。

1950年周总理三次接见以吴耀宗为首的基督教代表团,指出基督教的最大问题是与帝国主义的关系,基督教必须肃清其内部的帝国主

---

① 丁光训:《中国的神学群众运动》,《丁光训文集》,译林出版社1998年版,第21页。
② 同上书,第21页。

义影响与力量,提高民族自觉,恢复宗教团体本来的面目。他还赞扬了中国基督徒提出的自立、自养、自传的原则,重申宗教信仰自由政策,指出唯物论与唯心论在政治上可以合作共存,应该互相尊重等。这些谈话使中国基督徒看到了希望,并给他们指出了今后的方向,在中国基督教会中引起了很大的震动。教会中的有识之士认清了基督教会要想在中国立足,第一步就是必须与帝国主义切断一切联系,走自治、自养、自传的三自之路。正是在这种情况下,吴耀宗等40名教会领袖于1950年7月底向全国基督徒发起了《中国基督教在新中国建设中努力的途径》(简称《三自宣言》),提出了教会革新的总任务,基本方针和具体办法。《宣言》全文如下:

> 基督教传到中国,已经有140多年的历史,在这100多年当中,它对中国的社会,曾经有过相当的贡献。但是,不幸得很,基督教传到中国不久以后,帝国主义便在中国开始活动,又因为把基督教传到中国来的人们,主要的都是从这些帝国主义国家来的,基督教同帝国主义便在有意无意、有形无形之中发生了关系。现在中国的革命胜利了,帝国主义对中国历史这一个空前的事实,是不会甘心的。它们一定要用尽千方百计,企图破坏这个既成的事实;它们也会利用基督教,去进行它们挑拨离间,企图在中国制造反动力量的阴谋。为要提高我们对帝国主义的警惕,为要表示基督教在新中国中鲜明的政治立场,为要促成一个为中国人自己所主持的中国教会,为要指出全国的基督徒对新中国建设所应当负起的责任,我们发表了下面这个文件。我们愿意号召全国的基督徒,为实现这个文件所提供的原则而努力。

总的任务

中国基督教教会及团体彻底拥护《共同纲领》,在政府的领导下，反对帝国主义、封建主义及官僚资本主义，为建设一个独立、民主、和平、统一和富强的新中国而奋斗。

基本方针

（一）中国基督教教会及团体应以最大的努力及有效的方法，使教会群众清楚地认识帝国主义在中国所造成的罪恶，认识过去帝国主义利用基督教的事实，肃清基督教内部的帝国主义影响，警惕帝国主义，尤其是美帝国主义，利用宗教以培养反动力量的阴谋，同时号召他们参加反对战争、拥护和平的运动，并教育他们彻底了解及拥护政府的土地改革政策。

（二）中国基督教教会及团体应用有效的办法，培养一般信徒爱国民主的精神，和自尊自信的心理。中国基督教过去所倡导的自治、自养、自传的运动，已有相当成就，今后应在最短期内完成此项任务，同时提倡自我批评，在各种工作上实行检讨整理，精简节约，以达到基督教革新的目标。

具体办法

（一）中国基督教教会及团体，凡仍仰赖外国人才与经济之协助者，应拟定具体计划，在最短期内，实现自力更生的目标。

（二）今后基督教教会及团体，在宗教工作方面，应注重基督教本质的深刻认识、宗派间的团结、领导人才的培养和教会制度的改进；在一般工作方面，应注重反帝、反封建、反官僚资本主义的教育，及劳动生产、认识时代、文娱活动、识字教育、医药卫生、儿童保育等为人民服务的工作。

在宣言上签名的40位基督教人士为：丁先诚、王世静、王吉民、王梓仲、方叔轩、江文汉、江长川、艾年三、汪彼得、吴高梓、吴耀宗、林永俣、邵镜三、招观海、胡翼云、涂羽卿、韦卓民、高凤山、孙王国秀、凌俞秀霭、崔宪详、陆志韦、戚庆才、陈文润、陈芝美、陈崇桂、杨肖彭、赵紫宸、赵复三、熊真沛、邓裕志、黎照寰、刘良模、刘维诚、郑建业、鲍哲庆、缪秋笙、檀仁梅、庞之焜、萧国贵。

该《宣言》得到了一批基督徒的签名拥护。政府也对此行动充分肯定。《人民日报》于1950年9月23日全文刊载,并同时公布了在宣言上签字的1527位基督徒名单。这在全国基督徒中引起了热烈的反应,有更多基督徒自觉地掀起了签名运动。宣言发布后仅隔两天,即9月25日,又有1500名基督徒在宣言上签字,由此拉开了一场轰轰烈烈的基督教三自爱国运动的帷幕。

就在这一运动发起时,1950年10月,中国基督教协进会在政府的支持下召开了一个完全由中国信徒主持及参加的第14届年会,成为有史以来中国基督教协进会首次无一外国传教士参加的年会。全国基督教各教会团体都派代表参加,包括来宾共有140人,这也是历届基督教协进会年会中参加的宗派和教派最多的一次会议。该会议的主题是"基督的福音与今日的教会",着重讨论了教会如何实现三自以及协进会本身改革的问题。确定了在五年内完成自治、自养、自传的任务,彻底割断与帝国主义的关系。会议还增选了吴耀宗等人为协进会领导成员。

这里需要说明的是,中国基督教协进会原打算在1950年举行中国基督教全国会议,并选派了一个筹备委员会,其下设了宣言、改革、事工、机构四个小组。赵紫宸被委派为改革组组长。为此,他曾与多人讨论,并写了三篇文章:《中国基督教会的改革途径》《用爱心建立团契》《审判之下教会的革新》。后因形势的变化,全国大会没有开成,而改以基督教协进会年会的形式举行。讨论的主题也主要是围绕着三自本身,对神学思想并没有进行过多的研究。虽然如此,这三篇文章在今天看来仍不失为解放初中国教会本色化的重要理论文章。

赵紫宸在《中国基督教会的改革途径》中特别指出，中国教会要从十个方面进行改革：一、撤除与基督教一同传来的西洋文化遗传的附属品，包括种种礼节、仪文、形式、象征、规矩、条目，种种传教方法，迷信的风俗，以致现代主义基要主义等等不是原始基督教所本有的元素。它们与基督教本质没有重要关系。但在划分基督教的本质与附属品，要经过精慎的研究与区分。二、扫除迷信，打倒偶像。要分辨确信与迷信的差别，"已经被人证明是假的，人还执持信守，那种信法，就是迷信；人们不能证明是真是假，而信守之足以提高生活，增加工作的效率，看见人生的意义、价值、实在与归宿的，那种信法，就是确信"。① 把相对的仪文、典章、制度等变成了绝对的，以相对为绝对，就是拜偶像的起头。在改革教会的时候，要特别注意阻碍各宗派合一的东西，这些都是偶像，都必须打倒。三、中国教会要扫除神学上的分歧意见而创造自己的理论。神学分歧是好的，但不能成为损害爱的团契的障碍物。各种神学都有其时代性和民族性。神学一方面是解释信仰的理论，另一方面是适应时代对付环境的思想。有些看似与《圣经》相反的思想，但神学家接受过来，创作了更深刻更周密的神学。"到了现在的中国，我们面前摆着中国固有的文化与新近发扬的马列主义，而这两样东西好像与基督教是势不两立的。可是我们中国信徒创作中国神学的机会却惊人地临到了面前。在改革教会的工作中，创造自己的宗教理解，扫除传统的曲解，是最积极、是艰难、最使人兴奋的一件大事！"② 四、扫除不良的习染与作风，如不民主作风，不道德作风，不问世事，躲避现实的现象等，特别是传道人平素不读书不讨论，不预问时事，因此不能领导青年信众，与信众脱节等等。五、教会的改革，必须改造受职受薪的教牧以

---

① 赵紫宸：《中国基督教会改革的途径》，青年协会书局1950年版，第26页。
② 同上书，第29页。

及各级传道人员。要注新血,淘汰不称职者。六、加强教会全体共同的生活,破除素来教友不负责任的风气。七、教会要改革,必须立刻着手设法征召教育一辈新时代的人才出来当教牧,青年们自己给教会及神学院建议他们所需要得到怎么样的栽培。八、教会一日不能自养,便一日不能自立。一日不能自立,即一日不能收改革的功效。自养的实际必须从教友全体决心供养牧师开始。牧师有生活的着落,就无须依赖洋钱。牧师得了自养,教会各种事工亦可以一步步地达到自给的程度。九、自养问题与合一问题有密切联系。不自养就要受外来的牵制,合一就发生问题,因为对于中国人而言,神学信条、典章制度等差异构不成合一的障碍,这些只能对西宣教会各宗派构成障碍。中国教会不自养,依赖心不除,就不能抛下各西差会的典章制度,合一便受牵制。十、中国基督徒要有共同改革教会的意识,要一个能够收拾一盘散沙的爱的团契,一个民主的、大众的、自立、自传、统一的教会。也就是不仅各宗派领袖们有共同意识,还要教友大众都动起来,改革才会成功。赵紫宸相信,只要中国教会的领袖有觉悟,敢领导,信徒能团结,敢反映,大家齐心,改革运动就可以开展,并定能成功。如何改革教会,他得出要用爱心建立团契,第一是教会中有觉悟的分子起来领导,第二是全体信众在各地方各教堂自主自动地要求彻底改革。他还建议由全国协进会改组成一个全国性机构推动整个改革。

《用爱心建立团契》一文强调用爱心建立团契是中国教会改革的根本原则。他从什么是教会谈起,论证了教会就是爱心组成的团契。他认为中国的基督教教会大多数是抗议教的宗派,大多数是受路德·马丁的影响,是承袭他的错误。他的"因信称义"观执持了个人自由的原则,轻忽了团契生活的要端,无意中竟脱离了绝大多数的劳苦大众。抗议教的改革运动伸展开来,一方面鼓励了理性的发展,造成了工业革命,另一方面不期然地与资本主义一鼻孔出气。他说:"我们今日面临基督教严重的考验,只有努力纠正偏差,遏制教会中自由个人主义的作风,而提倡用爱心建立团契,藉以彻底地改革中国的教会,用爱心建立团契是回到人民大众的原则。今日中国的新社会侧重于集体主义,要求一切人都有劳动的观点,都有大众的意识。这就对于中国教会作了一个挑战,给了一个机会。我们决不放弃因信称义的真理,也决不否认这个真理的偏向。'因信称义'是个人得救的方法,是批评一切的总理由;但是用爱心建立团契是达到真宗教真教会的方法,是改革一切的总钥匙。"①又说:"中国的今日乃是我们用行为证道的时候。人们不必与人辩论基督教是不是唯心论,是不是唯物论,因为基督教是实行,是生活,不是这个论,那个论……这不是我们说话的时候,这是用实行证道的时候。若没有成绩,没有对于人群社会有益的实际工作,多说多话,适足表明我们无耻的空虚。但是用实行证道的方法无过于用爱心建立团契这个方法。爱心建立团契是用爱心建立教会;是说信徒们有相爱的生活……我们应当爱教外人;但在我们不能彼此相爱之前,我们没有可说的。"②他指出政府是宽大的,是遵守共同纲领而维持宗教信仰自由的。只要不违法,无人会来逼迫信徒。因此不需要教会去殉道。今天若要实行证道,只有一件是有效的,那就是用爱心去建立团契,使教会果然成了一个无阶级、无玷污的、彼此相爱的社团。今天中国的教会不能实行证道,因为她不是爱的团契,已失去了她的主要作用,所以要去改革和改变她。基督教要个人证道,尤其要团体证道,忘记了教全教会去证道,那就错了,就犯了罪。今天的时代不是个人主义的时代,而是集体主义时代,不注重个人证道,所以从时代的方面看,要改革教会必须要在用爱心建立团契这件事上入手等等。他认为,用爱心建立团

---

① 赵紫宸:《用爱心建立团契》,《真理与生命》,第 15 卷,第 1 期,1950 年 3 月,第 3 页。
② 同上。

契,要靠上帝的恩赐和人的努力。这种团契的建立从人的方面看是不可能的,因为人没有不以自我为中心的,自私的爱都是容易的,惟有无私无我的圣爱是不可能的。因此在谋求教会改革,动不动就要弄到改革制度上去,总不肯直视用爱心建立团契这件事的本身。"我们想撇开根本的问题不谈,专门去走近路,讨论什么三级制、两级制那些无聊的,永远使人分裂的问题。改革教会当然要改革制度;但是我们要知道没有真正的教会,没有爱的团契,改革制度是无用的,而且几乎是不可能的。"他谈到了阻挡用爱心建议团契的各种阻碍,如人的罪性、种种礼节、制度、神学,教友文化水准太低、自动力太弱,经验浅等。他还论述了用爱心建立团契的方法与步骤。认为方法很多,因为一个团契的生活是多方面的,对内,有恒切的祈祷和崇拜;对外,团契有实际的服务。一个教会,对外,原可以成为一个实际服务的中心,也原可称为基督教服务所。他认为,用爱心建立团契这件圣工必须成功,不许失败,因为这件事的失败就是教会的失败,就是基督教的失败。中国教会的衰颓软弱,全是因为教会不是一个爱的团契。要教会革新必须从教友大众身上做起,但他们需要有人领导。教会有圣品的人在教会改革的事工上有举足轻重的影响,这些人必须先把圣品的头衔放下,表明自己是平凡的,并不是特别圣善的,方才可以以信众中的一分子的资格去发挥领导作用,不能与信众形成隔膜,要叫心毅然地服从上帝,心态正了,志向决定了,才能改革教会,扫除教会一切罪恶,使教会成为真的爱的团契。[①]

在另一文中赵紫宸提出了改革教会不在于改革教会的典章制度,而在于改革教会的人心。如今许多乡村教会实现了自养,而难的却是

[①] 赵紫宸:《用爱心建立团契》,《真理与生命》,第15卷,第1期,1950年3月,第1—13页。

大教会大教堂的牧师与信众脱节。"拿美金的教会今日正被压伏在上帝的审判之下,谁都知道一旦美金绝迹,大教堂就没有法子付房税地税,有不少房屋要丢失了。但我们损失些房子有什么关系呢?在保罗的时代教会有大房子么?"今日中国的教会正面临着一个外形的崩溃,内质的兴旺。那出现的七零八落,是上帝所喜悦的中国基督教教会。他批评大宗派的大教堂,死气沉沉,在中国传制度,而不传耶稣基督,不能满足信众的灵性需求,从而与信众脱节。他强调改革教会在今日中国是改革中国基督徒的生活与心态。教会中领袖与信众脱节,全在于领袖们内心空虚。因此要求领袖们痛心疾首的悔悟。在强调领袖们自己革心时,信徒们也要革心。他说:"我们要改革教会,并不要打倒什么制度、遗传、权威、势力,像路德·马丁那时所做的。我们要的是教会里人人动起来,建立一个彼此相爱的,中国人自己的,并且含有普世性的教会……在爱中找到了自立自养自传合一的新生活。"①又说:"不自养只有灭亡,不合一只有软弱;事势所至,教会自必走上上帝所指示的道路……教会不是要改革;教会乃是要得一个新的建立。上帝的爱要教会成为爱的团契。所以在上帝的审判之下,我们所当提倡的教会改革就是教会领袖们革面洗心的重生……我们要作彻底的,全面的奉献,要用实践的行为、无伪的爱心来证实我们所信的是救人救世的福音。"②

赵紫宸在神学思想上虽与吴耀宗不尽相同,但试图从他的神学观点来论证中国教会需要洗心革面,适应新社会的需要,走三自之路,这一点与吴耀宗是一致的。

1950年12月,因抗美援朝,美国冻结在美的中国财产,受影响最大的是依赖美国津贴的教会团体和教会学校、医院等。与此同时,中国

---

① 赵紫宸:《审判之下教会的革新》,青年协会书局1950年版,第14—15页。
② 同上书,第25页。

政府也采取相对应的政策。美国用停止经济来源试图迫使中国教会屈服的行径激起了广大基督徒的愤怒,他们支持中国政府所采取的相应政策,更加认清了西方差会与帝国主义的关系,由此更积极地投入三自爱国运动。从1951年起,许多基督教团体不仅宣布不接受美国的津贴,而且宣布不接受任何外国任何方式的津贴。在这年初的第一个星期就有1万多人签名响应三自革新宣言。

美国的这一行动,迫使中国基督教会提前实行自养。人民政府为帮助中国基督教会解决这一困难,于1951年4月召开了"处理接受美国津贴的基督教团体会议",政府宣布免收城市中教会的房地产税,以帮助教会渡过难关。这也更坚定了基督徒走三自道路的决心。会议通过了《中国基督教各团体代表联合宣言》,号召基督徒永远割断与西方差会的联系,实现三自,热烈拥护抗美援朝运动等等,并组建了"中国基督教抗美援朝三自革新运动委员会(筹备委员会)",吴耀宗任主席。不久,在该委员会的领导下,教会发起了控诉美帝国主义和美国传教士的运动,使信徒进一步认清了传教士与帝国主义的关系,并更坚定了爱国立场。1954年7月,由于形势的发展,中国基督教会召开了全国会议,在会上正式成立了中国基督教三自爱国运动委员会,取代了三自革新运动委员会(筹备委员会)。吴耀宗仍任主席并在会上作了《关于中国基督教三自爱国运动的报告》,提出了三大见证和十大任务:为实现中国教会的三自的见证;参加社会建设的见证;为保卫世界和平的努力的见证;十大任务则主要是围绕着如何实施三自的精神而提出的,包括组织建制,自养问题,人才培养,与社会主义建设的关系问题等。

三自爱国运动是新形势下的教会自立运动,也是信徒的爱国运动。以吴耀宗为首的中国基督教会领袖在注意政治层面上使教会与社会主义社会相适应的同时,也注意在神学层面上的适应。

建国初期一些保守的基要派人士大肆宣传二元论,把体与灵绝对分开,认为世界是魔鬼掌权的世界,完全漆黑一团,是与上帝对立的,把一切非信徒都视为没有"生命"的,是基督徒的敌人。社会上的真善美都是"打扮成光明的天使"的撒旦所为。通过三自爱国运动,信徒的灵性逐渐发生了变化,与广大中国人民的距离拉近了,上述基要观点愈来愈受到信徒的批判和摈弃。正如陈泽民所说:"通过这个运动,我们认清了帝国主义的真面目,看清了基督教确曾被帝国主义利用作为侵略中国的工具,懂得了如何站在人民的立场上来分清敌我……从最初的时候开始,这种从被蒙蔽的状态中觉醒过来,从黑暗与愚昧走向光明,与罪恶势力作严肃的斗争,都是基督徒灵性上的最宝贵的经历。"①正是在这种经验的属灵意义上提出了神学的要求,并由此引发了1956年前后一场群众性的自发的神学大讨论。它是中国基督教与社会现实密切相结合的产物,使神学走出神学家的圈子,为每个信徒所掌握。这种方法正是解放后中国基督教会建立本色神学的一个特色。

早在20年代本色化的讨论中,不少教会领袖已经指出,中国人是重实际的民族,这也表现在对神学的态度上。谢扶雅说过:"大体说来,中国的哲学属于经验论,中国基督徒可能构成的神学,大抵是'经验神学',而难乎其为'启示神学'。"②这一点也为解放后的教会领袖所认同,例如陈泽民也认为:"中国教会的神学重建工作,实际上应该是在社会主义的社会中所见证的教会生活和灵性经验的创造、整理和解释。在年青的中国教会中,追求新的教会生活,创造经验,应该先于神学问题的解决,或神学体系的形成……我们现在对于神学问题的态度……是实际先于理论,见证重于玄想。"③这种神学研究方法是首先

---

① 陈泽民:《中国教会神学建设的任务》,《金陵神学志》,1956年第5—6期。
② 谢扶雅:《巨流点滴》。转引自汪维藩:《中国教会神学思考之特色》,《金陵神学文选》(1952—1992),金陵协和神学院1992年版,第82页。
③ 陈泽民:《教会的见证和神学》,《金陵神学志》,1956年第5期。

在宗教生活中发现问题,然后"去很好地寻求解决"。"寻找灵性经验所提出来的'点',再把这些'点'连成轨迹,然后研究这个曲线将把我们引向哪里。"①1949年以后的中国教会神学基本上就是沿着这一方向走的,50年代的神学更是如此,神学所讨论的内容全都是非常实际的,正如汪维藩所说,是"实际的、具体的、形而下的一面,带着中国人重实际、重实效、重实用、重功利的精神"。②

当时涉及的问题主要是与"三自"和社会直接相关的问题,例如:"基督教的信仰是否要求我们脱离现实?这个现实的世界可爱不可爱?该不该爱?世界是否完全卧在那恶者权势之下?信主与不信主的人之间的关系应该怎样?不信主的人所行的善行是否被神所悦纳?是否也出于上帝?上帝是否借着一些自称不信他的人来施行他公义和慈爱的作为?教会和社会制度的关系应该怎样?教会和国家的关系应该怎样?爱国和爱教(爱神)究竟有没有矛盾?有没有不可调和的冲突?我们现在在宗教信仰上有没有自由?在接受和肯定新中国和共产党的领导时,我们在信仰上有没有受到一些限制?⋯⋯"③

在讨论中,许多信徒都引证了大量的《圣经》经文,各自对有关问题加以阐述。有些人针对在基要主义影响下许多中国信徒把"属灵"与"属世"对立起来,信徒与非信徒对立起来,从而使中国基督教自我隔离的做法提出批判,并论证了上帝有时也会借自称不信者施行公义和慈爱,因此不应该在信与不信者之间设置屏障。"信徒与世人虽然在信仰上是有分别的,但是,世人还是我们的朋友,是我们的兄弟,却不是我们的仇敌。因此,在信徒与世人中间,是不应该有鸿沟存在的。"④

---

① 陈泽民:《中国教会神学建设的任务》,《金陵神学志》1956年第5—6期。
② 汪维藩:《中国教会神学思考之特色》,《金陵神学志》(复)第13期。
③ 陈泽民:《中国教会神学建设的任务》,《金陵神学志》1956年第5—6期。
④ 唐马太:《信徒与世人》,《天风》,1956年第14期。

针对认为属灵就是远离现世，只要"信"就可以，无须在现实中见诸行动的看法，一些人论证所谓属灵是爱，是充满无我的爱，"只有一个完全无我的基督徒，才是被圣灵完全管理，才能凡事属乎圣灵，这才是真的属灵人"。① 属灵的人绝不会脱离现实，因为圣灵充满是要结出果子来的，"若没有圣灵所结的果子就不是属灵"②，"人在现实生活中可以获得灵性的意义"。③ 针对以往把"属世"世界看成漆黑一片，认为没有价值的看法，有人论证现实世界是神创造的，是可爱的。他们主张"神在现实生活中启示自己……神的显现不是否定现实，乃是使现实更有意义，更有价值"；"上帝所爱的世界绝不是信徒所不要爱的世界"；"神为了爱世界的缘故，对于因亚当犯罪所失掉的一切，要因耶稣的血都赎回来了"。④ 有些人肯定世界存在公义和善，"虽然'因一人的悖逆，众人成为罪人'，但人并不因此就完全失去了神的形象……人心里的善和义都是从神那里来的，对一切良善和公义的事情，我们都不应该横加非议和任意抹杀。"在此基础上，一些人进而对社会主义的新中国加以肯定，认为信徒应该投身于社会主义建设。他们说："在新中国，我们可以看到多少良善和公义的事情啊！"⑤"在新旧约圣经的光辉下我们看到一个公义、和平、理想的社会，这是神的旨意，也是人所应当努力争取的"；建设社会主义的目的"是要建设一个没有人剥削人、人压迫人、正义的、幸福的国家……这样，建设社会主义与《圣经》的精神不但不违背，而且是很符合的，因此，基督徒不但应当拥护社会主义，

---

① 韩彼得：《从天上来的异象》，1955。转引自汪维藩：《中国教会神学思考之特色》，《金陵神学文选》，第86页。
② 李荣芳：《属灵与现实生活可以割裂吗?》，《天风》，1955年第12期。
③ 陈淑虔：《基督徒与现实》，《金陵协和神学志》，1957年2月，总第6期。
④ 录鹏敫：《基督徒对世界宜爱憎分明》，《天风》，1956年第8期。
⑤ 徐如雷：《圣经是否定人的价值》，《金陵神学志》，1954年第2期。

而且也当踊跃的参加社会主义建设"。① 为此还发表了大量对"三自"和世界和平作见证的文章。总括起来,通过这次神学讨论肯定了现实世界的美好和人的价值。

徐如雷曾对1953—1957年《金陵协和神学志》共出版的7期神学探讨文章作了很好的总结和归纳:当时"特别登载结合教会实际问题进行神学探讨的文章",具体涉及的内容有:有关社会主义与传福音问题,丁光训的《为什么今天还要做传道人》《神学生应该怎样读圣经》等文章;有关教会与国家关系方面的文章有:《教会与国家的关系》(江文汉)、《从基督教谈社会主义》(黄培新)、《谈基督教有神论》(丁光训)、《从圣经中看教会的前途》(邓天锡);理智与灵命问题有《理智与灵命》(沈子高)、《从经是否反对理智》(徐如雷);神学和教会史方面有《中国教会神学建设的任务》(陈泽民)、《关于学习教会历史的一些问题》(杨振泰)等等。还有批判王明道的《〈灵食季刊〉二十九年来为谁服务》(徐如雷)。他们所写的文章都是"新中国神学建设的重要成果。对形成社会主义时期中国基督教的神学思想起着积极作用"。②

这次讨论,"使神学从神学家的书房里走了出来,成了半信徒男男女女手里的思想斗争的形式和内容。斗争的目的是使自己的信仰得到活力,让信徒积极地去对待他们置身于其中的现实"。③

经过这次神学群众运动,中国神学在如何走与社会主义社会相认同的道路取得了不少宝贵经验。这些经验只有当中国教会在教会体制中摆脱西方母会的控制,设法使之与新社会相适应时才能取得的。通过这场大讨论,中国基督徒从灵性上,也就是思想感情上进一步摆脱了西方基要主义影响,这对中国基督教进一步摆脱洋教的面貌十分有利。

---

① 陈淑虔:《基督徒与现实》,《金陵神学文选》,第209页。
② 徐如雷:《金陵协和神学院四十年》,《金陵神学志》,1993年,第18期。
③ 丁光训:《中国的神学群众运动》,《丁光训文集》,第23页。

与此同时,"三自"运动和神学大讨论消除了中国教会中的宗派意识。1958年,中国教会实现了大联合,提前进入了"后宗派时期"。如果这一形势能保持下去,中国基督教的本色教会和本色神学建设也许会比今天要大有起色。不幸的是,它为随后的"左"倾思潮所扼杀。

从1957年反右斗争开始,中国受到"左"倾思潮的干扰,而在"文化大革命"中达到了顶峰:一切宗教,包括基督教,都遭到毁灭性的打击。中国基督徒与其他中国人民一样遭受了许多磨难。这种情况直到1979年才基本结束。

从表面上看,中国基督教会沉默了20多年,但中国教会并没有停止思考,在经受了这一切苦难之后,它变得更加深沉。这反映在80年代之后中国教会对处境化进行的新的思考上。

第二节　20世纪80、90年代中国基督教会的处境化努力

20世纪80年代初,由Shoki Coe(60、70年代曾任世界基督教联合会神学教育组负责人)首先提出的"处境化"研究方法传入中国,受到中国教会领袖的欢迎,因为它较之本色化更有立体感和时代感。陈泽民说:"这种研究方法强调,'要对基督教的圣经、福音和它传播时所处的各种各样的文化和宗教背景之间的契合点做详尽的研究'。这种思想意味着,我们应当格外注重现在。"①实际上人们在进行"处境化"研究时,很少考虑到它与本色化之间的区别,因此也许可以把它视为"本色化"在当今的替代物。80年代以来,中国教会在处境化方面做了不少的努力。

---

① 陈泽民:《基督与文化在中国》,《金陵神学文选》,第125页。

1980年3月全国三自召开常委扩大会议,发表了《告全国主内弟兄姐妹书》,重点是要重建教会。同年10月召开第三届基督教全国会议,丁光训作了《回顾与展望》的报告,肯定了三自爱国运动的正义性、合理性和必要性,指出三自取得了巨大的成就,但其任务仍未了,要"从自办教会到办好教会"。为达到办好教会的目的,会议决定成立爱国基督徒的教务组织——中国基督教协会(简称"全国基协")。而全国三自爱国会则是中国基督徒爱国爱教的组织。这两个组织简称"两会",互相密切合作,共同为办好我国自治、自养、自传的教会而努力。此次会议之后,每五年举行一次全国会议。第四、五届基督教全国会议都强调按三自爱国的原则建好教会,三自爱国运动必须落实到各项事工中去。正是在这种精神的推动下,80、90年代教会在神学思想、组织建制和关心社会(包括实践基督教伦理道德)三个方面的处境化作了很大的努力。

一、神学思想上的处境化

中国进入80年代以后与50年代有很大不同。50年代初,新中国刚成立,当时正处在人的道德水准和精神面貌的最佳状态,许多教徒容易看到了世界和人性的许多光明之处,从而对现实世界充满了乐观主义的态度。但在经历了极左思潮的冲击之后,尤其是"文化大革命",人性中的黑暗面暴露无遗,他们对人性和世界的看法有了改变。加之80年代后随着改革开放和市场经济的发展,经济走向繁荣,社会面貌有了新的变化;同时,在转型期,也出现了一切向钱看、物欲横流、社会道德滑坡等现象,使一些信徒对世界是否美好、人性是否有好的一面产生了怀疑。50年代似乎已有肯定答案的问题现在又从反面提出。许多人又回到基要派的立场,认为世界是丑恶的,又陷入了所谓个人"属灵不属灵","得救不得救"的问题中打转。这种情况在文化程度较低的基督徒中表现更为突出。但另有不少人并非如此,他们从当今中国社会的改革开放中看到了国家的希望,从历史的曲折变化中看到了上帝的真爱和复活的基督。

中国教会领导人深切地认识到,只有发扬光明的一面、克服消极的一面中国教会才有前途。如果回到基要派的老路,终将会给教会带来深重的灾难,因为它将会使中国教会再次与中国社会和人民疏远,形成自我封闭的局面。这种做法完全与中国文化的包容性传统背道而驰,是行不通的。他们在引导信徒克服消极面的同时,不仅注意使教会与社会接轨,而且比以往更注意与中国文化相结合,因为他们认识到:"'道'唯有通过文化才能真正进入人心。"①因此,基督与文化的关系已愈来愈为中国教会所重视。与此同时,中国的教会神学逐渐从原有的形而下的、实用型的向形而上的、本体论的方向发展。

在与中国传统文化相结合的问题上,中国教会更注重的是那些现实的、活的中国文化,或者说已潜移默化深入到百姓日常思想和习惯中的中国大众文化,不像20年代老一辈神学家主要着力于把基督教与中国古代经典作比较。他们认为,关注这种活的文化比死的经典更重要。陈泽民说:儒、释、道(包括民间宗教)"以一种混杂的方式浸透到传统的中国文化中,不管是那些知识精英还是黎民百姓都是这样。或许很多人对于有组织的宗教抱着一种不可知或漠不关心的态度。中国只有很少的坚定的、彻底的、富有理性的无神论者,而且他们也不免受到这种文化的影响。因此当我们讨论中国基督教的本色化时只是把我们局限于把基督教和儒家或道教或佛教放在平等的位置,来指出他们之间的相似或并行之处的话,我们就有忽略广大人民群众的危险,他们同样也是中国文化的承递者。而这看来也正是很多学者和神学家已经犯的和正在犯的错误"。②

---

① 陈泽民:《有关中国教会神学建设的问题》,《金陵神学志》,1993年,第18期。
② 陈泽民:《基督与文化在中国》,《金陵神学志》,1992,(复)第17期。

这种活的中国传统文化表现在宗教方面是中国宗教的非排他性,多数中国人对宗教都持宽容态度,认为宗教都是劝人行善的,有混合主义的倾向。中国人有整体性的宇宙观和现实中的"对立的统一",如天-地、天-人、阴-阳、五行相生相克等。中国人重道德修养、实践,以人为本,讲天道报应,相信人之初性本善,注重教育和自由意志,无"原罪"意识;重视现世,不大从深层次上考虑死后的生命和永生,较少关心历史和宇宙的终结;对待宗教较少狂热性,喜欢中庸之道等等。

正是基于这种分析,中国教会清醒地认识到,在这种文化背景中,基督教决不可能处于主流地位,要生存发展也必须得到主流文化的认可和广大群众的同情。为此,教会必须体现中国人的包容精神,决不能实行关门主义,诸如把教外人士统统都说成是"不能得救",或把世俗社会视为是魔鬼的社会,要受上帝的惩罚等,因为这只会引起绝大多数中国人的反感,而且也不符合事实。中国教会必须持开放的心态。当然要做到这一点很难,因为就中国目前基督徒的状况而言,绝大多数属基要派,要他们改变观念只有一步步地做,在神学上不能急于去标新立异,正如陈泽民所言,为了"照顾教会团结,照顾信徒的接受能力",只能是稳步地慢慢发展。① 虽然如此,中国教会在考虑到教内外的各种因素后,仍然知难而进,首先从神学思想上引导信徒与社会相适应。

陈泽民教授曾对80年代至90年代初中国神学思考重点变化的几个方面作了很好的总结。概括起来有:在上帝论方面着重于上帝的圣爱(agape);在基督论方面突出宇宙的基督的思想;在圣灵论方面突出在宇宙中作为一种普世的孕育生命之灵;在人论方面强调人具有上帝的形象;在基督徒生活方面强调信心与行为一致、爱国爱教、荣神益人;在末世论方面某些原来持前千禧年论的基要派正在谨慎地转向后千禧

---

① 陈泽民:《有关中国教会神学建设的问题》,《金陵神学志》,1993 年,总 18 期。

年论。① 所有这些变化都具有基督教与今天的社会以及与中国文化相适应的特点。

  为了拆除基要派人为设置的信徒与非信徒之间,甚至信徒中所谓"属世"与"属灵"之间的障碍,能使基督教更融入中国文化,也使教会内部更团结,中国教会强调"上帝是全人类的","上帝不仅眷顾基督徒,也眷顾全人类",②上帝不只是爱信徒,他也爱世人,上帝的属性就是爱。正如丁光训所言,"神的最高属性不是他的无所不能,他的无所不知,他的自在永在,他的尊贵威严,而是他的爱。神就是爱……"③从爱的属性出发,上帝就不可能像基要派所描绘的是一个暴君或惩罚者,"而是宇宙的爱者。他不喜欢强制和压服,而是靠教育和劝导工作,他不采取责骂和惩戒的做法,而是吸引、邀请并等待我们出于自愿的响应"。④ "对中国基督徒来说,摒弃一个报复的、令人恐惧的、对人类具有极权的上帝形象,敬拜一位爱我们、同情我们,与我们一道受苦的上帝,这种转变是一种真正的释放。"⑤

  与这位爱的上帝密切相关的是"宇宙的基督"观。"基督的主宰、关怀和爱护普及整个宇宙",它是"以其爱为本质"的。这一宇宙的基督"不是仅仅救赎各地的基督徒,而且还救赎全人类"。⑥ 从这一观点出发,中国教会进而证明现实世界并非一片漆黑,而是有许多美好的事物,上帝创造了这个世界,绝不可能又将它弃之于撒旦之手。基督也绝不会只来拯救他所拣选的一小部分人回归上帝。因为"上帝的创造永

---

 ① 陈泽民:《基督与文化在中国》,《金陵神学志》,1992 年,(复)第 17 期。徐如雷:《中国基督教改革开放 15 年》,《基督教文化与现代化》,1996 年。
 ② 陈泽民:《从基督教思想史看自传》,《金陵神学志》,1985 年,(复)第 2 期。
 ③ 丁光训:《宇宙的基督》,《金陵神学志》,1991 年,(复)第 14—15 期。
 ④ 同上书。
 ⑤ 同上书。
 ⑥ 同上书。

无止境,创造的进程悠远绵长。基督在过去、现在都参与一切创造。基督关切的是促使创造结出丰硕之果,到那时,爱、和平和公义将成为宇宙的准则"。正因如此,"在基督的这项救赎工作中,人类争取进步、解放、民主和博爱的运动都连到了一起"。① 由此引导中国基督徒热爱现实世界中一切真善美,因为"一切真善美都来自上帝",使信徒们认识到:"封闭的密室之外,原来竟是基督的园囿。世界之外并非尽是荆棘,也有基督自己放牧的羊群"。② "只有这样肯定世界,才谈得上基督徒对上帝创造奇功的赞美。"③

中国教会领导人还论证了这种宇宙基督的思想符合中国传统文化,认为"中国古代哲学赞美宇宙和谐统一,主张以仁爱为本治国安邦。这种文化传统使中国基督徒有足够的心理准备,乐意接受'宇宙的基督'这一神学思想"。④

中国人素来有人本主义的特点,一般百姓传统信仰的神都是具有人格的神。反映在中国的基督徒在对待三位一体的上帝方面,最易接受的是具有人格的耶稣基督。因此中国的教会神学必须以基督论为中心,这一点也早为老一辈的中国神学家所认识。如谢扶雅就主张中国的本位神学应"直探耶稣","首先捧住耶稣基督,而后推至由他启示出来的父上帝",而不必仿效西方那样以上帝为中心,再由上帝推及耶稣。⑤ 不仅如此,中国许多神学家对基督的神人二性中最重视的是他的人性,他的人格力量。像吴耀宗、赵紫宸、徐宝谦、吴雷川等人都为他的人格力量所折服。这与中国人重视现世和重道德的传统不无关系。

---

① 丁光训:《宇宙的基督》,《金陵神学志》,1991 年,(复)第 14—15 期。
② 汪维藩:《中国教会的某些神学变迁》,《金陵神学志》,1991 年,(复)第 13 期。
③ 丁光训:《中国基督徒怎样看待圣经》,《金陵神学志》,1991 年,(复)第 13 期。
④ 丁光训:《宇宙的基督》,《金陵神学志》,1991 年,(复)第 14—15 期。
⑤ 谢扶雅:《我们要直探耶稣》,《晚年基督教思想论集》,1986 年。

这种以基督为中心的思想也为今天的中国神学家所接受。丁光训说:"探讨基督的神性还不如肯定神的基督性更为重要。上帝要使基督表现出的那种爱成为宇宙的准则。"①

应该说宇宙的基督的思想是建立在 80 年代中国基督徒所体认的"道成肉身"的基督即死而复活的基督的基础上。这种"道成肉身"的基督是中国基督徒在与广大中国人民共同经受极左路线和"文化大革命"浩劫之后的经验总结。丁光训说:"在耶稣所有称呼中,哪个称呼在中国教会信仰中最为宝贵,占据最高地位? 这个称呼只能是'复活的基督'。从死里复活已经成为中国基督徒和中国教会的经验。这经验帮助我们更深切地认识这位复活的基督。"②他们对这位道成肉身的复活的基督的认识也更深刻了,他"不只是信徒个人心灵之主,更是宇宙之主和历史之主。基督在十字架上成就的救赎宏恩,不只局限于信徒一个小群,也广及至今仍在叹息劳苦的整个受造之物"。③ "道成肉身"的基督与宇宙的基督是一致的,都是以上帝的圣爱为基础。"道成肉身的主耶稣,不但具有完全的神性,而且具有完全的人性,表现了一个完全的人,一个完美无缺、毫无瑕疵的人"④,"道成了肉身,将神和人,灵性与身体,属灵与属世,天上和人间,今生和永世,都联系起来……道成了肉身,启示我们……献上我们的身体、精力、时光和生命的一切,将天上神的旨意带到人间……将救恩的福音在现实生活中见证出来,按照《圣经》的教训,在地上过事奉天上神的生活"。⑤ 这种基督论使中国基督徒从以往只关心"主内兄弟"扩大为"爱众人",具有与中国人民共甘苦的胸怀。正如陈泽民所

---

① 丁光训:《宇宙的基督》,《金陵神学志》,1991 年,(复)第 14—15 期。
② 丁光训:《中国基督徒怎样看待圣经》,《金陵神学志》,1991 年,(复)第 13 期。
③ 汪维藩:《中国教会的某些神学变迁》,《金陵神学志》,1985 年,(复)第 2 期。
④ 刘清芬:《道成肉身的奥秘》,《天风》,1981 年第 5 期。
⑤ 蒋佩芬:《道成了肉身》,《天风》,1982 年第 5 期。

说的,这一基督论"肯定了物质世界和人性的积极意义,表现基督'非以役人,乃役于人',追求一种舍己的人生,与人民同甘共苦"。① 这种基督论使中国基督徒找到了与广大中国人民的契合点。中国教会提出的"荣神益人"、"作盐作光"都与这种基督论有关。

在人论方面,中国教会也努力与中国文化相适应。中国人对人的本性的理解较乐观,即所谓"人之初,性本善"。在他们的思想中没有"原罪"这一观念,罪在中国人看来就是犯法,或做了见不得人的事。陈泽民指出,"要想让一般中国人深知确信自己有原罪,并且得罪了上帝,是件很困难的事";"许多年青人对此(罪的教义)常常无动于衷。他们所接受的文化传统是过分的人文主义的、道德主义的、实用主义的,这使他们不能从宗教和灵性的意识上来抓住罪性的深度。"他认为:"新约中'罪'(harmatia)的最初意义(未射中的)对于中国人来说或许更容易接受。我们需要对原罪的教义有个更有说服力的解释,否则就干脆把它归入神学的玄虚之中。"②中国教会为了使基督教更适合中国文化,不主张大肆宣传欧美奋兴派的那种原罪观,而是强调人具有神的形象,是神的荣耀。虽然亚当的犯罪使众人有罪,但人性并没有完全败坏,基督的恩典远超过亚当的过犯。"较之亚当的过犯,'道成肉身'给人类和宇宙带来更加深刻、更全面的影响。"③"在人们对光明、公义、良善、爱心的追求中,在人们倾跌之后又站立起来洗涤自身污垢的努力中,他看到了照亮一切生在世上之人的源于基督的真光,以及在人身上并未全然泯灭和丧失的造他之主的形象",④而且基督"道成肉身"本身就说明了"人在神看来是极为宝贵的"。⑤

---

① 陈泽民:《基督教常识问答》,1994年,第445页。
② 陈泽民:《基督与文化在中国》,《金陵神学志》,1992年,(复)第17期。
③ 丁光训:《宇宙的基督》,《金陵神学志》,1991年,(复)第14—15期。
④ 汪维藩:《中国教会的某些神学变迁》,《金陵神学志》,1985年,(复)第2期。
⑤ 蒋佩芬:《道成了肉身》,《天风》,1982年第5期。

与对人的看法相关的是对救赎问题的看法。救赎是中国教会信徒最关心的问题,其原因主要与中国信徒的经历有关。陈泽民指出,基督徒在中国是"极小的数目",而"社会上还有很多不信宗教,甚至歧视宗教、批判宗教的人。这种气氛,包括学术气氛、政治气氛,加上社会环境影响我们的神学建设步伐";"教会处在这样的境况下,相当一部分信徒自觉不自觉地倾向于突出基督救赎之道作为教会的独特信息而不及其余,也是可以理解的,但我们没说是完全应该的。"①中国教会当今十分注意提倡与中国文化能沟通的救赎论,即对人性从积极意义上来理解的救赎论。也就是说,"反对将福音的基础放在罪恶上,将教会的前途放在人的绝望上",而是"从上帝的公义和慈爱的本性之中,我们找到救赎的源头。福音之所以有必要,教会之所以有前途,并不是因为人类没有了前途,世界没有了希望,而是因为上帝创造的计划中把救赎作为他的手段。不是因为人的完全败坏才使上帝寻找世人,而是因为人类是上帝创造的冠冕,是按着上帝的形象造的,是要替上帝管理这个世界的,所以才值得上帝来救赎"。②

在末世论方面,由于中国基层中大多数信徒是基要派,因此深受前千禧年主义的影响,认为世界末日快来了,尤其是80年代以来,社会风气变坏,这似乎更表明末日即将来临。中国教会对这种现象十分关注,尤其对一些破坏生产和社会治安的狂热的末世论派进行坚决的抵制,帮助政府作好他们的转化工作。教会深知,这些狂热的行动不仅是反社会的,而且与中国的民风和文化完全背道而驰,只能引起绝大多数中国人的反感。中国人都讲中庸,不喜欢狂热,历来对宗教狂热特别厌恶,而且"中国人的头脑非常重视俗世生活,现世和现时,而很少关心历史和宇宙的终结"③,前千禧年主义思想与中国文化反差太大,难以

---

① 陈泽民:《有关中国教会神学建设的问题》,《金陵神学志》,1993,总第18期。
② 同上。
③ 陈泽民:《基督与文化在中国》,《金陵神学志》,1992年,(复)第17期。

与一般的中国人相沟通,而"给社会发展和进步留有余地"的后千禧年主义则与当今社会的发展潮流较符合。

尽管中国基督教会很注意引导信徒神学思想的处境化,但为了照顾教会的团结,它也付出了很大代价,例如,为了团结神学思想保守的信徒,包括那些"轻视甚至否定神学思维和神学教育的价值的人","在进行神学思考时不得不对某些问题暂时不多讲或不讲,免得引起争论","神学思维和表达的随意性受到一定的自我约束,如此便'形成照顾有余而创新不足的情势'",而且"团结得越多,神学上出的新意就越少,就越不敢随便"。但中国教会认为,"搞中国神学不是为了神学而神学,不是为了出个新奇让海外的对话者受惊",而是"甘愿'谦卑自己,与中国信徒相认同,相交流,以他们的问题为自己的问题,以能帮助他们从原有的水平不勉强地提高为喜乐,脱离群众的惊人之言宁愿不说'"。①

二、组织建制上的处境化。

教会组织的处境化虽以其神学思想为指导,但更多的是实践问题。陈泽民和丁光训都认为,中国教会在"教会论"神学方面是相当薄弱的。

如何使教会组织更好地适应中国社会,历来是教会最薄弱的环节。是由于以往"西方传教士工作的重点是放在扩张上,没有考虑建立一个作为'基督的身体'的教会";二是"在当前宗派已过的联合状态下,以前的教会观和各宗派的教政都已逐步消失,在信众中失去影响"。因此"需要发展一个根据《圣经》的富有活力的而又可行的教会论"。②

尽管中国教会在教会论方面比较薄弱,但在实践方面走出了自己

---

① 陈泽民:《有关中国教会神学建设的问题》,《金陵神学志》,1993 年,总第 18 期。
② 陈泽民:《基督与文化在中国》,《金陵神学志》,1992 年,(复)总第 17 期。

的新路,有些方面还走在世界基督教会的前列。

　　首先,中国教会自 1949 年摆脱了帝国主义的控制,走上了独立自主的道路。与此同时,中国教会放弃了所有教育、医务、慈善事业。表面看来基督教会似乎失去了权力,但正如丁光训所言:"正因为这样,福音传得更好……事实说明,耶稣基督的福音通过教会的贫困和软弱,显示出更大的力量。"[①]今天随着我国的改革开放与社会的发展,中国基督教会在某些地区又陆续建立医院、开办学校、幼儿园、养老院,甚至开设了三自商店和企业等,不仅以其良好的服务得到社会好评,还为教会自养提供了部分资金,为中国教会的自养做出了贡献。

　　其次,自 1958 年以来,中国教会实现了联合礼拜,从而进入了"宗派已过"的时代。这在世界上是个创举。它所以能做到这点与中国国情及文化有关。

　　实际上,中国老一辈有民族气节的教会领袖、神学家早就根据中国文化素有的主张"调和"、"求大同存小异"等特点,认为中国教会应该摆脱西方传教士给中国教会带来的宗派主义,走合一的道路才会有前途。例如贾玉铭早在 1921 年就说过:"中国人对于宗教素抱一种齐物观,如儒释道之教理,虽迥然有别,然终能调和,使合而一。此种调和性,对于中华基督教会前途不无关系",并预言:"将来我主之羊'归为一群'之实现,殆自我中国始,而以中国基督教会为合一的先声。"[②]谢扶雅结合中国文化进而对如何实施教会合一的方法作了很好的阐述:"西方基督教受了西方排他性的暗示,致使各宗各派互相倾轧而不相容。中国儒家崇奉'大同',大同不等于统一(Unity)或一律(Uniformi-

---

　　① 丁光训:《在中国为基督作见证》,《金陵神学志》,1984 年,(复)第 1 期。
　　② 贾玉铭:《神道学》。转引自汪维藩:《中国教会神学思考之特色》,《金陵神学文选》,第 94 页。

ty),大同小异,深知'大同'必与'小异'相连。我们不以'异'之'小'而抹杀它,亦不以'同'之'大'而拿来吞没一切"。① 正是在这一文化背景下以及在中国特定的历史条件下,他们的教会合一的梦想在1958年得以实现,中国教会提前进入了"宗派主义之后"的时期。80至90年代,中国教会进一步弘扬老一辈神学家有关中国教会应走合一之路的思想并结合中国今天的实际,对走联合之路更加肯定。正如丁光训所言:"在中国,最初是把西方国家的许多宗派都搬了进来。但是,中国基督教的宗派历史毕竟是短的,宗派主义毕竟是西方的东西,中国信徒的宗派主义情绪并不高。这样,进入今天这'宗派主义之后'的时期并不过于困难,尤其因为整个环境不利于许多大体相同的团体的分立。"②而在其后的左倾路线中,特别是"文化大革命"中,大量痛苦的体验更增强了中国基督徒的团结合一的信念,体会到"团结是对福音的见证,团结是我们教会的力量源泉"。③

正是从中国文化这一特点和中国教会的前途出发,今天的中国教会领导人非常珍视和强调保持这种教会的团结,反对拉山头,搞分裂的做法,认为这样做只会使原本就只占人口极少数的中国基督教会更加势单力薄,对中国教会带来危害。为了维系教会的团结,他们特别注意"求大同存小异"。所谓"大同"就是指爱国爱教,各派都承认同属基督的一个身体,同被一个圣灵所感动,"小异"是指各派礼仪、礼拜时间或方式、所选经文等有所不同,全国两会特别强调尊重不同的信仰礼仪,只求在爱国主义和共同的基本信仰基础上的大团结,从而给予一些小教派特殊礼仪以完全的尊重。

---

① 谢扶雅:《巨流点滴》。转引自汪维藩《中国教会神学思考之特色》,同上,第94—95页。
② 丁光训:《中国基督徒怎样看待圣经》,《丁光训文集》,第88页。
③ 阚宝平:《现代化对教会的挑战》,《基督教文化与现代化》,1996年。

再者,教会注重自身建设和自办教会。随着改革开放,社会上的腐败现象也在教会中有所反映。一些信徒对此十分不满。针对此事,《天风》杂志展开了讨论。一些信徒谈到,作为历史上的教会,也生活在现实世界中,难免会沾染这种现象,但作为永恒教会,则是圣洁无瑕的。因此教会需要藉着基督不断洗净,成为圣洁。这一过程也就是教会不断进行自身改革的过程。

为消除教会内部的腐败现象,中国教会认为必须民主办教会。丁光训说:"今天,我们提出教会不但要自治自养自传,而且要治好养好传好。治好的重要一条就是发扬民主精神和民主作风。办好教会包括着民主管理的思想。办好教会就是要用民主精神去办好。各地教会目前面临的问题是很多的,这些问题同缺乏民主精神有关。教会要真正办好,不能让任何一个人或少数几个人说了算。民主精神应当渗透到各级教会组织。"他还说:"由于中国长期以来的国情,家长式或一言堂式的办教方式还是相当普遍的。这是同新约时代教会的传统相违背的,也是同社会主义社会的民主精神格格不入的。"[①]他还指出当前基层教会堂点问题不少,一些教牧人员说了算,不按规章制度办事,账目不公布,经济不民主,搞不正之风,甚至还私吞信徒的奉献,引起了信徒的强烈不满。因此发扬民主,健全教会制度,做好教会治理工作是教会的当务之急。

中国教会建设在各地的发展并不平衡。如何办好农村教会,是今天中国基督教会面临的极其重要的问题。这不仅因为农村教会信徒人数占总信徒人数的80%,而且因为农村信徒中大多数是文盲、半文盲,对《圣经》的了解主要靠传道人。如今中国教会虽然全国有十多所神学院,但每年培养的神学生远不够需要,这种状况给自由传道人大开方

---

① 丁光训:《今天我们向吴耀宗先生学习什么?》,《金陵神学文选》,第243页。

便之门。他们中一些人根本不懂《圣经》精义,而将封建迷信、巫婆神汉的一套歪理邪说当作基督教来宣传。还有人把宗教狂热说成是"圣灵充满"。如何提高农村信徒的素质,自觉抵制这些邪说也成为当今中国教会面临的严峻问题。

为了使农村信徒听到真道,中国教会采取一系列措施,如组织巡回布道团,深入偏远农村;在有条件的地方组织开办为期数月至一年的义工培训班及各种信徒培训班。同时为文盲、半文盲信徒开办短期补习班,为慕道友开办慕道班等。当然最根本的问题是要提高信徒的文化素质,尽快向农村输送一批合格的教牧人员。但这些都不是短期内所能做到的。教会在90年代中就将"加强牧养,大力提高信徒素质"作为办好教会所面临的首要任务。

近年来,许多知识分子对基督教愈来愈感兴趣。一些人为寻求真理或寻找一片"净土"而进入教会,但有些人很快发现教会牧师水平不高,无法满足其灵性需要,而深感失望。如何满足这部分人的需要,成为今天教会面临的新问题。教会已强烈地意识到提高教牧人员的素质,更新其神学观念和提高神学院的教学质量等问题已成为当务之急。

80、90年代以来,教会对培养女牧师的工作也较为重视。各基督教神学院中女性比例占一半以上。一些无女牧师的省份,现也有了女牧师。针对教会内歧视妇女的现象,丁光训专门写了《女性、母性、神性》一文,从神学的角度上论证神本身就具有女性和母性的特点。他说:"由于教会受到社会上大男子主义的影响,长期以来对神的认识有一定的片面性……把神看作男性是片面的,不妥当的。说神也有母性不能算错。更确切一点说,母性对于丰富我们对神的认识可以作出很大贡献。"①为提高妇女在教会中的地位,中国教会重视女信徒的教育,

---

① 丁光训:《女性、母性、神性》,《金陵神学文选》,第34页。

尤其是在农村,在有条件的地区,为她们开办识字班,尽早让她们摘掉文盲帽子。

1992年,针对信徒迅速发展的局面,中国教会出台了《中国基督教各地教会试行规章制度》,对建立新型教会做出尝试。经过几年的努力,中国基督教协会于1996年12月通过了《中国基督教教会规章》,肯定了教会内多元体制并存的状态,为"后宗派时期"中国教会的教规、制度的制订奠定了基础。同年12月至1997年1月举行了第六届基督教全国会议,把"按三自原则办好教会"的内涵归纳为"四个必须",即必须坚持独立自主,必须实行爱国爱教,必须努力增进团结,必须大力落实"三好"(自治要治好,自养要养好,自传要传好),并号召"一个好基督徒应该是一个好公民"。① 这些规章及会议精神无疑对进一步促进教会与社会的结合起了积极的影响。

三、带领信徒积极参与社会生活,提倡实践基督教伦理道德,做有高尚道德的好公民。

丁光训说,"基督教是一个讲究伦理道德的宗教,全部《圣经》里爱人之道和社会公义的内容占有极大的篇幅。一个鄙视伦理道德的基督教决不是基督教",因而"神学处境化的起步点是基督教的伦理道德内容"。② 中国教会领袖结合中国人重道德的传统,特别强调中国基督徒应效法耶稣,在社会上做榜样,为耶稣作见证。教会提出"爱国爱教,荣神益人"的口号,要求信徒在日常生活中培养自己的灵性和敬虔,强调信心与基督徒的美德和善行并不矛盾,灵性生活应与基督教的爱和公义结合在一起。③

---

① 见《爱国爱教,同心迈向新世纪——中国基督教三自爱国运动五十年的总结》,《天风》,2000年10月,第12页。
② 丁光训:《今天我们向吴耀宗先生学习什么?》,《金陵神学文选》,第241页。
③ 陈泽民:《基督与文化在中国》,《金陵神学文选》,第135页。

当前教会内仍有一些人借"因信称义"来反对为社会服务,甚至把为社会做好事的人斥为"社会福音派"或"不属灵"。针对这些人,丁光训说:"按他们的逻辑,最属灵的人势必是最不肯服务,最不关怀社会,最自私自利,是一个拔一毛以利天下不为也的人。难道属灵可以这么来曲解吗?"他进而指出这是"滑进了'以信废行论'的异端"。① 不仅如此,中国教会还从中国文化中寻找知行合一的根源。早在1921年贾玉铭就指出:"我所信,皆我所知;我所知,亦我所信;我所知所信亦见诸实行;有了经验,则知我所信,行我所知。"谢扶雅也说:"在中国人看来,宗教会被约化为'宗教经验',因为中国是'行'的民族,不像犹太或印度天生是'信'的民族,或像西洋人那样是'知'的民族。"②

为了引导信徒不只关心个人灵魂得救,还应关心、参与社会活动,《天风》杂志在"爱国爱教,荣神益人"的标题下表彰了大量基督徒的先进事迹,这些人积极忘我地在各自岗位上辛勤劳动,关心社会公益,为社会主义两个文明建设作出贡献。90年代中教会进一步提出"要认真协助党和政府贯彻落实宗教政策,不断促进教会与社会主义社会相协调"。③ 提出要遵纪守法,并切实带领信徒走爱国爱教之路。

改革开放以来市场经济的发展带来了各种新问题,例如,如何看待财富和一些人先富起来的问题。由于传统基督徒往往将灵命与物质生活相对立,认为生活富裕的基督徒灵命一定软弱,为此影响了一些信徒去努力勤劳致富。教会及时组织信徒进行讨论,不少人提出贪财是万恶之根,但靠正当合法、勤劳、公正的生产经营而富起来的人,则不属此列,肯定了勤劳致富的正当性。教会还对致富不忘国家和教会的人进

---

① 丁光训:《今天我们向吴耀宗先生学习什么?》,《金陵神学文选》,第240页。
② 转引自汪维藩:《中国教会神学思考之特点》,《金陵神学文选》,第82页。
③ 《办好教会面临的任务》,《天风》,1994年2月。

行了表彰,强调"施比受更为有福"的积极意义。

经过近20年的处境化努力,据1999年不完全统计,中国基督徒人数已超过1500万,开放的教堂达16000余座,聚会点32000个。现在各级神学院校有18所,已毕业的神学生3800余人。《圣经》发行量累计达2500万册,其中好几种是少数民族文字及中英文对照和盲文版。编辑的《赞美诗(新编)》中有四分之一是中国信徒自己的作品,已发行1000万册以上。此外两会还出版了90余种释经及灵修书籍达100万册以上,出版了不少适应农村的读物等等。《天风》月刊发行量超过10万份。基督教事工的发展速度在我国历史上是空前的。①

第三节　近年来中国基督教会在处境化方面的工作

1998年济南会议以来,中国基督教会进入了第三阶段,即"加强神学思想建设的阶段"。前面提到八九十年代中国教会在处境化时,也进行了大量的神学建设,但主要是围绕着如何"治好、养好、传好"这三好进行,而神学工作主要是由神学家和教会上层领导人士在做,广大的基层教牧人员和信徒对神学建设并不重视。近几年来,中国教会意识到必须引导广大教牧人员和信徒人人来关注神学,以提高教会的整体素质,适应当今迅速变化的社会。陈泽民曾谈到当今教会神学思想的落后体现在三方面:"最近20年来落实宗教政策,恢复教会活动,教会发展得很快,这时50年前流行的神学思想,又几乎原封不动地在教会中泛滥流传起来。可以说是'50年不变'。可是中国社会在这50年间已经经过改革开放,起了翻天覆地的变化,进入了社会主义初级阶段。

---

① 《爱国爱教,同心迈向新世纪——中国基督教三自爱国运动五十年的总结》,《天风》,2000年10月,第13页。

教会有许多观念和思想与社会主义不相协调,不相适应。神学思想落后于社会现实,在这个意义上,可以说,和全国人民的思想意识比较,我们确实是落后了。另一方面,这50年间,世界基督教经历过许多变化,神学思想上有许多重要的新发展,其中有一些是值得我们借鉴和学习的。我们是从最近十几年来在改革开放中才多少知道一点。在这个意义上,我们比境外的基督教在神学思想上也的确落后了几十年。再说,我国知识界对基督教的认识,在过去20年中,也起了重要的变化。学术界中有不少人对基督教进行了研究,有深入的理解,他们在神学思想上跑到我们前面去了。他们写了不少关于基督教教义和神学的书,比我们深刻和先进得多。在这个意义上,我们比教外同情基督教的知识分子,又是大大地落后了。"他指出:"在这世纪之交的时刻,我们中国基督教将以怎样的精神面貌进入21世纪?我们能否和社会主义社会相适应?这在很大程度上,取决于我们的神学思想。"①

正是由于强烈地意识到中国教会目前神学思想严重滞后问题,中国教会领袖们自1998年起便将神学建设作为首要的事工来抓,再次掀起神学群众运动。50年代社会大变革时期的群众性自发的神学研讨使信徒的信仰素质提高了一大步。今天又处在一个社会转型时期,世纪之交对教会和信徒提出许多新问题,更需要通过这种方法提高信徒的素质,使之与变化了的时代和社会相适应。实际上,这一神学普及工作在80年代中期一度开展过,如1985年《天风》曾就"中国化"还是"基督化"的议题进行过讨论。1993年的《金陵神学志》专门开辟了"神学大家谈"专栏,吸引不少神学生和对神学有兴趣的信徒参加讨论。当时杂志编者谈到"要办好中国教会,搞好中国教会的神学建设

---

① 陈泽民:《中国基督教应以怎样的面貌进入21世纪》,《天风》,1999年7月,第17页。

是十分重要的。神学素养是提高教会信仰素质的关键。搞好中国教会神学建设不是一两个人的事情,而是靠全体神学工作者和对神学有兴趣的弟兄姐妹的共同努力。神学应是大众的,而不是书斋的,神学建设需要大家的共同参与"。① 但总体而言,这种神学讨论的力度和深度都远不足以引起全教会对神学的重视。如何推动全教会的人来关心神学建设成为中国教会领袖思考的一个问题。

1998 年《丁光训文集》出版共收集了 80 余篇文章,集中了丁光训近 20 年来对神学及三自精神的思考。作者主张中国教会应有自己的神学,认为在现阶段我们的神学工作理所当然地受到历史的、普世教会的制约,但它不是模仿,它是中国基督徒针对中国教会自己的问题的思考。该文集的许多文章就一些根本性的神学问题提出许多宝贵的具有创造性、突破性的观点,也有选择地参考和吸收了些西方现代神学的理论,加以发挥,为我所用。这些都可作为今后构建中国神学的指导。例如圣经观,丁主教便是借鉴了西方的《圣经》研究成果,避开了教条繁琐的圣经主义,针对中国信徒尊重热爱《圣经》权威的特点,为一系列的神学观点铺垫了《圣经》基础。在上帝论方面提出上帝本质是爱。在基督论方面提出宇宙基督,吸收了过程神学和广义进化论思想,纠正了传统基督论只谈救赎的片面性和狭隘性。在人性论方面,丁主教同情中国文化中"人性本善"的思想,人是"按上帝形象造的",是"上帝创造的半成品"等理论既指出救赎的必要,又强调人的道德责任和发展的可能。实际上文集正是中国教会在八九十年代所作的处境化努力的集中体现。

文集还用了不少篇幅谈"三自"问题,并介绍了学术界对宗教的本质是否就是鸦片的问题所进行的辩论。

---

① 《神学大家谈》编者按,《金陵神学志》,1993 年,(总)第 19 期。

为推动整个教会的神学建设,1998年11月,中国基督教会在济南召开会议,丁光训在会上以"圣经中上帝的启示和人对上帝启示的认识"①为题,强调《圣经》中上帝的启示是渐进的,不是一次完成的,而人对上帝启示的认识也不是一次完成的,也是渐进的,逐步提高的。通过上帝长期的启示和教导,将上帝的爱普及一切民族。上帝就是爱,上帝是宇宙中的爱者,他以一颗慈爱的心不断进行着创造和救赎。丁光训的发言以及他的文集中的思想成为这次会议热烈讨论的主题。不少代表,如陈泽民、苏德慈、陈锡太等人都指出,今天中国教会的神学建设已到了刻不容缓的时期,否则便不能与当今的社会主义社会相适应。会议最后做出了《加强神学思想建设决议》,明确地将神学思想建设提高到教会事工的首位。这次会议被视为"三自爱国运动发展的又一个里程碑",而这个决议也认为是"对于巩固三自成果,全面建设中国教会,具有极为重要的现实意义和深远的历史意义,标志着三自运动逐渐走向成熟。"②

济南会议之后,江苏、浙江、上海、福建、山东、四川、江西等地教会都联系实际,相继举行了一系列神学思想建设研讨会。《金陵神学志》也围绕着《丁光训文集》中提出的神学思想组织了一批讨论文章。1999年7月在上海举行了围绕《丁光训文集》有关专题的神学研讨会。南京市基督教两会联系实际,不仅发动教牧同工根据讲坛实践撰写论文,还组织教牧同工、义工举办了四期专题培训班,收到很好的效果。2000年1月,浙江基督教两会邀请丁光训在杭州举行专题演讲,与浙江神学院有关同工、师生座谈,加强沟通,交换看法,积极探索神学思想

---

① 丁光训:《圣经中上帝的启示和人对上帝启示的认识》,《金陵神学志》,1999年,第1期,第3—5页

② 《爱国爱教,同心迈向新世纪——中国基督教三自爱国运动五十年的总结》,《天风》,2000年10月,第12页。

建设。1999年末,全国两会在上海成立了以丁光训为首的神学思想建设推进小组,"旨在加大力度,贯彻和落实有关神学思想建设的途径"。① 中国教会的核心刊物《天风》开辟了"神学大家谈"和"天风论坛"专栏,给群众和神学家们提供了各抒己见的园地。《金陵神学志》也专门开辟了"《丁光训文集》读后感"栏目。很多人对如何推动中国神学建设本身提出了意见和建议,如丁光训的《调整神学思想的难免与必然》、陈泽民的《中国基督教应以怎样的面貌进入21世纪》、赵志恩的《重视神学刻不容缓》、苏德慈的《重视神学建设,加快人才培养》、姚民权的《我国神学思想建设刍议》、阚保平的《加强神学思想建设的关键》、王艾明的《论中国教会神学思想建设的性质和使命》、章铸的《神学思考应当重视中西文化传统的历史流变》、惠国芬的《神学思想建设对农村尤为重要》。还有些是就某一思想而进行的神学讨论,如《如何看待教会以外的真善美》、《浅谈与非信徒的关系》、《谁是罪人?谁是义人?》、《基督徒不能超现实》、《怎样看待人性的善与恶》、《关于属灵与属世》、《如何看待末日预言》、《浅谈"听神的,不听人的"》等等。有许多是50年代提出的老问题,在新时代却又产生了。通过这些讨论,不仅提高了普通信徒的神学水平,也对教牧人员的神学素质的提高大有裨益。

《丁光训文集》和中国教会的神学思想建设也使信徒提高了对三自的认识。教会再次强调"加强自身建设,按'三自'原则办好教会"。随着中国的改革开放,社会愈来愈崇尚物质主义,一切向钱看的思想在教会中也有所反映。教会内争权夺利、拉帮结派、妒贤嫉能等的情况时有发生。自1959年来各宗派在"互相尊重"原则下进行联合礼拜,但近年来,随着国际交往的密切,在一些教会内,宗派意识变得愈来愈强

---

① 《联系实际注重实效大力推进神学思想建设》,《天风》,2000年3月,第10页。

烈。一些基要派人士在所谓"维护正统教义"的旗号下反对教会处境化,要把教会引向与社会相脱离的道路。不少人公开反对"三自"原则。正是在这种背景下,教会内的有识之士对中国教会的前途愈来愈担忧。如何加强教会自身的建设,在新的形势下,按"三自"的原则办好教会已成为今天中国教会最重要的事。近年来,教会内一批人在对中国教会的现状表现出忧虑的同时,也就如何办好中国教会提出了许多严肃的思考与积极的建议。

早在1994年,根据全国基督教两会的精神,《金陵神学志》开辟了"办好教会大家谈"专栏;《天风》也开辟了《治好教会大家谈》专题,先后刊登了一系列文章,对如何"治好"教会进行讨论。许多人强烈呼吁教会一定要以民主精神为原则加强内部管理,健全教政制度,提高教牧人员素质,反腐倡廉,选拔德才兼备的人为教会领导。一些人提出教会要治好,一定要提高信徒的教会意识和提高信徒的神学意识。绝大部分人都反对走宗派分裂的老路,不少人对联合的中国教会应采用哪种教会体制进行了深入的探讨。例如有人提出中国教会可走"地方自治,分层联合协调的道路,在管理上只要体现神主,各种模式都可用,使教会成为中国社会的一盏明灯"。① 这些讨论都为中国最薄弱的教会论增砖添瓦。

1998年,中国教会又对自传如何传的问题进行了深入探讨。所有的文章都肯定了教会所传的福音必须与当代中国社会密切结合。有人提出要"面对中国社会,传出时代的信息",传和好、爱的福音;要弘扬《圣经》中先进的伦理道德,参与中国精神文明建设,同时用基督教的上帝公义原则,对今天社会丑恶现象作出自己的回应。② 姚民权从哲

---

① 王嘉理:《中国教会形态初探》,《天风》,1994年7月。
② 武金贞:《面对中国社会,传出时代的信息》,《金陵神学志》,1998年,(总)第34期。

学的高度对研究自传提出一套方法,认为研究自传就是要研究"如何既求得基督福音的个性与整个社会文化共性的统一,以及与其他各种特定文化形式(政治、经济等)间的共性统一。同时也要求得今日的福音信息(个性)与二千年正统教义(共性)的统一"。他认为,当今中国教会中不少人往往对基督教的个性能统一自如,但对整个社会的共性则生疏隔阂,必须改变这一状况。基督徒与社会的共性不仅在伦理道德方面存在,而且在"基督教与现实政治社会"方面也有共性。例如,今天政府肯定了我们是处在社会主义的初级阶段,那就表明"存在着经济不发达、社会不公正、民主法制不健全、高雅文化不普及等",所以社会上就存在各种罪行,"抨击这些罪行不让其孳生完全符合爱国主义"。同样,今天国际上的主流是"和平发展合作",因此,"三自"的内容也不能像解放初那样"简单地灌输'基督教是帝国主义的侵华工具',要一直'高举反帝的旗帜'"。①

济南会议之后,中国教会提出三自的核心是独立自主,自传福音,对自传问题十分重视。全国两会将自传小组升格为自传委员会,以推动全国的自传工作。不少人也为如何传好献计献策,如徐晓鸿提出"自传工作须深化",认为应该做到:一、"研究人员专业化",即为搞好自传,教会应拥有一支学有专长的过硬队伍,拥有一批在学术上有知名度的基督徒学者。自传研究应像社科研究一样,拟出一定的课题,设立专项基金;二、自传工作教会化。自传不能脱离教会,中国信徒大多在农村,自传工作必须起到指导办好教会的作用。不能闭门造车,而要立足于中国教会现实。从国情、民情、教情出发,认真做好调查研究,做好各种统计工作,使自传有洞察力、有预见性,更具有指导性;三、神学教育规范化,加快神学教育丛书的出版步伐;四、宣传手段多样化,如根据

---

① 姚民权:《从社会文化共性谈自传研究》,《金陵神学志》,1998年1月。

信徒不同年龄、不同文化、不同性别组织专门聚会,农村教会开办扫盲班、识字班、妇女聚会等。先进和科技手段也可以成为多样化的重要选择,出版各类电子书刊等。五、思想交流经常化,神学思想多样化,不同的神学观、圣经观通过各种渠道进行交流。交流应是多层次多方位的,国际的、国内的、教内的、教外的、全国两会与各地两会的、各省与各省之间的,各院校与各院校之间的。交流中应彼此尊重,互相学习,取长补短,才能促使中国神学建设和自传工作的春天早一点出现。①

再如,王以诺在《从神学处境化的必要性来谈自传》②一文中,提出自传中有两点很重要,一是由中国基督徒来传,而不是由西方传教士来传;二是自传的内容就是处境化的基督教神学,也就是能适合中国国情和时代需要的神学。

2000年不仅是千禧年之交,也正是三自运动50周年。为此中国教会利用有利时机,结合济南会议精神,进一步提高信徒对三自的认识。1999年12月,中国基督教两会在上海举行"中国基督教三自爱国运动研讨会",丁光训、罗冠宗、韩文藻、沈德溶、曹圣洁、邓福村、苏德慈等主要负责人与两会常委等100多人参加了研讨会。会议围绕着"三自的必然性、正义性、合理性"、"三自的历史沿革"、"三自与神学思想建设"、"三自与独立自主"等七个主题展开讨论。

丁光训在会上指出三自爱国运动50年来有四个高点:一是揭露了西方对华传教活动同帝国主义对华侵略的关系,提高了广大信徒的反帝爱国觉悟,提出教会自治自养自传的三自路线。当时在世界范围中传教士威望特高,中国教会首先造他们的反,指出西方传教运动为帝国

---

① 徐晓鸿:《自传工作须深化》,《天风》,1999年2月,第19—20页。
② 王以诺:《从神学处境化的必要性来谈自传》,《金陵神学志》,1999年第3期,第42—44页。

主义服务,并宣布我国教会独立自主,这种勇敢大胆的行为,惊动了全球基督教。二是我国的三自运动也对西方神学界"新传教学"的发展做出了贡献。提倡新传教学的人用反省的态度,对传统的传教组织,差会和传教思想提出了批判,认为亚非拉各国教会的办教权在本国信徒手中,而不属于外国传教士,由此提倡好好研究中国的三自运动。三是提出办好教会。发起三自爱国运动就是为了办好中国教会创造条件,中国基协更是为办好教会提供服务。四是提出神学思想建设。要办好教会,最根本、最关键的一步是建设好中国教会的神学思想。①

罗冠宗也谈了对三自运动的5点体会:一是帝国主义侵略我国从一开始就利用基督教,这一历史不能忘记,否定三自运动,就是否定了三自运动的必然性、正义性和合理性。二是三自运动使中国基督教割断了与帝国主义的联系,摆脱了差会的控制,使中国基督徒第一次站了起来,并使基督教由帝国主义的侵略工具变为中国基督徒独立自主自办的基督教,这是三自运动最重大的功绩。三是三自从来是为了办好教会。三自是办好教会的方向,符合上帝的旨意、《圣经》的教导及时代的要求,同教会建设分不开。四是三自有重大的政治意义,又有重大的神学和属灵的意义。割断与帝国主义的联系是政治意义;实现独立自主自办,改变人们对教会的观念,从而在新中国打开了福音之门是属灵意义;做好公民,为主做美好见证,既有政治意义又有属灵意义。五是教会要与社会主义社会相适应,要加强神学思想建设,因为教会历来都是随时代的发展而发展,神学思想也是不断发展的。②

这次研讨会讨论热烈,与会者各抒己见,提出了不少好的创意和建

---

① 丁光训:《三自爱国运动的发展和充实》,《天风》,2000年1月,第4—5页。
② 罗冠宗:《三自从来是为了办好教会》,《天风》,2000年1月,第6—7页。

议。他们表示:要巩固和发展三自爱国运动成果,继续推动神学思想建设,以崭新的面貌,同心迈向新世纪①。会后不少地区,如上海、吉林、湖北、浙江等,召开了纪念三自爱国运动50周年及神学思想建设研讨会。教会还组织了纪念三自50周年征文活动。通过这一系列的活动,教会充分肯定了三自的巨大成就,作了经验总结,并展望了未来。三自的成绩主要有六个方面:一、改变了中国基督教的"洋教"面貌,扫除了人们接受福音的障碍;二、激发信徒爱国爱教的热情,号召他们成为好基督徒、好公民,为国为民做贡献;三、协助政府贯彻宗教信仰自由政策,使基督教取得良好的外部环境;四、摆脱旧中国留下来的宗派纷争,使中国基督教进入"后宗派时期",在合一的道路上迈出了历史性的一步;五、推进教会各项事工,为按三自原则办好教会打下基础;六、扩大中国基督教与普世基督教的友好交往,提高了中国教会的国际地位。经验总结有四点:一、三自爱国运动的核心是实现和维护中国基督教的独立自主;二、三自爱国运动的目的是办好中国教会,办好中国教会必须以三自原则作指导;三、三自爱国运动一贯强调增进团结、坚持信仰、彼此尊重的原则;四、三自爱国运动是中国基督教与新中国相适应的重要举措。要真正做到相适应,必须开展神学思想建设。展望未来有四点:一、坚持三自原则办好教会;二、全力推进神学思想建设;三、加强教会制度建设;四、培养灵、德、智、体、群全面发展的人才。②

神学建设中的另一个问题是如何使神学与社会相适应。韩文藻在济南会议的开幕词和最后的总结中都提到,"为了教会的生存与发展,我们要主动适应,不是要我适应,而是我要适应,要调整不适应社会主义社会的神学观点。"③为此教会就这一问题再次展开了讨论,从各方

---

① 何欣:《同心迈向新世纪》,《天风》,2000年1月,第2页。
② 《爱国爱教,同心迈向新世纪》,《天风》,2000年10月,第12—16页。
③ 韩文藻:《关于加强神学思想建设问题》,《金陵神学志》,1999年第2期,第4页。

面进行了探讨。陈泽民以"教会如何对待知识界"为题,从中国历史上知识界对宗教的态度谈起,讲到建国以来基督教与知识界的关系,最后引发了神学上的思考,认为教会要想为知识界乐于接受必须转变神学取向,由强调救赎为中心转向以创造为中心;教会要向现代化靠拢,认识多元化的社会现实,与其他宗教或非宗教人士进行对话,不与知识界脱节;神学处境化和构建中国神学都需要教内外知识界做出大量的研究;教会要加强自身建设,中国教会进入"宗派已过"时期,但教会论仍是薄弱环节,至今仍采用西方传统的教会观和教政制度。教会应该作大胆的改革,提出适合中国国情的新教会论。他的结论是:"五十年前有人提出'用爱心建立团契',如果赋以如上面所说的以创造为中心的神学内容,解放思想,扩大视野、关心社会,和全国人民共同建设新中国、新世界,将会得到广大知识界的理解和认同。"[①]陈锡论及社会见证的信仰依据,并提出要正确认识中国的社会环境,包括正确处理教会与社会的和谐关系,尊重与教会持不同信仰的人和团体,正确处理自由权利和法律的关系,正确处理物质和物质的分配等等。有关文章还有《浅析教会与国家社会之关系》、《与社会主义社会相适应的具体行动》等等。

在对神学思考的同时,中国教会更加重视挖掘中国传统文化资源。对中国古代经典的关注也超过以往。以《金陵神学志》为例,1996—1997年共8期刊物,其中有关基督教与中国文化关系的文章就有十几篇。有些文章从中国传统的思维模式考虑中国基督教如何与之相适应;有些把基督教的一些教义与中国文化的某些方面加以比较找出它们相通或相似之处,也就是契合点,进而使神学处境化,如把老子的"道"与基督教的"道"作比较,说明两者有相通之处;有些则对吸收了

---

① 陈泽民:《教会如何对待知识界》,《金陵神学志》,1998年第4期,第67页。

中国古文化的早期中国基督教的神学思想,如对"生生神学"进行初探;还有些对中国神学的特点作了探索。几乎所有这些文章都是直接大量引证中国古代经典,特别是老子的《道德经》、孔子的《论语》,以及《易经》等。这与解放后至90年代初的中国教会神学相比有很大不同,从一个方面反映了神学处境化的深化。在济南会议后所举行的各种神学研讨会上,如2000年岁末在南京举行的、有80多位代表参加的江苏省基督教第四次神学思想研讨会上,"更有许多发言已在学理层面上探讨了基督教的普世合一,与中国传统儒释道诸家学说进行多元对话、实现互动交融的一系列深层问题,研究触角已涉及历史、社会、经济、政治、文化、习俗等各领域,各种视角的印证观照,不同观点的碰撞切磋,每每迸发出令人耳目一新的真知灼见"。①

为与国际接轨,中国基督教会如今正在逐渐填补神学空白。中国教会经历了几十年与外界隔绝的局面,在神学思想上一直较保守,理论基础也较薄弱,信息落后,对国际上所关心的环境问题、女权问题、生命伦理学等问题在90年代以前几乎是一片空白。这种状况在近些年来有所打破。结合中国文化和社会问题论述环境和女权主义神学的文章也开始出现,如汪维藩的《人与大地》,是用中国文化(老子的"人法地")结合《圣经》阐述生态神学。② 彭雅倩的《中国妇女基督徒女性意识的觉醒》③可视为一篇阐述中国妇女的女权神学。当然这些都刚刚起步,与国外及国内学术界相比,在神学深度上还有待提高,但毕竟表明中国基督徒已在作这方面的努力。

总之,中国基督教神学目前仍处于较落后的状态。原国家宗教局

---

① 沈古:《江苏省基督教召开第四次神学思想研讨会》,《天风》,2001年3月,第19页。
② 汪维藩:《人与大地》,《金陵神学志》,1996年第2期。
③ 彭雅倩:《中国妇女基督徒女性意识的觉醒》,《金陵神学志》,1996年第1期。

宗教研究中心主任赵匡为认为,基督教(包括天主教)"50年代实现了自治、自养、自传和独立自主、自办教会,在政治上改变了原来的殖民地性质,但远没有实现在中国'本土化'的目的。改革开放后,中外文化交流频繁,外来影响增加,一部分出国学习天主教、基督教新教的年轻神职教牧人员学成后回国,给中国教会带回了不少好的知识,但他们对中国国情了解很少,主要是照搬照抄各自在国外学到的东西,其中许多并不适合国情。所以只起到了介绍适合各国情况的不同神学思想的作用,却未能注意结合中国的国情形成适合中国的神学思想体系,使这两种宗教仍没有真正扎根于我国丰厚的文化沃土之中。"[1]这一评价是正确的。但中国教会并不气馁,正在构建一个个的点,朝着把点连成线而努力。到那时,中国就将产生自己的系统的本色神学。

---

[1] 赵匡为:《中国宗教的现代化进程》,《宗教》,2001年第1期,第33页。

后　　记

经过三年多的努力,此书终于完成。在脱稿之际,我的心情十分矛盾;一方面感到高兴,因为经过了日日夜夜的奋战,终于完成了任务,大有解脱之感;而另一方面却又大有惶恐之感,因为此书只是对中国基督教会本色化的历史过程作了一个大略的回顾,很可能不能满足读者的要求。由于学术水平有限,时间和精力也都有限,作为初次涉猎这一问题的研究者,实在是"非不为也,实不能也",只好如此了。好在我已做好充分的思想准备,欢迎读者对本书提出尖锐的批评与指正,以便日后改进。

对中国教会本色化的研究在港台学者中起步较早,他们掌握的中外文资料较全,分析也较为深入。相比之下,大陆学者在这方面的研究则较为薄弱。本书也许可以视为大陆学者对此研究的一个起步。由于是起步,我将此书定位在尽量客观公允地将中国基督教会本色化的历程按历史本来的面貌如实地反映出来,尤其是对20世纪以来中国教会领袖们在这方面所作的努力,只求描述清楚,不作过多的评论。从这一观念出发,本人不惜冒着堆砌史料之嫌,尽量将基督教本色化历史上中国教会领袖们在这方面有关的著述作了一些客观介绍,希望日后能为人们作进一步研究时在资料方面提供些方便。

收集材料是件非常困难的事。幸亏得到了诸多朋友的无私帮助,才顺利地完成。在这里我首先要感谢上海的田文载、许耀碧老师。他们为我在图书馆布满尘土的旧书和旧刊中找出了我所需要的许许多多

20世纪二三十年代，甚至更早时期的材料，并不辞劳苦地为我复印，使我得到了大量的第一手资料。我要感谢米寿江、徐瑞英和尤加老师，当我在南京收集资料期间，为我提供了各种方便。我要感谢远在洛杉矶的黄兆劲、邱仁南夫妇，他们资助我购买了许多港台出版的有关研究材料。我还要感谢世界宗教研究所的郁丽、于静、陈平和图书馆的刁勇，他们在复印、打字和查找资料方面给予我许多帮助。我最要感谢的是新加坡的王正宏先生、文庸老师给我的全面支持，文庸老师还花了不少时间为我统稿并作序。最后承蒙商务印书馆常绍民先生及其他有关同志的大力帮助，本书终于出版，在此一并致谢。当然，我还特别要感谢我的丈夫戴康生，在我加班加点赶写书稿时，他默默无闻地承担起照顾老人等家务劳动，给予我全力的支持，遗憾的是他已于今年4月9日离我而去，看不到这本书的出版了。总之，这本书表面上看来是我写的，实际上却是凝聚了许多人的劳动成果。在此，再次表达我深切的谢意。

段琦

2003年5月